普通高等教育“十三五”规划教材

大 学 体 育

向召斌　主编

中国石化出版社

图书在版编目（CIP）数据

大学体育/向召斌主编. —北京：中国石化出版社，2018.8（2025.8 重印）
普通高等教育“十三五”规划教材
ISBN 978 - 7 - 5114 - 4960 - 3

Ⅰ.①大… Ⅱ.①向… Ⅲ.①体育－高等学校－教材
Ⅳ.①G807.4

中国版本图书馆 CIP 数据核字（2018）第 167673 号

中国石化出版社出版发行

地址:北京市东城区安定门外大街 58 号
邮编:100011　电话:(010)57512500
发行部电话:(010)57512575
http://www.sinopec-press.com
E-mail:press@sinopec.com
北京艾普海德印刷有限公司印刷
全国各地新华书店经销
*
787×1092 毫米 16 开本 24.25 印张 583 千字
2018 年 8 月第 1 版　2025 年 8 月第 6 次印刷
定价:40.00 元

《大学体育》编委会

前言

大学体育是大学教育系统工程中的重要组成部分，是学生接受体育教育的最后阶段，也是实现大学生全面和谐发展、促进终身体育观形成的重要内容和手段。充分发挥大学体育在大学教育中的全方位、多功能塑造全面发展的高素质人才的作用，“学校教育要树立‘健康第一’的指导思想，切实加强体育工作”，这就是要求大学体育要充分利用大学体育教育与环境，使大学生学习和掌握体育与健康的科学知识，培养对体育活动的兴趣和爱好，学会锻炼身体的科学方法，养成终身锻炼身体的习惯，从而达到增强体质、提高健康水平及陶冶体育文化情操的基本目的。

为贯彻“健康第一”的指导思想，认真落实《全国普通高等学校体育课程指导纲要》的要求，深化普通高等学校体育教学改革，并结合普通高校体育教学实际，我们组织编写了这本教材。

本教材分为理论篇、健康篇、运动篇三个板块，并具有以下几个特点。

1. 在“健康第一”思想指导下，将健康理论与方法和具有时代气息的时尚运动项目写进教材，帮助大学生建立科学的体育健身思想，有利于促进大学生的身心健康水平和体育品质的提高。

2. 体育是人类文化的一个重要方面。本教材完善了体育文化的内容，力求使学生加深对体育文化的理解，使大学生受到很好的体育文化的熏陶，把体育真正溶入到大学生活当中去。

3. 在内容的选择上力求适合大学生的身心发展特点和需求，满足大学生不同喜爱和不同体育运动水平的需要，既照顾了一般发展的需要，又重视了特殊发展的可能，体现了竞技体育健身化的特点。

4. 突出以大学生为主体的思想，编写力求通俗易懂，图文并茂，理论联系实际，方便教与学。使大学生在体育锻炼中既得到正确而便捷的指导，又得到获取知识的快乐。

本教材由向召斌主编，黄宝军、赵立刚、王雷副主编。参加编写工作的人员还有傅庆章、蔡健钧、李朝晖、吴斌、李洋、丁仙子、黄聪敏、项驭宇、张勇、李佾、刘学风。项驭宇负责图片的处理，傅庆章最后对全书进行了统读并主审。

本教材在编写过程中，参阅了体育界一些专家和同行的科研资料、专著、论文和教材，对没能在书中一一标明引用者的姓名和论著的出处深表歉意。

由于编写人员能力所限，加之时间仓促，书中难免有不妥之处，我们真诚希望专家和同学们批评指正。

目录 CONTENTS

■ 理　论　篇 ■

■ 健　康　篇 ■

■运　动　篇■

理论篇

第一章　大学体育概论

第一节　大学体育的目的与任务

一、大学体育的定位

现代体育包括学校体育、竞技体育和群众体育三个基本方面。学校体育是全面发展学生的身体，增强体质，传授体育知识、技能，提高运动技术水平，培养道德和意志品质的有目的、有计划、有组织的教学过程。由于学校教育对象的不同，我们将学校和学生分成小学、中学、大学三个学段和小学生、中学生、大学生三个基本级别。因此，我们这里所说的大学体育，隶属于我国学校体育的范畴，主要是指非体育专业大学生在大学期间所接受的学校体育教育，按照“健康第一”和终身体育思想的要求，其涵义是指传授体育文化，增强学生体质，提高学生身心健康水平和适应能力的有目的、有计划、有组织的教育过程。

二、大学体育的目的与任务

（一）大学体育的目的

大学体育是大学教育系统工程中的重要组成部分，是学生接受体育教育的最后阶段，也是促进大学生全面和谐发展的重要内容。大学体育的目的，是指在一定的时期内，大学体育实践所要达到的预期结果。它决定着大学体育的方向与过程，是评估大学体育工作的重要依据，对大学体育工作的开展，起着导向、控制和激励的作用。根据目标体系结构理论，大学体育的目的可分为条件目的、过程目的和效果目的三个方面。衡量大学体育目的完成的最终标准，一般均以效果目的为标准。所以，我们这里所说的大学体育目的，主要是指大学体育的效果目的，即大学体育的总目的。

根据现代社会发展的需求，根据我国学校体育事业发展的需求，根据大学生身心发展的年龄特征，根据体育的功能与作用，我国大学体育的目的是：增强大学生的体质，促进大学生身心健康，培养和建立大学生的终身体育意识、能力和习惯，注重大学生个性心理及良好思想品质的培养，使其成为德、智、体全面发展的社会主义建设者和接班人。

（二）大学体育的任务

根据《学校体育工作条例》中的有关规定，为了实现大学体育的目的，大学体育工作中应该完成下列基本任务。

1. 增进大学生的身心健康，增强大学生体质

通过大学体育的各种实践活动增进大学生的身心健康，增强体质，提高大学生身体素质水平是大学体育的首要任务。身心健康是指生理和心理两个方面。生理健康的标志是：发育

正常，功能健全，体质强壮，对疾病有较强的抵抗力，对外部刺激有一定的适应能力。心理方面健康的标志是：情绪稳定，思维敏捷，意志坚定，行为举止协调，对社会和生活中偶发或突发事故表现出较高自控能力。生理和心理的发育水平有着密切的内在关系，并互相影响。世界卫生组织对健康的定义是："健康应是心理上、身体上以及社会上保持健全的状态。健康不仅是没有疾病和伤害，而且包括身体、心理方面能适应社会环境"。

大学体育作为促进大学生身心健康发展最积极、最有效的手段，通过进行教学、训练、课外锻炼和业余体育竞赛等一系列的体育活动，使大学生养成良好的身体锻炼习惯；不断提高健康水平和对外界环境的适应能力，增强对疾病的抵抗能力；通过体育理论的学习，使大学生重视营养卫生，遵守合理的作息制度，积极参与体育实践活动，从而以强健的体魄和充沛的精力保证学业的完成，也为将来走向社会打下坚实的身心基础。

2. 培养大学生良好的体育意识，使大学生掌握体育基本知识，促进大学生自觉锻炼身体的能力与习惯的养成

通过体育教学，向大学生传授体育知识、技术和技能，使其掌握科学的锻炼方法、手段，对体育锻炼有深刻的认识，促进自觉锻炼身体的能力与习惯的养成是大学体育的基本任务。

体育基本知识包括：实用的生理解剖的基本知识，锻炼身体的原理、原则和方法，体育与保健，自我监督和评价等方面的基本知识，以及常见常用运动项目的基本技、战术理论和竞赛规则等，使大学生能根据体育运动的客观规律科学地进行锻炼。

体育的基本技术和技能是指参与运动的实践能力。能较熟练地运用所学到的基本技术，在运动实践中得到发挥的能力。运动能力的培养，主要是通过体育教学这个途径进行培养的，再通过课外锻炼和竞赛的反复实践，达到熟练掌握的程度。大学生是否具有一定的运动能力，对其能否自行锻炼至为重要。

体育的意识和习惯的培养是一个复杂的过程，既有时间概念又有个体兴趣和需要的特征。锻炼习惯的养成一般决定于下列三个因素：一是对体育运动定义和价值有正确的认识，对是否能持之以恒地自觉锻炼起决定性作用。二是对运动技术喜欢与掌握的程度。能否坚持经常自觉地从事体育锻炼，很大程度上依赖于对某项运动的兴趣和爱好，只有对该项目具有一定运动能力，才能产生兴趣和爱好，并能持久。三是生理机能形成的稳定机制。通过组织、动员、引导和建立合理的规章制度，使大学生每天按时参加晨练和进行课外锻炼，使其在校期间坚持长年锻炼，形成稳固的锻炼习惯。养成锻炼习惯不仅能提高大学生在校期间的生活质量，对他们走向社会，以旺盛的精力和体力投入工作也具有十分重要的现实意义。

3. 提高大学生的运动技术水平，促进学校体育的开展，为国家培养体育后备人才

进入20世纪90年代以来，伴随着我国经济的发展和大学综合实力的增强，大学体育不仅承担着指导普及、促进大学体育运动蓬勃开展的任务，还肩负着提高运动技术水平、创造优异运动成绩、参与校际或国际间的交往、为专业运动队输送体育人才、为学校为国家争光的光荣使命。充分利用大学的有利条件和大学生在智力上、体能的优势，坚持系统的科学训练，不断提高运动技术水平，既可为大学培养体育骨干，又能进一步推动大学体育活动的开展，既能丰富大学校园体育文化生活，又可为国家竞技运动提供后备力量。

4. 对大学生进行品德教育，促进大学生个体道德素质的提高

在学校的教育系统中，体育是一个有目的、有计划、有组织的教育过程，是对学生进行品德教育最直接、最活泼、最生动的形式。个体行为在体育技能形成的反复练习中表现的最为突出，这是体育教育不同与其他课程的特征之一。体育活动多采用竞赛形式，既有

强烈的竞争气氛，又有严格的规则约束，而规则既是行为的准则，又是品德的规范，这有利于增强大学生的竞争意识，培养公平竞争的观念和团结协作、公正无私、勇敢顽强、拼搏进取的优秀品质。大学生应该在体育活动的参与或观赏中，首先要有心理上的进取意识，努力培养自己吃苦耐劳、艰苦奋斗、团结友爱、乐于奉献的高尚品格。其次在体育的情感方面，应该更深切，更富有年轻人的特点，使自己在知、情、意、行诸方面都有更高层次的追求，从而自觉确立文明、科学、健康、向上的生活方式。

三、实现大学体育目的任务的途径

《学校体育工作条例》规定，学校体育工作是指体育课教学、课外体育活动、课余体育训练和课余体育竞赛。这四个方面也是实现我国大学体育目的任务的基本途径。

（一）体育课教学

体育课教学是大学体育中的重要组成部分，是实现我国大学体育目的任务的主要途径之一。《学校体育工作条例》中规定："普通高等学校的一、二年级必须开设体育课程……对三年级以上的学生开设体育选修课程。"2001 年教育部又规定，在普通高校从 2002 年 9 月 1 日起把体育课改为体育与健康课。这些规定都为体育课教学工作的正常开展提供了强有力的法规保证。

通过开设体育与健康理论课、体育实践课和体育保健课，向学生传授体育基本知识，提高大学生对体育的认识，树立终身体育观念；学习科学锻炼身体的方法；掌握锻炼身体的基本技术；提高大学生的体育文化素养和体育欣赏水平。

（二）课外体育活动

大学生的课外体育活动是大学体育教育过程中不可分割的环节，它为实现大学体育的目的与任务提供了又一个重要途径。通过课外体育活动可以培养、巩固与增强大学生的自我锻炼意识和锻炼能力，学生可以自身的身体健康状况和运动能力为基点，结合自己所学专业未来职业选择的特殊需要，以及现有条件，制订科学的自我锻炼计划。通过开展多种形式的课外体育活动，促进身心健康，增强体质，提高学习质量，丰富业余文化生活，提高运动技术水平和体育欣赏水平。常见的课外体育活动形式有：

1. 晨练

晨练是大学作息制度中为学生安排的清晨体育活动时间，要求每位学生都应该参加。坚持晨练，对保持合理的生活作息制度、锻炼意志品质、养成良好的卫生和锻炼习惯都十分重要。晨练内容可以安排跑步、做广播操、健美操、武术或发展身体素质的简单练习，也可以根据自己的锻炼计划安排健身锻炼内容。晨练可以集体组织活动，也可以个人练习或集体组织与个人练习交替进行，时间安排以 30 分钟为宜。如果将晨练与其他形式的学习活动相结合，则效果会更好。

2. 课间活动

课间活动，是利用课间休息时间所进行的体育活动。大学生的课间操一般以个人活动为主，最好在室外进行，可以散步、做操、做游戏、踢毽子、跳绳等。运动负荷不宜过大。课间活动的主要目的在于进行积极性的休息，消除疲劳，调节身心，提高学习效率。

3. 课后体育活动

课后体育活动，是指大学生结束一天课程学习之后在晚饭前所进行的体育活动。大学生课后体育活动的种类十分广泛，包括健身娱乐性体育活动、竞技性体育活动、医疗性体育活动、职业实践性体育活动、卫生保健性体育活动以及一般性身体锻炼活动。鼓励参加各种体育组织和体育俱乐部的活动，或按照个人兴趣及需要实施相关的锻炼计划。

4. 野外活动

野外活动是指在山、河、湖、海、草原、天空等自然环境中开展的各种活动的总称。根据活动的环境可分为：陆地运动、水上运动、冰雪运动、空中运动、草原运动等。根据活动的目的可分为：竞技性活动、健身娱乐性活动、教育性活动等。国内外的实践和研究表明，野外活动是一项具有陶冶情操、强身健体、消除疲劳、愉悦身心等效能，深受大学生喜爱的，并为其他运动所不能替代的有益的体育活动，已成为发达国家学校教育的内容和进行终身体育教育的有效途径。

5. 体育节

体育节一般有“体育周”“体育日”（健身日）两种形式。“体育周”是集中利用一周下午的课外体育活动时间，组织各种体育宣传教育、锻炼、比赛等活动，如体育专题报告、体育讲座、体育知识竞赛、体育表演、比赛、体育游戏等。它具有浓厚的节日气氛，能提高学生的兴趣并吸引广大学生参加。

“体育日”一般是结合有意义的节日或重大的国际、国内体育活动，用一天或半天的时间，开展专题性的体育主题活动，进行体育教育和锻炼。一般可以组织全校性的活动，也可按年级、班级进行。

（三）课余运动队训练

大学课余运动训练队是利用课余时间，对部分身体素质较好并有某项运动专长的学生进行系统训练的一种专门教育过程。它是大学课外体育活动的重要组成部分。运动队的建立是根据学校传统运动项目的特点和体育教师的指导力量，以及学校的场地设施、运动器材等客观条件决定的。大学生通过参加运动队的系统训练，可以较有效地提高大学生的运动技术水平，培养勇敢、顽强、拼搏进取的精神品质。

（四）群众性体育竞赛

群众性体育竞赛，包括校内、校外两种。校运动队队员可代表学校参加校外组织的各种比赛。校内也可组织各种群众性的以促进体育活动开展为目的的各类比赛，是大学课外体育的又一种形式。它以广泛性和形式多样化为特点。校内体育竞赛常见的有班级之间、年级之间、院系之间的单项比赛、对抗赛、友谊赛等，以及每年举行的全校学生均可报名参加的田径运动会、达标运动会等。

课外群众性体育竞赛的开展，有助于培养学生勇敢、顽强、拼搏进取的精神品格；可以培养学生遵守纪律、服从裁判等优良品质和集体主义精神；可以活跃校园的业余文化生活，对大学校园文化建设具有重要意义。

第二节　素质教育与大学体育

素质教育是当今中国乃至世界教育改革与发展的主流，是以提高民族素质为宗旨的教育。它是依据《教育法》规定的国家教育方针，着眼于受教育者及社会长远发展的要求，以面向全体学生、全面提高学生的基本素质为根本宗旨，以注重培养受教育者的态度、能力，促进他们在德智体等方面生动、活泼、主动地发展为基本特征的教育。只有全面了解素质教育的内涵，才能充分认识大学体育在素质教育中的地位与作用。

一、素质的概念

素质的概念有狭义和广义之分。在狭义的解释中，心理学认为，素质是指有机体天生具有的某些解剖和生理的特性，主要是神经系统、脑的特性以及感官和运动器官的特性。素质只是人的心理发展的生理条件，不能决定人的心理内容和发展水平。教育学认为，素质是指个人先天具有的解剖生理特点，包括神经系统、感觉器官和运动器官的特点。受后天环境、教育的影响，通过个体自身的认识与社会实践，养成比较稳定的身心发展品质。

目前，我们广泛认同的素质教育中的素质，应是广义的概念，即在先天与后天共同作用下形成的人的身心全面发展的总水平。如国民素质、民族素质、干部素质、教师素质等，都是个体在后天环境中教育影响下形成的。

素质是由其物质要素（人体各器官系统的功能水平）精神要素（认识、观念、思维、能力等功能水平）以及其相互间的系统结构状态决定的。由于人的生理与心理的必然联系，人的先天遗传素质要通过后天的社会实践和教育逐渐发育和成熟。人的先天遗传素质与社会实践而养成比较稳定的基本身心品质，构成人的整体素质，成为个体进一步发展的基础。

二、素质教育的特征

所谓素质教育，是指利用遗传与环境的积极影响，调动大学生认识与实践的主观能动性，促进大学生生理和心理、智力与非智力、认知与意向等因素全面和谐地发展，注重形成人的健全个性为根本特征的教育。该定义反映了人的心理和生理两个层次间的关系，从根本上揭示了素质是人的一切质的基础。一是发展，即充分发挥个体的身心潜能，在环境、教育影响下，通过自身的努力，去发展有关生理与心理、智力与非智力、认知与意向等各种因素；二是内化，即是那些从外在获得的东西，内化于人的身心，形成一种稳定的、基本的、内在的个性心理品质和身体素质。

素质教育的表现有以下几个方面：

（一）基础性

人的发展离不开原来的基础，现在的素质有赖于过去的能力，大学生的体育素质依赖于中小学，而未来的体育素质则需要大学体育教育的基础。加强体育素质的基础性教育，使学生的能力和潜力根据条件和要求形成相应的结构状态，巩固学习锻炼的成果是非常必要的。

（二）主体性

素质教育的核心是充分弘扬学生的主体性，注重开发人的潜能，注重形成人格的精神教育。体育素质教育正是要唤起学生参与体育运动的主体意识，发展学生终身体育的主动精神，注重形成学生独立的人格、思想意识和精神风貌。学生体育素质发展的质量规格应该是养成良好的心理品质、思维敏捷、反应快速、健康的体魄、高尚的情操和终身体育观。

（三）发展性

素质教育不仅注重学生未来的发展价值和迁移价值，而且重视直接培养学生自我发展能力。现代社会的不断发展，体育素质教育应该围绕教育的总目标，在实现自身目标过程中，要使学生学会学习，教给学生学会生存的能力，培养学生终身体育的能力和对体育运动的不断追求。作为社会的人，必须懂得自己对他人的责任，使自己的行为有利于保障人们的生存条件。体育教育也将从传统的一次性学校体育向终身体育转变，从而进一步确立终身体育思想的地位。

三、体育素质的涵义与内容结构

(一) 体育素质的涵义

体育素质是指人在先天与后天共同作用下形成的，并通过一定的体育活动形式表现出来的体质基础、心理发展水平、体育文化素养和终身体育能力等综合性特征。因此发展“体育素质”就是要通过有效的体育教育和体育实践提升学生的体质基础，增进学生心理发展水平，培养学生终身体育能力和发展学生的体育文化。

(二) 体育素质基本内容

根据体育素质的定义，可将体育素质的基本内容用图 1-2-1 加以概括。

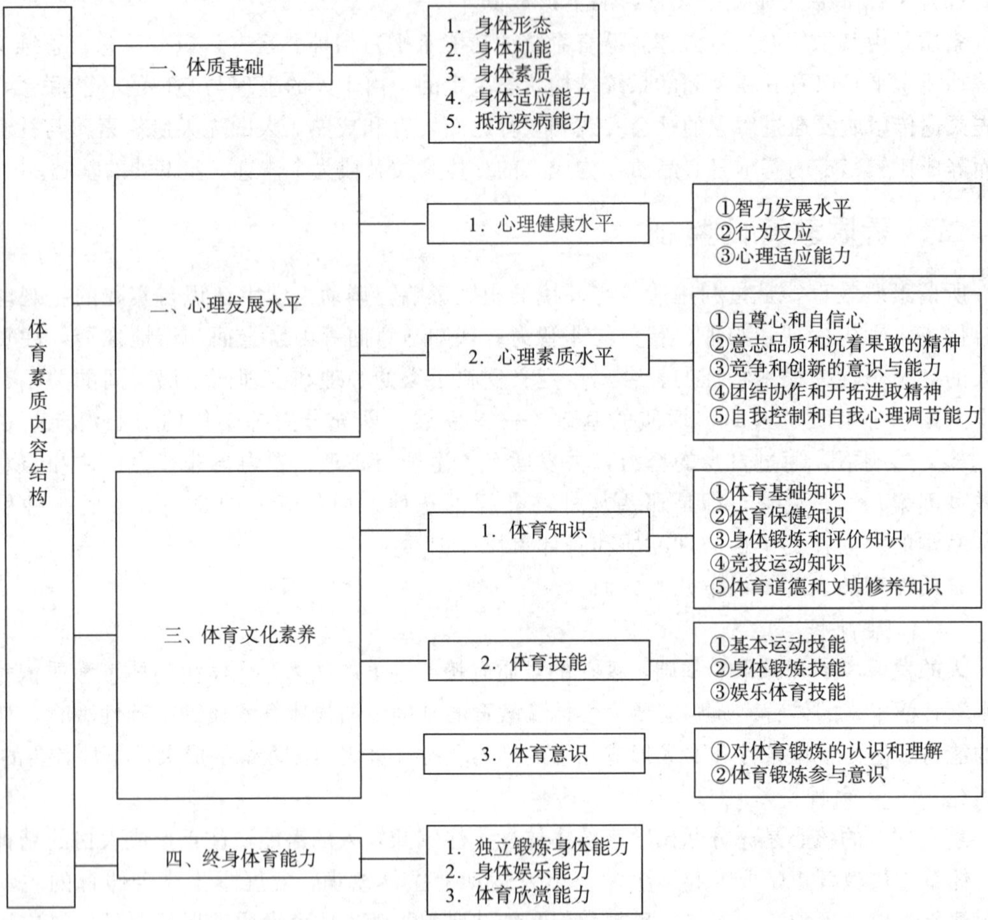

图 1-2-1　体育素质内容

(三) 大学生素质结构及大学体育素质教育内容组成

根据现代教育学、人才学及素质教育论的有关理论，大学生体育素质结构与大学体育素质教育内容之间存在着一种严密而合理的逻辑对应关系，这种关系可以用图 1-2-2 来加以揭示。

可见，与大学生体育素质结构相匹配，大学体育素质教育的主要内容相应地包括身体素质教育、体育心理素质教育、体育思想素质教育、体育道德素质教育、体育文化素质教育、体育能力素质教育、体育审美素质教育与体育行为素养教育 8 个方面。

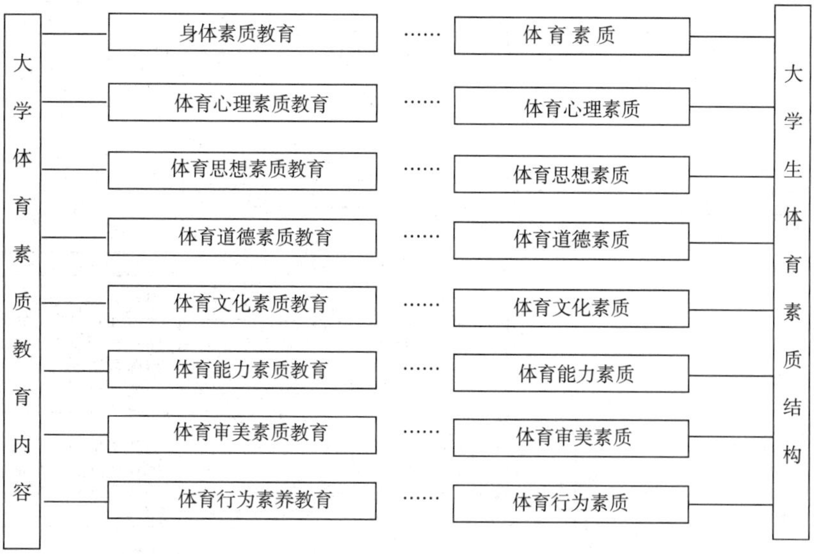

图 1-2-2　大学体育素质教育内容与素质结构的对应

从图 1-2-1 中我们可以看出，体育素质有一个综合性的内容体系。如果按照素质的分层划分理论，它又可分解为多个层面，即生理层面、心理层面和社会层面。依据这种分类方法，我们可将 8 类体育素质教育归纳为 3 个层面：一是生理层面的素质教育，主要指身体素质教育；二是心理层面素质教育，即体育心理素质教育；三是社会层面素质教育，包括体育思想、道德、文、能力、审美与行为素养教育 6 个方面。大学体育素质教育内容的相对完整体系可以用图 1-2-3 来加以展示。

四、学校体育在素质教育中的定位

学校体育是素质教育的重要内容，同时也是素质教育的重要手段，素质教育离不开体育。基础教育如果离开了学校体育，必然走向应试教育或具有应试教育倾向的教育。

（一）学校体育是素质教育的重要内容

教育的最终目的是培养德、智、体全面发展的社会主义事业的建设者和接班人。人的体质的身心两个方面是个体存在与发展的基础，是教育（包括体育）得以存在和发展的最根本前提。教育，尤其是基础教育必须是充分地、最适宜地促成人的身心发展，特别是身体的健康发展，提高身体体质水平。这种教育应是在遵循身心发展的自然规律和社会规律的基础上，最终要达到自我教育、自我健身的目标。可以说，素质教育的提出，在很大程度上就是针对学校体育在教育中的失落和偏废而提出来的。这种失落带来的严重后果不仅是学校体育地位的失落问题和大教育的偏废问题，而至关重要的是它在严重地束缚学生的身心发展的基础上使得国民整体素质逐渐下降退化，将影响到国家的各个方面的可持续发展，最终将影响到民族的生存与活力。可见，学校体育作为素质教育的当然内容是不可动摇的。

（二）学校体育是对学生进行素质教育的重要手段

学校体育还是进行素质教育的重要手段，毛泽东在其《体育之研究》一文中指出：体育是载知识之车，寓道德之舍；“体育致于强筋骨，因而增知识，因而调感情，因而强意志”；“一身动则一身强，一国动则一过强”。现代体育早已深入到社会生活的各个方面，以体育为发展政治、经济、文化、教育不再是书本上的理论，而且是人类实践并卓有成效

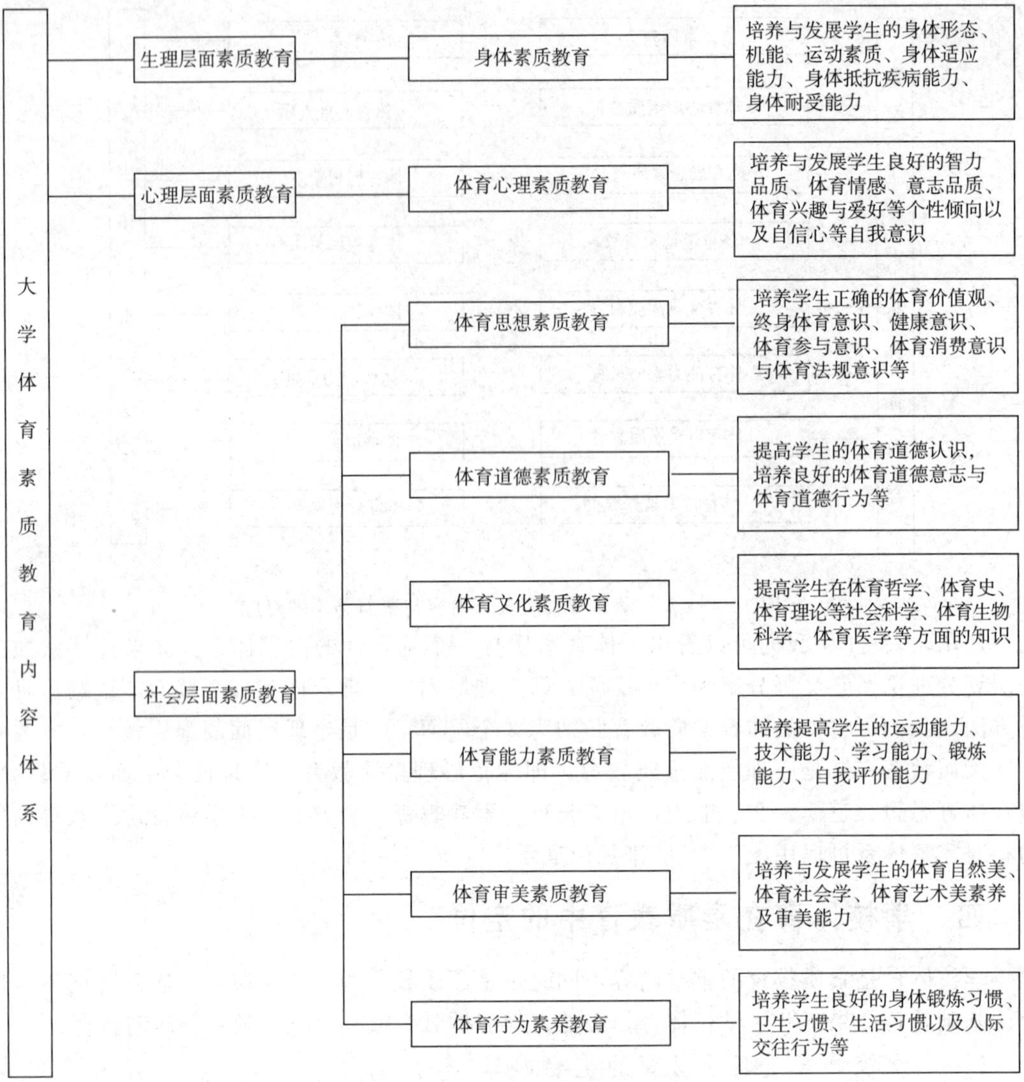

图 1-2-3　大学体育素质教育内容相对完整体系

的活生生的现实。学校体育在开发学生的心智、陶冶学生的品性、促成学生的社会化等方面的功能作用已越来越引起教育界乃至家庭与社会的重视。

第三节　国家有关学校体育的法规

一、学校体育工作条例

学校体育工作条例

（1990 年 2 月 20 日国务院批准

1990 年 3 月 12 日国家体委令第 8 号、国家体委令第 11 号发布）

第一章　总　则

第一条　为保证学校体育工作的正常开展，促进学生身心的健康成长，制定本条例。

第二条　学校体育工作是指普通中小学校、农业中学、职业中学、中等专业学校、普通高等学校的体育课教学、课外体育活动、课余体育训练和体育竞赛。

第三条　学校体育工作的基本任务是：增进学生身心健康，增强学生体质；使学生掌握体育基本知识，培养学生体育运动能力和习惯；提高学生运动技术水平，为国家培养体育后备人才；对学生进行品德教育，增强组织纪律性，培养学生的勇敢、顽强、进取精神。

第四条　学校体育工作应当坚持普及与提高相结合、体育锻炼与安全卫生相结合的原则，积极开展多种形式的强身健体活动，重视继承和发扬民族传统体育，注意汲取国外学校体育的有益经验，积极开展体育科学研究工作。

第五条　学校体育工作应当面向全体学生，积极推行国家体育锻炼标准。

第六条　学校体育工作在教育行政部门领导下，由学校组织实施，并接受体育行政部门的指导。

第二章　体育课教学

第七条　学校应当根据教育行政部门的规定，组织实施体育课教学活动。

普通中小学校、农业中学、职业中学、中等专业学校各年级和普通高等学校的一、二年级必须开设体育课。普通高等学校对三年级以上学生开设体育选修课。

第八条　体育课教学应当遵循学生身心发展的规律，教学内容应当符合教学大纲的要求，符合学生年龄、性别特点和所在地区地理、气候条件。

体育课的教学形式应当灵活多样，不断改进教学方法，改善教学条件，提高教学质量。

第九条　体育课是学生毕业、升学考试科目。学生因病、残免修体育课或者免除体育课考试的，必须持医院证明，经学校体育教研室（组）审核同意，并报学校教务部门备案，记人学生健康档案。

第三章　课外体育活动

第十条　开展课外体育活动应当从实际情况出发，因地制宜，生动活泼。

普通中小学、农业中学、职业中学每天应当安排课间操，每周安排三次以上课外体育活动，保证学生每天有一小时体育活动的时间（含体育课）。

中等专业学校、普通高等学校除安排有体育课、劳动课的当天外，每天应当组织学生开展各种课外体育活动。

第十一条　学校应当在学生中认真推行《国家体育锻炼标准》的达标活动和等级运动员制度。

学校可根据条件有计划地组织学生远足、野营和举办夏（冬）令营等多种形式的体育活动。

第四章　课余体育训练与竞赛

第十二条　学校应当在体育课教学和课外体育活动的基础上，开展多种形式的课余体育训练，提高学生的运动技术水平，有条件的普通中小学校、农业中学、职业中学、中等专业学校经省级教育行政部门批准，普通高等学校经国家教育委员会批准，可以开展培养优秀体育后备人才的训练。

第十三条　学校对参加课余体育训练的学生，应当安排好文化课学习，加强思想品德教育并注意改善他们的营养。普通高等学校对运动水平较高、具有培养前途的学生，报国家教育委员会批准，可适当延长学习年限。

第十四条　学校体育竞赛贯彻小型多样、单项分散、基层为主、勤俭节约的原则。学校每学年至少举行一次田径项目为主的全校性运动会。

普通小学校际体育竞赛在学校所在地的区、县范围内举行，普通中学校际体育竞赛在学校所在地的自治州、市范围内举行。但经省、自治区、直辖市教育行政部门批准，也可以在本省、自治区、直辖市范围内举行。

第十五条　全国中学生运动会每三年举行一次；全国大学生运动会每四年举行一次。特殊情况下，经国家教育委员会批准可提前或延期举行。

国家教育委员会根据需要，可以安排学生参加国际学生体育竞赛。

第十六条　学校体育竞赛应当执行国家有关的体育竞赛制度和规定，树立良好的赛风。

第五章　体育教师

第十七条　体育教师应当热爱学校体育工作，具有良好的思想品德、文化素养，掌握体育教育的理论和教学方法。

第十八条　学校应当在各级教育行政部门核定的教师总编制数内，按照教学计划中体育课授课时数所占的比例和开展课余体育活动的需要配备体育教师。除普通小学外，学校应当根据学校女生数量配备一定比例的女体育教师。承担培养优秀体育后备人才训练任务的学校，体育教师的配备应当相应增加。

第十九条　各级教育行政部门和学校应当有计划地安排体育教师进修培训。对体育教师的职务聘任、工资待遇应当与其他任课教师同等对待。按照国家有关规定，有关部门应当妥善解决体育教师的工作服装和粮食定量。

体育教师组织课间操（早操）、课外体育活动和课余训练、体育竞赛应当计算工作量。

学校对妊娠、产后的女体育教师，应当依照《女职工劳动保护规定》给予相应的照顾。

第六章　场地、器材、设备和经费

第二十条　学校的上级主管部门和学校应当按照国家或者地方制订的各类学校体育场地、器材、设备标准，有计划地逐步配齐。学校体育器材应当纳入教学仪器供应计划。新建、改建学校必须按照有关场地、器材的规定进行规划、设计和建设。

在学校比较密集的城镇地区，逐步建立中、小学体育活动中心，并纳入城市建设规划。社会的体育场（馆）和体育设施应当安排一定时间免费向学生开放。

第二十一条　学校应当制定体育场地、器材、设备的管理维修制度，并由专人负责管理。任何单位或者个人不得侵占、破坏学校体育场地或者破坏体育器材、设备。

第二十二条　各级教育行政部门和学校应当根据学校体育工作的实际需要，把学校体育经费纳入核定的年度教育经费预算内，予以妥善安排。

地方各级人民政府在安排年度学校教育经费时，应当安排一定数额的体育经费，以保证学校体育工作的开展。

国家和地方各级体育行政部门在经费上应当尽可能对学校体育工作给予支持。

国家鼓励各种社会力量以及个人自愿捐资支援学校体育工作。

第七章　组织机构和管理

第二十三条　各级教育行政部门应当健全学校体育管理机构，加强对学校体育工作的指导和检查。

学校体育工作应当作为考核学校工作的一项基本内容。普通中小学校的体育工作应当列人督导计划。

第二十四条　学校应当由一位副校（院）长主管体育工作，在制定计划、总结工作、评选先进时，应当把体育工作列为重要内容。

第二十五条　普通高等学校、中等专业学校和规模较大的普通中学，可以建立相应的体育管理部门，配备专职干部和管理人员。

班主任、辅导员应当把学校体育工作作为一项工作内容，教育和督促学生积极参加体育活动。学校的卫生部门应当与体育管理部门互相配合，搞好体育卫生工作。总务部门应当搞好学校体育工作的后勤保障。

学校应当充分发挥共青团、少先队、学生会以及大、中学生体育协会等组织在学校体育工作中的作用。

第八章　奖励与处罚

第二十六条　对在学校体育工作中成绩显著的单位和个人，各级教育、体育行政部门或者学校应当给予表彰、奖励。

第二十七条　对违反本条例，有下列行为之一的单位或者个人，由当地教育行政部门令其限期改正，并视情节轻重对直接责任人员给予批评教育或者行政处分：

（一）不按规定开设或者随意停止体育课的；

（二）未保证学生每天一小时体育活动时间（含体育课）的；

（三）在体育竞赛中违反纪律、弄虚作假的；

（四）不按国家规定解决体育教师工作服装、粮食定量的。

第二十八条　对违反本条例，侵占、破坏学校体育场地、器材、设备的单位或者个人，由当地人民政府或者教育行政部门令其限期清退和修复场地、赔偿或者修复器材、设备。

第九章　附　则

第二十九条　高等体育院校和普通高等学校的体育专业的体育工作不适用本条例。

技工学校、工读学校、特殊教育学校、成人学校的学校体育工作参照本条例执行。

第三十条　国家教育委员会、国家体育运动委员会可根据本条例制定实施办法。

第三十一条　本条例自发布之日起施行。原教育部、国家体育运动委员会 1979 年 10 月 5 日发布的《高等学校体育工作暂行规定（试行草案）》和《中、小学体育工作暂行规定（试行草案）》同时废止。

二、学生体质健康标准（试行方案）及实施办法

（一）学生体质健康标准（试行方案）

一、为了贯彻《中共中央国务院关于深化教育改革全面推进素质教育的决定》提出的“学校教育要树立健康第一的指导思想，切实加强体育工作”的精神，促进学生积极参加体育锻炼，养成经常锻炼身体的习惯，提高自我保健能力和体质健康水平，特制定《学生体质健康标准（试行方案）》（以下简称《标准》）。

二、《标准》适用于全日制小学、初级中学、普通高中、中等职业学校和普通高等学校的在校学生。

三、《标准》从身体形态、身体机能、身体素质等方面综合评定学生的体质健康状况，《标准》按百分制记分。

四、《标准》根据学生的生长发育规律，将测试对象划分为以下组别：小学一、二年级为一组、小学三、四年级为一组、小学五、六年级为一组；初中及以上各年级每年级为一组，大学为一组。

五、《标准》的测试项目

（一）小学一、二年级测试项目为身高、体重、坐位体前屈三项。

（二）小学三、四年级测试项目为身高、体重、50 米跑、立定跳远四项。

（三）小学五、六年级测试项目为六项，其中身高、体重、肺活量为必测项目。选测项目为三项：从台阶试验、50 米×8 往返跑中选测一项；从 50 米跑、立定跳远中选测一项；男生从坐位体前屈、握力中选测一项、女生从坐位体前屈、握力、仰卧起坐中选测一项。

（四）初中及以上各年级（含大学）测试项目为六项，其中身高、体重、肺活量为必测项目，选测项目为三项：从 50 米跑、立定跳远中选测一项；男生从台阶实验、1000 米跑中选测一项，女生从台阶实验、800 米跑中选测一项；男生从坐位体前屈、握力中选测一项，女生从坐位体前屈、仰卧起坐和握力中选测一项。

六、测试与评分标准

《标准》中的选测项目由各地（市）级教育行政部门在测试前随机确定。考虑到城乡的不同情况，《标准》中的台阶试验项目农村学校可选测相应项目，城市学校统一进行台阶试验的测试。

《标准》中的身体形态、身体机能和身体素质的测试方法按人民教育出版社的《学生体质健康标准（试行方案）解读》中的有关要求进行。《标准》的各项评分标准见附表 1 和附表 2。

七、等级评定与登记

各个测试项目的得分之和为《标准》的最后得分，根据最后得分评定等级：86 分以上为优秀，76～85 分为良好，60～75 分为及格、59 分及以下为不及格。每学年评定一次成绩并记入《学生体质健康标准登记卡片》，小学按照组别两年评定一次，其他年级每学年评定一次。学生毕业年级的等级评定，按毕业当年的成绩和其他学年平均成绩（各占 50%）之和评定。

八、本《标准》由教育部负责解释。

（二）学生体质健康标准（试行方案）实施办法

一、《标准》的实施工作在教育部、国家体育总局的领导下，由各级教育行政部门管理，体育行政部门指导。《标准》由学校负责组织实施。各学校、各地教育行政部门应按照教育部、国家体育总局的统一部署和要求，采集、汇总、上报《标准》的有关数据。

二、本《标准》应在校长领导下，由教务处（科）、体育教研部（体育组）、校医院（医务室）、学生工作部、辅导员（班主任）协同配合，共同组织实施。《标准》的测试应与学生的健康体检有机结合，避免重复测试。各测试项目的成绩，由体育教研室（体育组）汇总，并按照《标准》的要求评定成绩、确定等级，记入《学生体质健康标准登记卡》，在毕业时放入学生档案。

三、学生达到《标准》良好等级及以上者，方可评为三好学生、获奖学金（高等学校）；达到优秀成绩者，方可获奖学分（高等学校或实验新高中课程标准的学校）。对《标准》测试成绩不及格者，在本学年度准予补考一次，补考仍不及格，则学年评定成绩不及格。学生毕业时《标准》成绩达到60分为及格，准予毕业；《标准》成绩不及格者，高等学校按肄业处理。

四、奖励与降低分数的办法

（一）属下列情况之一者，奖励5分，不同项可累计加分：

1. 早操、课间操和课外体育锻炼出勤率达到98%以上，并认真锻炼者；

2. 获等级运动员称号者；

3. 参加校运动会及以上体育比赛获名次者；

4. 学生体育干部在组织各项体育活动中，工作认真负责者。

（二）体育课、早操、课间操、课外体育锻炼无故缺勤，一年累计超过应出勤次数的1/10或因病、事假缺勤，一学年累计超过1/3者，其《标准》成绩应记为不及格，该学年《标准》成绩最高记59分。

五、因病或残疾学生，可向学校提交免于执行《标准》的申请，经医生证明，体育教研室（体育组）核准后，可以免于执行《标准》，所填表格（见附表7）存入学生档案。

六、各地教育、体育行政部门对本地各级各类学校实施《标准》的情况，要认真检查监督，定期抽查，并进行通报，对弄虚作假、徇私舞弊者，给予批评教育，情节严重者，给予行政处分。

七、为使《标准》的实施更加科学、准确、简便易行，各学校选用的测试器材必须是经国家质量监督部门检测达到测试要求的合格产品，同时应积极创造条件使用计算机，努力做到管理的科学化、现代化。

八、各级各类学校在试行本《标准》时，《大学生体育合格标准》、《中学生体育合格标准》、《小学生体育合格标准》即不再施行，与此同时，《标准》成绩即作为《国家体育锻炼标准》达标成绩。

九、各省、自治区、直辖市教育行政部门，可以根据本办法，制定具体实施意见。

十、本办法由教育部负责解释。

思考题：

1. 何谓大学体育？

2. 大学体育的目的与任务分别是什么？

3. 实现大学体育目的与任务的主要途径有哪些？

4. 何谓素质教育？大学体育素质教育内容有哪几个方面？

5.《学生体质与健康标准》实施办法的基本要求是什么？

第二章　体育文化概论

第一节　体育文化的产生与发展

一、体育文化的起源

在人类悠久文明的历史长河中，体育作为一种文化现象随着人类历史的发展而逐渐发展，是人类整个文化的重要组成内容。19 世纪中叶，特别是 20 世纪中叶以来，人类才真正感受到了体育文化对人类社会的生存和发展产生的直接影响，许多学者从多角度对体育文化进行了广泛的研究。

随着人们对体育文化研究的深入，人们对体育文化的起源和发展的认识趋于以下方面：劳动起源论、军事起源论、游戏起源论、宗教起源论和教育起源论等。

（一）劳动起源论

从总体上说，人类的文化是通过人类自己的双手和大脑的思维创造出来的。早期人类在求生存中学会了奔跑、跳跃等技能，并在追捕猎物等活动中，发展了速度、耐力、力量、灵敏等各种身体素质。这个时候的体育鲜明的体现在以生存为直接目的，进行着各种能力的训练。

（二）军事起源论

这是由于个人之间为争夺狩猎得来的猎物而产生的冲突，到后来发展到部落之间的武装冲突，各部落为了更好地生存和发展，提高自己的力量进行了有组织的身体训练，其中还包括摔跤、飞镖、棍棒等技能的训练，形成了以军事为目的的体育活动，及其技能传授形式。

（三）游戏起源论

这是当原始人在获得丰富猎物后，特别是当丰收之后，聚集在一起以游戏欢舞的方式庆贺，也表明了体育是在跑、跳、投等劳动形态中演化出来，并以欢唱和舞蹈表达内心的喜悦。

（四）宗教起源论

原始社会后期，由于生产力水平低下，又受到四季和环境的困扰，原始人为求助于自然恩施，祭祀天地而形成的原始宗教活动，并以体育形势进行求助祭拜。

（五）教育起源论

生产劳动的发展以及在军事、游戏中演变出来的运动技能、技巧，以劳动教育的方式传授给后代。既发展了上述各种技能和身体素质，又逐步脱离了动物野性，向人性方向进化，形成了具有文化内涵的体育生活。

综上所述，体育文化的产生是在人类从动物野性变为人性的过程中上述因素相互综合演化的结果。也就是说，体育文化是人类在改造自身的过程中，由动物本能改变成自觉行为人性时，是原始的野性、进攻性通过劳动和游戏、教育以及合理的竞争方式逐步的形成了人类社会特有的文化现象，即体育文化。

由此可见，人类的生存和发展的需要是体育文化产生和发展的根基，而体育文化又推动着人类社会的繁荣和发展。

二、体育文化的概念

对体育文化的理解，首先应从对文化涵义的认识开始。文化有狭义和广义两种涵义：狭义的文化，主要是指人类社会意识形态及与之相适应的制度和设施；广义的文化，指人类所创造的物质财富和精神财富的总和。严格地说，“文化”一词是一个发展变化的历史概念。在我国古籍中，文化是文和化的复合词。文的本意是指各色交错的纹理，后引申包括语言文字在内的各种象征性符号。进而具体为文物典籍、礼乐制度、导出修饰、修养、人工加工等含义，化的本意为发生、变化、教化等，与武功相对应。在西方，文化一词源于拉丁文，最早是指耕作、培养、教育、发展、尊重之意，以后又指人的身体与精神的发展和培养，是与自然存在的事物相对而言的。文化一般具有传递性、复合性、象征性、超生理性、超个人性和变迁性等特点。

人类的文化，具有历史性和连续性。对文化的继承过程，也就是文化的积累过程。自1760年，体育一词出现以来，各国学术界对体育概念的讨论就一直没有停止过。有研究学者通过对中、日、美、英、前苏联等国家体育概念的比较分析，提出了体育作为自己身体和精神的有目的、有意思的培养或改造活动，其结果要落实到身体上，毫无疑问也是一种对人自身的人化，一开始就是超越本能和自然的实践活动以及体育自身也在创造一种健康文化，推动人类社会进步等颇有见地的新观点；世界各国也都把体育看作是教育和文化的一个组成部分；进一步论证了体育文化底蕴。

根据上述对文化的认识，可以肯定地说，体育无愧为人类文化的一个重要方面，并一直伴随着人类社会的发展而不断的演进。因为首先，体育是人类、也只有人类才能创造出来的一种社会活动。动物各种肢体活动和嬉戏来自于它们的本能活动，不具备任何文化意义。而人类创造的体育是后天习得的。其次，体育具备文化的各种特征。第三，体育运动不仅有它外在的身体活动形式以及设施、器材等物态体系，而且具有内在的价值观念、意识形态和行为规范等。

综上所述，体育文化的主体是人类，是人类特有的社会文化现象和文明的成果，泛指人类在增进健康、提高生活质量的过程中所创造的体育运动物质财富和精神财富的总和。包括与之相适应的社会组织以及规范体育活动的各种思想、制度、伦理道德、真理观念，还包括达成目标的各种改革举措以及相应的成果。

三、体育文化的含义

从学术界对体育文化概念的讨论中可以看出，当今体育文化包含有体育精神文化、体育制度文化、体育物质文化，也就说，体育文化有心理、行为、物质三个方面的要素构成。其中，体育文化的心理要素，就是精神、观念层面，即体育精神文化和体育物质文化。

一般而言，体育的物质文化是最外层的，精神文化是内核，而行为制度文化处于物质文化和精神文化之间。也可认为，精神文化是内在文化，行为制度文化和物质文化是外在文化。从体育文化总体性分析，精神层面的体育思想、价值观等占主导地位；行为制度文化是精神文化在人们体育行为和体育生活中的体现，物质文化实际是精神文化通过人们的体育实践在物质产品上的体现。

四、体育文化的特征

体育文化是人类本身需求的特殊反映。它是人类在体育生活和体育实践中创造出来的，并通过有形的身体形态、动作技能、运动器材、物质以及无形的与社会属性相关的意志、观念、时代精神反映出来，显现了各具特色的存在方式。

体育文化和其他文化一样反映了一个时代、一个国家或民族的特征，并规范着人们的体育行为，也影响着人们的价值观念。

（一）民族性

人类文化的存在和发展，不仅有共性的一面，也有极具丰富性的一面，甚至是具有很大个性的一面。这种人类文化的差异性，就是民族性的表现。各个不同地域的人类，创造了不同类型、不同形态的文化，又塑造了具有不同文化特征的群体。任何形式的民族文化，都与本民族的形成延续和发展密切相关，都与本民族的地理环境、人种特点、风土人情、经济条件、生产水平乃至和社会结构相适应。体育文化在本民族文化精神的影响下，形成了本民族共有的并区别于其他国家或民族的体育文化，特别是在体育文化的精神层面上鲜明地体现了本国家或本民族的民族文化精神。如东、西方体育文化由于受到东、西方民族文化的影响而形成了各具特色的东、西方体育文化。

（二）时代性

时代在不断地演进和发展，人们在生活实践中所创造的文化，也随着不同的历史时期的演进与发展，具有一定阶段特定的性质、特定的内容和特定的形态，表现出鲜明的时代性。体育文化的发展是与民族传统文化的演进与发展相适应的。也就是说一定阶段的体育文化反映了这一历史时代民族文化的精神。而且由于发展程度的差异，同一地区或不同地区都会存在不同发展水平的民族体育文化。

当今世界，随着社会的发展，各地区、各民族文化通过频繁地传播、交流、融合，积极地促进了体育文化的发展，并随着体育文化的国际化和全球化，体育文化的时代性已体现出世界性的特征。

（三）传承性

体育文化在其漫长的历史演进过程中，历经沧桑、饱受磨难，但却始终传承不绝。这是因为任何文化都离不开大众，更不能离开社会。每一次历史的变迁，它都面临着一次新的挑战。体育文化在传统文化的变迁与精神支撑下，面对挑战、不断创新，一直延续至今，表现出了体育文化巨大的再生能力。

（四）差异性

文化的差异性既表现在一个地区、一个民族的行为习惯上，也表现在价值标准和价值观念上。例如，东方体育文化重礼节、求持重、重自身完善，求个人身心平衡的品格形式，表现了人的内在品质和言行相一致的东方色彩。而西方体育文化则表现出竞争、激进冒险的风格。人们常把身体健美的人视为崇拜偶像，表现了人的外在行为和言行开诚布公的西方特色。

（五）依赖性

从体育文化产生与发展的历史过程中，我们不难发现，体育文化始终以一种依附的、不独立的性状存在于宗教、军事、教育、娱乐等各种社会活动中，甚至于已经具有独立文化形态的现代体育文化依然无法摆脱现实社会中与之共存的主要文化丛结，体现了极强的依赖性。

五、体育文化的基本功能

体育文化的基本功能一般是指体育文化对人类社会活动、体育生活及人类发展、人类个体发展所起的作用，是体育文化的基本展现，与体育和文化的功能密切相关。

（一）教育和培养功能

体育内涵的健康、向上、积极、丰富的文化价值理念在教育培养人的方面主要体现在以下方面。

1. 追求进步、勇攀高峰的文化价值理念

奥林匹克宗旨“更快、更高、更强”就是追求进步、勇攀高峰。不仅竞技体育如此，群众体育也是如此，参与群众体育活动就是追求健康的进步，有了这样的价值理念，就有利于我们去追求事业的进步、追求事业的卓越。如果人人都追求进步、勇攀高峰，那么中华民族的伟大复兴必定更快实现。

2. 公平竞争的文化价值理念

有竞争，社会才有进步，而竞争的前提是必须公平。在体育领域，起跑线上人人平等、跳高横杆前人人平等，谁也无法特殊。通过体育可以使公平竞争的价值理念更深入人心。

3. 崇尚法治、规则至上的文化价值理念

不管是竞技体育还是群众活动，都必须要有规则，而且规则面前人人平等，任何人不能特殊，循规必须做到、犯规就要受罚，所以规则至上是体育的法治，通过体育可以使崇尚法治、规则至上的文化价值理念更加深入人心

4. 克服困难、勇往直前的文化价值理念

世界冠军是克服了常人难以想象的困难才有所成就，参加群众体育也是这样，很多人参加体育健身没有恒心，不能坚持，要克服这个困难要有一定的意志。每个人身上都是懒惰和进取心并存，如果进取心战胜了懒惰，那么事业就会进步、发展，如果懒惰战胜了进取心，那么事业就退步、失败。通过体育可以更加弘扬克服困难、勇往直前的价值理念

5. 团结合作、和谐共融的文化价值理念

体育本质上不是个体的活动，而是集体的活动。共同参与、增进了解、增进友谊，促进同事和谐、邻里和谐、家庭和谐。团结合作才能进行体育活动，这就有利于消除矛盾、消除隔阂。体育是人与人之间、社会矛盾的减压阀、润滑剂。

（二）聚合、凝聚功能

体育更是一种精神。在增强民族凝聚力、激励民族精神、弘扬爱国主义上面发挥着独特甚至是不可替代的作用。国际赛场上奋勇拼搏，为国争光，民族精神得到了极大的弘扬；升国旗奏国歌，给国人极大振奋。1959 年容国团获得了中国第一个世界冠军；1961 年第 26 届世乒赛在北京举行，中国获得数个冠军；1960 年中国登山队登上珠穆朗玛峰；

20 世纪 80 年代初中国女排五连冠；1984 年中国在奥运会上实现金牌零的突破等，都给国人极大振奋、极大激励。近年来同样如此，我们在每届奥运会上都升国旗、奏国歌。2008 年北京奥运会的成功举行，不仅提升了提升民族自豪感、增强民族凝聚力，同时也让世界了解、认识了中国。

（三）调节和引导社会生活功能

体育是推动社会进步的载体，在人类社会的发展过程中，体育运动与社会的关系越来越密切。一方面体育运动自身作为一种社会行为，社会活动介入到社会生活；另一方面作为社会的“缩影”和“焦点”，浓缩和反映了社会关系，社会心理和社会行为的种种现状，能动地对社会的变革起到促进作用。体育是社会发展的重要组成部分。

（四）传承和传播文化功能

体育自身就具有独特的文化价值和文化作用，是重要的文化载体和文化传播窗口。体育和音乐一样，是一种通行世界的语言，大家通过体育相互了解、相互交流，通过体育这个窗口来达到国家和地区之间交流合作、体现一个国家和地区综合实力、特别是文化软实力的目的。体育能把不同国家、民族、宗教、信仰，甚至还是相互敌对或战争状态中的人们如此大规模地聚在一起，通过体育来展现国家、地区的形象，来扩大影响力。奥运会、亚运会都成为蔚为壮观的文化现象。

（五）吸收、融合先进文化功能

体育还是一种艺术。不论是观看比赛还是亲自参与体育运动，人们都从中得到美的享受，都从中来满足精神文化需求，而且体育还与其他艺术门类相融合，给体育音乐、体育绘画、体育雕塑、体育摄影、体育电影、体育电视等提供了非常丰富的创作源泉。

（六）创造、更新文化功能

创造、更新也是体育文化发展过程的特性。要适应社会的发展，体育文化绝不能原封不动的，一代又一代的传承，而是随着历史的变化，有时甚至是剧烈的变化。这种变化可以在自发的状态下自然形成，也可以是人为的、有意识的变革。体育文化的创新，实际上就是体育文化特质和情结的产生以及社会文化要素的融入，由此引起体育文化局部或整体改变。人性的发展和人的发展与体育文化创新密切相连。体育文化的产生和发展改善人类的生物属性，人类的野蛮性、攻击性和破坏性所表现出来的社会行为，被体育文化改善成为非暴力的竞技运动和体育运动，在这个过程中人类不仅发展个性，还完善自身。同时，完善个性又会对体育文化不断产生新的需求。体育文化各个层面的发展依赖社会政治、经济和文化的发展。体育文化各个层面的发展和创新都与社会生产、生活有关。

第二节　中国传统体育文化

一、中国传统体育文化的特点

世界体育发展史表明，早在史前时代，特别是在原始社会末期，由于生存环境、文化传统不同，世界各地区的民族都创造了各自内容不同、风格各异的体育活动形式。冰雪环境中的爱斯基摩人，海岛上的塔斯马尼亚人，以农业经济为主的北非尼罗河和东西黄河流域的先民，荷马时代的古希腊人，北美草原上的易洛魁人等，都有适应自己生存环境和生活方式的独特的体育实践形式。进入文明时代以后，这些体育形式逐渐进一步形成了自己的个性。按地域和其主要特点，可归纳为“西方”和“东方”两种主要形态。前者以南欧的古希腊体育为代表，其特点是重视表现自我的竞技运动；后者以东亚的中国和南亚的印度为代表，其特点是重视医疗保健体育，最有特色的当属武术和气功。

从决定文化特点的传统思维方式来认识中国传统体育文化的特点，可以说，强调整体性是中国传统体育文化的最大特点。因为中国人自古代起就习惯于从整体方面认识事物，把人、自然和社会看成是一个不可分割的有机整体，以主客体统一为基础，把世界看作是由两种相对应的事物（即阴阳）构成的统一体，并由这两种对应事物的矛盾运动推动事物的发生发展。当代我国哲学家季羡林先生说：“东方的思维方式、东方的特点是综合”。在这样一种中国传统思维方式特征影响下，中国传统体育文化带上了十分明显的整体性思维方式特征，具体表现在如下三个方面：

（一）中国传统体育追求与自然的统一

武术是中国传统体育的典型代表，虽然它的拳种流派很多，但一般都要求根据大自然季节和地理环境的变化采取不同的练习方法。如《形意拳理论研究》一书认为，形意拳之锻炼，需要与四时相配，要顺应四季发展的规律，即春发、夏放、秋收、冬藏。在春天练拳时，应注重内气、内功的焕发，走势宜悠，发劲宜柔，使筋络渐渐舒伸开展；夏天练拳时，适宜发放劲力，也不至于伤筋扭骨；进入中秋、深秋时练拳，则应少发暴力，应内收劲力；在严冬季节练拳更应深藏劲力，不可急发暴力。流行于广东的“少林八卦五行功”则要求练功者根据不同的季节，分别进行卧功、坐功、站功和走功的练习。

除了在练功时间上追求与自然变化相统一外，对练功与地理环境统一的追求也是中国武术的一大特点。在传统武术训练中，一般都要求训练场所“须择山林茂盛之地，或奇观庄严之处，或房屋洁净之区”。八卦掌大师程廷华认为，训练中“得天气之清者为之精，得地气之灵者为之灵。二者皆得，方为神化之功”（康戈武：《中国武术实用大全》第66页，北京，今日中国出版社，1990年）。

（二）中国传统体育追求练神与练形的统一

所谓形，也称身或外，指形体，包括人体的皮肉、筋骨、脉络、脏腑及充盈其间的精血，它是人体生命活动的物质外壳；而神，也称心或内，指人体的精神思维活动，包括意识、心理等活动。在对待形神关系上，我国传统观点历来是主张形神为一相互联系的有机整体，用《黄帝内经》的话说就是，一方面“形体不蔽，精神不散”，在另一方面，“精神内伤，身必败亡”。

在上述思想指导下，中国传统体育主张以动养形，以静养神，形神共养。针对人之形体喜静不喜动、人之精神喜动不喜静的特点，早在春秋时期即已认识到：“流水不腐，户枢不蠹，动也。形气亦然，形不动则精不流，精不流则气郁。”汉代名医华佗亦说：“动摇则谷气得消，血脉流通，病不得生，譬如户枢不朽是也。”从而创编了运动强身法“五禽戏”。后世所创编的丰富多彩的运动健身方法也由这种思想而来。在中国古人主张动以养形的同时，对于以静养神也给予了高度重视，创编了无数以静养神的方法，即以“气功”称之的各种功法。

最能体现形神共养共练特点的是，中国传统体育强调动中有静，静中有动，动静结合。如气功中的静功是指练功时躯体在空间位置保持不动的一类功法，虽从外形上没有有意识的肢体运动，但要求此精神也要宁静，但气血却要在意念的支配下形成有意识的运动状态。这是动静结合的一种形式。另外一种形式是指气功中动功和武术的一般练习方法。气功的动功是指练功时，躯体在空间的位置不断地发生变化的一类功法。此时，人体外形在有意识地运动，而精神活动却要求保持专一宁静。从而做到了动静结合。在传统武术练习中流传有“内练一口气，外练筋骨皮”的说法。《少林拳法秘诀》亦说：“盖以外功之练习，乃肉体筋骨所有事，而内功之修养，实生命精神所皈依。离而二之，则为江湖末技，合而一之，则为神功极致。”这就充分体现了中国传统体育文化的整体性特点。

（三）中国传统体育追求培养人与社会相和谐的意识

传统整体思维方式特征表现在人和社会的关系上，即追求和谐稳定的人际关系和对社会规范的服从上。这一特征反映在中国传统体育上即是中国武术的武德文化。中国武术众多的拳种流派，几乎都无一例外地重视对习武者武德操行的培养和教育，从而制定有许多戒约、规定。如苌家拳《初学条目》规定：“学拳宜以德行为先，方是正人君子。学拳宜以涵养为本，举动间要平心气和，善气迎人。”《昆吾剑箴言》具体规定了“十不传”，即“人品不端者不传；不忠不孝者不传；人而无恒者不传；不知珍重者不传；文武不就者不传；借此求财者不传；俗气入骨者不传；市井人不传；拳脚行不传；宁可失传也不轻传。何也？恐有玷昆吾之高尚也”。在处理人际关系上，儒家文化推行中庸之道，谦逊恭敬重视和合，致使传统武林也非常讲究这些行为规范。如《少林戒约》云：“平日对待师长，宜敬谨从事，勿得有违抗傲慢之行为。”“对待侪辈，须和顺温良。诚信勿欺。”

中国传统体育这种追求培养人与社会相和谐的意识的特点，充分体现了中国传统体育的整体性特点。

二、中国传统体育文化的功能

中国传统体育文化的功能主要表现在以下几个方面：

（一）中国传统体育文化成为中国传统体育社会的标志

根据文化学理论，在不同的国家、民族或群体之间，文化所表现的区别要比人类的皮肤颜色或任何其他生理现象所表现的区别深刻得多。地域、疆界只能划出两个国家、民族形式上的区别，只有文化才能表现出其内在本质上的区别。作为中国传统文化组成部分的中国传统体育文化也不例外。只要说到武术、气功，或体育文化的整体性特征，人们就马上想到是中国传统体育文化的东西；而一说到奥林匹克运动、奥运会，人们马上也会认识到那是属于西方体育文化的范畴。

（二）中国传统体育文化使中国传统体育社会有了系统的行为规范

一般来说，有了文化，人们便有了行为标准。文化也使人们相互间的行为功能协调和相互配合。文化使一个社会的规范、观念更为系统化，文化集合解释着一个社会的全部价值观和规范体系。同样，中国传统体育文化也使得中国传统体育社会的各种规范和观念更为系统化，包括诸如习武者的所属门派；饮食；穿着；庆贺的要求和方式；拜师的仪式；行为的戒约、规定；追求的最高理想等等。

（三）中国传统体育文化使中国传统体育社会的团结有了重要基础

这一点也常被称做文化的整合功能，即使社会形成为一个整体。从文化整合的观点出发，中国传统体育文化中的观念文化、制度文化和器物手段文化等都从不同侧面维持着中国传统体育社会的团结。体育观念文化，例如武德文化从思想上驯化着中国传统体育社会的成员；制度文化，例如各种戒约规定约束着体育社会成员的行为，实现着控制作用；器物手段文化，例如各门各派所传授的各种功法、拳种、器械操作要求等，都使得各自门派的师徒产生认同和友谊。

（四）中国传统体育文化塑造了中国传统体育社会中的每一个成员

社会学理论认为，人刚生下来时还只是一个生物的人，没有思想，没有知识。人怎样从一个生物的人演变成一个社会的人呢？最主要就是一步步接受了文化。中国传统体育社会中的每一个成员正是在一步步接受了中国传统体育文化的熏陶之后，才成为一名合格的体育社会成员，一名具有中国传统体育文化特点的社会成员。

第三节　东、西方体育文化的比较

每个民族的文化都有各自的独创性和不同的历史渊源，不能厚此薄彼。自古以来，人们习惯把世界分为东方和西方，顺理成章，整个世界文化也被分为东方文化和西方文化，由此，体育文化也被分为东方体育文化和西方体育文化两大类。其中，东方体育文化包括中国传统体育文化、印度体育文化、日本体育文化和伊斯兰体育文化；西方体育文化主要是欧美体育文化。由于东西方文化的不同特质，使东西方体育文化也必然存在着差异。

一、东方体育文化

东方体育文化，是以中国、日本、印度、朝鲜等亚洲国家为代表的。在一种闭关自守的封建社会条件下，使他们在古代所形成的兴旺发达的状况在近代未得到进一步充分的发展，从而使东方体育进入了一个停滞和衰落的时期。到了 20 世纪 50 年代以来，东方社会条件发生了根本性的改变，缩小了在经济、文化和科技发展上与西方的差距，中国、朝鲜、越南等亚洲社会主义国家的崛起和亚洲四小龙在经济、文化和科技上的高速发展，使以亚洲诸国为代表的东方体育在与奥林匹克运动为核心的西方体育的相互交汇，融合中得到迅速发展。就中国而言，经过世代的传承，擅变和发展，逐渐形成了自己独特的风格和特质；形成了以养身健体、道德培养为主要目的，并高度吻合了中国传统文化的基本精神和由这种文化所锻造的民族性格的体育形态：形成了一个结构稳定，区别于世界上其他任何国家体育形态的独立体育文化体系。鸦片战争后，西方体育相继传入中国，从而使东西方体育文化相互交汇和融合，并逐步形成了一种东西方体育文化的相互迁移和相互竞争，共同提高的新格局。

二、西方体育文化

西方体育文化，起源于古希腊、罗马的西欧文化。古希腊时期，古希腊十分重视对青年的身体训练，公元前 300 多年前教育家柏拉图在他的身心调和论的教育设计中，规划了各种年龄体育活动的内容和要求。在文艺复兴时期，英国教育家洛克首先提出了“三育学说”，即把教育分为体育、德育和智育三部分。并强调“健全之精神，富于健全之身体”。19 世纪产生革命后，当时德国体操盛行，与此同时，美国球类运动，法国体育也都迅速发展起来。其主要内容有田径、体操、举重以及各种球类运动等。这些运动特别强调肌肉锻炼和体格健壮。研究表明，西方体育文化的特征，是和相适应的资本主义历史条件以及竞争，冒险的哲学思想有关，从而形成了重视“练形”、健美、讲究外在统一和竞争激进的风格。

19世纪末，西方体育文化发展的直接结果产生了奥林匹克运动。奥林匹克运动经历了一个世纪的发展，终于成为一个超越体育范畴，影响和波及国际政治、经济和文化的相对独立的社会现象。同时，西方社会伴随着物质文明的高速发展，人们越来越对现代社会中缺乏运动以及精神颓废的生活感到失望和厌倦，因而对竭力想摆脱这种状况的西方人来说，东方体育中的许多体育思想和运动方式，对他们来说越来越具有吸引力。

三、东、西方体育文化特征

（一）东方体育文化特征

1. 在体育性状上

无论是印度的瑜伽，还是中国的养生术和太极拳，都鲜明地体现了东方体育文化讲究“整体”“平衡”“统一”的特征，表现出“中庸”“中和”的价值原则。

2. 在体育价值观上

表现为内向性、封闭性，体现出较强的“民族本位论”，并在一定程度上扼杀了体育的竞争性。如以农耕文明为背景的中国体育文化，根源于农业文明中成长起来的儒家文化，主张修身养性，重节制、求持重。

3. 在体育形态、内容、手段上

表现为强调整体效果和直观感受，意念和内部修炼等，极其强烈地体现出东方文化的哲理和民族特征。如太极拳强调的刚柔相济，不偏不倚，并在长期的民族文化的熏陶下演化成集技击、健身、娱乐、观赏于一体的运动。

4. 在竞技观方面

强调道德对于人生和社会的重要性，也在一定程度上潜移默化地抑制了人的阳刚之气和竞争意识，淡化了习惯上意识的运动色彩，对运动效果的衡量方面主要体现在人格的高低和修养的深浅上。

（二）西方体育文化特征

1. 在体育性状上

西方文化在早期受到资本主义商品经济与自由竞争的影响下，强调个人进取和利益，体现出追求冒险、激进等特征。

2. 在体育价值观上

表现出外在统一和自由竞争以及强、勇、险的特征，体现出了“人本主义”。如西方人通常把健美和肌肉发达视为崇拜的偶像，古希腊人追求的人体艺术和人体雕塑，是西方体育追求完美人体的重要标志。古希腊对力的崇拜与对肉体的赞美构成了西方对健康人格的基本审美倾向，这种倾向影响着古希腊体育活动中的主体思想。

3. 在体育形态、内容和手段方面

表现为注重个人外形锻炼，对人体外形的称颂。肌肉的健美，体格的健壮是其追求的目标。通过身体外部运动，达到身体健美，并创造了许多身体练习的手段。如健美运动中对身体各部位进行锻炼，达到肌肉与力量、速度的完美结合，以促进身体发展，达到人体美化，并获得精神上的快感。

4. 在竞技观方面

竞争是西方体育运动的灵魂，他们追求更高、更快、更强，强调超越自然、极限。在军事体育文化的影响下，以取胜为目标，提倡竞争，追求在对抗中取胜，表现得淋漓尽致。

四、东、西方体育文化发展趋势

以儒家为核心的东方体育文化和以新教伦理为核心的西方体育文化，都是人类共同的体育文化。虽然有两股不同的文化源流，带有各自核心文化的色彩和特征。但同时随着近代自然科学的发展，特别是随着文化全球化的到来，这种原来互相隔绝的传统文化正在相互交流中也促使东、西方体育文化逐渐互相渗透，互相借用，乃至互相认同。

例如人们对于运动员在奥运会上服用兴奋剂等丑恶现象的日益增多，却又感到这些困惑无法解决的时候，引起了对东方体育文化中倡导的道德方式、文明行为等热情的关注。

（一）在体育文化思想上的认同

东方体育文化在儒家思想的熏陶下，逐渐形成了融养生健体、道德教育、娱乐竞技于一体的独特风格，这和现代体育思想提倡的体育道德、公平竞争、平等参与精神是一致的。这种中国传统体育文化中具有的诚实无欺、修身养性和对理想社会的追求，深得体育界的广泛认同。

东方的传统生命观、健康观和与此相适应的保健体育，蕴涵着人体生命科学的丰富内容，对指导人类的保健活动，具有十分重要的意义。在奥林匹克运动文化风靡世界的今天，东方体育文化以其特有的魅力悄然升起。

随着西方物质文明的高速发展，人们越来越对现代社会中精神颓废的生活感到失望和厌倦。而东方体育中强调“养生修性”，练养结合，动静平衡的体育思想，对西方人来说具有极大的吸引力，他们试图从东方的处世之道和养生方法中寻求出路。

人类对仅追求胜负与狂热刺激的西方体育竞技日感不满，人们需要更多层面的身心体验和更深邃的高情感活动。东方体育具有注重肉体和精神统一的文化价值特征，在缓解高科技带给人类的不良影响方面，具有划时代的功能效应，成为满足人类精神需求，促进人类身心健康的高情感体育活动。

（二）在体育文化内容方面的认同

体育文化内容的认同，不仅表现在形式上，而且还表现在内涵方面。在西方奥林匹克运动的巨大影响下，东方体育文化不再是封闭环境里的自足体，而是在同西方体育文化相互融合，相互竞争的汇流中迅速发展。如中国的武术是在总结人类劳动、生活技术、技能中分解、综合提炼出来的，它所蕴涵的技击意识、健身、观赏价值不仅在国内长盛不衰，而且已经逐步被西方人所接受。同时，具有西方的实用主义文化特征的拳击运动，也逐步在东方展开。

另外，起源于20世纪20年代英国的足球博彩活动也已经在全世界日益展开。目前，国际足球彩票联合会已经拥有60个国家的102个会员，已有37个国家发行各种形式的足球彩票等等。

由此可见，随着体育的全球化，东、西方体育文化必然会在逐渐认同中互相借用，文化“借用”越多，将进一步促进东、西方体育文化向一种新型的体育文化发展。

东西方体育文化的冲撞与融合，必然导致新一轮人体生命科学的革命，其最终结果必将以人的身心和谐发展为归宿。

第四节 奥林匹克文化

一、奥林匹克文化的界定

奥林匹克文化是一个非常广泛的概念，它包括奥林匹克运动的全部思想和活动内容，是社会文化的一个组成部分，是在古代和现代奥林匹克运动实践中所创造的一切精神财富的总和。

二、奥林匹克文化的内涵

奥林匹克涉及从物质文明到精神文明、从个体到社会、从具体到抽象的各个方面，充分体现了奥林匹克运动丰富的文化内涵。

奥林匹克文化已经成为当今世界体育文化发展的主流文化，成为各民族展示自身文化以及政治、经济、科技等多视角的立体视窗。奥林匹克运动已成为当今世界一种独特的文化现象，其社会活动形态作用于社会的不仅仅是体育力量，它对人们的行为趋向、道德升华、心理感受、价值观念、文明导向等许多方面有着巨大的感染力和影响力。

奥林匹克运动持续时间长，影响广泛深远，归结于它有丰富的文化内涵。

（一）突出的人文性

《奥林匹克宪章》明确表述："奥林匹克的宗旨是使体育运动为人的和谐发展服务，以促进建立一个维护人的尊严、和平的社会。"奥林匹克主义倡导，以宽广的胸怀和开阔的视野善待各国的文明成果，以尊重替代歧视，以交流代替排斥，以友好竞争代替对抗，以共处代替冲突。这正是不同文化的文明，不同民族国家共同追求的目标。

（二）鲜明的象征性

顾拜旦说："奥林匹克运动是一个伟大的象征。"奥林匹克运动表现了人类社会的团结、进步、友谊。在奥林匹克运动中有一系列独特鲜明的象征性标志，如奥林匹克标志、格言、奥运会会旗、会歌、会标、奖牌、吉祥物等。这些标志有着丰富的文化内涵。用简明洗练的艺术形象符号，表达奥林匹克思想的基本点，将抽象的概念变为可见的、可听的、可触的物质文化，反映了人们对奥林匹克运动的深化认知。奥林匹克标志中，蓝、黄、黑、绿、红互相套接的五环已经成为世界和平、民族团结的象征。奥林匹克"更快、更高、更强"的格言，既是指在竞技场上不断地战胜自己，挑战新的极限，同时也鼓励人们在生活的各个方面不断地超越自我，永远保持蓬勃朝气。奥林匹克的吉祥物，多用本民族传统文化中喜闻乐见的动物，进行艺术加工，使之拟人化，从而变得更加诙谐而富有人情味，成为奥运会的象征物。

（三）浓郁的艺术性

在奥林匹克各种活动中，为了增加高雅的情趣，人们运用各种艺术手段，使这些活动达到极高的审美意境，洋溢着浓郁的艺术气息。

奥林匹克运动是人体创造和展示美的最高形式。这里不仅展示世界第一流的人体美，如人体形态美、力的美、运动的美等，而且也集中了其他多种文化艺术形式的美。人们创造这些美好事物的同时也加深了自己的美感修养，而人们对这些美好事物的欣赏，也就是接受美感的过程。美在现实社会的作用，就是陶冶人的情感，协调社会生活，达到人与生活环境，人与人之间的协调。提倡美，以美来陶冶人的精神，可以使现实生活得到升华。在这种意义上说，奥林匹克运动也是一种大规模的美育过程，运用艺术美提高整个人类社会的精神风貌，这也是人文性的重要表现。

（四）内涵的丰富性

奥林匹克运动是以体育运动为基本内容的一种社会文化现象，但不局限于体育这一领域，有着丰富的文化内涵。现代奥林匹克运动各种文化形式包括美术、音乐、舞蹈、建筑艺术、雕塑、文学等。奥林匹克涉及从物质文明到精神文明、从个体到社会、从具体到抽象的各个方面，成为这一恢弘的社会文化运动的组成部分。从某种程度上说，奥林匹克运动就是一个五彩缤纷的艺术天地。这里有别具特色的奥林匹克建筑、形象生动的绘画和雕塑、旋律起伏的声乐、舞蹈、文学和歌舞等，充分体现了奥林匹克运动丰富的文化内涵。

（五）组成的多元性

古代奥林匹克运动源于希腊，因而带有浓厚的以古希腊文化为主体的西方文化的烙印。现代奥林匹克运动历经百年，普及全世界，无论从参赛国家，还是参赛运动员都越来越多广泛。奥运会的规模和影响力也越来越大。因此，奥林匹克运动的普及要求其文化的多元性。奥运会在哪儿举办，奥林匹克运动的文化就要与举办国的文化相互交融，从而组成其文化的多元性。另外，奥运会还会吸纳举办国的民族传统项目，如中国的武术、日本的柔道、美国的篮球、巴西的足球等来丰富自己，因而使奥林匹克运动的文化特色彼此兼容，相互包容发展成为五彩缤纷的多元文化，为奥林匹克的持续发展和生长提供了广阔的空间和肥沃的土壤。

（六）坚硬的强势性

奥林匹克对世界和平的向往与号召成为一种强势文化，它对各种民族文化具有强大的感召、同化、融合、兼容和统摄的力量，具有强大的生命力。当然，经济全球化为奥运会的强劲势头奠定了强大的物质基础，使它如虎添翼。

三、奥林匹克主义

奥林匹克主义是现代奥林匹克运动奠基人皮埃尔·德·顾拜旦提出的，它是《奥林匹克宪章》基本原则的理论基础，是奥林匹克精神的核心。现代奥林匹克主义是一种生活哲学，它把提高人的体质、才智和意志素质结合为一平衡的整体，把体育运动与文化和教育融合起来，创造一种使人们在奋斗中寻求乐趣的生活方式。现代奥林匹克主义追求典范的教育价值，尊重普遍的基本伦理原则。现代奥林匹克主义的最终目标是使体育运动为人的和谐发展服务，促进和建立一个维护人的尊严的和平社会。

四、奥林匹克精神

奥林匹克精神是奥林匹克运动的实质内容，《奥林匹克宪章》指出，奥林匹克精神就是相互了解、友谊、团结和公平竞争的精神。通常它包括参与原则、竞争原则、公正原则、友谊原则和奋斗原则。

（一）参与原则

“参与原则是奥林匹克精神的第一项原则，参与是基础，没有参与，就谈不上奥林匹克的理想、原则和宗旨等等。”

“参与比取胜更重要”这句格言最早是美国一位主教提出来的。1908年伦敦举行第4届奥运会时，顾拜旦引用了这句话。后来，顾拜旦在1936年奥运会演讲时也说过：“奥运会重要的不是胜利，而是参与；生活的本质不是索取，而是奋斗。”反映了奥林匹克运动的国际性和广泛的群众性，这一原则已被世界各国运动员和广大群众所广泛接受。

（二）竞争原则

竞争原则表明奥林匹克运动是一项倡导挑战与竞争的社会活动。竞争是奥林匹克运动的基本形式，也是推动人类社会进步的基本形式之一。人类在竞争中，勇于向世界强手和先进水平挑战，不断超越自我、超越他人，有所发展、有所创新、有所前进。

（三）公正原则

公正原则是参与奥林匹克竞争的行为规范。奥林匹克精神蕴含了公正、平等、正义的内容，承认一切符合公正原则的优胜，唾弃和否定一切不符合道德规范的行为。公正原则使奥林匹克精神具有了极大魅力。

（四）友谊原则

友谊原则是奥林匹克运动的目的。“和平、友谊、进步”这是奥林匹克宗旨，不仅是奥林匹克运动会最基本的出发点，而且也是奥林匹克精神的重要内容之一。奥林匹克运动不仅仅是一项单纯的体育活动，其最高目标，是要通过体育活动的手段，把世界上不同国度、不同种族、不同语言、不同宗教信仰的人凝聚在一起，使大家相互交往，增进了解和友谊，进而达到世界的团结、和平、进步的目的。

（五）奋斗原则

奋斗原则是奥林匹克精神的灵魂。“更快、更高、更强”的奥林匹克格言，是奥林匹克精神的另一基本点，体现一种敢于拼搏、不断进取、永远奋发向上的奋发精神。奋斗精神是人类得以繁衍生息、繁荣昌盛的重要品质，是人类最伟大、最可称颂的内在力量。它不仅具有鲜明的体育运动的竞技特色，激励着运动员在赛场上奋勇拼搏，争取最好成绩，同时也激励着社会中每一个人在生活的各个方面不断超越自己，不断创新提高，反映了奥林匹克运动的进步性。

奥林匹克五环徽记，象征着五大洲的团结，以及全世界的运动员以公正、坦率的友好态度参与比赛，充分体现奥林匹克运动的团结精神。

奥林匹克精神的目的在于促进人类的精神发展，以此造就全面发展的人。它的意图是教育人，锻炼人的性格，培养人的道德，发展古希腊人的理想——“美丽、健康”。奥林匹克精神的教育对象不只是那些参加体育运动的人，还包括人民大众。

奥林匹克精神是现代社会文明的一大奇迹。它期望建立一个没有任何歧视的社会，培养人们之间真诚的理解、合作和友谊、承认在平等的条件下为获得荣誉的公平竞争，为人们在社会的其他领域树立了一个独特而光辉的榜样。

五、奥林匹克理想

奥林匹克理想是奥林匹克主义和奥林匹克精神的综合体现，是人们对于奥林匹克运动未来和前景的向往及希望。奥林匹克主义和精神所倡导的人的全面发展、人类社会的和谐、公正、未来生活的和平美好，符合人类社会发展所追求的崇高目标，在一定程度上满足了现代社会对对人类社会正义事业所需达到的目标。因而，它也越来越受到世界社会的响应、参与和共同推进其发展。

奥林匹克理想体系是现代社会文明的奇迹，它期望建立一个没存任何歧视的社会，培养人们之间真诚的理解和友谊，永远在平等的条件下获得荣誉的公平竞争，为人们在社会的其他领域树立了一个独特而光辉的榜样。奥林匹克理想是普遍概念。所有能使人变得更好的原则，都包含在它明亮的光环里。

奥林匹克理想的初级活动形式是奥林匹克运动，它是永恒的。它不分男女老少，不分运动水平高低，面向所有的社会阶层，包括一切运动和竞技项目。奥林匹克的目的就是参与—这也是奥林匹克理想的基本点。

奥林匹克运动是人们学习奥林匹克宗旨、理想、主义及奥林匹克精神永恒的学校。人们将它视为生活的原则，并进一步发展到社会生活的各个领域。

所有的体育活动都是奥林匹克理想的组成部分。奥林匹克运动是对大众而言的，它的目标不是让少数人去挑选金牌，而是为所有的人提供机会，让不同年龄和性别的人们都去进行体育锻炼。它的口号是“体育为大众”。在参加体育运动的千百万人中，只有少数杰出的人能参加奥林匹克伟大的、和平的世界庆典——奥运会。因此，如果没有奥林匹克漫长而不懈的努力，就不可能在人民中普及和加强奥林匹克精神意识。奥林匹克和奥运会保证了奥林匹克精神的实现，二者是一个有机的整体，不能分割。

六、奥林匹克组织

奥林匹克运动的思想体系能够得到贯彻，各种活动能够付诸实施，是因为奥林匹克运动有一个结构完备、功能齐全的组织体系。它主要由国际奥委会、国际单项体育联合会和各个国家或地区的奥委会三部分组成。这三者通常被称为奥林匹克运动的三大支柱，它们与奥运会组委会等其他体育组织互相配合，相辅相成，保证着奥林匹克运动的正常运行。

（一）国际奥林匹克委员会

国际奥委会于1894年6月13日成立，是一个非政府性的，非盈利性的和永久性的国际组织，它以协会的形式存在，具有法人资格。1981年9月17日得到瑞士联邦委员会的承认。它的组织机构形式是：国际奥委会全体委员会议（简称“全会”），执委会和主席，是现代的最高权力机构，是奥林匹克运动的领导者、指导者、捍卫者和仲裁者。

国际奥委会从它认为合格的人士中挑选委员，作为国际奥委会在其国家的代表，而不是其国家在国际奥委会的代表。这就是国际奥委会独特的“逆向代表”制。

候选人由执委会向全会推荐，全会以多数票通过后即生效。委员须为其定居地或主要利益中心所在地国家和地区的国民，而且该国和地区有被国际奥委会承认的国家和地区奥委会。须至少会说一种国际奥委会使用的语言。

国际奥委会成立后的87年中没有妇女委员，从1981年起开始接纳妇女委员。现在国际奥委会126委员中有12名女性委员。自1922年王正廷担任国际奥委会委员以来，中国先后有孔祥熙、董守义、徐亨（中国台北）、何振梁、吴经国（中国台北）、吕圣荣（女）、霍震霆（中国香港）和于再清先后进入国际奥委会。何振梁现任国际奥委会文化委员会主任，曾任国际奥委会副主席和执委，于再清在2004年8月当选为国际奥委会执委，成为国际奥委会历史上第二位中国执委。

全会至少每年召开一次。它是国际奥委会的最高权力机构，负责对奥林匹克宪章的制订、修改和解释；选举奥运会举办城市；选举国际奥委会委员。全会的决定是最终的。

国际奥委会执委会由主席一人，副主席四人和另外十名委员组成。主席任期八年，可连选连任四年。副主席任期四年，但至少经过四年的间隔才能重新当选此职。执委任期四年，在卸任的当年不得连选连任，除非他当选上主席或副主席。

从1894年至今已有8任主席，他们是：希腊的维凯拉斯（1894—1896）、法国的顾拜旦（1896—1925）、比利时的巴耶·拉图尔（1925—1942）、瑞典的埃德斯特隆（1942—1952）、美国的布伦戴奇（1952—1972）、爱尔兰的基拉宁（1972—1980）、西班牙的萨马兰奇（1980—2001）和比利时的罗格（2001—）。

（二）国际单项体育联合会

国际单项体育联合会指的是在世界范围内管辖一项或几项运动项目。并接纳若干管辖这些项目的国家和地区级团体的非官方的国际性组织。大多数国际单项体育联合会仅管理一项体育项目（如国际篮联、国际足联），而有些国际单项体育联合会则管理几个运动项目。例如国际游泳联合会，它不仅管理游泳，还管理跳水、水球和花样游泳。

目前，得到国际奥委会承认的国际单项体育联合会共有64个，其中列入奥运会项目的有35个。

根据《奥林匹克宪章》的规定，国际单项体育联合会在奥林匹克运动中的主要任务是负责它所管辖的运动项目的技术和行政管理方面的工作。其具体作用是，制定并推行本运动项目的规则并保证该项目在全世界的开展；制定奥运会参赛标准；负责本项目的技术监督和指导。

（三）国家、地区奥委会委员会

国家、地区奥委会是按照《奥林匹克宪章》的规定建立起来，并得到国际奥委会承认的负责在一个国家或地区开展奥林匹克运动的组织。国家、地区奥委会是奥林匹克运动的基本功能单位。国际奥委会和国际单项体育联合会组织的各种奥林匹克活动，最终都要由国家或地区奥委会来承担、执行和完成。

国家、地区奥委会担负着依据《奥林匹克宪章》在各自国家或地区发展和维护奥林匹克运动的重大任务，其具体职能是：宣传奥林匹克主义的基本原则；保证奥林匹克宪章在本地得到遵守；促进运动技术水平以及群众体育的发展；培训体育管理人员，保证这些培训有助于传播奥林匹克主义的基本原则；维护体育道德；选定适于举办奥运会的城市，组织和领导各自代表团参加奥运会和国际奥委会赞助的地区、洲或世界性的综合运动会。

到2012年，被国际奥委会承认的国家和地区奥委会已达205个（194国家，11各地区），遍及全世界，它们在奥林匹克运动中起着重要作用。

七、奥林匹克文化的价值

不同地域、不同民族以及不同的时代，其文化形态也是不尽相同的，而文化形态又约束和规范着不同地域、不同民族及不同时代人们的思想和行为习惯。奥林匹克运动作为一种独立的社会文化形态也表现出其特有的价值，在人类社会的发展过程中，左右着人类的物质层面和精神层面的价值取向。

奥林匹克运动文化主题的设计从一开始就一直是人类在生存与发展的过程中所向往的文化价值的体现，奥林匹克格言、奥林匹克主义、奥林匹克精神等等，则对其文化价值作出了十分精髓的阐述。总的来说，奥林匹克运动文化的价值可以概括为以下几个方面。

（一）有助于社会价值观念的提升

竞争是奥林匹克精神的核心之一。奥林匹克精神是一种理想，它总是表现着人战胜自我的海格里斯精神。这一胜利不会完全取得，因而总需要不断努力。于是，奥林匹克精神为人类之间的相互竞争提供了道德基础和伦理准则。奥林匹克的这一精神远远超出了体育场的范畴，在在经济社会许多领域有着重要的推演价值。

（二）有利于平等观念的建立

《奥林匹克宪章》规定："努力使运动中普遍贯彻公平竞赛的精神，消除暴力行为"。在竞技体育比赛中所实行的规则、裁判、仲裁、竞赛、选拔和奖励等，与市场经济的"行为准则"是一致的。奥林匹克文化的宣扬与普及对于人们接受市场经济的各种基本原则，无疑是有益的。

（三）有益于道德观念的建设

奥林匹克对"重要的是参与，而不是取胜"精神的提倡，奥林匹克强调对青少年所起的教育作用以及奥林匹克对尔虞我诈欺骗行为的坚决抵制，都可以为社会树立良好的道德规范，为市场经济的健康发展提供一个良好的道德环境。可以说，我国的传统文化由于奥林匹克文化的渗透和影响变得更有生气，我国的现代化建设因为有了奥林匹克文化的介入将充满活力。

（四）有益于和谐社会的构建

由"人文"所构成的精神在奥运会的总体结构中至关重要，它是现代奥运会持续、全面、和谐发展的一个不可缺少的重要纬度。奥林匹克运动是"通过体育运动在增进相互了解和友谊的精神方面教育青年，从而有助于建立一个良好的更加和平的世界"，"在全世界推广奥林匹克原则，从而创立国际友好。"是要通过体育使整个人类都看到自身发展的希望和前途，使整个人类都变得明智起来、友爱起来。人文奥运精神的重建无疑是社会和谐发展过程中不可缺少的激励因素和动力支持。

（五）有益于人们生活品位的提升

现代社会人们对生活的品位，对创建新的生活方式至关重要。通过运动与比赛，人性得到丰富与发展也是个人获得在社会生活中展示自己价值的前提条件，并且人的个性的丰富与发展又会促使人与社会之间的关系进入一个良性的发展轨道。因为，健康、文明、高质量的生活方式不仅仅指人们物质生活的丰富与坚实，更为重要的是如何增强人们生活的情趣、丰富生活情感、增强生活文化的内涵。

（六）有益于继承发扬优秀文化传统，丰富世界文化遗产

文化是人类创造的不同形态的特质所构成的复合体，而那些代表一定时期民族发展水平、对民族发展具有长远影响的文化一般则被认为是优秀文化。现代奥运会是充分展示人类文化多样性的巨型舞台，也是优秀文化交流、整合、适应的桥梁和纽带。它积极鼓励各民族的风土人情、礼节习俗以及代表社会进步发展的方方面面在奥运会上相聚和提高，倡导人们以友谊和平、和谐发展的姿态走到一起，把民族文化从跨文化层面推进到全球化高度。2008 年北京奥运会的成功举办，对继承、发扬和传播我国优秀文化具有重要的历史意义和现实价值，给世界留下了独具特色的丰富的文化遗产。

第五节　大众体育文化

在人类文明的进程中，出于人类共同的需要，对人类自身生存、发展以及对享受的追

求和关注一刻也没有停止过，其力度与“灵性”也不断得到深化。正是这种大众体育文化在教育全球化的浪潮中其推动力最大，影响力最广泛，也最为深刻。

一、大众体育文化的起源与发展

大众体育文化是人们通过体育活动来满足自我实现的需要和获得满足感，促进人们养成健康向上的生活方式的体育文化活动。它的产生和发展过程渗透在人类社会发展、演变的过程中，经历了早期大众体育文化、近代大众体育文化和现代大众体育文化的三个阶段。

（一）早期大众体育文化

在人类原始社会初期，大众体育是随着体育从个体走向群族的过程而产生和发展的。早期人类在闲暇时间内，大家聚在一起，通过一定的体育活动来提高跑、跳、掷等生活基本技能和身体素质，并将这种体育活动逐渐扩展到个体平时的生活中。

这种出于生存和发展需要的最原始、最直接的目的，大众体育在东、西方传统大众体育文化中表现得淋漓尽致。如古希腊人通过身体活动，追求强壮的体魄、健美的外形，以求得更好的生存与发展。而在东方中国传统大众体育文化中，始终围绕着“养生”为主而开展，认为人与自然的结合，在于通过与自然的交换排除内部的毒气，吸取真气、互相通达、六腑调和以达到长寿而更好地生存下去的目的。

但是，早期的体育并没有形成独立的文化形态，早期人类进行体育活动的直接目的是为了生存和发展。也就是说，早期大众体育文化的根本目的是为了维持人类生存和发展的基本需要，并没有形成自己的独立的文化形态。

（二）近代大众体育文化

一方面，私有制的出现使学校教育应运而生，体育训练以一种独立的文化形态出现，并渗透到人们的生活中去。生产力的进一步发展，尤其是欧洲在大工业时代对人体的残酷摧残，人们发现已经无法通过电影、电视、无线电、报纸、杂志等庸俗的大众文化中寻找到真正克服人们在现实生活中的茫然感、孤独感和生存危机造成的恐惧感。

另一方面，体育在受到大工业对生产力的巨大发展和三大文化思想运动的作用下，逐渐趋向科学化，使黑暗中的人们再次看到了指路的明灯，人们再次提倡体育运动。

近代的大众体育文化在人们对于身体健康的强烈追求下，十分强调体育对于人类肢体健康的作用，比较注重体魄的强健，从而适应社会生存的需要，其对大众体育的物质层面的追求体现较为明显。

（三）现代大众体育文化

一方面，随着现代社会的发展，人们对于体育研究的不断深入，大众体育已经深入人心。人们对于体育的需求不再仅仅局限于求得身体的健康，体形的健美，体魄的强健，逐渐趋向于通过体育来满足精神层面的需求。

另一方面，体育文化的普及、交流与融合，使大众体育的锻炼内容、手段和方法不断得到丰富和拓展。现代大众体育已经向着促进人们身心健康和谐发展，不断地向人们阐释体育是人生存的基本权利的哲理。

二、大众体育文化的特征

综观人类的文化，包括体育文化，不仅具有共同的特征，同时也有其丰富的独特的文化个性特征，大众体育与校园体育、奥林匹克运动一样具有自己的个性特征。一般来说，大众体育文化还具有社会性、健身性、多样性和娱乐性等特征。

（一）社会性

所谓大众体育文化的社会性是指大众体育参与群体的广泛性。如奥林匹克运动会的参与者要求是具备高超技能，并具有高尚品德的运动员，奥林匹克格言是“更高、更快、更强”，体现了奥林匹克运动鲜明的竞技性；校园体育的参与者也具有一定的范围，作为学校教育的重要组成部分，它的参与对象只能集中在就读学生，体现出极强的教育性。

另外，目前国际上衡量一个国家是否属于体育强国的标准，就是一个国家的体育人口。所谓奥运会金牌的多少以及校园体育参与人数的多少都无法真正代表一个国家体育人口的数量。目前在西方国家中德国、美国等不仅在竞技体育中表现十分出色，大众体育开展地也十分活跃，是一个真正意义上的体育强国。

近年来，我国政府已经意识到了大众体育重要性，在抓好“奥运争光计划”的同时积极领导好、组织好“全民健身计划”，积极投资筹建健身场所，添置健身器材，设立全民健身网点打下了很好的社会基础，使我国体育人口迅速得到提高，很好地推动和促进了我国大众体育的发展。

（二）健身性

生存与发展是人类各种社会生产劳动实践活动最原始、最直接的目的，大众体育作为一种社会文化现象，也在为人类所追求的生存与发展的目的而开展。

研究表明，中国的传统体育文化有着悠久的历史，博大精深的篇章，是中华民族自强不息的象征。但是，中国的大众体育由于长期受到儒家思想的熏陶，较多地注重人的内在性，将健身观念建立在自我生命开发、自我完善的基础上，对身体的期望仅仅局限于养护生命、祛病、防病和延年益寿上。西方大众体育则受到资本主义商品经济的影响，追求体形健美而忽略了内在修养。不管如何，东、西方的大众体育文化表现的形式不同，但都是追求人的健康，透射出明显的健身性。

随着东、西方文化的积极交往，科学技术的迅猛发展，大众体育与现代科学相结合，逐渐形成新的独特风格走向市场。人类对于生存与发展的认识，已经不再停留在东方的“自我修炼”和西方的“体形健美”，从而给予了大众体育更为深刻的内涵。

（三）多样性

随着社会的进步，当代体育文化通过频繁的交流，东、西方体育文化的认同与借用，大众体育也体现出全球化的趋势。

在东、西方体育文化交流中，西方在反对高物质文明和余暇生活而进一步扩展了大众体育文化的内涵，呼唤着从原来与自然隔离的都是生活中解放出来，重新回归大自然。于是在继续追求冒险、激进的体育活动的同时，也注重人与自然和谐发展；东方则在文化的交流与认同中，摆脱了自我封闭的枷锁，不再固步自封，从纯粹的自我修炼转而积极吸取西方的冒险、激进精神。

现代大众体育在东、西方体育文化整合中，其锻炼内容、方法和手段得到了极大的丰富和扩展。如俄罗斯的攀岩、澳大利亚的跳崖等已为世界大众体育所接纳，并逐步朝着体育旅游、体育娱乐、野营、体育欣赏等多样化的方向发展。

（四）娱乐性

随着社会生产力的不断发展，人们的生活日益富裕，余暇的时间也越来越多，人们对于体育的要求已经不再仅仅停留在对于强健体魄的追求，更加要求能够通过体育活动获得在紧张的工作之余心理的放松和愉悦。

大众体育的锻炼内容、手段和方法不断地得到丰富，在通过体育活动满足了人们生理的需要，同时也满足了人们心理的需要，并趋向于娱乐化。如野营，人们通过体育活动，不仅锻炼和身体，更为重要的是，人们通过野营活动，使人远离了具有先进科学技术的却又是喧嚣的、充满污染的现代化城市，体验到与大自然亲密接触的感觉，从而缓和了人们紧张的心理，减轻了生活的压力，愉悦了身心。因此，不以夺标和不断超越自我为体育活动的主要目的的大众体育，体现了极强的娱乐性特征。

三、大众体育文化的价值

大众体育文化给人类带来了快感和美感，给社会带来了健康和活力，对人类社会的生存与发展有着广泛和深刻的影响，体现出极强的社会文化价值。

（一）培养人们健康的生活方式

大众文化是人类文化的组成部分，人们往往可以通过电视、报纸、非正式集会等大众媒介和大众活动，来克服生活中的恐惧感和茫然感等心理需要。虽然这种大众文化为社会普遍接受，但是缺乏鲜明的个性造成了大众文化先天的难以克服的文化弱点，并充满着浓厚的庸俗气氛。由于文化精神的缺乏，使大众文化的品质很不稳定，极容易造成大众社会人文危机和人类精神的异化。如日本的奥姆真理教、美国的太阳圣殿教、乌干达的上帝恢复实践运动组织等。

大众体育则通过多样化的锻炼内容、方法和手段，不断地充实人们的大众文化生活，营造健康的生活方式，如体育旅游、野营等。同时，大众体育通过其“健康”的理念，积极地营造健康的文化环境。尤其是在现代生活中，人们对大众体育文化所营造的健康的文化环境已经产生了一定的依赖性，引导着人们养成一种健康向上的生活方式。

（二）促进人们身心全面发展和和谐发展

大众体育随着人们对体育研究的不断深入，无论是中国的大众体育，还是西方的大众体育，都是以全面发展、和谐发展为根基。

世界体育文化的全球化，促进了东、西方大众体育的交流与发展。西方大众体育在注重形态美的基础上开始重视人的意志品质、体育道德等自身修养方面。而东方大众体育也在强调内部修炼，追求“礼”“仪”的基础上追求西方冒险、激进的体育活动内容与手段。在认同与借用中，使大众体育为促进人们身心的全面发展和和谐发展作出了十分重要的贡献。

第六节　校园体育文化

校园体育文化是学校教育的重要组成部分，是以培养学生体育精神、体育意识和体育技能，提高体育文化素养，增进学生身心健康为宗旨下开展的各种多样的校园体育文化活动，在培养身心健康和具有创新精神和实践能力的现代化人才中具有重要的作用。

一、校园体育文化的起源和发展

体育的发展在人类的历史长河中沉浮起落，校园体育文化的兴衰也随着社会的发展和变革而不断变化着。虽然西方校园体育文化和东方校园体育文化存在着民族差异性和时代差异性，但无论是以欧洲为代表的西方校园体育文化的起源的动因，还是东方校园体育文化的起源的渊源来看，其根本原因都是私有制的出现，使教育（包括体育）逐渐从人类各种社会活动中分离出来，并由于战争的军事需要产生了校园体育文化。

从校园体育文化的发展脉络来看，校园体育文化的演变大致可分为古代校园体育文化、近代校园体育文化、现代校园体育文化和当代体育文化四个阶段。

（一）古代校园体育文化

古代体育尚处在原始教育阶段，如我国商代学校称为“序”和“痒”，“序者射也”。《孟子·滕文公》，就是学射的学校，“痒”是一种乡学，是练武讲礼的学校，并容纳了有关其他体育的内容。但是，从严格意义上说，古代的学校体育还不具备相应的规模，当然也就谈不上校园体育文化了。但它也表现了不同时代的体育文化现象。

（二）近代校园体育文化

近代社会，随着体育逐渐发展成为一种独立的文化形态，校园体育文化也随着体育的发展而形成独立的文化形态。从1840年开始，帝国主义用炮艇轰开了我国闭关自守的大门。随着军事侵略，国外传教士纷纷来到中国，建立教会、兴办学堂、进行体育文化渗透，并在校园里积极开展了各种西方体育活动，使学校体育不论在内容上，教育思想的认识上都有了进一步的发展。

特别是1917年4月毛泽东发表了《体育之研究》，以朴素的辩证唯物主义观点阐述了体育的意义，全面论述了体育与德育、智育的关系。给中国的学校体育注入了许多新的思想和观念，无论在认识上、内容上、形式上还是在组织上，都有了较大的拓展。

（三）现代校园体育文化

五四新文化运动对学校体育的贡献在于对军国民主义体育和国粹体育给予强烈的批评。与此同时，剔除了兵操内容，将体操课改为体育课，并引进西方体育。这虽然是文化流动的结果，但也引起了传统体育文化的冲突。然而由于文化的融合性，才逐渐缓冲下来。尽管如此，学校体育还是在封建道德观的束缚下举步维艰。直到新中国成立，学校体育才确立了以增强体质为目标，并为学校体育的发展开辟了广阔的前景。

（四）当代校园体育文化

当今世界，随着世界大文化、大科学、大教育的出现，各国教育在保持优秀文化传统的基础上走向世界的大舞台。

我国学校体育在摆脱了20世纪后期实用主义体育思想，迎来了信息社会和知识经济时代对人才培养的新挑战，在教育要“面向现代化，面向世界，面向未来”超前思想指导下，先后颁发了《中国教育和改革发展纲要》《学生体质健康标准》《学校体育工作条例》《普通高等学校体育与健康课程指导纲要》等，在坚持具有中国特色的社会主义体育教育方向的同时，不仅要传承、发展中华民族传统的体育文化，而且还要引进、融合国际先进的体育文化，担当着完成未来体育教育的使命。

树立“健康第一”的体育教育指导思想。要树立在生理上、心理上和社会相适应的全面性健康要求，并明确要求加强学生的心理健康教育和对社会的责任感，培养坚韧不拔的意志和艰苦奋斗的精神。

加强素质教育。体育教学中要更多的关注学生的个性发展，提高人文体育的素养，培养健康人格，增强健身意识和品德修养，协调人际关系和合作精神。

培养终身体育教育观念。终身教育是法国的保尔.朗格朗于1965年任联合国教科文组织成人教育局局长时提出来的。他认为，接受教育应当是每一个人从生到死永不休止的事情，终身教育是教育定向上的整合，终身体育是终身教育的一个组成部分。

校园体育文化的多样性。校园体育文化的宗旨主要是培养学生体育精神、体育意识和体育技能，提高体育文化素养，增进学生身心健康，并在此宗旨指导下开展多种多样的校园体育文化活动。

二、校园体育文化的内涵

校园文化是以学生为主体的，以课外体育文化活动为主要内容，以校园为主要空间，以校园精神为特征的一种群体文化，校园文化作为一种社会文化，也是在一定社会政治、经济、文化、教育、体育等条件下，由学校广大师生在实践过程中共同创造的体育物质财富和精神财富的总和。

学校体育文化有三个层面组成。第一个层面是精神层面，居于主导地位，其中体育健康价值观是学校体育文化的本质和核心，决定了学校体育的目标；第二个层面是制度、方法层面，这个层面既是学校体育的组织形式，也是学校体育意识的体现，包括体育教学、课余体育活动、体育科学研究、体育竞赛、体育协会、体育交流等全方位制度、方法的确立；第三个层面是物质层面，这是学校体育文化的基础，也是客观物质保障，包括校园的体育建筑、环境、场地器材、用品和师资队伍等。以上三个层面在学校体育文化建设过程中，应当在“以人为本”的基础上获得协调发展。

（一）校园体育精神文化

校园体育精神文化是在校园中由师生长期创造的特定的一种精神财富和文化氛围。它主要以体育思想观念体系和价值体系表现出来。精神文化包括身体观、健康观、运动观、体育观、审美观、道德观、人际关系、心理氛围、体育意识、体育思想观念、价值取向、生活信念、精神理念、实践能力等，从深层影响着全体师生员工的思想、理想、信仰、意志、态度、情感及行为，培养全体师生员工具有持久效应的思维、态度、情感及行为方式，形成科学、求实、民主、竞争、创新、奉献、艰苦奋斗、团结奋进、拼搏进取、刻苦求实、勤学活练、集体主义、法治意识等精神。

校园体育精神文化是赋予学校以生命、活力并反映学校体育历史传统、办学特色、体育精神风貌的一种学校体育精神形态。每一所学校都有自己的校园体育文化，但并不一定每一所学校都形成或凝聚起自己独具特色的学校体育精神。学校体育精神是校园体育文化的核心和灵魂，这强大的影响力、感染力渗透在学校体育的方方面面，就成为凝聚全体师生员工共同奋斗的精神动力。

（二）校园体育制度文化

校园体育制度文化主要指以文字形态表达的学校体育的规章制度及固定的体制所体现的文化，如学校制定的体育章程、条例、规定、办法、公约、实施细则等制度以及办学目标、校训、教风、学风、考风等，它们保证学校秩序的正常运行，规范着学校成员的行为、态度和作风，倡导与校园体育精神文化的价值观、健康观、审美观一致的学校体育风气，是体育精神文化在学校各个方面管理上的体现。

校园体育制度文化是学校培养目标的规范化的标本，既能使管理工作步人法制化的轨道，又能营造一种促进学生自然成长的理想化氛围。完善的强有力的学校体育管理体制和健全规范的体育规章制度是校园体育文化建立和健康发展的有力保证，是校园管理规范化、科学化的关键，是一切校园体育文化活动的准则，约束着人们的心理意识和行为方式。

（三）校园体育物质文化

校园体育物质文化是校园体育文化发展的物质基础，它以实物形态表现出来，主要指学校的体育建筑、教学设施、生活设施、校园教学环境、自然生态环境等。校园体育物质文化是一种特殊的物质文化形态，其独特之处就在于校园是专门的育人场所，育人的意向性要求是其本身包容丰富的教育意义与教育价值。校园体育物质文化积淀着历史、传统、体育文化和社会价值，蕴含着巨大的潜在体育教育意义。如体育雕塑、建筑造型、场地设计等都附加人类的智慧与灵感，体现着人的情操、意志和观念。这些有型的校园体育物质文化，使学生在与体育运动和体育设施的不断接触中，不仅通过体育物质文化掌握一定群体的环境知觉，而且逐渐被体育物质所蕴涵的思想和观念所熏陶，感受着体育的内涵，体验体育运动的力量、速度、刚毅和柔美，在体育态度态度、情感、健康观和价值观受到潜移默化的影响。

三、校园体育文化的特征

校园体育文化具有鲜明的时代性和极强的教育性等特征。

（一）鲜明的时代性

纵观校园体育文化产生、发展的演变过程，我们不难发现校园体育文化具有鲜明的时代性特征。

校园体育文化受到每个时代的政治体制、经济、军事等因素的影响而具有不同的校园体育文化思想。如早期的校园体育文化由于战争的需要，体现出“文武兼备”的体育教育思想，并在各个领域中得到反映。我国的孙武所著的《孙子兵法》中就有不少关于身体训练的内容、手段和方法。

随着政治的不稳定，经济的衰退，体育文化的衰败，校园体育文化也随之改变，其发展也受到严重阻碍。如我国历史上的两南北朝时期，以及宋代“重文轻武”之风使校园体育的发展也受到挫折。

近代社会，欧洲的校园体育文化在人们认识到了中世纪宗教文化对人体的摧残之后，在文艺复兴和“三育并重”思想的指导下，校园体育再次焕发出新生，体现出对“人体健康”积极追求的校园体育文化。

在现代社会，随着人类对体育认识的不断深入，校园体育文化体现出了培养学生体育精神、体育意识和体育技能，提高体育文化素养，增进学生健康等现代校园文化的时代特征。

（二）极强的教育性

校园体育是学校教育的重要组成部分，各级各类学校，在开展的各种体育主要目的在于知识、技能、方法、道德的传授和培养，表现出显著的教育性特征。

如我国古代的“序”“痒”以射箭等作为主要教学内容，以教育学生掌握骑、射等军事知识、技能。近代的洋务学堂和体操科以教育学生掌握基本的军事技能知识并培养学生的军国民主义为主要目的。

而今，校园体育不仅是对人类进行综合性的生活教育的一种有效途径，使个人在心智、情绪、行为品性等方面在体育实践中得到发展，而且还教育人们在体育活动中培养人的行为，趋向于符合社会道德准则和行为规范的要求，从而培养出全面发展的社会建设的有用人才。

（三）丰富的多样性

校园体育为了丰富和完善校园体育文化氛围，其文化已向多样性发展，具体表现为健身性与文化性相结合；民族性与世界性相结合；统一性与多样性相结合；实践性与知识性相结合等。使校园体育文化在完善民族体育文化，并推向世界，成为共同财富作出自己的贡献。

四、校园体育文化的价值

作为学校教育的重要组成部分，学校体育有着十分重要的作用，而校园体育文化在体育文化特别是人类文化中起到了独特的文化价值。

（一）运动健身价值

增强体质，增进健康，促进学生身心发展是学校体育的本质功能，也是学校体育最根本的目的。校园体育在“健康第一”的教育思想指导下，通过专门性的身体运动达到使学生在生理上、心理上和社会适应性的全面发展的目的。在体育的大系统中，运动健身是最具有本质性的。运动健身不仅针对人的身体，也针对人的心理，从改善体质入手，增进身心健康，提高适应能力。在高校校园中，学生们在运动中释放激情，展现自我。通过校园中丰富多彩的体育文化娱乐活动和体育比赛，提高了学生的身心素质。

（二）激励价值

体育的激励价值常常表现在人的精神、信仰和情感情绪的爆发。体育的剧烈对抗和竞赛结果的不确定性，产生许多因素能刺激人的情感，而使人心理平衡发生变化。积极的影响能使人得到满足，振奋人心，而消极的影响会使人产生颓丧、气愤情绪。无论中国女排取得“五连冠”的辉煌，还是雅典奥运会上刘翔的历史性的突破，无不体现了中华民族强烈的集体荣誉感、爱国主义、自强不息的民族精神，这些都极大地激励了广大学生的爱国热情和责任感。

（三）体育教育价值

体育教育将体育的方式融入教育体系，成为受教育者在身体、知识及精神方面全面发展的重要手段。高校校园体育文化教育价值主要是在学校体育教育实施过程中向学生传授的并不是单一的文化内容，而是许多相关联的体育文化要素，如体育健身文化、体育休闲文化、体育娱乐文化、体育竞技文化等。这些相关的、多样的体育文化，是学校体育教育的有机组成部分，它们在体育教育过程中相互依存、相互促进、相辅相成。高校校园体育文化是营造学校人文气息和文化氛围不可缺少的内容，是推动校园文化发展最有力的手段。更重要的是，在终身教育观的指导下，积极培养和引导学生树立终身体育教育的观念，提高学生的人文素质，增强学生的参与意识，促进学生人格的完善和价值观的形成。

（四）人文价值

体育文化是一种关爱人的文化，它维护人的尊严，促进人的全面发展。是否崇尚体育锻炼是社会文明程度的标志之一。校园体育已经开始更多地关注学生的个性发展，注重人文体育的素养，培养健康人格，增强健身意识和品德修养，协调人际关系和合作精神。在校园体育运动中，同学之间互相帮助，团结协作，无不体现人性的温暖和集体力量，使学生在参与校园体育文化活动中实现了人格的完善。高校校园体育文化的人文价值：一是以人为本，就是在体育运动中必须拥有作为集体概念的人类和独立的个人的尊严，提倡对人的尊重和积极健康的生活哲学；二是人的全面发展，就是指学生能够通过体育运动达到身心的全面而协调的发展；三是学生通过体育运动铸就个人的文化品格，展现强健的体魄、良好的心态和文明言行。

（五）竞技和竞争价值

由于全球化浪潮的席卷，整个社会充满竞争，对人提出了更高的要求——既要求树立广泛参与意识，更要求强化竞争挑战意识。作为体育大系统中突出的、典型的表现形式，竞技体育所展现的是在求真、求善基础上的求美。竞技体育是人们进行体育活动的一种方式，其特点是主体间以竞争为手段，通过某种极限的挑战以及对自我的超越而达到精神的满足。在胜利中体验征服之美，在失败中咀嚼悲壮之美，在竞争中获得愉悦之美，在发展中追求和谐之美。竞技体育是体育系统中最体现美的价值的表现形式。例如，各高校每年举办的田径运动会和体育文化节，还有各种形式的会操比赛等各个赛事的排名都处处体现着比赛的竞争意识。

（六）审美价值

现代奥运会创始人、法国著名的教育家顾拜旦 1912 年在《体育颂》中说：“体育就是美，体育就是和平，体育就是正义，体育就是勇敢，体育就是进步”。体育之美就像其他艺术品一样打动人心。有记者把刘翔 110 米跨栏的瞬间捕录下来，那跨起来的腿不止是赢来的奥运会冠军，更是黄种人的骄傲和自豪。体育之美不仅指娴熟和美丽的动作，更是背后的振奋人心的力量。大卫雕塑显示了体育背后人类身体力量的健康之美，奥运五环展示了体育背后人类团结的和平之美，火炬的燃烧点亮了体育背后的人类自强不息之火。所以高校校园文化是学生捕捉生活中的美的重要组成部分。体育的发展规律和体育的价值向高校学生传达了体育教育就是追求体育运动体系的科学性，也是追求人外在美和内在美相结合的价值理想。

总之，校园体育文化是人类的一种传递活动，一方面向人们传授一定的体育价值观念、文化规则和运动技能；另一方面不断地接受世界体育文化和时代精神，充实到体育教育中来，使体育文化在这种传递功能中成为连接过去与未来的工具，并在互相融合中不断获得创新和发展。

第七节　体育比赛及欣赏

体育比赛是各种运动项目比赛的总称，是体育运动的重要特征之一。体育比赛是以运动项目或某些身体活动为内容，以争取胜利为直接目的，按照一定规则进行的个人或集体的体力、技艺、心理和智力等多方面的综合较量。体育比赛的分类方法较多，按比赛任务的不同可以分为综合性比赛和单项比赛两大类。综合性比赛一般又称综合性运动会。它包括若干个运动项目的比赛。单项比赛是以单独进行某一项比赛为内容的。

一、体育比赛的产生及其特点

体育比赛的产生与社会的政治经济发展有着密切的关系，它作为一种文化形态，有自身的发生、发展规律。如儿童具有自发的参与和接近玩要和游戏的心理要求，然而随着年龄的增加，幼儿的个人的玩要，要逐渐发展成为与同伴一起的具有简单规则的游戏，最终加入到组织化、带有社会性的体育比赛之中来。

许多体育比赛项目的形成过程表明，最初只不过是人们业余时间进行的简单玩要，经过加工整理，产生了简单的规则和裁判方法，变成了局部区域的民间游戏。有些民间游戏再经过某些社会组织认定，并确立了文字的规则，规范了场地、器材，就正式转化为体育比赛项目。

体育比赛与其他许多文化现象相比，有着许多明显的特征，主要表现为：

(一) 竞争性与排他性

社会中的竞争是指人或各种类型的团体，为了同一的追求目标而进行的较量，从而决出胜负和优劣，并进行利益再分配。体育比赛中的竞争是社会竞争的一种基本形式。体育比赛竞争的目的是为击败某种对立物。对立物可以是一个具体事物，如一座山、一道海峡、一个岩洞，也可以是一项记录、一个人或一个团体。

体育比赛还有强烈的排他性。体育比赛竞争的结果只产生一个冠军，这就要求参加体育比赛的各方要通过训练，不断提高自己的身体技能、心理水平、战术意识、团队精神，以及把握机遇的能力。

(二) 具有竞赛规则和裁判手段

竞赛规则是保证体育比赛开展公平竞争的法律性文件。它是以“法律面前人人平等”的基本原则为基础构成的。在民主法制社会里，它与其他法律形式一样，保证了人们之间以一种契约的形式相联系。竞赛规则的核心是对等，它不承认除身体、心理、技术以外的任何不平等，如种族、财产、地位和阶级等。

竞赛规则要保证体育比赛结果不确定的尊严。体育比赛和音乐、舞蹈、戏曲、电影、杂技表演不同，不是按既定的乐谱脚本或设计来实现的。因此，具有比赛结果的不确定性。因而可以给每一个参与者以平等的机会进行较量，以平等的地位参加角逐。

体育竞赛单靠规则作文字上的制约，由运动员自觉执行是不够的，还必须靠一定的社会控制来实现。这就是执行规则的裁判、检查、仲裁系统。有时候还必须借助新闻舆论的监督作用。这一点是体育比赛高度组织化，制度化的标志，也可以由此区别于一般的游戏活动。

(三) 追求既定的功利目标

体育比赛，是明确且强烈追求一定功利目的的，而且这些功利目的是公诸于世的。体育比赛首先要靠规则来确定比赛各方的强与弱、快与慢、高与低、多与少、重与轻、长与短、大与小等的差别，然后决定胜与负。随之而来的是给优胜者颁发锦标、奖章、物质奖励，以及其他的社会荣誉和社会利益。这种奖励和表彰是对运动员、教练员等辛勤劳动的肯定和报偿。

体育比赛的功利，具有如下特征：第一，它产生、确定于对抗，经过一定形式的社会承认，结论不容置辩；第二，它的确定过程直接而又迅速。一个比赛过程结束，功利结果立即兑现。

（四）具有完整的组织体系和严格的规章制度

国际上，有以国际奥委会为统领的各种体育组织，各国也都设立了体育比赛的管理机构。由于各国国情的不同，都确定了不同的比赛体制。

二、体育比赛的欣赏

体育在当今社会所取得的成就和所受到的关注是空前的，这不仅在于它的所有成绩和水平都在接近、达到甚至突破人类机能的极限，也不仅在于一场体育盛会可以吸引地球上成千上万、甚至上亿的观众，更不仅在于它可以打破地域、民族、国土甚至政治信仰的界限，而是在于它已升华为一种纯粹的文化，一种高贵的文化，一种无与伦比的文化。有如典型的美国NBA篮球文化和世界杯、欧洲杯、亚洲杯足球绿茵文化以及中国的CBA和CUBA篮球文化，乃至五光十色的球迷文化。同时也为我们献出了世界文化瑰宝的奇葩——带着四溢芬芳的体育欣赏文化。

（一）体育比赛欣赏的价值

体育运动以其特有的魅力吸引着世界上的男男女女、老老少少，也造就出一大批狂热的观众。他们会对一场体育比赛的胜利而手舞足蹈、欢呼雀跃，也会因一场比赛的失利而捶胸顿足、唉声叹气，甚至发生过激的行为和举动。体育的魅力究竟在哪里？

为了探讨体育比赛对欣赏者的特殊魅力，这里我们不妨引入一概念：观众性运动。所谓观众性运动，亦即观众与体育比赛的一体化、缺一不可的运动。由于运动有其未确定性或使人紧张、刺激的特性，使得很多人愿意来观看。因此，随着运动观众的增加，为了使更多的人可欣赏体育运动，不得不增加必要的体育设备，那就是体育场馆等硬件设施的建设。这种观众性运动与自己施行的运动的区别在于：前者是为了欣赏而组织的体育运动。

观众性运动需具备两个条件：首先必须是当代受人欢迎的体育运动项目，其次是一种胜负分明、竞争力强的运动项目。足球、篮球等运动即是观众性运动的典型代表。

提出观众性运动这一概念，主要基于它所具有的特殊功能。探讨这些功能，也许有助于我们理解现代人对体育运动追求的原因。

首先，娱乐乃人类发展的必然需要，而体育欣赏的最主要的动因就是娱乐。

按照恩格斯的学说，人类需要三个层次，即生存、享受、发展。在人类的温饱问题解决之后，为了消耗过剩的精力或调节紧张的生活，必然要寻求娱乐的途径。人类除了日常的生活之外，为了追求快乐，产生许多行动，这种行动我们称之为娱乐。娱乐淡化了我们因为社会服务而产生的紧张情绪，它给我们带来生活与精神活力。

如欣赏球赛，球迷们会觉得自己就像球队中的一员一样在参与表演，在这种认同感的驱使下，他们就必然有一种全身心的投入。有时，由于感情寄托物与自己的感情不同步、步调的不一致时，他们也会产生情急之下的疯狂举动。

另外，依托社会心理学的理论，观众在群体氛围的压力之下，往往表现出无个性化的状态，而失去自我意识，观众变成一种无名的存在，这种现象可使观众云游与日常生活完全不同的环境，得到日常生活无法获得的一体感、解放感，并获得轻松自在。

人的需要是多层次的，实际生活中并非都能得到满足，有时候体育场能给人带来意想不到的满足。人的充实感就来自于各种层次的需要都能得到满足，如对人的表现欲望的满足等等。只有这样才能有充实感。著名生物学家诺贝尔医学和生理学奖获得者康罗·洛伦兹（Lorenz Konrad）在其《攻击与人类》一书中写道：“运动的最大功能是替那些最不可或缺但又最危险的攻击类型加上一个健康而且安全的活门。”

其次，欣赏体育比赛会萌发、唤起、体验人类的群体意识，满足人们的归属感。

人是社会中的人，人的一天也离不开社会，一天也离不开群体，任何人都有群体归属的需要，正如落叶要归根一样。

体育比赛的双方由于所代表的背景不同可使观众产生不同的倾向性，可使观众和自己成长的乡土产生一体感，从而诱发出爱国、爱家乡的热情。

也许我们注意到，偌大的体育场（馆）里，也并非全是体育迷，很多人平常并不关心体育比赛，但是每每遇到重大的比赛，他们也到现场或坐在家里的电视机旁观看，并对自己家乡的、所喜爱、所关心的代表队以声援，这就是人类所固有的对自己生活的土地、所关心球队的一种眷恋情怀所带来的必然结果，所谓“爱屋及乌”也。

再次，欣赏体育比赛有助于完成人的社会化进程，只是这种社会化在潜移默化中完成而已。

现代社会，体育比赛已完全规范化和规则化，有一定的礼节，体育比赛往往是体育文化的载体，观众通过观看比赛会自觉不自觉地接受到这种文化的信息，并受着潜移默化的影响。如体育比赛都有固定的规则和裁判，违反就要受到惩罚，这其实就是一次生活的预演，告诫人们不要越轨，要遵纪守法。

另外，运动员在体育竞赛中所表现出的独特思想，有很多已为社会所接受和承认，如中国足球运动员容志行的“志行风格”，英国足球选手莱茵克尔的“绅士风度”，中国女排的“拼搏精神”等等。不仅如此，体育运动在每一个时代，也都象征着该时代所支配的社会意识形态及社会规范的特征，如中国六七十年代所倡导的“友谊第一，比赛第二”的社会主义竞争原则，以及现在所推崇的“更快、更高、更强”的奥林匹克精神。因此，带有这些特征的运动展现在观众面前的时候，其实也就是在传播支配当今时代的社会意识。

作家理由曾对足球运动的内在价值作过这样的论述：“这场游戏的发明者把大千世界中互相依存又互相排斥的万象摆布在有限的时间和空间，它给任何一方尽其所能的权力又不让任何一方轻易得逞，给人以希望也给人以幻灭。它挑逗着人们的激情，呼唤着人们原始的冲动和好胜心，樊篱阻挡着飓风，理智与理智的崩溃只有一垒之隔。因此它又是一种费厄泼赖考验着人们的智慧、耐心和体能，驱使人们去追求、去拼搏、去苦恼、去欢乐；并把本来不登大雅之堂的阴谋诡计上升为合法的文明，罩上一圈灵性的光环，最后向优胜者献上荣耀的桂冠。难怪人们眼巴巴地瞪着那块绿茵场，它是百看不厌的生活折射。”

（二）体育比赛欣赏的内容

体育比赛的欣赏，主要是指对运动美及其构成要素的欣赏。运动美，作为体育美的基本形式，是通过人体运动的艺术感情的动态操作过程表现人的本质，同时有意识、有目的地去实践和创造健康的体格和人格。

1. 健美形体的欣赏

欣赏体育比赛，首先映入眼帘的是运动员强壮的身体形态。通过对身体美的观赏，可使人产生一种特殊的美感，同时会产生一种生机勃勃的感受。古希腊的“维纳斯”和“掷铁饼的人”的雕塑形象，之所以经历几千年而不衰，除其造型艺术价值外，还有身体形态美给人以美的享受。

人的形体美内容是十分丰富的，它不仅包含着人体的强壮美、体态美、体型美等这些外在的美，同时还包含着一些潜在美的因素，如素质美、风度美和气质美等。

（1）强壮美

表现为肌肉发达，身体魁伟，强壮有力，给人以力量壮实、充满生命的活力和能量。

（2）体态美

是指人的体型姿势，表现在比例、匀称、和谐、线条等方面的综合效果上，几种体现在人体的姿态上。

（3）体型美

是人体结构的类型，主要取决于遗传，环境和营养等因素的影响，但是它可以通过体育锻炼和运动训练而加以改造。由于运动项目的特点不同，对运动员的体型也有不同的要求。例如篮球运动员和排球运动员的体型是身材高大、躯干健壮、四肢较长、均匀协调官；而游泳运动员和体操运动员的体型则是肌肉丰满、肩宽臂长、胸厚臀薄。均匀的体型和发达的肌肉有助于形成曲线美。

（4）素质美

是通常所说的力量、速度、耐力、柔韧、灵敏等身体素质，它以一种特殊形式存在于身体美之中，是通过运动实践、生产实践和显现出来的。力量美多体现在高强度的运动竞赛中，如凶猛攻击的拳击比赛，勇猛冲撞的冰球比赛等，都显示了男性阳刚之美。速度美表现出惊人的速度。如自行车赛场上飞驰的团体追逐赛，田径场上的短跑比赛等，都将赋于人们昂扬、振奋和激动的感受。耐力美表现在长时间的运动过程中，如在长跑比赛中，脚着地柔和，动作轻快，重心平稳，往往给观众留下轻快、潇洒和飘逸的风姿。柔韧美和灵活美，则使观众受到一种柔软、舒展和惊奇机敏之感。

（5）风度美和气质美

是指有高尚气质，并且有美的价值的举止。一些运动员不仅表现运动技术高超，而且仪表端正，风度翩翩、气质非凡，往往给人以高尚、典雅的感受。

另外，运动员的皮肤色泽、发型和服装都是构成身体美的因素，白里透红或黑里透红的皮肤，美丽相称的运动发型，漂亮、适体。新潮款式的运动服装，都会使美的形体锦上添花。

2. 运动美的欣赏

根据长期积累和总结出来的美感经验，人们普遍认为，构成运动美的基本要素一般包括技术美、战术美、意志美和风格美。因此，体育比赛的欣赏具体反映在对上述四个要素的欣赏。

（1）对技术美的欣赏

技术美是指人在完成各种体育动作时，从方法和技巧上所表现出来的美。这种美在体育运动中最为常见。

古往今来，人们对体育运动中的技术之美一直是津津乐道的，可以说是用尽了人间最美好的语言去形容它的神韵和风采，并以此来表达自己的审美感受。如古人在诗词中有过这样的描写："或略地以走丸，乍凌空以月圆"（足球），"一去一来，斗舞空之花蝶；双上双下，乱晴野之虹霓"（秋千），"凌虚取势斜燕轻，飘然而行陡然止"（滑冰）等。现代人在描绘运动技术美时，同样是妙语连珠。如形容体操运动员的跳马动作："腾得高，如烈马惊鞍；落得远，如隔岸观火；站得稳，如落地生根。"形容自由体操是"红色地毯上跳跃着的青春旋律”。

不过，不论是古人的美词，还是今人的妙语，都替代不了人们观赏体育比赛时的审美活动，真正领略技术美的奥妙和真谛。一般来说，在体育比赛时，发挥人机体能力的方法越合理、越有效，运动技术的完美程度就越高，其观赏价值也就越大。

运动技术作为体育比赛的审美对象，之所以能给人以美感，就是因为它是人类在体育实践中的一项伟大创造。而这种创造的过程，首先就表现在运动者能够干净、利索、准确、协调地完成各种体育动作，并以此向自然显示人的本质力量。这样，动作的准确性、协调性、连贯性和节奏感就构成了运动技术美的主要特征。因此，在欣赏每一个具体的技术动作时，把握好这“三性一感”就是正确判断其动作“合理、有效”的程度，领略到技术美的精华。

（2）对战术美的欣赏

战术美，是指在体育比赛中运动员个人技术合理运用以及运动员之间协调配合时所表现出来的美。它是运动员根据比赛双方的情况，正确地分配力量，采取合理的行动，发挥己方特长，限制对方优势，去夺取体育比赛胜利的一种艺术。

现代体育比赛充满着激烈的对抗和竞争，这种对抗和竞争不仅是运动员体力、技术和意志的角逐，而且也是战术水平的较量。任何战术的目的都是为了制约对方，掌握比赛的主动权，进而夺取比赛的胜利。战术组织的正确与否就在于，是否能最大限度地发挥出每个运动员地积极作用，以及是否体现出运动员的战斗作风、意志品质和技术特长，这是任何体育比赛对战术组织方面的共同要求。

战术美具体表现在战术的成功运用。这同技术美主要表现在动作完美的、成功的道理是一样的。那么，在观赏体育比赛时，如何去把握“战术的成功运用”这一审美尺度呢？首先，应了解技术是战术的基础，又是战术的表现形式，全面、熟练、准确和实用的技术是实现战术的先决条件。第二，战术的运用，必须根据比赛的具体情况，灵活机动地加以变换，任何单一的战术都不会取得良好的比赛效果的。第三，比赛中的战术变化，总是要力争主动，避免被动，时刻都要以己之长攻彼之短。第四，战术水平是运动员战术意识的体现，而良好的战术意识必须在限制与反限制、发挥与反发挥、制约与反制约的实践中去培养，才能逐渐形成。有了这审美的尺度，再看双方的用兵布阵，斗智斗勇，可获得无限的乐趣和感慨。

（3）对意志美的欣赏

意志美又称意志品质美，是指人在体育运动中，自觉地确定目标，并在目的的支配下调解自己的行动，克服各种困难，从而实现预期目的时所呈现的美。这种美通常是运动者的良好意志品质的具体表现，自觉性、主动性、自制性、勇敢性、果断性和顽强性等，皆属于意志美的范畴。

一般来说，体育比赛的意志美总是与运动者的意志努力分不开的。这里所说的意志努力是指，运动员为了克服困难，自觉地使自己的身心出于一种紧张状态。例如，一名长跑运动员，在出现了所谓“极点”现象时，简直不愿意再跑下去了。但是，此时他想到了比赛的目的，想到了集体的荣誉，于是便动员起力量，坚持跑完全程，这就是意志努力的一种表现。运动员在意志努力的情况下，经常伴有某种神情变化，如咬牙、皱眉、咧嘴、屏息等，这些现象给我们提供了意志努力的可靠信息，也给我们提供了欣赏意志美的时机。在一般情况下，遇到困难时，意志努力表现就特别明显，克服的困难越大，意志努力的积极程度就越高。也就是说，意志努力始终与克服困难相联系，困难的存在是运动者表现意志努力不可缺少的条件。

在欣赏意志美时，还必须懂得意志努力的表现特点。运动心理学的研究表明，在体育运动中，运动员的意志努力，一般有以下几种表现形式，即肌肉紧张时的意志努力；注意力紧张的意志努力；与克服困难有关的意志努力；与克服危险有关的意志努力等。

此外，还需要注意的是，意志美在体育比赛中的各种表现形式，绝大多数都具有崇高的美学意味，所以在具体的审美活动中，不能用优美的标准去衡量它们。比如说，赛跑运动员在终点冲刺时，身体姿势和面部表情可能与常态大不一样，对这些，不应该有所挑剔，而应该感受和欣赏到此时运动员为了超越自我而表现出的意志力。

(4) 对风格美的欣赏

风格美包括思想风格和技术风格两个方面的美。其中，运动员在体育比赛中体现出的思想觉悟、意志品质、道德修养、战斗作风等属于思想风格美，而通过体育运动所表现的技术、战术的特点和特长之美，则属于技术风格美。

人们的审美意识是社会意识的一部分，它与人的社会思想道德存在着必然的联系。人们在观赏体育比赛时，看到了运动员表现出符合社会道德规范的良好行为和思想作风时，也会感动和陶醉。从夺得五连冠的中国女排的比赛中，我们可以欣赏到她们顽强拼搏的精神和团结协作的集体主义精神之美。

而技术风格之美实质上就是技术的个性之美。一个运动员或运动队，只有根据自身的条件和特点，创造出与众不同的风格，才能构成自己独特的风格。例如，美洲拳击和亚洲拳击手在技术风格上就有明显的不同，以美国、古巴选手为代表的美洲运动员，由于体力充沛等原因，有出拳快速、准确有力、拳法多变和连续攻击的技术风格；而以韩国、日本选手为代表的亚洲运动员，由于身体灵活等原因，表现出动作敏捷、反应迅速、出拳准确、躲闪麻利的技术风格。又如，我国的乒乓球运动从20世纪60年代开始崛起，至今仍保持霸主地位，其技术风格表现为“快、准、狠、变和近台快攻”。

实践证明，任何一个运动员或运动队，如果没有自己鲜明的技术风格，要想取得优异的比赛成绩是不可能的。体育行家们常把技术风格比喻为运动技术的灵魂。这也为我们欣赏技术风格之美创造了客观条件。

(三) 体育比赛欣赏的方法

并不是人人都懂得如何欣赏体育比赛的，观众群体中的大部分是门外汉，他们往往看的是热闹。但也正是这部分人营造了赛场的气氛，所以他们也是不可或缺的。体育是文明高度发展的必然结果，因此，欣赏体育需要一定的文化底蕴，大学生是完全具备这个必备条件的。

必须说明的是，所有体育欣赏者最初都是从门外走向门里、从看热闹过渡到看门道、从无兴趣到有兴趣甚至是狂热，当然，这种过渡是需要文化储藏和文化积累的，如经常光顾、参加这些运动，经常谈论、思考这些运动等。

一般来讲，欣赏体育比赛要遵守如下思路，即五个W：What（在比什么），Who（谁在比赛），When（什么时候比赛），Where（在哪比赛），Why（为什么要比赛，以及比赛中的为什么）。

首先我们要看看第一个W。比如很多人都在某一天匆匆赶往体育场，你很纳闷，一定会问，去干什么？人家会告诉你去看比赛，你又会问，去看什么比赛，人家会告诉你，去看足球比赛。这时你就会在头脑中想象足球比赛会是一个什么样子，你是不是能看得懂足球比赛，进而有可能勾起你也去欣赏比赛得愿望。

我们再来看看第二个W，即谁在比赛。这是个很有意义的话题，我们前面曾经讲过，比赛双方的背景是很重要的。以围棋为例，围棋起源于中国，但却在日本很发达，这是不是中国的耻辱？因此，中国的围棋界提出了赶超日本的口号，中日围棋擂台赛应运而生，并在一个时期内引起了中国人的广泛关注，如果对抗的双方换成了日韩，那么我们的关注程度就要低多了。再比如，世界最优秀的足球俱乐部AC米兰足球队与西班牙的巴塞罗那足球队在欧洲冠军杯赛中相遇，同样会引起足球爱好者的关注，因为人们要看看他们谁是王中王。这是国家与队伍的对抗，个人之间的较量也同样引人入胜，世界最佳足球前锋罗马里奥与世界最佳足球后卫巴雷西的大斗脚法早已成为球迷津津乐道的话题。

在什么时候比赛也是一个值得思考的问题。有的运动员习惯于在晚间比赛，但是，偏偏这场比赛被安排在了上午，他还能像往常那样勇猛无比吗？这是一门学问，也是一个课题，中国女排的鼎盛时期，在日本的比赛全部被安排在中午进行，为什么？因为中国人习惯于睡午觉。看起来很可笑，却是经常发生的黑色幽默。

接下来你就要问在哪儿比赛了，这也很重要。由于现代社会交通便利，所以体育比赛也是天涯海角，到处摆下擂台，如果一个运动员或一支球队只能在家门口比赛，那就坏了。因此，运动员要想出成绩，就必须提高适应能力。如果这个比赛是在高原进行，你就要有意识地锻炼自己对高原的适应，否则就会吃亏。比如，南美洲玻利维亚是一个高原国家，它的足球运动不是很高，但它却会利用高原优势，1994年世界杯预选赛，它充分利用了高原主场优势击败了巴西队，最后以小组第二名的身份获得出线权。鉴于此，近几年，很多国家拒绝到玻利维亚去比赛，认为那是不公平的竞争。中国的八一足球队1996年也将主场设在昆明，结果主场几乎未遭败绩。这是不是地点效应呢？

我们重点来谈一谈为什么要比赛和比赛中的为什么，这是关系到体育欣赏热情的大问题。比如这是一场关系到中国足球队能否冲进世界杯决赛的关键一仗，而且对手是大洋洲的澳大利亚队，那么，这场比赛所受到的关注要远远超过亚洲杯，同样是足球比赛，性质不一样，所受的关注就不一样，观众的热情也不一样。当然，你关注上面所讲的这些还不能说明你会欣赏体育比赛了，你还有一些本质问题没有得到解决，什么呢？那就是技战术问题。

但是，首要的，你要解决一个输赢问题。看比赛首先要弄清楚什么样的结果算是取胜了。有的比赛是比技巧的，那就要看运动员的动作优美程度、稳定性、难度等；有的比赛是比速度的，那就要看运动员的速度快慢；有的比赛是比进球的，那就要看谁进的球多；还有比力量、比高低、比准确性的等等，总之，要学会判断结果。

其次，要有一定的比赛规则知识储备。比如，足球比赛的越位是怎么回事？裁判员为什么判这个队罚点球？这个运动员为什么被罚下场了？等等，没有规则知识是不能很好地欣赏体育比赛的。

再次，要有一个正确的技战术水平的评价能力。比如怎样判断一个篮球运动员的水平？无非是看他的投篮准确性、运球过人的能力、传球的隐蔽性以及动作的优美程度等。技术是战术的基础，没有良好的技术是无法进行战术组合的，同样战术也可弥补技术上的某些缺欠。当然，技战术也有实用性和表现性两种，1982年的巴西足球队技战术的表现让全世界的球迷称道，却输给了技战术实用的意大利。中国足球队参加亚洲杯之前提出了

“宁愿悲壮地死，不求窝囊地生”，结果既没悲壮地死，也没窝囊地生。

最后，提醒各位欣赏者，欣赏体育比赛要有一个良好的心态，要热而不狂，切不可投入过深，以致造成身心的伤害，影响正常的学习、生活和工作。

文明的发展造就了体育，体育也同样会给人带来文明的气息，因此，会欣赏体育比赛也是一个人的文化品位的标志。

赛场上，如果没有观众、没有掌声、没有助威呐喊，比赛将大为逊色。正如球王贝利说的：“没有观众就没有贝利，没有观众就没有足球”。众多观众的外部刺激，能使运动员更加兴奋，提高自信心，以便更加努力的拼搏，获得优异的成绩。可见，观众的积极配合和热情支持，对运动员的竞赛起了积极的促进作用。然而，在赛场上由于观众的不良行为，也曾发生过多次不愉快的事件，造成了很多不良影响。作为体育观众，要不断提高思想道德修养、审美修养和道德修养。这样才能不断提高运动竞赛的欣赏水平。体育观众欣赏水平的不断提高不仅有助于净化社会空气、赛场空气，鼓励运动员拼搏进取，而且推动了体育事业不断向前发展。

（四）主要比赛项目的欣赏知识

我们在认识了欣赏体育比赛时带有共性的东西，下面就从几个运动项目的特点和技术性，谈比赛的欣赏问题。

1. 球类比赛的观赏

多数球类比赛是多人上场、成队进行的。如篮球、排球、足球比赛等。其主要特点：

①在充分发挥个人技术的基础上实现同伴之间的整体配合。充分体现集体的智慧和力量，对运动员的集体观念和协作意识有较高的要求，每个队员要具备把个人行动置于全队行动和战术配合之中的主动精神。因此，欣赏球类比赛时，既要有运动员个人精湛的球技，如干净利落、准确的跳投票；机敏的鱼跃垫球棒；一脚劲射破门入网等。而且还要看同伴之间瞬息万变、巧妙默契地配合。这是欣赏球类比赛很重要的方面。

②球类比赛是在进攻与防守相互对立、相互制约、相互转换的矛盾运动中进行的。所以在欣赏比赛时，既要看进攻动作及其战术组织，又要看防守动作和默契、协调的合作。同时，还要注意进攻与防守的转变意识和速度，以及整体的协调能力。

另外，针对对方情况，灵活机动地迅速变换进攻和防守方式，以己之长克彼之短，掌握战机，击对方之不备，是球类比赛艺术之所在，这也是欣赏的重要方面。

③多数球类比赛，如篮球，足球等是在双方面对面直接交锋、激烈对抗、争夺，甚至身体直接接触的情况下进行的。对运动员的勇敢、果断、顽强等意志品质和道德作风的考验显得非常突出，作用于人们的感官会给观众留下难忘的印象成为欣赏对象。

2. 竞技体操和艺术体操比赛的欣赏

（1）竞技体操比赛的欣赏

竞技体操包括：男子有自由体操、鞍马、吊环、跳马（纵）、单杠、双杠六项。女子有跳马（横）、高低杠、平衡木、自由体操四项。

竞技体操比赛的特点：它是通过运动员所完成的动作的难度、质量、数量、身体姿势以及成套动作编排结构表现个人技术水平，基本上是运动员个人的自我表现。

为了帮助大家欣赏体操比赛，将有关竞技体操比赛常识作一简要介绍。

比赛的种类：

大型比赛包括团体赛、个人全能决赛和个人单项决赛三种。

第一种比赛——团体赛，包括规定动作的比赛和自选动作的比赛。每队6名队员参加比赛。以各队在各单项比赛中规定动作较优的前5名的自选动作较优的前5名得分总和确定成绩和名次。

第二种比赛——个人全能决赛。只比自选动作。成绩以第一种的得分与第一种全能得分一半之和确定个人全能成绩和名次。

第三种比赛——个人单项决赛。只比自选动作。以第三种比赛中的得分与第一种比赛中该项得分的一半之和，确定个人单项决赛的成绩和名次。

动作的评分：

规定动作在国际比赛中是由国际体操联合会技术委员会制定。其他不同水平的比赛，由相应的竞赛组织机构制定。规定动作的评分主要是看运动员完成动作的质量和熟练性，自选动作是运动员根据规则对一套动作的难度、数量和组织编排的具体要求，结合个人特点自己编制的。评分时要看其动作的难度、组织编排和完成动作的质量，其中包括惊险性，独创性和熟练程度等加分因素。

体操比赛，每个项目的裁判组由一名裁判长和四名裁判员组成。裁判员对运动员完成动作中出现的不符合规则要求的地方和身体姿势上的错误进行减分（从0.1分起减）。

男、女自由体操比赛，女子平衡木比赛都有时间规定，女子自由体操比赛要在音乐伴奏下进行。

（2）艺术体操的欣赏

国际艺术体操比赛分团体赛和个人赛。团体赛每队6人参加，集体完成动作。成套动作包括互相交换器械，队形变化和个人动作等。团体赛由两个裁判组（A组和B组）评分。A组评定动作编排，B组评定动作完成情况。每组的最高评分为10分。两组评分之和为团体赛的最后得分（最高分为20分）。

个人赛包括全能比赛和单项比赛。全能赛为四个项目，最高得分为40分。全能比赛中各单项前8名参加单项决赛。各单项预赛得分加决赛得分为该单项的最后成绩。个人赛，每一个项目有一个裁判组评分。团体赛和个人赛，动作都有难度和数量要求。成套动作还有时间要求，时间不足或超过都要扣分。

欣赏艺术体操比赛时，动作难度，动作幅度、姿势、节奏，集体比赛时6个人动作的协调一致等是我们欣赏的主要内容。另外，音乐伴奏，包括乐曲的选择与成套动作的风格是否和谐，运动的动作与旋律是否协调以及运动员的表现力也是欣赏的重要内容。再有，运动员的服装与器械色调是否协调，互相衬托，对动作的表现力、感染力和审美效果有直接影响。

3. 水上运动——游泳、跳水和水球比赛的欣赏

（1）游泳比赛的欣赏

游泳是凭借自我支撑力和推进力在水里游动，要求运动员有良好的水性和耐力。游泳姿势多模仿某种动物的动作并因此得名，如蛙泳、蝶泳、海豚泳等。

竞技游泳是世界上较大得运动项目。竞技游泳有四种姿势：蛙泳、自由泳、蝶泳和仰泳。

比赛在八条泳道上进行，每位运动员必须在自己的泳道上游完全程。每一组中，成绩最好的运动员排在第4泳道，其余的按5、3、6、2、7、1、8排列。因此，在看比赛时，往往看到八个运动员排成一个人字前进。

自由泳、蛙泳、蝶泳都从出发台出发，仰泳在水中出发。运动员在转身时必须触及池壁，到达终点时手触及池壁。

个人混合式游泳是一名运动员按下列顺序连续游四种姿势：蝶泳—仰泳—蛙泳—自由泳。混合式接力是四名运动员按仰泳—蛙泳—蝶泳—自由泳的顺序参加比赛，每人游一种姿势。自由泳接力赛也是四名运动员参加。

(2) 跳水比赛的欣赏

跳水是从高处用各种姿势跃入水种或从跳水器械上起跳，在空中完成基本姿势并用一定的姿势和动作入水的水上运动。

竞技跳水分跳板跳水和跳台跳水。跳板的高度为 1 米和 3 米两种；跳台的高度为 10 米、7.5 米、3 米三种。无论是跳板跳水还是跳台跳水，都要求运动员在空中作出各种动作（翻腾、转体等）、控制身体姿势，完成空中造型并以一定的姿势入水。所做的动作为规定动作和自选动作。根据所做动作的质量、难度、身体姿势和入水动作进行评分。入水时溅起的水花越少越好。

跳水动作姿势分为甲式（直体）、乙式（屈体）、丙式（抱膝）及丁式（翻腾兼转体）四类。

评分是从 0 分起至 10 分止，以 0.5 分作为评分单位。

(3) 水球比赛的欣赏

水球是在水中进行的一种球类运动。其特点是运动员不但要有良好的水性和游泳技术，而且还要具备良好的专项游泳技术，包括踩水、起跳、转体、抬头爬泳、起动泳、急起、变向游等；另外还要掌握在水中控制球和处理球的技能，如起球、持球、运球、传接球等。欣赏水球比赛时，应当从以上几个方面欣赏运动员的技术动作。比赛方法从略。

4. 冰上运动——速度滑冰、花样滑冰、冰球比赛的欣赏

冰上运动是人们穿着冰鞋，利用冰面的滑度进行各种活动。它包括速度滑冰、花样滑冰、冰球等运动项目。

(1) 速度滑冰

速度滑冰是一项比滑行速度的冰上运动。可以说是冰上“赛跑”。从竞技角度看，速度滑冰比赛分为两种，一种是在大场地（标准跑道）上进行的速度滑冰比赛；一种是短跑道速度滑冰比赛。

在欣赏速度滑冰比赛时，主要看运动员的滑行速度、保持速度的能力和滑跑动作的合理性。速度滑冰要求运动员在滑跑时上体前倾、两腿深屈，身体成流线型。速度滑冰和跑一样，是周期性运动。速度滑冰的滑跑技术是由四个时期、八个动作构成一个复步，往复循环而组成的。动作结构严谨，协调自如，节奏自然流畅。要求运动员有较高的平衡能力和较强的腿部力量。

大场地速度滑冰比赛是在两条跑道上进行。每条跑道宽 4～5 米，每一组只有两名运动员进行比赛，运动员每人各带一个标带，一个为红带，一个为白带。运动员在各自的跑道上滑跑，但每到换道区要交换跑道，即滑小弯道（内道）的运动员换滑大弯道，滑大弯道（外道）的运动员换滑小弯道。到达终点的判断与田径比赛的跑不同，它是以刀尖触及终点线算到达终点。

大场地速度滑冰比赛分短距离、中距离、长距离和全能四种。全能比赛包括四个项目，短、中、长距离都有。全能得分的计算方法很特殊，不同于任何体育比赛。记分方法

是：500米成绩的秒数就是该项的得分。其他项目得分的计算方法也是以500米成绩为基准，即把该项滑跑的时间换算成500米成绩的秒数，如：1000米，即成绩的1/2，1500米即成绩的1/3，5000米即的1/10，……以此类推。全能得分即四项得分之和。得分越少成绩越好，名次列前。

短道速滑是在室内冰球场地上进行的比赛。比赛场地面积为30米×60米，跑道每圈长111.12米。场地两端弧形弯道处摆放黑色橡胶块，作为标志线，运动员不得滑入标志线内。直道区则没有标志线，可以任意滑行。选手出发时仍需要从跑道不同的位置同时起跑，因此要由抽签决定道次。滑行过程中，可以随时超越对手。为安全起见，运动员必须戴护盔和防护手套。

短道速滑以名次论胜负，赛制采用淘汰制：首先小组预赛，前2、3名进入下一轮，即复赛；以此类推，复赛每个小组的前2、3名进入半决赛，半决赛的前2、3名进入决赛。通常500米、1000米、1500米决赛只有四人，3000米决赛则可能多达6人。

(2) 花样滑冰

花样滑冰是在音乐的伴奏下，在冰面上滑出各种图案，表演各种技巧和舞蹈动作的冰上运动。其特点是它把体育与艺术完美地揉为一体。

花样滑冰，要求运动员不但要熟练地掌握各种滑行、跳跃、旋转等各项技术，具有良好的平衡能力，而且要具有通过优美动人的姿态和丰富的表现力反映出来的高度的艺术修养。

花样滑冰比赛有单人、双人和冰上舞蹈三个项目。为了便于欣赏，下面分别加以介绍。

单人滑：分规定图形、规定自由滑和自由滑。

规定图形。要求运动员按规定滑出各种图案，如“8”字形、“3”字形、结环形、括弧形等。在欣赏比赛时，主要根据运动的滑行姿势和在冰面上留下的线痕评价水平的高低。

规定自由滑。运动员自选音乐，在规定的时间内，按规定的动作自行编排，组成一套动作。

自由滑。完全由运动员自选音乐、自选动作组成的一套动作。

规定自由滑和自由滑是由各种滑行动作、跳跃、旋转、平衡等动作组成。欣赏时要注意以下几个方面：①完成动作的质量、身体姿势和艺术表现力；②动作难度、数量的；③成套动作的编排结构，动作之间的衔接和成套动作的整体性能；④音乐与整套动作的情调是否和谐、互相烘托、互为陪衬、浑然一体，形成一个完美的艺术形象，富有感染力；⑤服装、表情也很重要，合适的服装能增强表现力，表情能反映动作的内在情感，增强感染力；⑥运动员是否充分利用场地。

双人滑：双人滑分为规定自由滑和自由滑。它除包括单人滑的动作外，还包括双人配合的整体表演，如托举、捻转、抛跳等。欣赏双人滑时，除单人滑的技巧外还要看两个人的整体配合水平。两个人的动作要协调一致、节奏感强，互相烘托、互相陪衬。

花样滑冰比赛的评分方法。花样滑冰比赛采用满分为6分的评分方法。规定自由滑和自由滑都评两个分。规定自由滑，根据动作质量和完成情况评出第一个分——规定动作分；再根据动作与音乐的配合、姿势、速度、场地利用等情况评出第二个分——表演分。自由滑，根据动作难度、数量、质量评出第一个分——技术分；再根据内容编排、音乐配合、姿态、独创性、场地利用等评出第二个分——艺术印象分。两次得分之和为最后得分。

冰上舞蹈：包括规定舞、定型舞和自由舞。它不同于双人滑。冰上舞蹈不允许有典型的双人滑动作和单人滑的跳跃、旋转等。而是一男一女在冰上作一些步法和姿态表演。名副其实的舞蹈，只是在冰上滑行中进行。它同舞台上的舞蹈表演有区别是少戏剧性情节和表现一个主题。

无论单人滑、双人滑还是冰上舞蹈，在欣赏时要把着眼点放在独特新颖的编排、丰富的艺术表现力以及整套动作的构成与音乐旋律融为一体，形成一个完美的艺术形象上，以达到视、听觉的整体感和情感上的满足。

(3) 冰球比赛

冰球比赛速度快、对抗性强、激烈程度高，直接发生身体接触，互相冲撞；要求运动员具有充沛的体力、精湛的滑行技术和勇猛、顽强的精神。

观看冰球比赛，首先，欣赏运动员的各种滑行技艺，如起跑、正滑、斜滑、转弯、急停等。其次欣赏运动员手持球杆控制球、传接球、射门、抢球以及阻截、合法撞击等攻防能力。另外还要看速度，冰球比赛是在高速度滑行中进行的，速度快、慢是这项运动水平高低的重要标志，因此速度是欣赏的重要对象。

冰球比赛方法和带有特殊性的规则：

冰球比赛上场队员为 6 人，位置分守门员、左后卫、右后卫、左前锋、中锋、右前锋。全场比赛时间为 60 分钟，分三局进行，每局 20 分钟，中间休息 15 分钟。对犯规的判罚分“小罚”、“大罚”。一般的犯规判“小罚”，犯规队员离场 2 分钟，不得替补；严重犯规判“大罚”，犯规队员离场 5 分钟，不得替补。

冰球比赛同足球比赛一样，都有“越位”问题。但又不同，冰球比赛有两种“越位”，一种是蓝线越位。观看冰球比赛时，可以看到场地上有两条很宽的蓝线，把场地分成三个区：防区、中区、攻区。所谓蓝线越位，就是攻方队员先于球进入攻区。二是传球“越位”，当攻方队员将球从自己守区传给越过中区红线的同队队员并接得球时，称传球越位。

冰球比赛争夺激烈，为了争球身体接触较多，规则规定允许合法冲撞。勇猛、顽强是这项运动所需要的品格，欣赏比赛时应注意这一特点，并从中得到教益和启发。

5. 拳击比赛的欣赏

当我们观看拳击比赛时，给人最大的刺激是猛烈地出拳将对方击倒在地，给人印象最深的是出拳动作，其他部位的动作，脚、腰、身体整体协调配合等往往被欣赏者忽视。

从拳击的基本技术来看包括姿势、步法、拳法以及防守和还击等部分构成。

姿势：合理的身体姿势是既能迅速出击，出奇制胜，利攻击；又能有效的防护。特别是保护头部和前胸，缩小对方攻击面，益守。所以我们看到运动员都是采用两脚前后站立，腿稍屈，身体略侧向对方，将两手一前一后的置于胸前靠近下颌，两肩并拱收胸的身体姿势。

步法：这是拳击运动员攻、防的基础，是维持身体平衡，配合拳法迅速出击的重要环节。步法有滑步、冲刺步、侧步颌环绕步。在向不同方向移动时，步法不能混乱，从而失去身体平衡。步法移动时，脚掌尽可能不离开地面或做跳步。

拳法：有直拳、钩拳、摆拳、刺拳等。其中直拳是主力拳。这种拳直线击出，拳重，威力大约；钩拳是一种距离较短，逼近击打的拳法。钩拳又可分为上钩拳、侧钩拳和钩拳等。摆拳是从横向击打对手耳以下腮颌处的一种拳法案；刺拳属于直拳范畴，是一种试探性为其他拳法连击开辟道路的拳法。

防守与还击：防守可分为阻挡防守颌闪躲防守。阻挡防守是以手臂或拳套阻挡对手来拳，或拨开，压住对手来拳趁势加以反击的防守方法；闪躲防守是运用上体旋转、移步后让或向左右潜入转移，使对手击来的拳落空，趁机反击的防守方法。还击是在阻碍或闪躲掸对手的一瞬间，对准对手防御上的空隙予以还击。拳击比赛运动员常常是虚虚实实、真真假假，破坏对方的防御体系抓住瞬息之机乘虚而入，给对手有力的一击。力量固然重要，但战机更重要。如果能巧妙及时地利用对手的破绽。以迅雷不及掩耳之势猛击过去，使对手只有招架之功而无还手之力，就会收到事半功倍的效果，挫败对手。如果硬碰硬，蛮拼，以力对强就会事倍功半。

合法击打的部位是头部的前面和侧面，腰部以上的上体正面及前侧面。给分标准：每一次清晰有效的打击，得 1 分；击中对手致使对手倒地者，得 2 分；某一运动员严重犯规受警告，失 3 分；在防守中有两次清晰得闪躲动作时，得 1 分。计分方法：每句的优胜者不论他实得几分，都以 20 分计算。如果优胜者实际的得分数不是“3”的倍数，就应该将分数增减以下成为“3”的倍数，如 7、8、9 变为 6、9、12。当一方被击倒在地，另一方不得继续打击。裁判员计算 10 秒，呼 10 个数（每秒呼 1 个数），如果在 10 秒内站立起来，可以继续比赛，否则即判对方为胜。

拳击比赛有四名裁判员。一名在台上，其他三名在台下。

思考题：

1. 何谓体育文化？
2. 体育文化的基本功能有哪些？
3. 奥林匹克文化的内涵是什么？
4. 校园体育文化的内涵是什么？
5. 试述奥林匹克精神对人类文化的发展所产生的影响？
6. 如何认识体育比赛欣赏的价值？
7. 简述体育比赛欣赏的方法。
8. 请说出世界上还有哪些有影响的体育比赛（举出 3～5 个）？
9. 在北京举行的奥运会是第多少届？

第三章　运动竞赛的组织与编排

第一节　体育运动竞赛的种类

体育运动竞赛的分类方法较多，按竞赛项目的数量分为综合性竞赛和单项竞赛两大类。

一、综合性竞赛

一般称为运动会或综合性运动会。它包括若干个运动项目的比赛，其任务是全面检查各项体育运动普及与提高的情况，广泛总结交流经验，推动体育运动的发展。如全国大学生运动会、全国运动会、亚洲运动会、奥林匹克运动会等。这种竞赛由于比赛项目多、规模大、组织工作比较复杂，通常都是每四年举行一届。

二、单项竞赛

以单独进行某一项的体育比赛为内容的竞赛一般可分为以下几种：

（一）锦标赛

为检查、总结某一运动项目的开展情况和教学训练方法及经验，确定冠军和名次，促进该项运动不断发展而举行的单项比赛，如全国大学生排球锦标赛等。有时也叫冠军赛或杯赛，如全国田径冠军赛、世界杯足球赛等。

（二）邀请赛和友谊赛

由一个或几个单位、学校或国家，邀请其他单位、学校或国家参加的竞赛。目的是为了增进友谊和团结，互相学习，共同提高某项运动水平。各种访问比赛一般均属于友谊赛。

（三）对抗赛

是由两个以上实力相近的单位或国家联合举办的竞赛，目的是交流经验、切磋技艺、取长补短共同提高。如中美武术对抗赛、中日田径对抗赛等。

（四）等级赛

按运动员不同技术水平分别举行的比赛。如田径、游泳、体操等项目；球类项目的等级联赛等。如全国足球甲 A 比赛、全国排球甲级联赛、国际排联组织的世界女排超级大赛。其主要目的是鼓励和促进运动员提高运动水平，争取升级。

（五）测验赛

为了达到一定的标准或了解运动员提高成绩的情况而组织的比赛，如体育锻炼标准测验赛等。这类比赛一般也可不计名次，但应记录测验成绩。

（六）选拔赛

为了发现并挑选优秀运动员，组织或补充代表队，准备参加高一级的竞赛而举行的比赛。如学校的新生篮球赛、足球赛等。

（七）及格赛

一般是在参赛人数过多，有可能影响比赛的正常进行时，先举行及格赛，达到预定成绩（或名次）标准者，才能参加正式比赛。这种比赛的主要目的就是淘汰一定数量的参赛者，如田径跳高的及格赛等。

（八）表演赛

为了宣传体育运动，扩大影响而举办的比赛，注重技、战术的充分发挥，一般不计名次，是一种示范性、娱乐性的比赛。

（九）通讯赛

用通讯方式组织的比赛。凡是可以计量（时间、距离、重量、环数）的项目均可采用。如全国研究生田径通讯比赛等。其优点是组织工作比较简便，节约经费和时间；缺点是运动员没有临场互助学习的机会，比赛条件也不尽相同。

高等院校和机关厂矿企事业等单位，除了可以组织上述比较正规的比赛以外，还可以开展一些技术难度不大、规则简单、形式灵活、对场地器材要求不高容易组织和便于经常举行的非正规的比赛，以便吸引更多的人参加经常性的体育锻炼。如跳绳比赛、拔河比赛、大型接力赛（男、女异程）、冬季长跑等小型多样的比赛。

第二节　体育运动竞赛的组织机构

体育运动竞赛是各种运动项目比赛的总称，是体育运动的主要特点之一。体育运动竞赛是以争取胜利为直接目的，以运动项目或某些身体活动为内容，按照一定规则进行的个人或集体的体力、技艺、心理、智力等方面的综合较量。

一、竞赛组织机构的设置

每种竞赛必须有一个组织领导机构为其服务。根据比赛规模的大小竞赛的组织机构的范围也有所不同。一般设下列办事机构，如图 3-2-1 所示。

（一）竞赛组织委员会

体育运动竞赛的组织机构。在主办单位的领导下，由各方面代表组成，负责组织和领导全部竞赛工作。下设竞赛、秘书、行政等处（组），分别负责各项工作。组织委员会讨论决定比赛的组织方案、竞赛规程、组织机构和工作计划等。

（二）竞赛处

体育运动竞赛的组织机构和执行机构之一。由主办单位指定或聘请若干委员组成。负责组织、安排运动竞赛进程，协调裁判工作、场地、器材部门及参赛队之间的联系处理运动竞赛过程中发生的与竞赛规程有关的重大问题；对竞赛过程中出现的特殊情况及时处理意见，报请组织委员会同意后执行。

（三）仲裁委员会

在组织委员会领导下，负责竞赛仲裁工作的机构。省（自治区）、市级以上的运动会均设仲裁委员会，其他级别的运动会或单项竞赛，也可根据项目特点和需要设立。专门负责解决竞赛过程中所发生的各种纠纷和问题。一般由 5～7 人组成，由主办单位或运动协

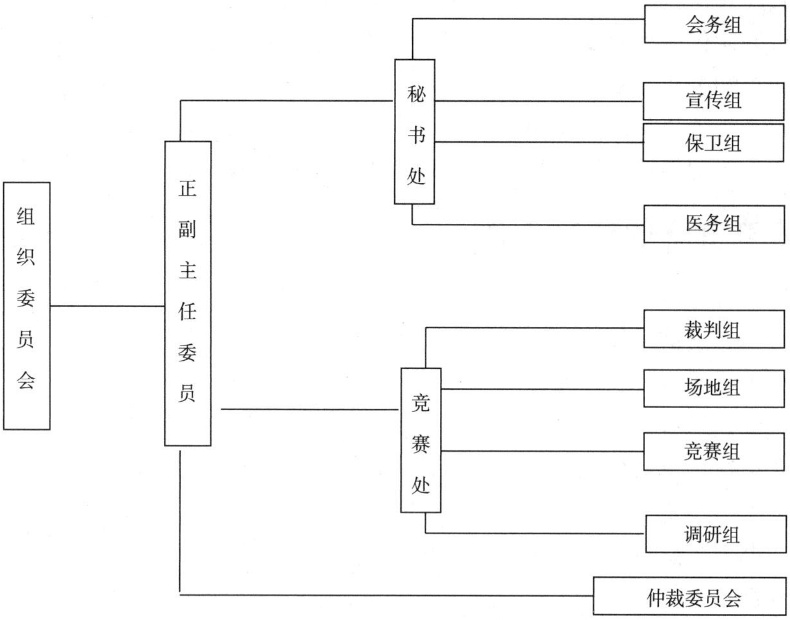

图 3-2-1 竞赛组织机构

会聘任。在竞赛过程中一般不干预竞赛的进程，只受理比赛期间在执行竞赛规则、竞赛规程中发生的问题，处理在规定时限内以书面形式提出的申诉或抗议。经仲裁委员会复审后作出的裁决为最终裁决。它是临时机构，竞赛结束后自行撤销。

二、制定竞赛规程

体育竞赛规程是竞赛组织者的指导性文件，是竞赛工作进行的依据。在竞赛前由举办单位根据竞赛的目的、任务而制定，并提前发给各有关单位，以便各单位按规程要求，做好组织、报名以及所需服装、器材等准备工作。竞赛规程其主要内容包括：竞赛名称、目的任务、竞赛时间、地点、主办单位、参加单位、参加办法、竞赛办法、奖励办法、裁判员选调等事项。

三、制定工作计划

（1）竞赛组：主要对体育竞赛的有关问题，进行详细的安排。①编排竞赛秩序和日程；②编印竞赛秩序册；③审查参加者的资格；④组织调研人员统一临场统计标准，印刷各种统计用表，调试统计仪器设备；⑤组织裁判员学习；⑥安排训练前的时间和场地；⑦召开领队、教练员和裁判会议；⑧检查场地器材准备情况。

（2）秘书组：主要抓好体育竞赛的行政事物工作，保证竞赛的顺利进行。①抓好与会人员的思想工作；②抓好大会的宣传教育；③安排大会的议程；④文件的拟定、印刷和颁发；⑤协调各职能部门的关系；⑥接待与会人员的食宿、交通等；⑦奖品的准备、会场的布置；⑧开幕式与闭幕式的筹备与进行；⑨督促和检查各项工作；⑩会后的总结。

四、体育竞赛期间的工作

①各部门经常联系，了解各环节上存在的问题。

②定期召开领队、教练、裁判员会议，及时解决有关问题。

③抓好裁判队伍的思想及技术上的问题，及时总结研究。

④印发简报和公布比赛成绩。

⑤及时检查场地器材的使用情况。

⑥对竞赛发生的特殊问题，进行妥善的处理和安排。

五、体育竞赛的结束工作

①认真地进行总结工作。

②评选“体育道德风尚奖”。

③组织和进行闭幕式和发奖仪式。

④印发总的成绩册和名次表。

⑤印发介绍裁判员及借调的工作人员返回原单位的信件。

⑥做好裁判员鉴定工作。

⑦安排和办理各队离会的有关事项。

⑧向上级汇报工作。

第三节　体育运动竞赛制度

根据体育竞赛的具体要求、项目特点、参赛对数（人数）、比赛的期限和场地设备条件等因素，可选用不同的比赛方法。下面介绍的是几种最常用的体育竞赛制度。

一、淘汰制

淘汰法分单淘汰和双淘汰两种。单淘汰是指在比赛中失败一次即被淘汰，获胜者继续比赛直到决出冠亚军为止。双淘汰是指在比赛中，失败一次后，仍可与另一失败一次的队进行比赛，再次失败即被淘汰，获胜队继续比赛，直到决出冠亚军为止。

淘汰法一般是在比赛时间短、参加队数多、经费不足的情况下采用，能节省时间。但除了第一名以外，不能合理地确定其余各队的名次，比赛机会少，胜负有一定偶然性，目前很少采用。

（一）单淘汰法的编排

1. 场数和轮次的计算

场数＝参加队数－1

轮次＝参加队数的以 2 为底的幂的指数，如 8 个队参加比赛，即为三轮，因为 $8=2^3$；如果参加比赛的队数不足 2 的乘方数，则比赛的轮次是稍大的一个以 2 为底的幂的指数。如 14 个队参加比赛，按 16 个队的轮数来计算，因为 $16=2^4$，即为四轮。

2. 第一轮参加比赛的队数的计算

用 $(N-2^n)\times 2$ 的公式计算。N 代表队数，^{2}n 代表略小于队数的 2 的乘方数。如 13 个队参加比赛，即 $(N-2^n)\times 2=(13-8)\times 2=5\times 2=10$，有 10 个队参加第一轮比赛，3 个轮空。

3. 编排方法

如果参加比赛的队数是 2 的乘方数，就按照图 3-3-1 逐步进行淘汰。

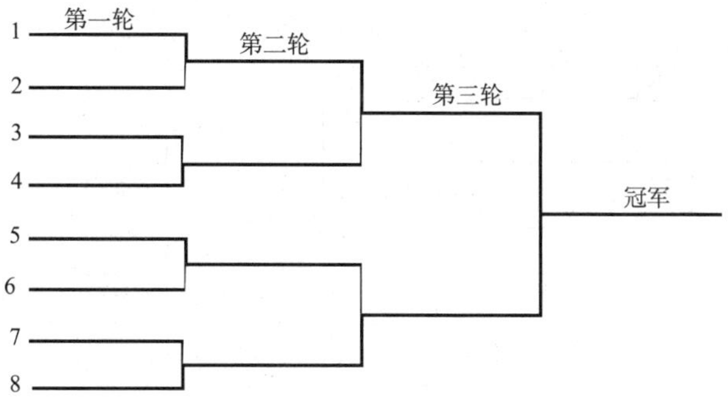

图 3-3-1　8 人参赛的单淘汰比赛编排

如果参加比赛的队数不是 2 的乘方数，要根据参赛队数，选择最接近的、较大的 2 的乘方数作为号码位置数，号码位置数减去参加队数，即为轮空队数。例如，13 个队参加比赛，选用 16 为号码位置数。16－13＝3，即 3 个轮空。可选 2、5、10 为轮空的号码位置。如图 3-3-2 所示。

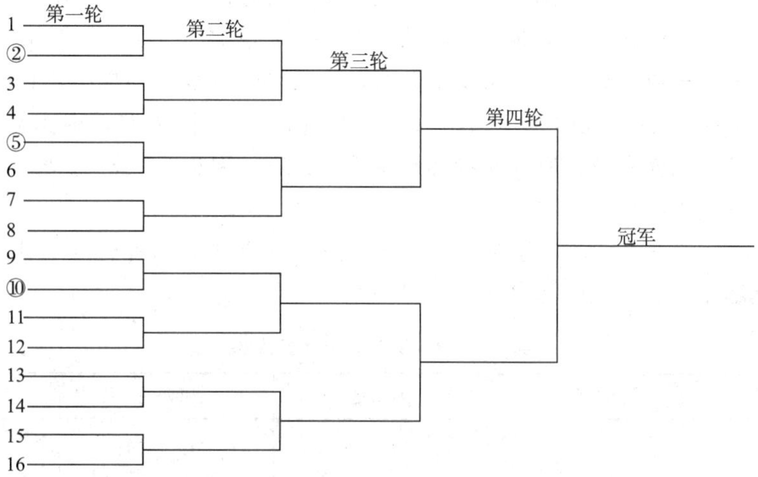

图 3-3-2　13 人参赛的单淘汰比赛编排（○为轮空位置号码）

轮空队员必须安排在第一轮，可采用抽签来决定轮空队，也可没种子队再确定种子队轮空的区位，为了避免水平高的队过早相遇而被淘汰，可设种子队，把种子队安排在不同的位置上，使之最后相遇。采用抽签的方法确定其他各队在秩序表上的位置，再填上队名、日期、场地、时间即成为比赛日程表。

（二）双淘汰法的编排

双淘汰法的编排与单淘汰法的不同在于比赛进入第二轮后，把失败的队员再编排起来继续比赛，再次失败的队则被淘汰，胜者继续与上一轮失败的队进行比赛，只失败一次的队还能参加决赛，并有可能夺取冠军。如图 3-3-3 所示。

二、循环制

循环制是所有参赛的队（人）均互相比赛一次，最后按各队（人）在全部比赛中胜负的场数，得分的多少排列名次。在对抗性项目中经常采用。这种方法比赛机会多，有利于互相学习，提高运动水平，可以较合理地评定参赛者的名次。循环制分单循环制、双循环制和分组循环三种，可视参赛者的多少和比赛期限的长短而分别采用。

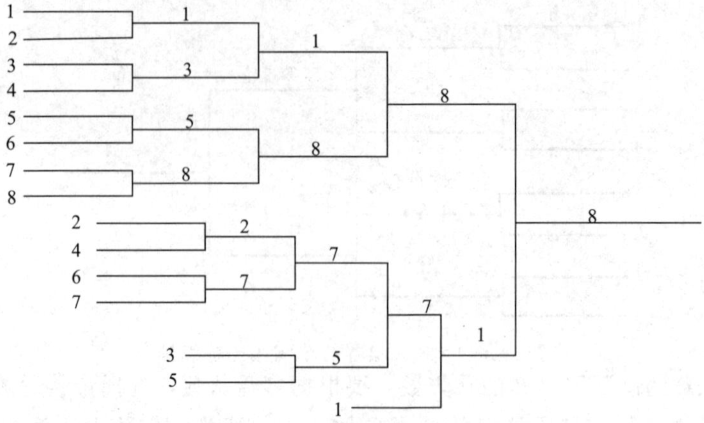

图 3-3-3　双淘汰比赛的编排

（一）单循环制的编排

就是所有参赛的队（人）都互相比赛一次，最后按各队（人）胜负场数和得分多少排列名次。这种方法一般在参赛的队（人）数不多，又有足够的竞赛时间时采用。

单循环比赛的轮数，如果参赛队是单数时，轮数等于队数。如果是双数时，轮数等于队数减 1；比赛的场数＝队数×（队数－1）÷2。例如有 6 队参赛，则比赛的场数＝6×（6－1）÷2＝15。也就是说，有 6 队参赛的单循环比赛，要进行 5 轮 15 场比赛。

单循环比赛秩序的编排方法：

首先用 1，2，3……号码，分别代表各队，按以下方法排出各轮次的比赛表，如有 6 个队参赛，比赛轮次表如下。如表 3-3-1 所示。

表 3-3-1　6 个队比赛轮次表

第一轮	第二轮	第三轮	第四轮	第五轮
1——6 2——5 3——4	1——5 6——4 2——3	1——4 5——3 6——2	1——3 4——2 5——6	1——2 3——6 4——5

即 1 不动，其他数按逆时针方向轮转。如果只有 5 个队参加，则将 6 换成 0，凡与 0 相遇的队，即为轮空。

第二则由各队抽签，按抽签的号码，将队名填入轮次表，再排定比赛日程。

（二）双循环制的编排

是在参赛队（人）数较少、时间充裕、又有意增加参赛者的比赛机会时采用。编排方法与单循环相同，只是各队间要比赛两次，比赛轮次和场次都比单循环多 1 倍。

（三）分组循环制的编排

是在参赛队（人）数较多，竞赛时间又有限时采用。这是比赛常用的竞赛制度。

整个比赛分为预赛和决赛两个阶段，预赛阶段，把参赛队分成若干小组，用单循环制赛出各组名次分组时应尽可能列出种子队，分别编入各小组，避免强队过于集中而失去小组出线的机会。

决赛阶段，根据预赛的组数和需决出多少名次，采用同名次分组，再用单循环进行决赛，如预赛只有两组可采用同名次决赛，亦可用交叉赛决定名次。例如，各组的前两名交叉比赛，决定 1～4 名，各组的三、四名用同样的方法决定 5～8 名，以次类推。

分组循环比赛的种子确定和位置排列方法如下：

种子队的数量一般应等于分组的组数，或是组数的倍数。种子队确定之后，先把种子队抽签到各组里，然后再用抽签的方法确定其他各队在各组的位置。

若无法确定种子队时，可将参赛各队所抽序号按组数以“蛇形”排法分组，确定各组参赛队。如 16 个队分 4 组比赛，其排法如表 3-3-2 所示。

表 3-3-2　16 个队“蛇形”排列分组表

第一组	第二组	第三组	第四组
1	2	3	4
8	7	6	5
9	10	11	12
16	15	14	13

三、混合制

同时采用两种方法进行的比赛称为混合法。在篮球比赛中，常把比赛分为两个阶段，前一阶段采用分组循环法，后一阶段采用淘汰法，或者相反。在决赛阶段采用淘汰法时，大多数采用“交叉赛”或“同名次赛”来决定名次。

（一）交叉赛制的编排

若第一阶段分两组循环赛后，排出小组名次进行交叉赛，即 A 组的第 1 名对 B 组的第 2 名，B 组的第 1 名对 A 组的第 2 名，两场比赛胜队决 1、2 名，负队决 3、4 名。依次类推决出其余名次。如图 3-3-4 所示。

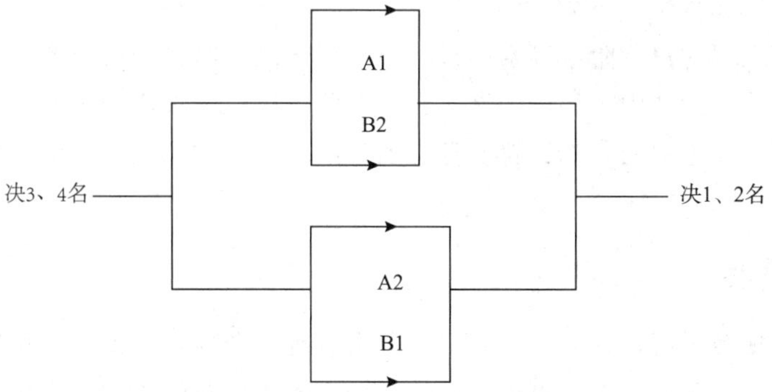

图 3-3-4　交叉赛

（二）同名次赛制的编排

把第一阶段各组决出的同名次的队编在一起，胜者名次列前。如果第一阶段是分四个组循环，先由四个组的第 1 名（A1、B1、C1、D1）决 1～4 名（图 3-3-5）。依次类推。

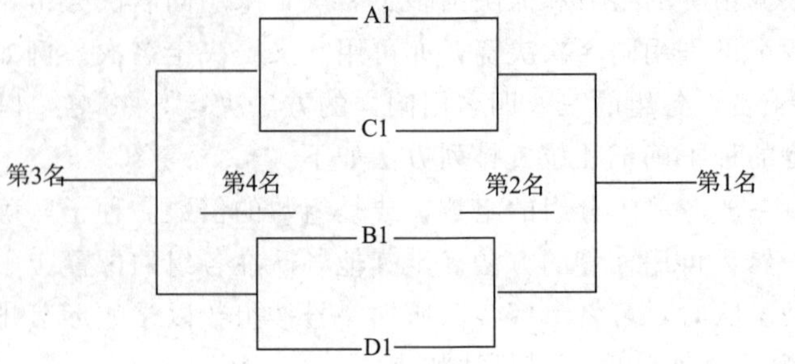

图 3-3-5　同名次赛

（三）佩奇法决赛（PAG 制）的编排

假如第一阶段分两组进行单循环，排出各组的名次。A、B 两组的 1、2 名采用佩奇法，决出 1～4 名（图 3-3-6）。A1 对 B1、A2 对 B2。A2 对 B2 的负者为第 4 名，胜者对 A1－B1 的负者，负者为第 3 名，胜者对 A1－B1 的胜者，决出冠亚军。

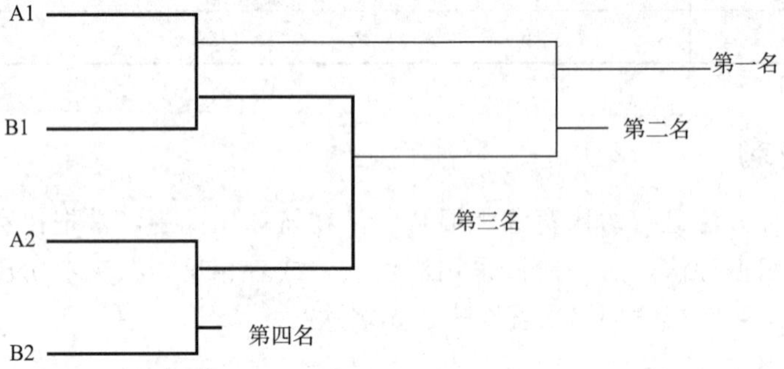

图 3-3-6　佩奇法决赛

前面已经提及，每种竞赛制度（方法）都有其自身的优缺点，如果将其混合起来使用，就会扬长避短，相辅相成，取得较好的效果。混合制就是在同一竞赛中分阶段采用循环制和淘汰制的竞赛方法。

混合制，可以先在第一阶段预赛中采用分组循环制，第二阶段决赛中采用淘汰制；或者相反，在第一阶段预赛中采用淘汰制，在第二阶段决赛中采用循环制。任何一种赛制或方法的优缺点都不是绝对的，如其符合竞赛的目的、性质、队数、时间、场地等需要，就是相对正确和先进的。

四、轮换制

将运动员分成若干组，在同一时间内，分别进行各个项目的比赛。赛完一项后，各组依次轮换再进行另一项目比赛。例如：竞技体操、团体比赛的男子 6 项目，女子 5 个项目的比赛方法就是轮换制。这种方法比赛时间比较集中，但由于运动员参加比赛项目的顺序不同，条件不可能完全均等。

五、顺序制

这是一种按规定顺序依次进行比赛的方法。又可分为分组顺序法和不分组顺序法两种。分组顺序法将参赛者分成若干组，分别进行比赛。如田径比赛中的径赛项目，按预赛、复赛、决赛成绩评定名次。也有采用一次（决）赛评定名次的，但必须是以客观标准（时间、距离、环数等）评定运动成绩的项目。如田径运动中的各种田赛项目（跳跃、投掷）。不分组顺序法是在同一比赛时间内不能有两人以上进行比赛的项目中采用，如田径运动会的跳高、跳远、三级跳、铁饼、标枪和铅球等。顺序法的优点是：参加者的竞赛条件基本相同，对抗因素强，竞争气氛浓，有利于创造好成绩；缺点是：费时较多，在参赛人数众从时，难以评定全部参加者的成绩和名次。

六、评定成绩和名次计算方法

竞赛成绩和名次的评定包括个人和集体两种。所用的方法应力求准确、客观，应严格按照竞赛规程和比赛规则的规定进行，这样才有利于公平和运动成绩准确。

评定方法有如下几种：

第一，在田径、游泳、自行车、速度滑冰、举重、射箭、划船、射击等项目的比赛中，以时间、距离、重量、环数等客观标准衡量运动成绩，确定名次。

第二，在篮球、排球、足球、手球、冰球、曲棍球等项目的比赛中，以在规定时间内命中球数或折合成分数定胜负。排球虽无时间限制，但以胜负场数的积分多少来计算，即胜一场得两分，负一场得一分，弃权为零分。积分多者名次列前。如在比赛结束时，基于队积分相等，则按下列名次：如两队积分相等，（排球除外）则以两队之间比赛的胜队名次列前。如两队以上的队积分相等，则以这几个积分相等队之间的比赛胜负场数排列名次。如仍相等，则以他们之间比赛时的得失分率即（总得分/总失分）排列名次；如仍相等，则按他们在全组内所有比赛的得失分率排列名次。排球竞赛如遇两队或两队以上积分相等先算C值，即所有比赛胜负局数的比值（总胜局数/总负局数），比值高者名次列前。如仍相等，则算出Z值，即所有比赛胜负分数的比值（总胜分数/总负分数），比值高者名次列前。

思考题：

1. 什么是循环制？循环制有几种？
2. 什么是淘汰制？淘汰制有几种？
3. 运动竞赛一般设哪些办事机构？
4. 10个队参加单循环比赛，要打几轮比赛？共进行多少场？
5. 简述体育比赛中如何评定比赛成绩和名次。

健康篇

第四章　大学体育与健康

第一节　健康的概念与价值

一、健康的概念

从前人们对于健康的理解，仅仅是指身体的无病状态，只要身体（肉体，包括组织、器官、细胞）没有疾病就称为健康。后来人们逐渐发现，很多疾病的发生不单纯是身体本身的因素，而是与社会的、心理的、情绪的变化等多种因素有关。世界卫生组织（WHO）关于健康的概念又有新发展，它指出：所谓健康就是在身体上、精神上、社会适应上完全处于良好的状态，而不是单纯的指疾病或病弱。也就是说，它不仅涉及到人的心理，而且涉及到社会道德方面的问题，生理健康、心理健康、道德健康，三方面构成健康的整体概念。生理的健康水平与心理、社会适应和道德品质是相互依存相互促进的，生理健康是物质基础，心理健康与良好的社会适应，是在生理健康的基础上发展起来的，并反过来促进生理的健康，道德健康则是整体健康的统帅。

生理健康概念是狭义的，它只包括健康概念中的第一方面，就是躯体的生理方面的健康，是健康的基础。生理健康是指人体结构完整，生理功能正常，无伤残，无病痛；是指循环、呼吸系统、机体的各个器官、关节活动和肌力都达到最低正常水平。

心理健康是指身体、智力、情绪十分调和；适应环境，人际关系中彼此能谦让；有幸福感；在工作和职业中能充分发挥自己的能力，过着有效率的生活。

道德健康主要指能够按照社会道德行为规范、准则约束自己，并支配自己的思想和行为，有辨别真与伪、善与恶、美与丑、荣与辱的是非观念和能力。

把道德纳入健康范畴是有科学依据的。巴西著名医学家马丁斯研究发现，屡犯贪污受贿的人易患癌症、脑出血、心脏病和精神过敏症。品行善良，心态淡泊，为人正直，心地善良，心胸坦荡，则会心理平衡，有助于身心健康。相反，有违于社会道德准则，胡作非为，则会导致心情紧张、恐惧等不良心态，有损健康。试看，一个食不香、睡不安、惶惶不可终日者，何以能谈健康。据测定，这类人很容易发生神经中枢、内分泌系统功能失调，其免疫系统的防御能力也会减弱，最终会在恶劣心态的重压和各种身心疾病的折磨下，或者早衰，或者早亡。

社会适应良好指一个人的心理活动和各种行为能适应当时的环境变化，为他人所理解，为大家所接受社会适应健康：指个体在不同时间、不同岗位上对各种角色均有良好的适应，能胜任各种社会和生活角色。

二、健康的价值

在 WHO 的推动下，健康的新概念在全球得到了传播并日益为人们所接受。与此同时，世界还公认健康是社会进步的一个重要标志和潜在的动力；促进健康不仅是卫生部门的责任，也是教育部门的责任，并且还是全社会共同的责任。个体不但要对自己的健康负责和向社会求得医疗服务，而且要在促进他人和全社会的健康方面承担义务。这就要求人们重视健康的价值，具有增进健康的强烈意识，树立“人人为健康，健康为人人”的正确观念。

（一）健康既是学校教育的前提，又是学校教育的首要目标

马克思曾把健康作为人的第一权利，作为一切人类生存的第一前提，也就是作为一切历史的第一前提。可以想象，经常因病缺课、因情绪障碍而滋生事端，或营养不良而长期精神倦怠的学生，即使采用最好的教学方法，他们也无法高效率地学习。只有健康的学生才能在学校获得理想的学习效果。而学校教育在人生教育中起主导作用，学校可以有计划有目的地安排好各项教育活动。我国的教育方针是使受教育者在德育、智育、体育三方面得到全面的发展。三者各有特定的含义和任务，是互相联系、相辅相成的统一体。其中“体育”就包含着提高学生健康水平的教育作用。

（二）健康是人们奉献社会和享有生活的基础和前提条件

生命的意义在于奉献。拥有健康，才能优化自己在社会生活中的地位和作用，才能使自我价值最大限度地体现出来，从而奉献社会。一个身体健康、精神饱满、具有良好社会适应能力的人，必定享有高质量的生活。反之，如果没有健康的身体和健康的心理就无法享有生活，享有幸福。

（三）健康是社会发展的基本标志和潜在动力

健康不仅仅是个人的事，它受多种社会因素的制约，如社会制度、经济状况、文化教育等。在一个社会安定团结、人们安居乐业、经济快速发展，以及文化教育先进的社会环境中，人民的健康水平无意会极大地提高。“健康不仅是疾病与体弱的匿迹，而是身心健康、社会幸福的完美状态”。因此，健康是社会发展的基本标志。在充满竞争与挑战的现代社会中，拥有大批的高素质人才是一个国家可持续发展的优势。所谓高素质人才，就是德、智、体全面发展的合格人才。健康的体质是思想道德素质和科学文化素质的物质基础，是高素质人才成才的物质基础。拥有健康的高素质的国民和专门人才是社会发展的潜在动力。

（四）人民健康是社会发展目标中的基本目标

1979 年《阿拉木图宣言》中指出：“健康是基本人权，达到尽可能的健康水平是世界范围内的一项重要的社会目标。”1988 年，WHO 总干事马勒博士一针见血地指出：“必须让人们认识到，健康并不代表一切，但失去健康，便丧失了一切。”我们要求树立正确的健康观念，就是要把健康看成是人类的一项基本需求和权利，看成全社会、全民族的事业。从这一角度来讲，人民健康就成为了社会发展目标中的基本目标。

第二节　大学体育的健康功能

一、大学体育与身体健康

（一）大学生的生理特征

我国大学生的年龄均在 18～25 岁之间，他们的生长发育已经经过了第二次快速生长期而进入到生长缓慢（且渐趋稳定）期。此期的特点表现在：骨化逐渐完成，身体形态日

趋定型，各器官系统的机能日益完善，人体最后发育的生殖系统已完全成熟。这一阶段正是人体机能旺盛、生机蓬勃的最佳时期。了解这一时期的大学生生理特征，对如何指导大学生的健康具有重要的意义。

1. 身体形态特征

身体形态是指身体的外部形状和特征，它包括体格、体型和身体姿态等指标。体格指标包括身高、体重、胸围、坐高等；体型指标包括人体的整体指数与比例，如肩宽、骨盆宽、手长、上肢长、小腿加足高、小腿长、足长等；姿态指标则是指人的坐、立、行走姿态。

从人体生长发育过程来看，各部位、各系统之间并非均衡同步地生长发育，而是时快时慢，呈波浪式发展，有明显的阶段性，身体各个组织和功能水平的变化，也具有相对独立的发展程序。在生理学和心理学中，将人体的生长发育区分为“快→慢”，再“快→慢”两个阶段。第一阶段，从出生到10岁左右；第二阶段从11岁到25岁。每个阶段都分为前后两期。前期是快速发育的生长期，后期是缓慢的生长期。第二阶段的后期即18至25岁之间，正是我国一些青年接受高等教育时期。我国大学生身体的发展，已经历过第二次快速生长期进入到生长稳定期。

据我国对大学生进行身体形态多项指标测试调查结果的材料显示，我国大学生身体形态发展总的特点是：首先，虽有缓慢生长，但基本趋向稳定；其次，身体各部分的长度、宽度、围度的生长发育基本完成，各部分的受力及运动负荷接近或达到最佳水平，为身体形态均衡发展提供了物质前提；再次，男生较壮实，女生较丰满，男女差别显著。特别在身体形态上，男女是不均衡的，男生要高于女生10cm左右，重8kg左右，男生的胸围增长亦比女生相对要大。

2. 身体机能特征

身体机能是指人的整体及其组成的各器官、系统所表现的生命活动。

（1）神经系统。神经系统是人体机能的重要调节机构，是心理活动的物质基础。进入青春期后，脑的结构基本上和成人相似，脑的重量和容积也接近成人水平，但脑的发育尚未完全成熟，功能也在不断完善。大学阶段的个体脑细胞内部结构不断分化，其功能更加精巧和复杂化。由于神经细胞之间的联系大为增强，大脑兴奋性较强，因此大学生的思考、观察、分析能力加强，容易接受新鲜事物。同时他们情绪不够稳定，易波动，易疲劳，自制能力较差。

（2）心血管系统。心血管系统是人体发育成熟最晚的系统，心脏是血液循环的动力器官。大学阶段的个体心脏的形态和机能方面都接近成人水平，心室壁肌肉增厚，心肌纤维富有弹力，血管富有弹性，心率、脉搏减慢，每搏输出量增加，血压基本稳定。这就为人体进行大强度、长时间运动提供了生理保证。

（3）呼吸系统。进入青春期后，随着呼吸肌、胸廓的发育，肺小叶结构逐渐完善，肺泡容积增大，呼吸能力随之增强，接近个体最大值。大学期间，个体呼吸频率逐渐减慢，而呼吸深度相应增加。心肺功能的增强不但满足了大学生身体的发育和营养的需要，而且血液循环和呼吸系统的变化促使大学生能够从事激烈的活动和承受繁重的学习任务。

（4）运动系统。骨骼、肌肉是运动系统的主要部分，青春期之后肌肉的特点是水分多，蛋白质、无机盐少，因此肌肉柔软松弛，而且肌肉发育落后于骨骼，肌肉细长，力量和耐力都较差，故运动时容易疲劳。大学时期是个体肌纤维增粗，肌肉力量加大的时期。

与身体机能发育密切联系的是能量代谢的变化，体内能量代谢高，即能量充足，机体就有力。处于青年中期的大学生精力充沛，因为他们正处于能量代谢的“最佳年龄”，这些宝贵的生理能量是大学生进行学习和创造活动以及发展自身能力的基础。

（5）性的发育。性的发育一方面指性器官及其生理机能的成熟，另一方面指性意识和性心理的发展。进入青春期后，生殖器官逐渐发育成熟，男子出现遗精，女子表现为月经初潮。大学生不论第一性征还是第二性征都有了明显的发展。性生理的成熟，促使其性心理、性意识也不断发展。

3. 身体素质与运动能力特征

良好的身体素质是促进生长发育、增进健康以及掌握运动技术、提高运动能力的基础。参加任何一项体育运动，不仅需要有良好的身体素质，同时也能改善和发展多种素质，两者能相辅相成。

（1）身体素质。身体素质是体质的重要组成部分，是人体在运动中所表现出来的力量、速度、耐力等身体基本状态和功能能力。身体素质的强弱是建立在身体结构、生理机能和健康水平的基础上，是衡量一个人体质状况的重要标志之一。大学生这一阶段的各项身体素质的增长速度明显减慢，耐力素质、速度素质、爆发力等均已达到最好的状态，但明显存在着性别的差异。男生的力量、耐力等素质优于女生，而女生的柔韧与协调性优于男生。女生身高低于男生，故身体重心低，平衡能力优于男生；在体育运动中还能够承受长时间、大强度的练习。

（2）运动能力。运动能力是指人参加运动和训练所具备的能力，是人的身体形态、素质、机能、技能和心理能力等因素的综合表现。大学生身体形态发展处在青春期发育的后期到基本成熟期之间，发展速度虽然较慢，但骨骼、肌肉正处在重要的发育时期。加强肌肉的力量、协调、灵敏等练习，通过科学合理的体育活动，同样能使身体形态得到很好的改善。心血管系统和呼吸系统发育过程比较长，要重视心肺功能的锻炼，加强耐力训练提高心肺功能。积极参加各种体育锻炼，有利于逐步提高大学生的运动能力。

（二）影响大学生身体健康的因素

世界卫生组织经研究提示影响个人健康和寿命有四大因素：生物学因素、环境因素、卫生保健和生活方式。影响健康的四个因素中，环境因素起重要作用，其次为生活方式、卫生服务，遗传因素虽影响较小，但一旦出现遗传病，则不可逆转。这四个因素彼此又有相互依存关系。

1. 环境因素

包括自然环境与社会环境，所有人类健康问题都与环境有关（对健康和寿命的影响占17%）。污染、人口和贫困，是当今世界面临的严重威胁人类健康的三大社会问题。社区的地理位置、生态环境、住房条件、基础卫生设施、就业、邻居的和睦程度等都不同程度地影响着社区的健康。社会环境涉及到政治制度、经济水平、文化教育、人口状况、科技发展等诸多因素。良好的社会环境是人民健康的根本保证。

2. 生物学因素

生物学因素是指遗传因素和心理因素（对健康和寿命的影响占15%）。人是由分子、细胞、组织、器官和系统构成的超高度复杂的人体，婴儿的出生是一个奇迹。这万物之灵有思想会沟通，机体自身完成一系列生命现象（新陈代谢、生长发育、防御侵袭、免疫反应、修复愈合、再生代偿等），按照亲体的遗传模式进行世代繁殖。遗传不是可改的因素，但心理因素可以修改，保持一个积极心理状态是保持和增进健康的必要条件。影响健康的生物因素包括由病原微生物引起的传染病和感染性疾病；某些遗传或非遗传的内在缺陷、变异、老化而导致人体发育畸形、代谢障碍、内分泌失调和免疫功能异常等。在社区人群中，特定的人群特征如年龄、民族、婚姻、对某些疾病的易感性、遗传危险性等，是影响社区健康水平的生物学因素。

3. 行为和生活方式因素

这是指人们受文化、民族、经济、社会、风俗、家庭和同辈影响的生活习惯和行为（对健康和寿命的影响占60%）。包括危害健康行为与不良生活方式。生活方式是指在一定环境条件下所形成的生活意识和生活行为习惯的统称。不良生活方式和有害健康的行为已成为当今危害人们健康，导致疾病及死亡的主因。在我国前三名死因中是恶性肿瘤、脑血管和心脏病，这些疾病是由生活习惯和不良卫生行为所引起的。

在饮食方面，部分大学生缺乏科学的饮食方法，存在纵欲进食、节食、偏食等现象，造成消化系统功能紊乱，影响身体的正常发育。

在睡眠上，熬夜是大学生普遍存在的现象。如果睡眠不足，就会出现烦躁、易怒、食欲减退、体重减轻、生长发育减慢的后果；同时还会引起睡眠困难、不易入睡、夜间易醒等不良现象的产生。

体育锻炼是增强体质的基本手段，并逐渐成为现代人的一种生活方式。在参与体育锻炼上，部分大学生缺乏对体育锻炼作用的认识，忽视体育锻炼。

4. 卫生保健服务因素

卫生服务的范围、内容与质量直接关系到人的生、老、病、死及由此产生的一系列健康问题（对健康和寿命的影响占8%）。一个社会卫生机制的健全与否，对人们的健康也有非常重要的影响，当然卫生服务包括两个方面，一个是量的问题，再一个是质的问题，技术高不高？一个病人出现在偏远的农村，这个人可能就死掉了，在大的医院中有先进的医疗器械和专家就有可能把病人救过来。

大学的卫生保健设施是保证大学生身体健康的一个重要因素，它是针对大学生中存在的卫生问题，相应地提供增进健康、预防疾病、治疗疾病以及促进身心健康等方面的卫生服务。如大学的医疗机构、身体健康测试设施、学生食堂、寝室和教室卫生及校园环境卫生的监督等。

纵观四个方面，我们大有作为的也是目前产生对我们健康比较大的还是生活方式，这样影响比重高，同时我们又可以自己操作。所以在这两个方面我们是大有作为的。

（三）大学体育的生理健康功能

1. 大学体育有助于大学生运动系统的发展

运动系统是大学生正常生活、工作、劳动和运动不可缺少的器官和系统。运动生理学研究表明，进行体育活动有助于人体骨骼的发育和生长；有助于关节的灵活，增加动作的幅度；有助于增加肌肉的体积和肌力。

（1）运动促进大学生身高的增长

人体的身高主要与骨骼的发育水平有关。大学生在经历了青春发育的高峰期后，骨骼发展进入了缓慢的发展阶段，但骨化过程尚未结束，身高的变化仍存在着相当大的可塑性。有资料表明，经常参加体育锻炼的学生与其他同龄人相比，身高平均增长4～7厘米。因此，经常参加体育活动，可有效刺激和促进人体的新陈代谢水平，使骨骼的新陈代谢加强，血液供应充分，骨细胞生长能力增强，从而使骨骼的长度增加，骨密质增多，骨变粗，骨小梁的排列更加整齐有规律，机械稳定性加强。影响身高增长的因素除体育活动之外，还有营养、作息、遗传、卫生等因素。

（2）运动可使关节的灵活性、稳定性加大，动作舒展优美

关节是构成人体形态、连接骨骼的组织器官。运动时，骨、关节和肌肉都得到了良好的锻炼，韧带和肌腱的柔韧性和力量都得到增强，关节的稳定性和活动的范围得到加强，从而使动作表现出现舒展大方、优美协调的效果。

（3）运动能够有效地增加肌肉的体积和力量

肌肉是人体运动的动力器官，也是构成健美体形的外在组成部分。俄国诗人玛雅可夫斯基曾经这样赞美："世界上没有任何一件衣裳比健康的皮肤和发达的肌肉更美丽。"大学生的肌肉发展特点是由肌纤维纵向发展转向肌纤维的横向发展。体育锻炼中，肌肉的不断伸缩可使肌球蛋白不断增加；可使肌肉储存水分的能力增加而有利于肌肉的氧化反应；可使肌纤维的供能中心线粒体数量增加，不易产生疲劳；可使肌肉结缔组织增厚，肌纤维的数量增加和横断面增大，肌肉的力量增大，肌肉更结实丰满。研究表明，经过长期的运动，人体肌肉的重量可由占体重的40％（女性约占35％）左右改变为50％左右。可以明显地改善身体的形态结构。

2. 大学体育可以促进大学生心血管系统机能的提高

人的心血管系统是由心脏、血管和血液三部分组成的，它担负着人体内新陈代谢过程的运输任务。心脏是血液循环的总动力中心。大学生的心脏在形态结构和功能上，均已接近成人的水平。心脏重量约300～400克，心脏容积240～250毫升，心跳频率每分钟65～75次，血液总量占体重的7％～8％。

体育锻炼中，心脏毛细血管开放的数量增多，心肌的血液供应和新陈代谢加快，增加了心肌中蛋白质和糖元的贮备，心肌纤维变粗，心肌增厚，心脏的形态发生良好的变化。随着心肌收缩力量增大，心脏容量也得到增加。心脏每搏输出量和每分输出量也会增加。有资料表明，每搏输出量一般人为70～90毫升，经常锻炼的人为100～120毫升。安静时一般人心率为70～80次/分，经常锻炼的人可减少到50～60次/分；剧烈运动时，一般人的心率只能达到180次/分，经常锻炼者的心率可达200次/分，这些变化都是心血管系统技能增强的表现。

此外，经常参加体育活动还会影响血管壁的结构，改变血管在器官中分布状态，是冠状动脉口径增粗、心肌毛细血管的数目增加。因此也是预防一些心血管系统疾病、保护心脏健康的积极手段。

3. 大学体育可提高大学生呼吸系统的机能

人体的呼吸系统是由呼吸道（包括鼻、喉、气管和支气管）和肺组成。呼吸道是呼吸运动时气体的通道，肺是进行气体交换的场所。大学生肺的结构和机能迅速生长发育，呼吸肌力量逐渐加强，呼吸差、肺活量已经接近成人。呼吸频率逐渐减慢，一般约为16次/分，呼吸深度相应增加，呼吸系统已经达到健全程度。

经常参加体育活动可使呼吸系统的机能得到改善。因为运动可保持肺组织弹性，改进胸廓活动范围，使呼吸深度加大，肺活量增大。一般成年男子肺活量为3500毫升左右，女子为2500毫升左右，而经常锻炼的成年男子肺活量可达到4000～7000毫升，女子可达到3500毫升左右。运动也使呼吸系统的通气和换气功能得以增强。安静时一般人的呼吸

频率为12～18次/分，肺通气量4～7毫升，经常锻炼的人呼吸频率仅为8～12次/分就可以达到同样的肺气量。在定量工作时，呼吸机能还能表现出节省化现象，能够较长地保持高效率工作，能够适应和满足较大运动负荷对呼吸系统的要求。

4. 大学体育可以改变神经系统的机能

神经系统包括中枢神经系统和周围神经系统。中枢神经系统是指挥整个机体活动的“司令部”。周围神经系统散布于机体各处，上连中枢神经，下连各器官、系统，把人体的各种刺激传给中枢神经，也把中枢系统的指令传到人体各个部分。人体任何一个器官、系统的活动，都是在神经系统的调节、控制下完成的。大学生的神经系统处于脑细胞建立联系的上升期，大脑神经细胞的分化机能迅速发展，大脑皮质的结构和功能发生着巨大变化。

经常参加体育活动可以使人的头脑清醒，思维敏捷。因为大脑虽然只占人体重的2%，但它所需要的氧气都是要由心脏总血流量的20%来供给，比肌肉工作时的所需血流量还要多。进行体育活动，特别是到大自然中去活动，可以改善大脑供血、供氧情况，促使大脑皮层兴奋性增强。

另外，进行体育活动是调节大脑皮层兴奋和抑制过程的积极有效措施。因为，人体神经系统的活动就是兴奋和抑制过程的相互转换。人体进行运动的过程，需要肌肉不停地作出收缩和放松的反应，这一过程本身就是对神经系统兴奋与抑制机能很好的锻炼，从而使人的动作敏捷，反应灵敏迅速，思维灵活，精细果断，同时也改善神经系统对心血管系统、呼吸系统、运动系统等器官系统的调节功能，更好地保证大学生在校期间的学习。

二、大学体育与心理健康

进入21世纪，大学生的心理健康问题越来越引起人们的关注，这不仅仅是家庭、学校教育的问题，而且已成为社会十分关注的问题。因此，保持健康心理状态，对大学生个人、对社会都有着重要的意义。

（一）心理健康及重要性

心理健康是指一种持续稳定的心理状态，具有正常的智力、正常的群体感、坚强的意志、良好的性格和融洽的人际关系，并由此不断地发展健全的人格，提高生活质量，保持旺盛的精力和愉快的情绪。一个人心理健康出现了问题，不仅影响到自己的生活，也会给他人生活带来痛苦。

1. 心理健康可以促进大学生全面发展

健康的心理品质是大学生全面发展的基本要求，也是将来走向社会，在工作岗位上发挥智力水平、积极从事社会活动和不断向更高层次发展的重要条件。大学生德智体美劳等方面的和谐发展，是以健康的心理品质作为基础的。一个人心理健康状态直接影响和制约着全面发展的实现。

2. 心理健康可以使大学生克服依赖心理增强独立性

大学生跨入了大学，就进入了一个全新的生活天地，他们必须从靠父母转向靠自己。上大学后，紧张的学习，严格的纪律，生活的环境，使他们难以适应。因此，大学生只有注重心理健康，尽快克服依赖性，增强独立性，积极主动适应大学生活，度过充实而有意义的大学生活。

3. 心理健康是大学生取得事业成功的坚实心理基础

目前我国大学毕业生的分配工作已发生了很大变化，大学生都实行供需见面、双向选择、择优录用等方式，择业的竞争必然会使大学生心理上产生困惑和不安定感。因而，面对新形势大学生只有注意保持心理健康，培养自立、自强、自律的良好心理素质，锻炼自己的社会交往能力，才能使自己在变幻复杂的社会环境中，作出选择适宜自己角色的正确抉择，敢于面对困难、挫折与挑战，追求更加完美的人格，为事业成功奠定坚实的心理基础。

4. 心理健康利于大学生培养健康的个性心理

大学生的个性心理特征，是指他们在心理上和行为上经常、稳定地表现出来的各种特征，通常表现为气质和性格两个主要方面。气质主要是指情绪反映的特征，性格除了气质所包含的特征外，还包括意志反映的特征。当代大学生的心理特征普遍表现为思想活跃、善于独立思考、参与意识较强、朝气蓬勃的精神状态等等，这些有利于大学生的健康成长。

因此说，拥有健康的心理是大学生成才的关键，拥有健康的心理是大学生发展的关键，拥有健康的心理更是适应社会的需要。

（二）心理健康的标准

人的心理健康标准是一个比较复杂的问题，对此，心理学家、精神病学家和社会学家各有不同的看法。综合国内外专家的观点，一般认为心理健康的标准主要包括以下几点：

（1）了解自我，悦纳自我。

（2）接受他人，善于人处。

（3）正视现实，接受现实。

（4）热爱生活，乐于工作。

（5）协调与控制情绪，心情良好。

（6）人格完整、和谐。

（7）智力正常。

（8）心理行为符合年龄特征。

根据大学生的心理特征、大学生特定的社会角色的要求以及心理健康学的基本理论，大学生心理健康的标准可以概括为以下几点：

1. 能保持对学习有浓厚的兴趣和求知欲望

学习是大学生活的主要内容，心理健康的学生都会珍惜学习机会，求知欲望强烈。能克服学习中的困难，学习成绩稳定；能够保持一定的学习效率，并从学习中体验到满足与快乐。

2. 能协调和控制情绪，保持良好的心境

积极乐观的情绪和良好的心境是心理健康的重要标志。心理健康的大学生心胸开阔，从容乐观，热爱生活，乐于进取。虽然也有悲、忧、哀、愁等消极体验，但积极情绪总是多于消极情绪。具有理智感、责任感、幽默感，善于调节和控制自己的情绪，急而不躁，喜而不狂，忧而不绝，胜而不骄，败而不馁，持续稳定地保持愉快、满意、开朗的心境。无论是处于顺境还是逆境，都能随遇而安，积极寻找事业的乐趣，发掘生活的光明面。

3. 意志健全，能经受住各种挫折和磨练

心理健康的大学生，学习生活有明确的目标和追求，敢想、敢说、敢干，勇于开拓进取，在意志行动中有主见，有恒心，专心致志，遇到外界干扰和诱惑不为所动。经常的盲目性和软、懒、散状态，都是意志不健全的表现。

4. 人际关系和谐，乐于交往

人际关系状况最能体现和反映人的心理健康状况。心理健康的大学生热爱生活，乐于交友，善于与人相处，既能容人之短，也能容人之长，能正确处理互助和竞争的关系，能与他人同心协力合作共事，乐于助人，有较强的同情心和道德责任感，因而能被他人和集体所接纳和认同。相反，疑心重重、妒贤嫉能、尖酸刻薄、自私自利、孤芳自赏、与集体格格不入的人，均属于不健康心理。

5. 正确的自我意识

正确的自我意识是心理健康的重要条件。心理健康的大学生都能以客观的态度去认识、评价自己和周围的世界，既不是自视清高、妄自尊大，也不是自轻自贱、妄自菲薄。行动上自律，评价上自省，心态上自控，情感上自悦。在理想自我与现实自我之间有良好的基本满意的态度，存在着一种健康有益的差距。他们善于从客观环境中吸取有价值的信息以充实自己、完善自己，并恰当地进行自我评价和自我调节，有效地控制自己的行为。

6. 适度的行为反应

适度的行为反应是指个体对外界环境和事物的反应既不过敏，亦不迟钝。在人的生命发展不同年龄阶段都有相应的心理行为表现，从而形成不同年龄阶段独特的心理行为模式。心理健康的大学生有正常的行为反映，在认识、情感、言行、举止等方面都符合他所处的年龄段的要求，他们充满青春活力，朝气蓬勃，勤学好问，能创造性地处理问题。过于老成、过于幼稚、过于依赖都是心理不健康的表现。

7. 完整统一的人格品质

人格指人的整体精神面貌。人格完整指人格构成要素的气质、能力、性格和理想、信念、人生观等各方面平衡发展，有一定的连贯性和稳定性。心理健康的学生所思、所说、所做是协同一致的，具有积极进取的人生观，把自己的需要、愿望、目标和行为统一起来，无双重人格，不为私欲背弃信念和良心，不搞阴奉阳违、口是心非。

8. 积极的社会适应力

心理健康的大学生，能和社会保持良好的接触，对社会现状有较清晰的认识，思想、信念、目标和行为能跟上时代发展的步伐，与社会要求相符合，为社会所接纳。一旦发现自己的愿望、需要与社会的希望和需要发生矛盾和冲突时，能迅速调整自己对现实的期望和态度，以谋求与社会的协调一致；而不是逃避现实，或与之背道而驰。

（三）影响心理健康的因素

人的心理健康是一个相对独立的、极为复杂的和动态的过程，所以影响心理健康、导致心理偏差、心理障碍或心理疾病的因素也是复杂多样的。

1. 生物因素

内部因素是一个人自身所具有的一种内在和主观的因素。

(1) 遗传因素。人的心理活动或心理健康状况是不能遗传的。但人的躯体、气质、智力的活动特点等手遗传因素的影响更为显著。相关的调查和临床观察表明，精神病患者的家族中，患有精神发育不全、性情孤僻、躁狂、抑郁等精神病或具有异常心理行为的家庭成员占有相当的比例。

（2）病菌或病毒感染。人如果患了斑疹伤寒、流行性脑炎等中枢神经系统的传染病，就会由于病菌、病毒损害神经组织结构而导致器质性心理障碍或精神失常。有害化学物质侵入人体，毒害中枢神经系统，如食物中毒、煤气中毒、酒精中毒、药物中毒等，可能导致心理障碍或精神失常。如果患者是幼儿，则可能阻抑心理的发展，造成智力迟滞或痴呆。

（3）躯体疾病或生理机能障碍。躯体疾病或生理机能障碍也是造成影响心理健康的因素之一。例如，如果患有内分泌机能障碍，尤其是甲状腺机能混乱、机能亢进，患者往往出现暴躁、易怒、敏感、情绪冲动、自制力减弱等心理异常表现；若患有肾上腺素分泌过多，则会产生躁狂症，而患有肾上腺素分泌不足则可能患上抑郁症等。

2. 外部因素

（1）家庭因素。人的心理健康状况，尤其是对中小学儿童来说，受家庭因素的影响很大。大量研究表明，不良的家庭环境因素，容易造成家庭成员的心理异常。

家庭因素主要包括：家庭关系不良，如父母关系、婆媳关系、兄弟姐妹关系不和谐，家庭情感冷淡，矛盾冲突迭起等；家庭成员残缺，如父母死亡、父母离异或分居、父母再婚等；家庭教育存在误区，如专制粗暴，或溺爱娇惯等；还有家庭变迁以及出现意外事件等。

（2）社会因素。政治、经济、文化教育、社会关系等属于影响心理健康的社会因素。其中的各种不健康的思想、情感和行为，会严重腐蚀人的心理健康。社会因素对一个人的生存和发展几乎起着决定性作用，尤其在今日，人与人之间的交往日益广泛，各种社会传媒的作用越来越大，生活紧张事件增多，矛盾、冲突、竞争加剧，所有这些都会加重人们的心理负担。不利于身心健康。

（3）学校因素。学校因素主要是针对学生来说的，主要包括学校教育条件、学习条件、生活条件，以及师生关系、同伴关系等。大学是大学生学习、生活的主要场所，所以学校生活对大学生的心理健康影响极大。学校因素中的种种条件和关系，如果处理不当，就会影响大学生的心理健康发展。比如，如果校风学风不良、教育方法不当、学习负担过重、师生情感对立、同学关系不和等，都会使大学生的心理抑郁，精神焦虑，若调适不及时，就会造成心理失调，甚至导致学生的心理障碍。

3. 协同作用

上述各种因素既相互独立，又相互制约，对一个人的心理健康往往协同而起作用，而这种协同作用要超过单个因素作用的简单加和。由此，在诊断心理失调、心理障碍或心理疾病时，必须要充分考虑到各种因素的作用，逐一考察，全面、正确地作出诊断，才能采取有效的措施进行心理调适和治疗。

（四）影响大学生心理健康的因素

1. 环境变迁

从中学进入大学，对大学生来讲是人生的一个重大转折。他们一旦跨入校门，所面临的是一个非常新奇、但又非常陌生的环境。新的学习生活要求大学生学习上的自主，生活上的自立，思想上的自律。同时，还面临一个重新认识别人，确立人际关系，对大学中自己地位发生变化的适应过程。环境的巨大变化，再加之许多学生缺乏心理准备，使许多大学生在适应环境的过程中产生许多心理问题，心理困扰。这种情况需要他们很长一段时间的心理调整过程。

2. 青春期的不适应

大学生正处于青春期中、后期，处在心理逐步定向成熟、完善的过程当中，而他们首先更要面对的是青春期初期遗留下来，由于各种原因未能解决的许多心理问题。如生理上的变化，开始关注自我形象，关注异性，并希望引起异性的注意，也渴望与异性交往，给异性留下较好的印象等。特别是已很脆弱的自信心在其他强手如林、风度翩翩的大学生面前，更是自惭形秽，容易产生强烈的自卑感和严重的心理负担。

青春期的不适应，还表现在大学生离开家庭，从家庭之外建立成熟的情感联系还缺乏一定的经验，以前对家庭的过于依赖，使他们在新的大学生活中面临各种挑战时，缺乏有效的支持系统，容易产生各种不良情绪和较大的心理压力。

3. 家庭环境与教育

家庭是人成长的重要环境，父母是孩子的第一任老师，家庭环境是否良好，父母的教育方式是否得当，直接关系到子女的健康成长。从大学的心理咨询实践来看，出现心理问题的大学生多与家庭环境、父母的教育方式有关。

(1) 家庭环境气氛。家庭的环境气氛，对人的成长是非常重要的。据研究表明，如果一个人从小生长在单调、贫乏的家庭环境中，其心理发展将受到阻碍，并且会抑制他们潜能的发挥。如有的家庭气氛过于沉默或严厉，孩子从不敢大声说话，自由说笑，或向父母表达自己的见解。他们进入大学后，往往也难以充分地表现自己、难以有较强的自信心去参与竞争，表现得过于抑郁。同样，如果家庭中，父母经常发生争吵，甚至武力相处在这样一个没有爱、经常冲突的氛围中长大，有的大学生对人缺乏信任感，过于敏感、多疑，难以和同学、老师建立和谐、信任的人际关系。

(2) 父母对子女的态度及教养方式。儿童早期与父母的关系以及父母对儿童的态度也是影响个体心理健康的重要因素。

一些研究表明，在人的早期发展中，父母的爱、支持和鼓励容易使个体建立起对初始接触者的信任感。而这种信任感和安全感的建立保证了子女成年后与他人的顺利交往。反之，会难与他人进行正常的沟通，会缺乏安全感，形成一种孤独、无助的性格。因而容易在人际交往等方面出现障碍。

父母对子女的教养方式，也直接关系到人的健康成长。在中国父母对子女的期望值很高，特别是子女上大学成为他们的较高期望，并常采取的过分保护和过分严厉的教养方式，这使子女承担过重的心理压力，或过分依赖、或过分的自我谴责，难以客观地评价自己，恰当地面对学习与生活目标，有效地解决各种遇到的问题。

4. 心理冲突

在现实生活当中，人常会存在多种动机，面临多种选择。如果这些动机彼此不相容，相互不可兼得，在选择上就容易出现心理冲突。心理冲突常给人以挫折感，对个体的直接影响就是心理压力。这种压力往往增加个体适应环境的困难，对生活和工作也产生不良的影响。如果冲突长期得不到解决，对个体的危害是非常大的。

大学生在日常生活中，心理冲突是经常发生的。所学专业与自己兴趣的冲突，学习功课与社会工作的冲突，恋爱与专业学习的冲突，想积极的人际交往获得别人的尊重与封闭自己自我保护的冲突等。特别是当今中国正处在改革开放社会转型时期，各种思想、各种文化的涌入，在一定程度上造成了大学生的价值混乱，内心动荡不安，矛盾冲突加剧。

心理冲突是挫折的一个重要来源，与人的心理健康水平有着密切关系。强烈的心理冲突会使人陷于无尽的困惑和苦闷之中。内心世界的各种根本的价值观之间的冲突，甚至可以引起人们的厌世、颓废和绝望，极大地消耗人的心理能量，使人的心理功能得不到发挥，从而影响人的心理健康。

5. 个体素质

从大学生的个体素质来看，人格中的不良因素与心理障碍呈相关关系。也就是说一些特殊的人格特征，是导致心理障碍和精神病原因的内在因素之一。据有关心理咨询对部分存在一定心理障碍的大学生进行的人格调查分析中发现，他们当中大部分的性格属于内向不稳定型，即他们的心理有一定的易损伤性相对生活事件的易感受性。其性格的缺陷表现为：内向、心胸狭窄、抑郁性高、神经质、多愁善感又难于表露、自卑感严重、自信心不强、对社会现实和所处环境难以适应、活动范围狭小。

再有，大学生虽然生理已成熟，但是心理上还正处在逐步走向成熟的过程当中。心理与生理成熟之间的落差，很容易导致心理失衡。大学生的心理还多不稳定，心理状态仍带有一定的幼稚性、依赖性和冲动性。加之，一些大学生生长较顺利，入学前多在比较优越的环境中长大，遇到的挫折少，心理承受能力低。一旦生活中遇到一定困难与挫折，很容易产生各种心理问题。

（五）大学体育的心理健康功能

1. 大学体育有助于改善大学生的情绪状态

在繁重的学习压力下，大学生中的某些人经常会产生忧愁、紧张和压抑等情绪反应，参加体育活动可以转换个体不愉快的意识、情绪。因为运动能够提高人的情绪唤醒水平。唤醒水平是指一个人情绪兴奋的水平。运动能提高人的唤醒水平是由各种感觉信号的输入所造成的。当达到一定的运动负荷时就会导致唤醒水平的提高，使人精神振奋，乐观自信，充满活力。

2. 大学体育有助于培养大学生的意志品质

意志品质指一个人的果断性、坚韧性、自制力以及勇敢顽强和主动独立等精神。意志品质既是在克服困难的过程中表现出来的，又是在克服困难的过程中培养起来的。在体育活动过程中需要不断克服各种客观困难（如气候条件的变化、动作的难度、运动损伤等）和主观困难（如惰性、胆怯、畏惧、疲劳等），坚持参加体育活动，就可以培养坚强的意志品质，并能够迁移到学习、生活和其他工作中去。

3. 大学体育有助于培养大学生人际交往能力

人际交往是指在社会活动中人与人之间进行信息交流和情感沟通的联系过程。人际交往能力强是一个人心理健康的重要标志之一。经常参加体育活动有助于培养学生的人际交往能力。因为体育活动增加了人与人接触和交往的机会。很多体育运动项目是以集体参与的方式表现出来的，参加运动的过程就是一个与他人紧密协作和配合的过程。如排球的二传手与攻球手之间，足球的前锋与中锋之间，田径接力比赛的交接棒之间，甚至体操比赛的单项与团体之间等等，都存在着和锻炼者人际交往的机会和能力。

4. 大学体育有助于大学生心理卫生问题和心理障碍的防治

一提到心理卫生问题和心理障碍，人们往往总误认为是精神病，如一个人因焦急而头痛，因生气而失眠，因过度忧郁而肠胃功能紊乱等，这些都属于心理卫生和心理障碍的范畴。据世界卫生组织最新统计，全球目前至少有5亿人存在各种精神和心理问题，占全世界总人口的10%，其中2亿人患有忧郁症，忧郁症是当前最常见的心理障碍之一。

体育锻炼被公认为是一种有效的心理治疗方法，美国的一项调查显示，1750 名心理医生中，80％的人认为体育锻炼是治疗抑郁症的有效手段之一，60％的人认为应将体育锻炼作为一种治疗方式来消除焦虑症。由于学习压力和其他方面的挫折因素，导致焦虑症和抑郁症成为大学生常见的心理疾病，而通过大学体育可以减缓和消除这些心理疾病。

三、大学体育与社会健康

大学体育的社会健康功能主要表现为参加体育活动有助于大学生社会化过程的完善。社会化是指作为个体的生物人成长为社会人、并逐步适应社会生活的过程。正是经由这一过程，社会文化得以积累和延续，社会结构得以维持和发展，人的个性得以形成和完善。大学体育的社会化功能主要表现在以下几个方面：

（一）有助于大学生学习和理解社会行为规范

体育是一种特殊的社会文化活动。激烈的对抗竞争、频繁的人际交往和多种形式的群体活动，是这一文化活动的鲜明特征。在这一领域中确立了明确而细致的各种行为规范，如运动员守则、比赛规则、竞赛规程等等，并通过裁判、仲裁、公众舆论、大众传播媒介等进行实施和监督。由于体育的这些规范训练可以在体育教师的指导下经常重复地进行，这就使大学生在体育运动中学习了行为规范准则，懂得了行为规范的一般特征，有助于对其他社会规范的理解和学习。

（二）有助于大学生形成正确的价值观念

体育文化之所以存在，其哲学意义在于对人的肯定，是追求人的价值和人的权利的过程，是发展和完善人的肉体和精神的过程。体育承认人的肉体存在的合理性，令人体验现实生活的乐趣、自由和幸福，培养积极进取的精神和高尚的品行与气质。

（三）有助于大学生尝试多种社会角色

社会学理论认为，社会角色是指与人们的某种社会地位、身份相一致的一整套权利、义务的规范与行为模式，它是人们对具有特定身份的人的行为期望，它构成社会群体或组织的基础。可以说，一个人要符合社会的要求，取得社会成员的资格，就必须学会扮演适当的社会角色。

大学体育能为学生们学习社会角色提供优越的环境与适宜的条件。所谓体育运动中的角色，是指个人在体育过程结成的社会关系中所处的地位。这种地位有其权利、义务和相应的行为要求。比如，某个班级在分组进行足球比赛时，两个组各自的前锋、边锋、中锋、后卫和守门员等各个角色，都是在自己所处的地位上，通过与该地位相适应的角色行为而产生相互的关系。权利与义务伴随着行为过程而发生，在由体育而结成的社会关系中，每个角色都有获胜的权利、获得嘉奖的权利和按照规则进行技术动作行为的权利。同时也有遵守体育法规、道德规范和技术规范的义务。

在多数情况下，体育活动都是通过角色学习出现的。也就是说，体育教育是通过体育场合中人与人的相互交往行为进行的，而这种交往常常又是以群体的形式出现的。当群体活动的学习过程与群体成熟的过程相吻合时，可以得到较为理想的教育效果。所谓群体成熟的过程，也就是群体的每个成员能够适应群体的活动，并能够从中得到满足的过程。群体在成熟时，除了群体自身及其活动内容具有魅力外，所有成员还需要具有以下几个条件：①能做到与群体规范相一致；②都满足与自己的地位与角色；③与领导人物、核心人物关系协调；④具有与其他成员的一体感。

总之，通过体育角色的学习，大学生可以体会到经过个人努力是能够成功扮演各种角色的，从而认识到人的主观努力是改变社会地位的重要途径。

第三节　促进体育与健康的行为

一、促进健康行为的概念

促进健康是指影响、教育人们健康的一切活动的全部过程，即人们通过各种不同的方式、途径、手段达到全体人民在生活、工作、学习、休息等社会活动中都能公平地享受到健康的社会环境的目标，使所有人都享有卫生保健。由于各国的文化、政治、习俗的不同，对“健康促进”含义的理解和做法也不尽相同。

促进健康行为是指个人或群体（不论其健康状况如何）表现出的客观上有利于自身和他人健康的行为。促进健康行为包括三个方面的含义：

（1）这些行为在客观上对健康有利，而且不损害他人的健康；

（2）作为健康促进行为，要表现得相对明显，要有一定的力度；

（3）作为健康促进行为要表现出相对的稳定性，行为要持续一段时间，短暂的、一次性的行为不能成为健康促进行为。

促进健康的基本内容：充分利用行政手段来干预卫生工作；应用先进的医学手段提高人民的健康；保护环境，加强预防措施；加强体育健身锻炼，改变生活方式和行为，增强人们自我保健能力。

二、影响健康行为的因素

一般常把影响健康行为的因素，分为倾向性因素、促成性因素和强化性因素三种。

所谓倾向性因素，发生在行为之前，是产生行为的原因和动机，其中包括知识、态度、信念、价值观的认识。这些前提，可能促进人们的健康行为，也可以阻止人们的健康行为。这将取决于人们的文化素质、健康知识水平、接受健康教育的程度、医务人员的作用和责任等。

所谓促成性因素，是实现某项健康行为所必需的技术和资源，其中包括保健设施、保健人员、学校课程、医疗机构。人们的健康行为将受到这些资源的影响（比如体育锻炼场地），以及提供的预防保健服务、个人掌握的自我保健技能等等。

所谓强化性因素，是人们从别人那里获得的有关健康的信息反馈，可产生促进或阻碍健康行为的作用，对已经在实行中的健康行为起着增强或削弱作用。比如，病人的健康行为强化来自医生、护士、病友和家属；一般人健康行为的强化来自亲友、同事、邻居；青少年吸烟的不健康行为受同学、老师、父母的影响。因此，应尽可能地让人们获得有益健康行为的信息反馈，避免不健康行为的影响。

三、大学生促进健康的行为

（一）常见的促进健康的行为

1. 有规律的、科学的校园生活，正确对待学习、生活与就业所带来的压力。

面对紧张的学习生活，我们应建立起一个适合自己的有规律的生活体系，如为自己制定适合自己生物钟的作息时间表，按照时间表进行有规律的学习与生活。研究表明，有规律、有节奏的生活对保养身心、消除疾病是大有益处的。其次应做到脑力劳动与体力劳动的有机结合。脑力与体力的交换使用，不但有助于消除精神疲劳，而且会调节心理压力，平衡失调的身心。

对于因学习紧张、生活贫困、就业困难所带来的心理压力，首先应勇敢面对，泰然处之。其次是加强自己的心理品质，提高抗干扰能力，为自己树立远大的目标，培养高尚的情操和人格修养。同时要保持心态的平衡，遇到问题，应不断进行心理调试，始终以乐观、坚强、自信的态度对待生活。从心理学角度来说，一个人以一种自信、坚强、乐观的精神面貌面对生活，是有助于及时调整心态，从心理困境中走出的。

2. 积极转移注意力，学会自我宣泄。转移注意力，是有助于摆脱心理困境的。如抑郁时，可积极进行户外活动如打打球、散散步、找知心朋友谈谈心等。焦虑时，可找一部自己喜爱的休闲文学作品或影视看看，有条件的，最好定期作一些外出旅游。因为从心理学角度来说，一个人一旦离开原来的生活环境，面对新事物，心理环境往往会逐步开朗，有利于减轻和消除心理问题，走出心理困境。

我们应学会自我宣泄。对一些经常产生的不满、愤怒与痛苦应积极加以宣泄释放，如进行快跑、拳击等激烈的体育运动，或找知己加以倾诉等等，以减轻心理压力，不断加强自身的心理品质，有意识地控制自己波动的情绪，以乐观、坚强的积极态度去面对所遇到的困境，使自身的心态保持平衡。

3. 科学锻炼身体。科学的体育锻炼可以达到促进生长发育、提高适应能力、增强体质、防治疾病、延缓衰老、延长寿命的目的，并可以丰富生活、增添乐趣、调节心理情绪。在进行体育锻炼时要从个人实际情况和外界环境条件的实际出发，确定锻炼的目的、选择适宜的运动项目、合理地安排运动时间和运动负荷；在循序渐进锻炼的同时，坚持持之以恒的原则，全面锻炼身体，使身体形态、机能、身体素质和心理品质都得到全面和谐的发展。

4. 学会幽默与解嘲。幽默与解嘲能使紧张的精神放松，释放被压抑的情绪，避免刺激和干扰，摆脱窘困场面，消除身心的某些痛苦，有助于加速血液循环，消除大脑疲劳，通过对下丘脑系统的良性刺激达到延缓衰老的目的。因此，培养幽默与解嘲的能力，学习用幽默与解嘲的方式对待烦恼，化大事为小事，可保持和增进健康。

（二）大学生健康行为准则

（1）科学生活：生活有规律、合理膳食、积极休息、禁酗酒、勿吸烟、讲究卫生、勿滥用药物、避免不洁性行为。

（2）学会放松：放松神经和肌肉，在内心构想美好的画面。

（3）陶冶性情：琴棋书画、唱歌跳舞、集邮摄影等能陶冶情操。

（4）着眼当前：集中精力做好当前的工作，不要花时间追忆过去。

（5）坚持运动：生命在于运动，运动使人精力充沛，充满活力。

（6）尽情发泄：心中的烦恼、忧虑不要积在心中，应设法及时宣泄。

（7）勇担责任：遇到困难不要退缩，不要逃避，知难而进，勇于战胜它。

（8）知足常乐：期望值不要过高，应量力而行，立足现实。

（9）调换环境：因环境不适造成心理压力过大，可及时更换一个新的环境。

（10）休假旅游：投入大自然可忘却一切不愉快，有助于减轻心理压力，使人身心愉悦。

（11）学会幽默：幽默是精神健康的调节剂，学会幽默，以良好的心境应付周围的一切。

（12）寻求帮助：如心理问题比较严重或有心理疾病，除进行上述自我调试外，我们也应积极地去看心理医生，千万不要因害羞与世俗的偏见而讳疾忌医。

四、身心养护

身心养护是通过对人的身（躯体）、心（精神、心理）的调节和物质能量的补偿及防病、治病等措施，使人达到躯体健康、心理健康、社会适应良好和道德健康的过程。与身体锻炼相比较，身心养护是采取降低运动负荷，补偿机体消耗的物质和能量、消除疲劳、防病、治病达到身心健康的过程。随着社会的发展、科技的进步、工业化程度的不断提高，也改善了人们的社会生活方式，随之而来的是“现代文明综合症”的出现。由此导致身心疾病将严重地威胁着人们的健康。如何预防身心疾病是摆在人们面前的一项迫切问题。而预防这些疾病的发生，必须进行身心养护和身体健康。

（一）心理健康与身体健康的关系

我国古代以来就确立了“身心相关”的传统医学理论，并应用于医学的临床实践。广大群众用这一理论进行身心养护活动。

在我国“形神相因”学说也是传统养生学中一项重要的理论。“形神相因”也称“形神合一”，是指形体与精神的结合。形是指人体中一切组织、器官，神就是精神意识活动。我国古代名医张景岳在《类经》中指出，“无形则神无于生”，“无神则形不可活”、“形者神之质，神者形之用”，“养神可以保形，保形可以安神”。形与神是息息相关的，通过调形养神的方法可使形神合一/现代医学把心身医学作为医学的分支，主要研究心与身之间的相互关系在疾病发生、发展过程中的作用。研究人的正常心理和异常心理之间与生理之间的互相作用。这说明现代医学发展趋向正朝单纯的生物模式向生物—心理—社会医学模式转化。

心理健康，是指个体在各种环境中所能保持的一种良好的心理状态。一个心理健康的人，应该能够随着自然环境和社会环境的变化而不断地调整自身的心理结构以达到与外界的平衡。心理健康可以归纳为以下五个方面：

（1）有理想，自我意识明确，刻苦学习，努力工作。

（2）热爱生活，人际关系良好。

（3）适应环境能力强，能创造性地处理问题。

（4）情绪的自控能力强，从容乐观，沉着冷静。

（5）充分了解自己，对自己能做正确的评价。

这几个方面互相联系，相辅相成。心理健康对身体健康的影响非常大，有时心理因素的致病作用并不次于生理因素，古今医学研究表明，激烈的情绪反应是重要的致病因素，有时甚至能使人致命。例如历史上“三国”时代诸葛亮三气周瑜之死，《红楼梦》中的林黛玉因悲观忧愁之死，及现代英国生理学家亨特因被激怒致心脏病突发而猝死等，都说明心理健康的重要性。

从另一方面看，没有健康的身体也必然会影响到心理健康。范缜在《灭神论》中指出，“神即形也，形即神也，是以形存则神存，形榭则神灭也”。这足以说明身体健康对心理健康的重要性了。健康的身体则会使人精神愉快性格开朗，自信心强，社会适应力强。

（二）大学生常见的心理障碍和心理疾病及心理调节

大学生正处在青春期，形态、生理、生化和内分泌的改变直接会影响他们心理和行为的改变。由于发育迅速，就会在心理上遇到许多问题，有的因不注意养护则易发展为一些心理疾病。因此了解和掌握青春期的心理基本特征尤为重要。据有关调查，大学生中因心理疾病而休学、退学，甚至自杀死亡者时有发生，至于那些带病坚持学习者大有人在。对于大学生中存在的心理问题必须引起学校、社会和家庭的高度重视。

心理障碍，是指影响个体正常行为和活动效能的心理因素或心理状态。常见的心理障碍有焦虑、麻木或冷漠、逆反心理等。

心理疾病一般指精神而言，常见的有三类，一是神经官能症（神经衰弱、焦虑症、强迫症、癔病、恐怖症、疑病症等）；二是心身疾病；三是精神分裂症（单纯型精神分裂症、青春型精神分裂症）。

心理调节，是使人获得心理健康的方法或手段。它能有效地保护和促进心理健康，保持和改善人对环境的适应能力及预防心理障碍的发生。进行心理调节的方法有以下四种：一是心理咨询，经专家启发诱导，排除疑虑，建立信心；二是一般疗法，可采用同别人交谈、听音乐、看电视、读书看报、回忆美好往事等；三是体育疗法，通过参加体育活动、体育比赛、散步、旅游使身心愉快，缓解紧张心理，沟通感情，使人产生亲切感，缓解紧张的人际关系，朝气蓬勃。充满活力，增减心理健康；四是传统体育保健法，运用我国养生术与锻炼身体方法相结合，非常适合身体弱者和慢性病患者的身心养护，如气功、太极、按摩等项目。

（三）环境与健康

环境是人类赖以生存的根本条件，人类的一切生命活动都与环境密切相关。科学的利用自然环境锻炼身体以达到增进健康，增强体质的目的是身体养护的重要内容之一。

人类与自然环境之间最本质的联系和物质和能量的交换，自然环境的任何异常变化都会不同程度地影响到人体正常的生理活动。当自然环境的异常变化超过一定的范围时，就会对人类产生致病因素。如对人类威胁较大的心脑血管病、癌症、糖尿病等，约有80%以上是由于环境污染所致。人们在进行体育锻炼时，人体内各器官发生明显的生理变化，新陈代谢旺盛，呼吸加快、加深，耗氧量增加。所以进行体育锻炼时对环境的选择十分重要。在空气污染严重的环境中进行身体锻炼，可以造成组织缺氧，特别是脑组织缺氧，肌肉张力减低，导致气管炎、咽喉炎、呼吸道疾病和一切过敏性疾病。不但达不到增进健康的目的，还可能造成适得其反的效果。而利用良好的环境进行身体锻炼，往往会得到事半功倍的效果。

在健身环境的选择方面，一般说应该选择在空气新鲜，阳光充足，无噪音和无污染的环境中进行，如海滨、公园、绿化好的街道等。

在锻炼时间的选择方面，从总体上讲要考虑一年之中季节的变化，及每天空气较清洁的时间，早晨参加体育锻炼能使人为一天的学习、工作在身体机能方面做好“准备活动”。

总之，锻炼者应该充分认识到自然环境对人的重要作用，把体育锻炼与利用自然环境有机地结合起来，就会得到更好的养护效果。

思考题：

1. 健康的概念及价值是什么？
2. 影响大学生身体健康的因素有哪些？
3. 影响大学生心理健康的因素有哪些？
4. 衡量大学生心理健康的标准是有哪些？
5. 如何认识大学体育对生理与心理健康的作用？

第五章　体育与健康的检测及评价

第一节　体育与健康指标的检测

健康是生命的象征，幸福的保证，是科学的基础。世界卫生组织马勒博士说："健康并不代表一切，但失去了健康，便丧失了一切。"作为大学生，应当具有较强的健身意识，应当把提高自身的身体健康素质作为身追求的目标和对个人、家庭、社会乃至整个民族的一种责任。

《学生体质健康标准》是《国家体育锻炼标准》的一个组成部分，是《国家体育锻炼标准》在学校中的具体应用。《学生体质健康标准》测试的目的是为了贯彻落实第三次全国教育工作会议提出的"学校教育要树立'健康第一'的指导思想"的精神，促进学生积极地参加体育锻炼，上好体育课，增强学生的体质和提高健康水平，把学生培养成为德、智、体美全面发展的高素质人才，为终身体育打下良好的基础。

通过《学生体质健康标准》的测试，可以使你清楚地了解自己体质与健康的状况，还可帮助你监测自己的体质与健康状况的变化程度。这些都有助于你在大学生活里乃至今后的工作和生活中有的放矢地设定自己的锻炼目标，有针对性地选择锻炼策略，制订切实可行的锻炼计划。

一、检测与评价的理念与内容

（1）检测和评价涉及到身体形态和身体成分、心血管系统功能、肌肉的力量和耐力以及身体的柔韧性这四个方面。

（2）检测和评价所涉及的四个方面都与你终生健康的每个特定状况有密切联系，而每一项测试内容又都反映了你身体健康素质的一个或多个要素。

（3）检测和评价标准根据你的年龄、性别不同而有所差异。

（4）检测和评价的结果是自己的事，不要同其他同学比，应着眼于自己的进步和提高。

（5）检测和评价结果的最终解释不只是你得了多少分，更是对你身体健康素质现状的分析。

（6）检测和评价的结果是可信的，它可作为你设定锻炼目标的依据和自我评价的基点。

二、检测指标的选择与测定

（一）身体形态指标与检测

人体形态评测是体育测量与评价的一个基本内容，它有着悠久的历史。世界五大文明古国希腊、印度、埃及、罗马和中国，早在2000多年以前，就有过进行形态评测的尝试。

1. 身高

身高是反映人体骨骼生长发育和人体纵向高度的主要形态指标，通过人体指标的比例关系，可以反映人体均匀程度和体形特点。此外在计算身体指数、评价体格特征和相对运动能力方面，也有较为重要的应用价值和实际意义。

（1）测试器材：电子或机械标准身高器。使用前应用标准钢尺进行核对，1米的误差不得大于0.1厘米。

（2）测试方法：受测者赤足，立正姿势站在身高器的底板上，刷卡后听到提示音后上踏板站稳测试体重，当听到“开始测高”提示音后足跟、骶骨部及两肩胛与立柱相接触，躯干自然挺立，头部正直，两眼平视前方。测量人员将水平板轻轻沿立柱下滑，轻轻触及受试者头顶。记录以厘米为单位，精确到小数点后一位。

2. 体重

体重是反映人体健康生长的总体指标。它不仅能反映人体骨骼、肌肉、皮下脂肪及内脏器官的发育状况和人体充实度，而且可以间接地反映人体营养状况。体重过重，可出现不同程度的肥胖，而过度肥胖，又是引发许多心血管疾病的重要特征；体重过轻，则可作为营养不良或患有某种疾病的重要特征。适宜的体重对于青少年的健康和体质有着重要的意义民。

（1）测量仪器：电子人体秤。使用前应检查其准确度和灵敏度。准确度要求每千克误差小于0.1公斤。检查方法可采用标准砝码进行称体重。

（2）测量方法：电子体重计放在平坦的地面上，指针为零。测量时，男性受测者应身着短裤，女性受测者应身着短衣短裤，站立于中央。测量人员根据电子秤显示重量数据进行记录。以公斤为单位，精确到小数点后一位。

（二）身体机能指标与检测

身体机能的测量与评价是对有机体新陈代谢的功能以及各器官系统的工作效能的评价。身体机能是衡量青少年体质健康状况的重要指标。随时掌握自己的机能状况，对于青少年参加体育锻炼和调整运动负荷有着重要的意义。

1. 肺活量

肺活量是测试人体呼吸的最大通气能力，它的大小反映了肺的容积和肺的扩张能力，是评价人体生长发育水平和体质状况的一项常用机能指标。

（1）测试器材：肺活量测试仪。

（2）测试方法：开启后的肺活量仪发出“请刷卡”提示语音后（语音大小可调节），手持感应卡靠近手持机，“嘀”的一声后卡号读进手持机。同时，肺活量仪发出“开始测量”提示语音，测试者通过吹嘴测试肺活量，当语音提示“再测一次”时，测试者再一次测试肺活量。当手持机“嘀”的一声同时肺活量仪发出“测量结束”提示语音后，测试者的最大值进入手持机，使用者按手持机“回车键”确认保存数据，否则数据丢失。

（3）注意事项：

①电子肺活量计应保持通畅干燥，吹气筒的气管必须在上方，以免口水或杂物堵住气道。

②导气管存放时不能打折。

③定期校对仪器。

2. 台阶试验

台阶试验是一种简易的评价心血管系统机能的定量负荷实验。主要是通过观察定量负荷持续运动的时间、运动中心血管的反应及负荷后心率恢复速度的关系（台阶指数）评定心血管系统机能水平。

（1）测试器材：台阶若干个（高度：男台为30厘米，女台为25厘米），电子台阶试验仪、秒表（备用）。

（2）测试方法：受试者站立在台阶前方，按照节拍器（测试仪含此节拍器）发出的120次/分频率的提示音上下台阶。即从预备姿势（见图5-1-1中1）开始，当听到第一响声时，一只脚踏在台上（见图5-1-1中2），第2响时踏台腿伸直另一只脚跟上成台上站立（见图5-1-1中3），第3响时，先踏台的脚下来（见图5-1-1中4），第4响时另一只脚下地还原成预备姿势。在测试中采用2秒上、下踏台一次的速度，连续做3分钟。运动完毕后，令受试者立刻静坐在椅子上，将测试仪的指脉夹夹在受试者的中指远端，测试仪将自动采集受试者的三次脉搏数。整个测试结束后将运动时间及三次心率值填入卡片。如果受试者在运动中坚持不下去或跟不上上、下台阶频率三次者，测试者应立即停止受试者运动，同时按下功能键，然后以同样方法测取脉搏数并记录。人工测试脉搏的方法，测试运动停止后1～1.5分钟、2～2.5分钟、3～3.5分钟的三次脉搏数。

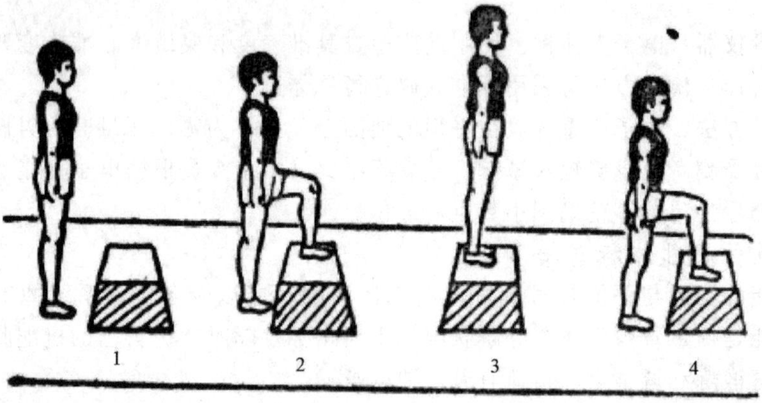

图5-1-1

（3）注意事项：

①心脏有病的人不能测试。

②按2秒上、下一次的节奏进行。当受试者跟不上节奏时应及时提醒，如果三次跟不上节奏应停止测试，以免发生伤害事故。

③上、下台阶时，膝、髋关节都应伸直。

④被测试者不能自己测量脉搏。

⑤如果受试者不能完成3分钟的负荷运动，以实际上、下台阶的持续时间进行计算，计算公式和方法同上。

（三）身体素质和运动能力指标与检测

体能（也指身体素质）是指人体在运动中所表现出来的柔韧、力量、速度、耐力、灵敏等机能能力。体能水平的高低，不仅与人体、生理特点有关，而且与身体锻炼与训练程度以及营养状况等密切相关。

1. 坐位体前屈

通过测试受试者静止状态下躯干、腰和髋等关节可能达到的最大活动幅度，评价受试者的关节、韧带和肌肉的伸展性、弹性。

（1）测试器材：电子坐位体前屈计（或机械测试计）。

（2）测试方法：受试者坐在平地上（有垫物），两腿伸直，脚跟并拢，脚尖分开，全脚掌蹬在测试计平板上，然后两手并拢，两臂和手指伸直，渐渐使上体前屈，用两手指尖轻轻推动标尺上的游标前滑（不得有突然前振的动作），直到不能继续前伸为止。测试两次，记录最好成绩。测试计 0 点以前为负值，0 点以后为正值。记录以厘米为单位，精确到小数点后一位。

（3）注意事项：

①身体前屈两臂向前推动游标时膝关节不能弯曲。

②测试时，如发现膝关节弯曲或上肢突然前振时应重做。

③测试前，受试者应在平地上做好准备活动，以防拉伤。

2. 握力

主要测试前臂及手部肌肉的力量。

（1）测试仪器：电子握力计。

（2）测试方法：将握力计显示屏调至“0”位，受试者手持握力计，转动握距调节钮，调至适宜握距，测试时，受试者两脚自然分开（约一脚距离），身体直立，两臂自然下垂，用有力手以最大力紧握上下两个把柄。测试两次，取最大值，记录以千克为单位，精确到小数点后一位。

（3）注意事项：

①用力时禁止摆臂或接触身体。

②如果受试者分不出有力手，两手各测试两次，取最大值。

3. 女子仰卧起坐

仰卧起坐主要反映受试者腰腹部肌群的力量。

（1）场地器材：垫子若干块（或代用品），秒表。

（2）测试方法：受试者全身仰卧于铺放平坦的软垫上，两腿稍分开，屈膝呈 90°左右，两手指交叉抱头贴于脑后。同伴压住受试者左右踝关节处，以固定下肢。受试者起坐时，两肘关节触及或超过双膝为完成一次。仰卧时两肩胛必须触垫。测试者发出“开始”口令的同时开表计时，记录一分钟内受试者完成次数。一分钟时间结束时，受试者虽已坐起，但两肘关节未触及或超过双膝关节者不计该次数。

（3）注意事项：

①如发现受试者借用肘部撑垫或臀部上挺的力量完成起坐时，不记成绩。

②测试过程中，测试者或负责计数人员要随时向受试者报告完成的次数。

③受测者双脚必须放于垫上，并由同伴固定。

4. 立定跳远

主要反映受试者下肢肌肉爆发力和弹跳能力。

（1）场地器材：平坦地面一块，在地面上划或设起跳线（可用线绳），在起跳线前方要备有沙坑或软地面。与起跳线垂直、以起跳线内沿为 0 点拉一条 1.5～2 米的带尺，丈量用的三角板一把。

（2）测试方法：受试者两脚自然分开站立在起跳线后，两脚尖不得踩线或过线，双脚原地同时尽可能往远处跳，不得有垫步或连跳的动作。试跳两次，记录最好成绩。记录方法：测试起跳线后缘至最近着地点后缘的垂直距离。记录以厘米为单位，不计小数。

（3）注意事项：

①受试者起跳时不能有助跑或助跳动作。

②发现受试者犯规时，此次成绩无效。三次试跳均无成绩者，继续测试至取得成绩为止。

③受试者起跳时要摆臂，充分利用反作用力，使身体向前上方跃出。起跳时可喊 1、2、3 给予鼓励。

④受试者一律穿运动胶鞋或平底布鞋，不得穿皮鞋或凉鞋测试。

5.50 米跑

主要反映受试者的速度素质。

（1）场地器材：50 米直线跑道若干条，地面平坦，地质不限，跑道线要清楚。发令旗一面，口哨一个，秒表若干块。秒表使用前应利用标准秒表进行校正，每分钟误差应小于 0.2 秒。

（2）测试方法：受试者至少两人一组测试。站立起跑，当受试者听到“跑”的口令后开始起跑。发令员在发出口令的同时，要摆动发令旗。计时员视旗动开表计时，当受试者胸部到达终点线的垂直面时停表。记录以秒为单位，精确到小数点后一位。小数点后第二位数按“非零进 1”的原则进位，如 10.11 秒应读成 10.2 秒。

（3）注意事项：

①测试时，受试者应着运动鞋或平底布鞋，赤脚亦可。但不得穿钉鞋、皮鞋、塑料凉鞋。

②发现有抢跑者，要当即召回重跑。

③如遇风时一律顺风跑。

6.800 米或 1000 米跑

主要反映受试者的耐力素质。

（1）场地器材：400 米、300 米、200 米田径跑道，地质不限。也可使用其他不规则场地，但必须丈量准确，地面平坦。秒表若干块，使用前需校正，要求同 50 米跑。

（2）测试方法：受试者至少两人一组进行测试，站立式起跑。当听到“跑”的口令后开始起跑。计时员看到旗动开表计时，当受试者的胸部到达终点线垂直面时停表。先将成绩按照分、秒的顺序记录下来，再换算成秒，精确到小数点后一位。

（3）注意事项：

①测试者应向受试者报告所剩下的往返圈数，以免跑错距离。

②测试者应告诉受试者在跑完后应继续走动，不要立刻停下，以免发生意外。

③受试者不得穿皮鞋、塑料凉鞋、钉鞋参加测试。

④对分、秒进行换算时要细心，防止差错。

第二节　体育与健康效果的评价

一、评价标准的制定和评价类型

所谓评价，就是依据检测所得的数据，按着一定的评价依据，评定受测对象体质状况和锻炼效果的过程。

（一）评价标准的制定

制定评价标准一般采用以下方法：

（1）离差法：即以平均数为基准，以标准差为评分单位来制定评价标准的方法。通常分为五个等级（优、良、中、差、劣）。

（2）百分位数法：即以测量数据在被评群体中新占百分位置为评价依据，所制定评价标准的方法。通常根据10％、25％、50％、75％、90％五分位数，划定不同等级标准。

（3）平均值比较法：一般是应用实测数据平均值来比较群体间的水平和差距的评价方法。多见于样本间的比较或样本与群体的比较。

（4）身体指数评价法：即借助一定的数学公式，将两个或两个以上的指标合并成为某种指数，以反映身体某一部分的发育和机能水平的方法。

（5）综合评价法：即在众多的检测指标中选出有代表性的典型指标，并应用数学公式方法，计算这些典型指标对总体的贡献率，建立综合数学模型，计算出各指标的权重值后，经过计算，求出各指标的总分数，以此来衡量人体的总体发育水平。

（二）评价的类型

评价类型可分：

（1）个体评价与群体评价：主要是指个体与群体之间的比较，以及群体与群体之间的比较。

（2）定性与定量评价：定性评价是凭直觉经验对观察结果进行的直接分析比较。一般定性评价只有语言文字的描述，没有具体的数字。定量评价主要是通过定量的计算，对人体测量的数据用各种评分方法进行处理，然后，根据具体的目的进行评价。

（3）相对评分与绝对评分：相对评分是以受测试者成绩相互比较，将某一部分相接近的个体测量数据确定为一个评分区间，确定评分等级，然后根据等级进行评价。绝对评分是对测量数据的实际水平的评分方法。人体测量的绝大多数指标需要进行绝对评分。

二、评价方法

（一）对照评价法

对照评价法是把锻炼前后能够反映体质状况的内容与醒目进行对比，从而观察与检测其锻炼效果的评价方法。

它是把锻炼前后有关体质状况的指数进行对比，来评价锻炼效果的方法。通常在检查人体的形态、机能状况和观察身体锻炼对促进人体的形态、机能改善的效果时使用，评价的主要指数有：

（1）评价身体形态的指数

克托莱（Quintile）指数＝体重（kg）/身高（cm）×1000

该指数表示每厘米身高的体重值，用相对体重来反映人体营养状况和胖瘦程度。

$$\text{维尔维克指数}=\frac{\text{体重（kg）}+\text{胸围（cm）}}{\text{身高（cm）}}\times 100$$

该指数主要反映人体的长、宽、围、厚度和密度，并与心肺功能有密切关系。

艾里斯曼指数＝胸围（cm）－1/2 身高（cm）

该指数主要反映胸廓的发育水平，借以说明人的基本体型。

勃洛克指数＝身高－100

该指数主要是计算标准体重。

(2) 评价身体机能的指数

肺活量指数＝肺活量（mL）/体重（kg）×100

该指数表示每公斤体重的肺活量，用以评价呼吸机能。

$$哈佛台阶试验指数=\frac{踏台上、下运动的持续时间（s）}{2\times（3次测定脉搏的和）}\times 100$$

台阶试验是在专门运动负荷下检查人体心血管功能的一种方法。

（二）标准对照评价法

它是把锻炼前后测得的同一项目的数据与标准进行对比，以了解和评价体质状况和锻炼效果的方法。如我国高校现在实行的《大学生体育与健康标准》就是对比评定锻炼效果的较好的标准。详见表5-2-1和表5-2-2。

表5-2-1 大学男生体育测试评分标准

等级	单项得分	肺活量体重指数	1000m	台阶试验	50m/s	立定跳远/m	掷实心球/m	握力体重指数	引体向上/（次/min）	坐位体前屈/cm	跳绳/（次/min）	篮球运球/s	足球运球/s	排球垫球/次
优秀	100	84	3′27″	82	6.0	2.66	15.7	92	26	23.0	198	8.6	6.3	50
	98	83	3′28″	80	6.1	2.65	15.2	91	25	22.6	193	9.0	6.5	49
	96	82	3′31″	77	6.2	2.63	14.4	90	24	22.0	186	9.6	6.9	46
	94	81	3′33″	74	6.3	2.62	13.6	89	23	21.4	178	10.3	7.3	44
	92	80	3′35″	71	6.4	2.60	12.5	87	22	20.6	168	11.1	7.7	41
	90	78	3′39″	67	6.5	2.58	11.5	86	21	19.8	158	12.0	8.2	38
良好	87	77	3′42″	65	6.6	2.56	11.3	84	20	18.9	152	12.4	8.5	37
	94	75	3′45″	63	7.8	2.52	10.9	81	19	17.5	144	12.9	8.9	34
	81	73	3′49″	60	7.0	2.48	10.5	79	18	16.2	136	13.5	9.3	32
	78	71	3′53″	57	7.3	2.43	10.0	75	17	14.3	124	14.3	9.9	29
	75	68	3′58″	53	7.5	2.38	9.5	72	16	12.5	113	15.0	10.4	26
及格	72	66	4′05″	52	7.6	2.35	9.3	70	15	11.3	108	15.6	10.7	25
	69	64	4′12″	51	7.7	2.31	8.9	66	14	9.5	104	16.6	11.2	23
	66	61	4′19″	50	7.8	2.26	8.5	63	13	7.8	94	17.5	11.7	21
	63	58	4′26″	48	8.0	2.20	8.0	59	12	5.4	85	18.8	12.3	18
	60	55	4′33″	46	8.1	2.14	7.5	54	11	3.0	75	20.0	12.9	15
不及格	50	54	4′40″	45	8.2	2.12	7.3	53	9	2.4	71	20.6	13.3	14
	40	52	4′47″	44	8.3	2.09	7.0	51	8	1.4	64	21.6	13.8	12
	30	51	4′54″	43	8.5	2.06	6.7	49	7	0.5	58	22.5	14.3	10
	20	49	5′01″	42	8.6	2.03	6.2	47	6	－0.8	49	23.8	15.0	8
	10	47	5′08″	40	8.8	1.99	5.8	44	5	－2.0	40	25.0	15.7	5

表 5-2-2　大学女生体育测试评分标准

等级	单项得分	肺活量体重指数	800m	台阶试验	50m/s	立定跳远/m	掷实心球/m	握力体重指数	仰卧起坐/(次/min)	坐位体前屈/cm	跳绳/(次/min)	篮球运球/s	足球运球/s	排球垫球/次
优秀	100	70	3′24″	78	7.2	2.07	8.6	74	52	21.1	190	11.2	7.3	46
	98	69	3′27″	75	7.3	2.06	8.5	73	51	20.8	184	11.5	7.8	44
	96	68	3′29″	72	7.4	2.05	8.4	72	50	20.3	175	12.0	8.6	41
	94	67	3′32″	69	7.5	2.03	8.2	71	49	19.8	166	12.6	9.4	38
	92	65	3′35″	64	7.7	2.01	8.0	69	47	19.2	154	13.3	10.5	34
	90	64	3′38″	60	7.8	1.99	7.8	67	45	18.6	142	14.0	11.5	30
良好	87	63	3′42″	59	7.9	1.97	7.7	66	44	17.7	137	14.6	11.9	29
	94	31	3′46″	57	8.0	1.93	7.6	63	43	16.3	130	15.6	12.5	27
	81	59	3′50″	55	8.2	1.89	7.5	61	42	15.0	122	1635	13.2	25
	78	57	3′54″	52	8.3	1.84	7.4	58	40	13.1	112	17.8	14.0	23
	75	54	3′58″	49	8.5	1.79	7.2	55	38	11.3	102	19.0	14.9	20
及格	72	53	4′03″	48	8.6	1.76	7.1	53	37	10.1	98	19.8	15.6	19
	69	51	4′08″	47	8.7	1.72	7.0	50	35	8.3	92	20.9	16.7	17
	66	49	4′13″	46	8.8	1.69	6.8	48	33	6.5	86	22.0	17.8	15
	63	46	4′18″	44	8.9	1.63	6.6	44	31	4.1	78	23.5	19.3	13
	60	43	4′23″	42	9.0	1.58	6.4	40	28	1.7	70	25.0	20.8	10
不及格	50	42	4′30″	41	9.1	1.56	6.2	39	27	1.5	66	25.8	21.2	9
	40	41	4′37″	40	9.3	1.53	6.0	38	26	1.3	59	26.9	21.9	8
	30	39	4′44″	39	9.5	1.50	5.7	36	25	1.0	53	28.0	22.5	7
	20	37	4′51″	38	9.8	1.46	5.4	34	23	0.6	44	29.5	23.4	6
	10	35	5′00″	36	10.0	1.42	5.0	32	21	0.2	35	31.0	24.3	4

（三）综合评价法

综合评价法是全面检测和评价体质状况和锻炼效果的方法。人体是一个统一的整体，身体锻炼对人体的作用是全面的，采用综合评价法评定锻炼效果时，可以从身体形态、机能、身体素质、精神状态、食欲、睡眠、对自然环境变化的能力、健康状况、克服疲劳的能力、记忆力、思维活动的灵活性等多方面进行跟踪调查。对收集的资料、数据进行多因素的定量、定性分析与评价，根据分析、评价的结果来评定锻炼效果。需要指出的是，综合评价的某些内容，有的可以用客观的标准进行定量分析，而另外一些内容只能用定性的办法来分析，结果也只能用“好”、“一般”、“差”等判断结果。尽管这样，综合评价法仍不失为评定锻炼效果的较好的方法。

思考题：

1. 评价体育锻炼效果的方法有哪些？举例说明。

2. 根据自己的身体测量数据，对照大学生平分标准进行评价，根据对照结果，制订自己的身体锻炼计划。

第六章　体育卫生与保健

第一节　冬季体育健身锻炼的自我监督

在寒冷的冬天进行体育健身锻炼，应注意外界环境对机体产生的不利影响，冬天外界温度较低，机体产热不足以抵偿热量的散发，这是因为在低温下骨骼肌的粘滞性增大，肌肉的伸展性与肌肉的弹性降低，机体的工作能力和运动能力受到影响，人体正常体温得不到维持。由于肌体正常温度的下降，使肌体代谢功能减慢，影响神经系统、呼吸系统及循环系统功能的下降，严重者会导致衰竭而死亡。所以在冬天进行体育健身锻炼应掌握以下几个方面。

一、冬天体育锻炼，应合理选择运动项目

由于冬天外界气候的严寒，运动时应选择运动量较大，活动频率高的项目，如长跑、篮球、足球、健美操等。而对运动量小，活动频率低的项目，应注意加大练习次数以保证供热与散热平衡，否则容易导致身体局部的冻伤，对身体造成伤害。

二、冬天运动时，应注意准备活动的充分

严寒气候，使骨骼肌粘滞性增大，肌肉的伸展性、灵活性以及弹性相对较差，肌体代谢减慢，机体的运动功能不易被很快调动，如运动前不充分做好准备活动，会导致肌肉、韧带的拉伤。因此，在冬天运动时，准备活动时间要长些，要让身体充分活动才可剧烈运动，否则会造成对机体的损伤。

三、冬天运动时注意防寒、防冻、感冒

冬天运动时，由于气温较低，运动者应穿保温性能好、散热较慢、透气性较强的防寒服。运动时要特别注意肌体局部的防冻保护，如手、脚、耳朵、面颊等，应做到在运动的同时不断活动易冻部位，使这些部位血液循环加快，以防冻伤；在运动后，应立即擦去汗水，换上干爽衣服，避免机体受寒引起感冒。

四、冬天运动时，应注意控制在户外的持续时间

冬天，由于机体的产热过程远远小于散热过程，使机体热量的供给得不到平衡，特别是对一些运动量较小的项目，如在户外停滞时间长容易造成冻伤，所以在冬天进行运动时，应控制在户外运动的持续时间，否则也会给肌体造成伤害。

五、冬天运动时，应注意采用正确的呼吸方法

冬天天气寒冷，人体运动时，应采用鼻式呼吸法，切莫张口呼吸。这是因为鼻内有丰富的毛细血管，加上鼻子构造的弯曲状，易使吸入的冷气逐渐变暖，避免寒气直接刺人咽喉和呼吸道。而张口呼吸，则寒气通过口腔直接刺激咽喉和呼吸道，易导致咽喉发痒，产生干咳现象，严重者会导致呼吸道的感染引发支气管炎、喉炎等病症。

第二节　女大学生体育健身锻炼特点

女性青春期后，生理功能与同龄男性相比有很大差异。如肌肉不及男性发达，肌肉力量低于10%～30%；心脏重量比男子轻10%～15%，心脏容量约小200多毫升，心输出量约低10%，供血能力约低16%；肺总容量比男子少约1500毫升，每公斤体重的最大摄氧量约低20%。而体脂容易在体内堆积，脂肪占体重的28%～30%等。针对女大学生的生理特点，进行科学的体育锻炼。

一、心肺功能的锻炼

针对女大学生心肺功能较差的特点，应选择长跑、走步、游泳、滑冰、滑雪和各种球类项目，进行有氧代谢锻炼。有氧代谢运动时，约有50%～60%的能量是氧化脂肪供给的。如能常年坚持有氧代谢运动，将会在有效地增强心肺功能的基础上，达到减肥的目的。据研究，每次一小时快走与慢走相结合的有氧代谢运动，每周练习四次，八周后平均体重减少5.3磅，而肌肉重量却有所增加。

二、腹肌和骨盆底肌的锻炼

青春期过后的女大学生，是未来的母亲。加强腹肌和骨盆底肌的锻炼，有利于维持人体正常的腹压。保持腹腔内各器官的正常位置及功能，有利于临床生产和终身健康。腹肌和骨盆底肌的力量练习比较简单，容易操作。如悬垂举腿、仰卧起坐、仰卧举腿（分腿、内收腿、腿绕环）等都是较好的练习方法。另外吸气同时收缩骨盆底肌、抬臀提肛，呼气还原的练习效果也较好。

三、形体美的锻炼

爱美之心人皆有之，而女性对美的爱好和追求心理，比男性要强烈得多。在众多的形体美运动项目中，女大学生十分热爱那些健美操、韵律操、艺术体操、舞蹈等健美锻炼，以展示女性的线条美和韵律美。通过以上内容的锻炼，不仅能有效地增强体质，而且能使女性在健身、健美中塑造自己美的形象，并唤起女大学生按照美的规律来塑造美的欲望。

四、月经期的体育锻炼

月经周期是女性特有的一种正常的生理现象。月经周期中由于女性激素水平的规律性波动，导致机体的运动能力发生相应变化。在月经周期不同时期中，人体运动能力的变化具有明显的个体差异。因此，在女大学生体育锻炼时，应充分注意其体能与月经周期的关

系，根据各时相体能的变化规律合理安排运动负荷量，大负荷运动应与体能的高峰时期相吻合，以使负荷作用达到最佳状态，从而提高体育锻炼效果。

大多数运动项目对女性的月经周期没有影响，但大强度、长时间的剧烈运动则易引起女大学生月经失调，表现为周期延长或缩短、月经过多或过少，甚至闭经。

对于参加健身运动的女大学生来说，即使在月经期亦可参加适当的体育活动，因为适度的体育活动能改善人体机能状态、促进血液循环、改善盆腔生殖器官的血液供应，并可通过运动时腹肌、盆底肌收缩与舒张交替进行，对子宫起到一定的按摩作用，促进经血排出。

在月经期进行体育健身锻炼时应注意如下几点：

（一）减少运动量

宜参加一些平时经常练习的运动项目，如慢跑、体操、打拳、乒乓球、投篮等运动。缩短锻炼的时间，放慢速度，以减少运动量，达到放松肌肉的作用。

（二）避免参加剧烈和震动过大的运动

月经期间不宜参加如跳高、跳远、百米赛跑和踢足球等运动，也不宜进行俯卧撑、哑铃等增加腹压的力量性锻炼，以免经期流血过多或子宫位置改变。

（三）避免参与各种水中运动

勿参加跳水、游泳和水球等运动；也不宜洗冷水澡及用冷水洗脚部，以免造成感染和月经失调。

（四）避免竞争激烈的比赛

月经期参加这些运动，容易因高度的精神紧张而导致内分泌功能紊乱，出现月经失调。女大学生性器官尚在发育，生殖机能亦在完善之中，如果锻炼不当，尤其是超负荷运动，可能会引致成年妇女所常见的妇科病。

第三节　体育锻炼中常见的生理反应

一、肌肉酸痛

人体的运动是肌肉的活动，肌肉活动时需要大量氧和热能的供应，运动量越大需要的氧和热能也越多。热能大部分来自肌肉中肌糖元在无氧条件下进行分解。这种分解一方面产生热能供应肌肉运动的需要，另一方面也产生大量的乳酸，乳酸中有五分之一重新合成肌糖元。此时，如果没有充分的氧气供应，乳酸就会在肌肉中堆积起来。另外肌肉在收缩时，产生大量的水分使肌肉膨胀，这样就刺激神经末梢，引起神经冲动，它传到大脑皮层时，就产生了肌肉酸痛的感觉。

肌肉酸痛是一种正常现象，通常经过运动量的调整和休息，酸痛现象会自然消失。如果酸痛很厉害，可做局部热敷或按摩，也可以用松节油揉擦，加强局部血液循环，可减轻肌肉的酸痛。

二、极点和第二次呼吸

在进行健身跑步的时候，在途中往往会出现胸部发闷、呼吸困难、脉搏加快、血压升高、四肢无力、动作迟缓甚至呕吐等现象。运动生理学把这种现象叫做“极点”，极点的产生，主要是由于身体从安静状态突然转入剧烈运动，内脏器官惰性较大，一时难以适应运动器官的需求而使部分系统机能出现暂时性紊乱。这时如能坚持下去放慢速度，加深呼吸，就会很快渡过这道“难关”而使呼吸均匀，感觉轻松。这种现象叫做“第二次呼吸”。第二次呼吸的产生是由于“极点”的刺激而使植物性神经兴奋增强，从而提高了内脏器官的功能，使之与肌肉运动相适应，缓和了刚才出现的矛盾。内脏器官与运动器官协调一致后，人体运动能力才能得到充分发挥。“极点”和“第二次呼吸”都是正常的生理现象。

三、腹痛

在进行剧烈的运动时，有人会产生腹痛现象，痛的部位多在心窝处（胃部）、右上腹、左上腹、脐部周围等处。一般是丝拉拉的痛、胀痛或刺痛，个别绞痛（扭转痛）。由于没有做准备活动或准备活动不充分，或者是开始运动时速度过快；或者饭后半小时内进行剧烈活动，引起血液回流受阻，血液积在内脏，引起肝部痛；或由于呼吸节律过多；或食用难以消化的食物，大量排汗引起胃肠痉挛。这种情况出现后，应减慢跑速加强呼吸、按压疼痛部位或弯腰跑一段可解疼痛，腰痛严重者，应请医生诊断治疗。

四、抽筋

在健身锻炼中，局部肌肉痉挛，疼痛难受，抽筋处有紧硬感，而且久不缓解，其原因可能是运动前没有做好准备活动，突然使肌肉猛力收缩，或皮肤肌肉受到过冷的刺激；也可能是在锻炼或比赛时，由于小腿肌肉收缩过快，未能充分放松，收缩与放松不协调；或身体大量出汗，体内盐分丧失过多所造成的。

过冷刺激，引起局部肌肉剧烈的收缩或体内氧化钠的丢失，大量出汗引起肌肉抽筋；或肌肉收缩过快、缺乏放松，引起肌肉过度疲劳等。上述情况发生后，应立即使患者平卧牵引抽筋肌肉（如筋腓肠肌抽筋时，右手用力使脚掌上翘。足趾背屈），按摩患部，使抽筋肌肉缓解。

五、稳定状态

体育健身锻炼时，当进入工作状态，人体各种生理惰性克服后，各器官、系统的机能活动就达到了一个稳定状态。稳定状态可分真、假稳定状态。

真稳定状态：特别是人体每分钟吸氧量可以满足锻炼时的需氧量，使身体进行有氧代谢功能，没有或很少有乳酸和产生氧债的积累，身体各器官系统的机能水平高，能量供应充足，运动持续时间长，锻炼水平高，运动时真稳定状态越长，成绩越好。

假稳定状态：特点是每分钟吸氧量达到了极限水平，但不能满足氧需量，有乳酸和氧债积累，主要是以无氧代谢供能形成的，与运动有关的植物性机能达到极限水平，人感到十分难受，运动持续时间不长，所以经常从事这种无氧代谢的“假稳定状态”，锻炼活动可以很有效地提高各器官系统的机能能力。

六、疲劳程度的消除

（一）疲劳产生的机制

疲劳是由于人体经过激烈的身体锻炼后而引起的工作能力及身体功能暂时下降的现象。

疲劳产生的根本原因有下列三种：

(1) 无氧工作的疲劳。短时间激烈运动时，氧供应不足，此时乳酸、CO_2大量蓄积，使肌肉活动发生障碍，产生疲劳。

(2) 能源耗竭的疲劳。在氧气充足条件下，体内能量物质已经耗尽，机体不能继续工作。

(3) 协调机能低下的疲劳。长时间激烈运动，使机体环境的稳定性发生变化，协调技能紊乱，效率低下而出现疲劳。

疲劳是大脑产生的一种"保护性"抑制的正常生理现象，经过一定时间、一定方式的休息，工作能力和身体功能会逐渐恢复，疲劳即可消除。一般通过自我感觉、面色、排汗量、呼吸、动作、注意力六方面的标准进行评定。

(二) 疲劳的消除方法

(1) 提高身体对疲劳的适应能力。注意经常性的科学的身体锻炼。改善机能状况，提高机体抗疲劳能力和对疲劳的耐受适应能力，是消除疲劳最积极有效的办法。

(2) 保证足够的睡眠时间。睡眠的中枢神经系统，尤其是大脑皮层抑制过程占优势，能量物质的合成过程也占优势，体内一些代谢产物得到重新利用和排除。大脑皮层和其它器官系统的机能能力得到恢复。

(3) 正确安排身体锻炼的活动量及节奏。在身体锻炼中重视自我检测；不断调整身体的负荷量和节奏，遵循适应、提高、再适应、再提高的原则，不致造成过度疲劳。

(4) 适当补充营养。长时间大运动量后，应增加一些蛋白质、糖、维生素B和C，以及无机盐等，对消除疲劳均有良好效果。

(5) 认真做好整理活动和进行按摩水浴。活动有利于呼吸、循环系统的调节，神经的松弛、肌肉的放松。运动按摩能改善局部血液循环，从肌肉中排除乳酸及其他疲劳物质，以促进疲劳的消除。温水浴，也是促进全身血液循环和调节血液分配情况，以促进疲劳消除的辅助手段。

第四节　常见运动损伤的预防与处理

一、运动损伤的原因

在体育运动中所发生的损伤，统称运动损伤。大学生造成运动损伤的原因是多方面的，既与锻炼者的运动基础、体质水平有关，也与运动项目的特点、技术难度以及运动环境等因素有关。其主要原因有：

(1) 麻痹大意是所有运动损伤因素中最主要的因素。其中包括运动前不检查器械、预防措施不得力、好胜好奇，常在盲目和冒失行动中受伤。

运动前准备活动不充分，特别是缺乏针对性的准备活动，使运动器官、内脏器官功能没有达到运动状态而造成损伤。

(2) 运动情绪低下，或在畏难、恐惧、害羞、犹豫以及过分紧张时发生伤害事故。有时因缺乏运动经验、缺乏自我保护能力致伤。如摔倒时用肘部或直臂撑地。造成肘关节或尺、桡骨损伤。

（3）内容组合不科学，方法不合理，纪律松散以及技术上的错误等，都可造成损伤。如投掷手榴弹或标枪时上臂外展，屈肘小于 90°，肘部低于肩部时，容易造成肌肉拉伤，甚至肱骨骨折。

（4）运动场地狭窄，地面不平坦，器械安置不当或不坚固，锻炼者拥挤或多种项目在一起运动，容易相互冲撞致伤。

（5）空气污浊、噪音、光线暗淡、气温过高或过低，以及运动服装不符合要求等原因，都可直接或见接造成伤害事故。

二、运动损伤的预防

（1）加强运动安全教育，克服麻痹思想，提高预防损伤意识。

（2）认真做好准备活动，对可能发生运动损伤的环节和易伤部位，要及时采取预防措施。

（3）合理组织安排锻炼，合理安排运动量，防止局部运动器官负担过重。

（4）加强保护与帮助，特别要提高自我保护能力。如摔倒时，立即屈肘低头，团身滚动，切不可直臂或肘部撑地。由高处跳下时，要用前脚掌着地，注意屈膝、弯腰，两臂自然张开，以利缓冲和保持身体平衡。

三、运动损伤的处理

（一）软组织损伤

这类损伤可分为开放性损伤和闭合性损伤两类。前者有擦伤、撕裂伤、刺伤等；后者有挫伤、肌肉拉伤、肌腱腱鞘炎等。

1. 擦伤

（1）原因与症状：因运动时皮肤受挫致伤。如跑步时摔倒，体操运动时身体擦磨器械受伤。擦伤后皮肤出血或组织液渗出。

（2）处理：小面积擦伤，用红药水涂抹伤口即可。大面积擦伤，先用生理盐水洗净，后涂抹红药水，再用消毒布覆盖，最后用纱布包扎。

2. 撕裂伤

（1）原因与症状：在剧烈运动时，或遭到突然强烈撞击，造成肌肉撕裂。其中包括开放伤和闭合伤两种。常见有眉际撕裂、跟腱撕裂等。开放伤顿时出血，周围肿胀。闭合伤触及时有凹陷感和剧烈疼痛感。

（2）处理：轻度开放伤，用红药水涂抹伤口即可。裂口大时，则需止血和缝合伤口，必要时注射破伤风抗毒血清，以防破伤风症。如肌腱断裂，则需手术缝合。

3. 挫伤

（1）原因与症状：因撞击器械或练习者之间相互碰撞而造成挫伤。单纯挫伤在损伤处出现红肿，皮下出血，并有疼痛。内脏器官损伤时，则出现头晕、脸色苍白、心慌气短、出虚汗、四肢发凉、烦躁不安，甚至休克。

（2）处理：在 24 小时内冷敷或加压包扎，抬高患肢或外敷中药。24 小时后，可按摩或理疗。进入恢复期后可进行一些功能性锻炼。如果怀疑内脏损伤，则做临时性处理后，送医院检查和治疗。

4. 肌肉拉伤

（1）原因与症状：通常在外力直接或间接作用下，使肌肉过度主动收缩或被动拉长时引起肌肉拉伤，特别是由于准备活动不充分，动作不协调以及肌肉弹性、伸展性、肌力差者更易拉伤。损伤后伤处肿胀、压痛、肌肉痉挛，触诊时可摸到硬块。严重的肌肉拉伤是肌肉撕裂。

（2）处理：轻者可即刻冷敷，局部加压包扎，抬高患肢。24 小时后可施行按摩或理疗。如果肌肉已大部分或完全断裂者，在加压包扎急救后，立即送医院手术治疗。

（二）关节、韧带扭伤

1. 肩关节扭伤

（1）原因与症状：一般因肩关节用力过猛以及反复劳损所致，也有的因技术错误，违反解剖学原理而造成损伤。如投掷、排球扣球、大力发球时常出现这类损伤。其症状有压痛、疼痛，急性期有肿胀，慢性期三角肌可能出现萎缩，肩关节活动受限。

（2）处理：单纯韧带扭伤，可采用冷敷，加压包扎。24 小时后采用理疗、按摩和针灸治疗。出现韧带断裂时，应立即送医院缝合和固定处理。当肩关节肿胀和疼痛减轻后，可适当进行功能性锻炼，但不宜过早活动，以防转入慢性病症。

2. 骨劳损

（1）原因与症状：髌骨具有保护股骨关节面、维护关节外形、传递股四头肌力量的作用，是维护膝关节正常功能的主要结构。髌骨劳损是膝关节长期负担过重或反复损伤累积而成的。也可一次直接外力撞击致伤。如篮球滑步急停、跳高和跳远时踏跳不合理或摔倒受击，都可导致这种损伤。

（2）处理：采用中药外敷、针灸、按摩等。平时加强膝关节肌群力量练习，如采用高位静力半蹲，每次保持 3～5 分钟即可。病情好转时，可逐渐增加时间，每日进行 1～2 次。

3. 踝关节损伤

（1）原因与症状：运动中跳起落地时失去平衡，使踝关节过度内翻或外翻致伤。在准备活动不充分、场地不平坦的情况下，更易造成这类损伤。主要症状为伤处疼痛、肿胀、韧带损伤处有明显压痛、皮下淤血。

（2）处理：受伤后，应立即冷敷，用绷带固定包扎，并抬高伤肢。24 小时后，根据伤情采取综合治疗，如外敷伤药、理疗、按摩等，必要时作封闭疗法。待病情好转后进行功能性练习。对严重患者，可用石膏固定。

4. 急性腰伤

（1）原因与症状：运动时，身体重心不稳定或肌肉收缩不协调，引起腰部扭伤。多数因腰部受力过重，或脊柱运动时超过了正常生理范围。例如：挺身式跳远中，展体过大；举重上挺时，过分挺胸塌腰；跳水时，下肢后摆过大，都有可能造成腰部扭伤。损伤后，当场疼痛，有时听到瞬间“格格”响声，有时出现腰部肌肉痉挛和运动受限。

（2）处理：腰部急性扭伤后，让患者平卧，一般不应立即搬动。如果剧烈疼痛，则用担架抬送医院诊治。处理后，应卧硬板床或腰后垫一枕头，使肌肉韧带处于放松状态，也可针灸、外敷伤药或按摩。

（三）关节脱位

（1）原因与症状：因受外力作用，使关节面失去正常的连接关系，叫关节脱位，又称脱臼。关节脱位后可分为完全脱位和半脱位（或称错位）两种。严重的关节脱位，伴有关节囊撕裂，甚至损伤神经。运动中发生的关节脱位，大都是间接外力撞击所致。如摔倒时，用手撑地，引起肘关节或肩关节脱位。

关节脱位后，常出现畸形，与健肢对比不对称，因软组织损伤而出现炎症反应，局部疼痛、压痛和关节肿胀，并失去正常活动功能，甚至发生肌肉痉挛等现象。

(2) 处理：用长度和宽度相称的夹板固定伤肢。如果没有夹板，可将伤肢固定在自己的躯干或健肢上，防止震动，随后及时送医院治疗。必须指出，如果没有把握做整复处理时，切不可随意做整复手术，以免再度增加伤害。

（四）脑震荡

(1) 原因与症状：脑震荡是指头部受到外力打击后，使大脑管理平衡的膜半规管、椭圆囊、球囊等感受器官功能失调，以致引起意识和功能的一时性障碍。在体育锻炼时，两人头部相撞，或撞击硬物，或从高处跌下时头部撞地，都可造成脑震荡。致伤时，神志昏迷，脉搏徐缓，肌肉松弛，瞳孔稍大但能对称；神经反射减弱或消失；清醒后，患者常有头痛、头晕、恶心呕吐感；平时情绪烦躁，注意力不易集中，耳鸣、心悸、多汗、失眠、记忆力减退等。脑震荡后，膜半规管、椭圆囊、球囊功能失调。

(2) 处理：立即让患者平卧，头部冷敷；若有昏迷，即指压人中、内关、合关穴；若呼吸发生障碍，立即进行人工呼吸。上述处理后，出现反复昏迷或耳鼻口出血，两瞳孔放大，有不对称时，表明病情严重，应立即护送医院治疗。在运送途中，要让患者平卧，头部固定，避免颠簸。

脑震荡一般都可自愈，无须住院治疗，但要注意休息和必要的药物治疗，保持情绪稳定，减少脑力劳动。在恢复过程中，可定期做脑震荡痊愈平衡试验，以检查病况进展。其方法是：闭目、单腿站立、两臂平举，如果能保持平衡，表明脑震荡已基本治愈。这时，可适当参加体育锻炼，但要避免滚翻和旋转性动作。

（五）骨折

(1) 原因与症状：运动中，身体某部位受到直接或间接的暴力撞击时，造成骨折。例如在踢足球时，小腿被踢，造成胫骨骨折；摔倒时手臂直接撑地引起尺骨或桡骨骨折；跪倒时可造成髌骨骨折等。骨折是比较严重的损伤，但发病率很低。骨折分不完全性骨折和完全性骨折两种。常见的骨折有腕骨骨折、前臂骨骨折、手骨骨折、大腿骨折、小腿骨折、肋骨骨折、脊柱骨折和头部骨折等。骨折发生后，患处立即出现肿胀，皮下淤血，有剧烈疼痛，肢体失去正常功能，肌肉产生痉挛，有时骨折部位发生变形，移动时可听到骨摩擦声。骨折严重时，伴有出血和神经损伤、发烧、口渴、直至休克等全身性症状。

(2) 处理：若出现休克时，应先进行处理，即点按人中穴，并进行人工呼吸或心脏胸外压；若伴有伤口出血，应同时实施止血和包扎。骨折后暂勿移动患肢，应用夹板或其他代用品固定伤肢，及时护送医院检查和治疗。

总之，以上运动损伤的急救，一是要了解损伤情况，二是要迅速止血、止痛，三是要对损伤部位遮盖、固定和包扎。

思考题：

1. 在冬季参加体育锻炼时应该注意什么？
2. 女生在月经期参加体育锻炼应该注意什么？
3. 常见的运动损伤有哪几种？如何处理？
4. 如何预防运动损伤的发生？
5. 产生运动损伤的原因是什么？

第七章 田径运动

第一节 田径运动的锻炼价值

一、田径运动的锻炼价值

田径运动是由竞技和锻炼身体的走、跑、跳跃、投掷等身体练习所组成的运动形式。它是最简单、最自然的身体练习。作为锻炼身体的手段，田径运动能有效地发展人的速度、力量、耐力以及灵敏、协调等身体素质，增强体质，获得运动技能，提高运动能力，培养意志品质。所以，在进行健身锻炼的过程中，只要合理选择和运用某些田径项目练习，就能确保人体机能和形态，以及身体素质得到最佳发展。因此说，田径运动是各项运动的基础。

跑是最为常见的一项运动。不同距离的跑对人体影响各异。短距离跑是人体在无氧条件下进行的一种运动，它能导致有氧系统酶活性的增加，能提高人体的最大摄氧能力。生理学家指出，短距离全力跑，呼吸运动往往受到制约，甚至憋气跑到终点，因此，跑后恢复呼吸功能有显著变化。同时，短跑能提高中枢神经系统兴奋和抑制过程的灵活性。所以，短距离跑较普遍地在青少年中作为一种主要的发展身体能力和提高无氧代谢能力的重要手段。

中距离跑时，心脏受到很大锻炼，心率可高达人体最高指标。据报道，有些运动员心率每分钟可达220次。长期从事中距离跑，心脏体积可呈运动性增大。中距离跑对人体的呼吸机能以及糖酵解能力都有显著促进作用。

长距离跑能提高人体一般耐力，是增进心脏和呼吸系统能力最普遍采用的练习项目。由于长距离跑是在人体有氧情况下进行的，运动中消耗的能量较大，大部分能量来源于肝糖元、葡萄糖和脂肪的有氧分解。因此，长距离跑是提高人体抗疲劳能力的重要手段，也是防止体内脂肪过多储备的有效手段。

跳跃项目是典型的人体克服自身体重、对抗引力以实现腾越高度和远度的运动。跳跃运动能使人体的感觉机能得到提高和加强。

投掷项目是一种表现人体力量的项目。一般来说，从事投掷练习可使肌肉发达，改善肌肉机能的灵活性，提高速度和力量，大量研究表明，掷标枪运动员大脑皮质的兴奋过程具有高度的均衡性，前庭分析器具有很高的稳定性。

由于田径运动可以有效地增进人的各项机能，因此，把田径运动作为基础运动项目，不仅是提高机体素质、锻炼意志品质和增强各种运动能力的需要，而且也是增进健康水平的需要。

二、田径运动的锻炼优势

尽管各项体育运动都是某种形式的身体活动，都具有一定的健身价值，但是，田径运动却有着其它体育运动无法比拟的特点和优势，因而更容易在群众中得到开展与普及。

（1）田径运动大部分是个人项目，参加者不受人数的限制，可以是个人，也可以是几个人、十几个人甚至几百人，机动性较强。比赛规则简单，以时间、距离和高度判断胜负，也可以采取不分胜负的纯锻炼方式。

（2）田径运动项目所需要的场地和器材非常简单，所有的走跑项目都可以在较平坦的道路上进行，强度较小的中长距离跑项目甚至可以在山路或沙滩上进行；跳跃项目可利用一块沙坑或在较松软的地上进行；而投掷项目可因陋就简，就地取材。

（3）田径运动项目的运动强度和运动量可以根据练习者的不同年龄、性别和身体状况等客观因素进行自我控制和调节，以达到适宜的运动状态，所以它是一项老少皆宜的体育锻炼项目。

（4）田径运动项目的技术来源于人类的基本活动方式，锻炼者不经过特殊的学习就能掌握一般技术。

（5）田径运动项目的运动形式简单，没有身体接触，所以安全性强，不易发生冲撞性伤害事故。

（6）田径运动可以经济、有效地发展力量、速度、耐力、灵敏和柔韧等多种素质，也可以提高机体对疾病的防御能力，达到增强体质、防病治病的健身目的。

（7）田径运动是其他体育运动的基础。经常从事田径运动有助于提高多种运动技能水平。

综上所述，田径运动是一项可行性较强且健身价值较高的运动项目，是大学中适宜开展并最容易被大学生接受的体育项目。

第二节　田径运动的锻炼方法

一、走的锻炼方法

（一）竞 走

竞走是在普通走的基础上发展起来的，两者的动作结构相同，都是由单脚支撑和双脚支撑交替反复进行。但竞走有它的特点，骨盆前后转动大，腰部有一定的扭动，两臂积极摆动，脚着地时腿充分伸直，步幅大，频率高，前进速度快。通过竞走锻炼，可以发展腿部肌肉的力量及髋关节的灵活性增强体质，促进健康，提高血液循环系统和呼吸系统的机能，培养吃苦耐劳、勇敢顽强的意志品质。

竞走是一项由单腿支撑与双腿支撑相交替、两腿不断交互迈步前进的周期性运动，在一个周期中，要经过两次单腿支撑和两次双腿支撑。

竞走是一项技术性较强的竞技运动，有严格的规则要求，田径规则规定，竞走是两脚与地面保持不间断的接触。在任何时间都不得两脚同时离地。

腿部动作是决定竞走时步频和步幅的主要因素，也是竞走技术的重要环节，竞走分为单腿支撑和双腿支撑两个时期，单腿支撑又有前支撑和后支撑两个阶段。当身体重心移至垂直阶段时，即进入后支撑阶段，开始后蹬。后蹬动作是骨盆沿身体垂直轴转动，支撑腿快速有力地蹬地，脚外侧滚动着地过渡到脚尖蹬离地面。见图 7-2-1。

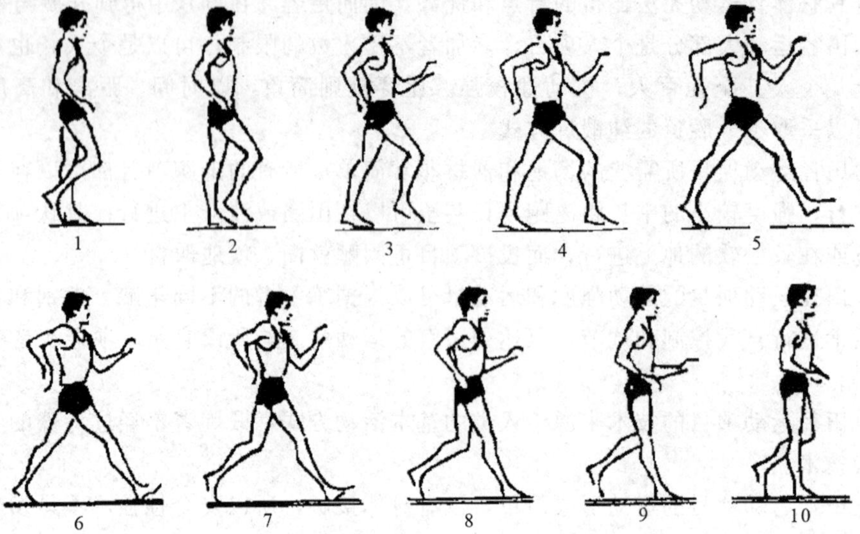

图 7-2-1

竞走时躯干正直，两眼平视向前看，颈部肌肉放松，不要低头或仰头。为配合腿的交换，维持身体平衡，保证重心轨迹沿接近直线移，上体也应沿身体垂直轴稍加转动。

两臂摆动的主要任务是调节步频、步长以及维持平衡。摆臂时半握拳，臂以肩为轴，肩放松，肘屈约为 90°角，自然有力地摆动。前摆时不超过身体中线，不要使拳高过下颌，肘屈约为（或稍小于）90°角。后摆时肘稍向外，摆至上臂与地面接近平行，肘屈约为（或稍大于）90°角。

竞走时呼吸是重要的，要与臂腿的节奏相配合，用鼻和半张开的嘴进行，要自然随意，一般是两步一呼气，两步一吸气，呼吸要有一定的深度，只有充分呼气，才能充分吸气。

（二）散步

散步是指不拘形式、闲散、从容地踱步。散步是我国传统的健身方法，一般适于中老年、体弱者、体重较重者、关节炎、心脏病患者或某些妇女经常采用。通过坚持散步锻炼，可以促进特别血液循环，使血管壁平滑肌得到舒张，血管弹性增强，毛细血管网的开张明显增加，使微循环血液增加，降低血糖和血压，减少血凝。另外，通过散步加强改善消化腺的功能和促进胃肠有规律地蠕动，增加消化能力。减少腹壁皮下脂肪的积存。因此有利改进与增进心脏功能、消化系统功能、肾功能，改善骨骼系统，增强大脑半球皮质功能，并调节精神等，达到健康、健美、延年益寿的目的。

散步的正确身体姿势是自然正直，抬头挺胸，收腹收臀，两肩放松，手臂自然下垂，并协同两腿迈步动作自然前后摆动。两腿交替屈膝前摆，足跟着地滚动至脚尖时，另一腿屈膝前摆足跟着地。步幅因人而异，一般约 1～2 脚。

散步的速度，分缓步（指步履缓慢，行走稳健，每分钟约 60～70 步，这种散步适于年老体弱及饭后运动）、快步（指步履速度稍快的行走，每分钟约 120 步，由于这种散步比较轻快，久久行之，能振奋精神，兴奋大脑，使下肢矫健有力）和逍遥步（指散步时且走停，且快且慢，行走一段距离，停下来稍休息，继而再走。或快步一程，再缓步一段，这种走走停停、快慢相间的散步，适用于病后康复和体弱多病的人）三种。

散步宜选择环境优美、空气新鲜、花语花香、月山有水的公园、花园、林荫道，一边散步一边欣赏水溪风光、湖光山色。

（三）倒走

倒走，是人体的一种反向运动，是反序健身运动中的一项。它消耗能量比散步和慢跑大，对腰臀、腿部肌肉锻炼效果明显。倒走，不受年龄、性别和体质强弱的限制；不需任何器械，亦不受场地制约。

倒走分为摆臂式和叉腰式。摆臂式倒走要求身体直立，抬头挺胸，双目平视，两臂自然下垂。先将左脚向后迈出，以左脚前脚掌先着地，然后全脚掌落地，身体重心移往左脚。按同样的方法左右脚交替后退，两臂配合自然前后摆动。

叉腰式倒走要求身体直立，抬头挺胸，双目平视，双手叉腰，四指在前，拇指在后按“肾俞穴”，腿部动作同摆臂式。每后退一步，用两手拇指按摩“肾俞穴”一次，可以起到补肾壮腰的作用。

做倒走练习时，先要在原地轻轻活动踝关节、膝关节、并做腰部回环，并做原地踏步走练习动作。在原地踏步感觉适应的情况下，高抬腿轻落步向后走。开始步子要不而稳，步子不可过大和走得过急。可以走走、停停，两臂轻松地前后摆动，用以维持身体平衡。

倒走或倒跑比向前走或向前跑所消耗的热量多，所以消耗的能量也大。身体的躯干部分是略为向前屈的，倒走则正好相反，这样就使腿、臀、腰得到功能性锻炼。而腰部病患者，大多是腰肌、臀肌，特别是外旋肌发生劳损所致。而倒走时，每当足跟提起向后迈步时，由于骨盆倾斜和向前走正好相反，这样就可使受伤的肌肉得到充分休息，起到康复和保健作用。对腰痛、关节炎患者，每天进行倒走练习2～3次，每次100～400步，中间休息2分钟，往复4～5次。对减肥者，每天早晚两次倒走练习，每次行进1500～2000米。动作熟练后，可加快速度或向后慢跑。

在做倒走健身练习时，不可在公路上进行，以免发生事故。应选择广场或田径场，以及公园或树林进行锻炼，同时一定注意周围的树、石头，以免跌倒或撞伤。

二、跑的锻炼方法

（一）直道跑技术

1. 短跑

短距离跑简称为“短跑”，它是用最快的速度跑完规定的距离。短跑比赛项目有100米、200米、400米，少年还有60米。短跑是人体运动器官和内脏器官在大量缺氧的条件下完成最大强度的工作，属于极限强度的运动。短跑能有效地发展速度素质，因此，它是田径运动的基础项目，而且在其他运动项目的训练中也占有重要的地位。

短跑技术是一个不可分割的完整体，为了便于分析，可把它分为起跑和起跑后的加速跑、途中跑及终点跑四个部分。

起跑的任务是使身体迅速摆脱静止状态，尽可能获得较大的起动初速度，为起跑后的加速跑创造有利的条件。

起跑的过程包括“各就位”、“预备”、“鸣枪”三个阶段。

听到“各就位”口令后，较轻快地走到起跑器前，两手撑地，两脚依此蹬在前、后起跑器的抵足板上，后膝跪地，两手收回紧靠起跑线后撑地，两臂伸直，两手间距离比肩稍宽，四指并拢和拇指成“八”字，肩与起跑线平行，形成富有弹性的支撑。颈部自然放松，两眼视前下方45～50厘米处，注意听“预备”的口令。

听到“预备”口令后，深吸一口气，平稳地抬起臀部，使身体重心向前上方移动，臀部稍高于肩，使身体重量落在两臂和前腿之间，其重心投影点距起跑线15～20厘米。大小腿之间，前腿膝角约为90°～100°，后腿膝角约为110°～130°。

听到发令枪声时，两手迅速推离地面和两腿有力地蹬伸，两臂屈肘有力地做前后摆动，两腿迅速蹬离起跑器，使身体向前上方运动，躯干前倾与水平线成15°～20°角。后腿快速蹬离起跑器后，迅速屈膝向前上方摆出，前腿有力地蹬地，后蹬角约为42°～45°。见图7-2-2。

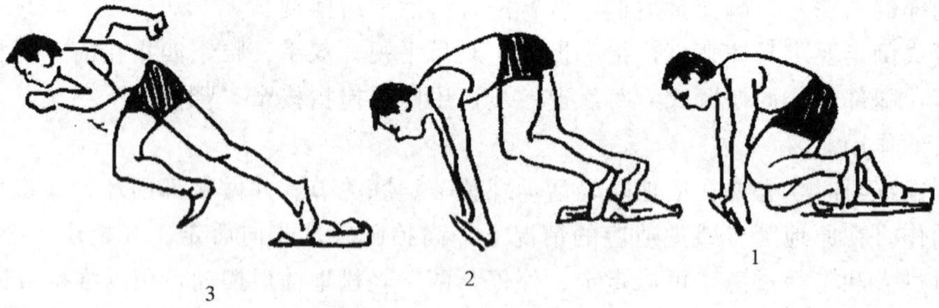

图7-2-2

起跑后的加速跑是从后腿蹬离起跑器完成第一步到途中跑之间的一个跑段。其任务是在起跑的基础上争取在较短距离内获得接近最高跑速。

起跑出发后的第一步不宜过大，一般为三脚半至四脚长，第二步为四脚至四脚半长，以后每步均增加半个脚掌长，逐渐增加到途中跑的步长。

起跑后的加速跑段身体前倾角度是随着速度的增加而减小，最后逐渐接近途中跑的姿势。见图7-2-3。

图7-2-3

途中跑是短跑全程中距离最长、速度最快的一段，其任务是继续发挥并保持高速度跑。

途中跑段是从起跑后加速跑结束、经过2～3步惯性跑后进入途中跑的。在跑的周期中，包括后蹬与前摆、腾空、着地缓冲等动作阶段。见图7-2-4。

终点冲刺跑是全程跑的最后一段，其任务是保持途中跑的高速度并完成撞线动作。终点跑包括终点跑技术和撞线技术。要求在离终点10～20米处，躯干稍有前倾，加快两臂摆动速度和力量；在离终点线前一两步时，上体急速前压，以胸部或肩部撞终点线。

图7-2-4

2.200米和400米跑的技术特点

(1) 弯道起跑和起跑后的加速跑

起跑器在跑道的右侧正对进弯道的切点安装（见图7-2-5），以便起跑后有一段直线的距离加速。加速跑的距离应比100米的加速跑距离短，上体抬起较早。

(2) 弯道跑技术

身体应有意识地向内倾斜，右脚用前脚掌的内侧，左脚用前脚掌的外侧蹬地。加大右腿蹬地力量和摆动幅度，同时右臂亦相应地加大摆动的力量和幅度。见图7-2-6。

图7-2-5

图7-2-6

(二) 跨栏跑

跨越障碍物是人类在长期生产以及与自然作斗争中所形成的一种基本的生活技能。作为田径运动的跨栏跑，是由跨越障碍物的基本技能，发展演变而来。

跨栏跑，是途中设有固定数量、固定距离、固定高度栏架的短跑项目，也是田径运动中技术比较复杂、节奏性比较强、锻炼价值比较高的项目。跨栏比赛项目包括男、女200、400米栏；室内男、女60米栏；男子110米栏；女子100米栏；女子80米栏。其中，110米栏最具代表性。

110米跨栏跑近年来正成为我国的传统优势项目，出现了闻名世界的李桐、刘翔等著名跨栏跑运动员。特别是上海籍运动员刘翔在2004年雅典奥运会110米跨栏跑决赛中，以12″91获得该项目冠军，同时还平了该项目的世界纪录，这也是我国男运动员在奥运会上获得的第一枚金牌。

从事跨栏跑运动，可以培养勇敢、顽强、果断和克服困难的意志品质，并能有效地发展速度、弹跳力、柔韧和灵敏等身体素质。

跨栏跑的关键是快，这就是一要跑的快，二要完成跨越栏架一系列动作快。因此，任何距离跨栏跑的特点都是短时间大强度的工作。

动作自然，而且能以必要的幅度和较快的频率完成，是现代跨栏跑技术的基本特征。尽管跨栏跑的距离有长有短，栏架有高有低，栏间跑的步数有多有少，但是跨越栏架的技术是基本相同的。见图 7-2-7。

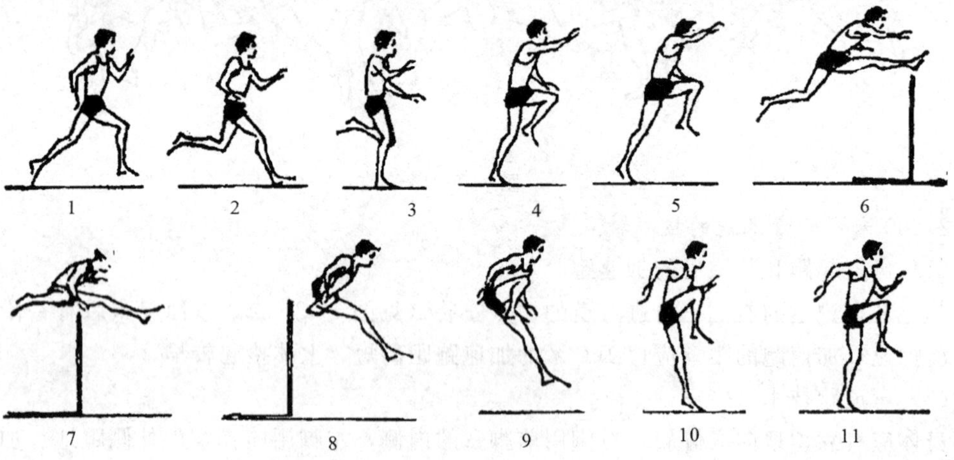

图 7-2-7

跨栏全程跑技术可分为：起跑至第一栏技术、途中跑技术、终点冲刺跑技术。

(1) 起跑加速跑至第一栏技术：在有限的空间内（11.50 米左右）发挥高的跑速，为积极过第一栏做好准备，并为全程跑形成良好的节奏奠定基础。

(2) 途中跑技术：过栏是指起跨腿的脚接触起跨点到过栏后摆动腿的脚接触地面时的一大步，即跨栏步。它是由起跨攻栏、腾空过栏和下栏着地构成。

栏间跑是指下栏着地点到过下一个栏起跨点间的距离。任务是发挥跑速，保持节奏，准备攻栏。由于栏间跑是在固定的距离上进行，要以固定的步数跑过，同时还要为过栏做好准备，所以在技术动作、步长和步频比例等方面同短跑途中跑有所不同。

由跨栏步和栏间跑三步组成的一个跨栏周期，因过栏的需要，构成了与短跑不同的特有节奏。良好的跨栏周期节奏是肌肉紧张与放松合理交替工作的结果，也是获得优异运动成绩的必要条件之一。

(3) 终点冲刺跑技术与短跑终点冲刺跑技术相似。

(三) 中长跑

中、长距离跑是中距离跑和长距离跑的合称。男子 800 米、1500 米、3000 米和女子 800 米、1500 米属于中距离跑；男子 5000 米、10000 米和女子 3000 米、5000 米、10000 米属于长距离跑。少年的中、长距离跑项目是：男子 800 米、1500 米、3000 米、女子 400 米、800 米、1500 米和 3000 米。

中、长跑距离是发展耐长久的项目，长时间的连续的肌肉活动，是这个项目的特点。它一方要求尽量减少能量的消耗，维持一定的跑速，另一方面要求在全程跑中能根据比赛的情况具有加速跑的能力。所以，运动员在跑的全程中，正确地掌握技术和合理地分配体力是非常重要的。要求跑得轻松协调，重心移动平稳，直线性强，有良好的节奏；要尽量提高肌肉用力和放松交替的能力，既讲究动作效果，又注重节省体力。这些要求，跑的距离愈长，它愈显得重要。

各种距离跑的技术，基本上是相同的。但由于距离的长短和跑的强度不同，所以在跑的技术细节上也有不同程度的差异。

中长跑的全程技术，可分为起跑和起跑后的加速跑、途中跑和终点冲刺跑三个部分。

起跑和起跑后的加速跑是比赛开始时，使身体迅速摆脱静止状态，快速跑出，并尽快发挥出正常的跑速和占据有利的跑进位置的过程。一般采用站立式起跑：两脚前后开立，有力脚放在前面，两脚尖前后之间的距离为两脚，左右间隔半脚。两腿弯曲，上体前倾身体重心大部分落在前脚上，后腿用前脚掌站立。前脚异侧臂自然下垂，同侧臂置于体侧，眼看前方 3～5 米处，颈部放松。整个身体保持稳定，注意听枪声。见图 7-2-8。

图 7-2-8

听到枪声时，两腿用力蹬地，后腿蹬地后迅速前摆，前腿迅速蹬伸，两臂配合两腿做快速而有力的摆动，伸身体快速向前冲击。起跑后加速跑时，上体前倾稍大。无论是在直道上起跑或在弯道上起跑，运动员都应按着弯道的切线方向和朝着自己有利的位置跑去，然后进入匀速而有节奏的途中跑。

途中跑是中长跑的主要组成部分，掌握途中跑技术对发挥运动员的运动水平和锻炼效果极为重要。

在一个跑的周期中，摆动腿大腿积极下压，小腿顺势前摆并做“扒地”动作。跑时，一腿进行后蹬，另一腿进行前摆，蹬摆必须结合好。后蹬产生的支撑反作用力是向前上方的，前摆的惯性又加大了这个推动人体前进的力量。后蹬腿三个关节要伸展，摆动腿屈膝前摆，并带动髋部前送。后蹬结束时，后蹬腿的膝关节一般为 160°～170°。上体稍前倾，前倾角度在 5°左右。摆臂保持身体平衡，两臂弯曲约 90°，两臂放松，做前后自然摆动，肘关节的角度在垂直部位可大一些，以利于两臂肌肉的放松。见图 7-2-9。

图 7-2-9

弯道跑时，身体应稍向左倾斜，右臂摆动的幅度较大，与短跑基本相同，只是动作的幅度与用力的程度较小。

终点冲刺跑是各项中长跑全程结束前的最后一段距离的冲刺跑。终点冲刺距离，要根据比赛项目、个人特点和战术需要来确定。一般情况下，800米跑在最后200～250米开始加速，而在此之前的直道上要占据有利的位置。1500米跑可在最后300～400米进行冲刺跑。5000～10000米跑时，在最后的600～1000米开始加速跑。加速跑时要选择良好的时机，动员全部力量以顽强的毅力跑过终点。

在进行中长跑的过程中，为了保证有机体对氧的需要，呼吸必须有一定的深度和频率，并与跑的步子相配合。当“极点”出现时，一定要以坚强的意志跑下去，注意加深呼吸，特别是深呼气，适当调整跑速。跑一段距离后，难受的感觉就会减轻，呼吸又会逐渐均匀。

三、跳的锻炼方法

跳是人类基本活动技能之一。跳跃运动是全身肌肉的协调用力，特别是腿、足的用力蹬伸以克服自身重量来完成的，因此，对提高腿、足的肌肉力量和用力速度，改善人体的灵活性、协调性和神经系统的支配能力有着重要的作用。人体腾空后下落与地面的撞击接触，有效地锻炼了腿、足的支撑能力，其作用较之跑更明显。

跳跃是指人体在水平和垂直两个方向上，以原地或行进间两种运动方式所表现出的跳跃能力。竞技运动中的跳高、跳远是这种跳跃能力的最高表现形式。

在水平方向上，常见的有立定跳远、行进间跳远、连续蛙跳和跨步跳等。

在垂直方向上，最为常见的有原地摸高、跳绳、行进间助跑摸高、上篮等。

（一）背跃式跳高

跳高是田径运动的田赛项目。是一种由有节奏的助跑、单脚起跳、越过横杆落地等动作组成，以越过横杆高度来计算成绩的比赛项目。跳高运动是征服高度的运动项目，是人类不屈不挠，勇攀高峰的象征。经常参加跳高运动，不仅能增强人的腿部力量，提高弹跳能力，发展巧和协调性，还能培养勇敢、坚定、沉着、果断的意志品质，是一种很好的体锻炼项目。

跳高的技术有跨越式、剪式、俯卧式和背越式等多种跳高姿势，最流行的是背越式。人体通过助跑、起跳，以背对横杆的姿势越过横杆并以背先着垫的跳高方法叫背越式跳高。

背越式跳高技术的优势在于能够利用助跑速度提高跳跃的效果。背越式跳高技术在其发展过程中，逐步形成了不同的技术类型：速度型、幅度型（力量型）和介于两者之间的中间型。但从技术发展的趋势来看，已趋于速度与幅度、速度与力量的统一。具体表现在助跑速度的进一步加快，过渡到起跳时摆动腿蹬伸幅度加大，以及快速地完成起跳和过杆动作，使背越式跳高成为一种独特结构的跳高技术。

（1）助跑技术：助跑的任务是获得必要的水平速度，在起跳前及时调整动作结构和节奏，并取得合理的身体内倾姿势，为起跳和顺利地越过横杆创造条件。

背越式跳高采用弧线助跑。由于沿着弧线跑进，必须形成的身体内倾姿势对越过高度有着十分重要的意义。

目前，背越式跳高的助跑大多采用8～12步或9～13步，距离最长的可达30米左右。

目的是为了获得较大的水平速度。起动方式有行进和原地起动两种。无论采用哪种起动方式，都要注意动作放松，速度与节奏稳定。

(2) 助跑与起跳结合技术：助跑与起跳结合技术是跳高完整技术中十分重要的环节。它起着承上启下的作用，同时对正确地完成起跳动作、提高跳跃效果有直接影响。

背越式跳高应该从助跑的最后第三步、甚至从进入弧线段开始，就要有准备起跳的意识，这体现在助跑的积极加速和向起跳点迅速跑进上。

起跳是跳高技术的关键环节。起跳的任务是迅速地改变人体的运动方向，并获得尽可能大的垂直速度，同时还要产生一定的旋转动力，保证过杆动作的顺利完成。

助跑最后一步摆动腿支撑过垂直部位后，起跳腿积极踏向起跳点，此时要依靠摆动腿有利的蹬伸，保持身体内倾姿势向前送髋和前移躯干，并使起跳腿一侧的髋超越摆动腿一侧的髋，以及保持肩轴几乎与横杆垂直的位置，形成肩轴与髋轴的扭紧状态。

(3) 过杆技术：为了提高过杆的效果，必须形成合理的杆上姿势，缩短身体重心与横杆之间的距离，利用补偿动作，使身体各部位依此顺利地越过横杆。见图 7-2-10。

图 7-2-10

(二) 挺身式跳远

跳远，是古代的奥林匹克竞赛及古希腊五项运动里都有的一个项目，也是现在学校体育教学和田径比赛的主要项目之一。练习跳远能发展人的速度、弹跳力和灵巧性，并能增强心脏等内脏器官的功能，增进身体的健康。跳远的场地设备比较简单，学习跳远又比较容易，因此青少年们比较喜欢这项运动。

跳远方法的演变和技术的发展有比较长的历史。从跳远技术的发展来看，是由一个由简单到复杂的过程。最初是简单的蹲踞式，以后有了挺身式，又有了走步式。今天的跳远技术，正向着快速的助跑、迅速而有力的起跳和较高的跳跃高度方向发展，运动员必须具备全面和良好的身体素质，熟练而准确地掌握先进的技术。

挺身式跳远的完整技术是由助跑、起跳、腾空和落地四个部分组成的。成绩的好坏主要是助跑速度和起跳技术决定的。当然平稳的空中姿势和合理的落地动作，也起着一定的作用。总之，各个部分的技术都是跳远中不可分割的整体。

(1) 助跑：跳远的助跑，是为了获得较快的水平速度，并为准确地踏板和起跳做好准备。

现代跳远助跑技术越来越接近短跑技术，助跑应做到准确快速，放松协调。助跑要求运动员既要跑得快，又要跑得准。

(2) 起跳：跳远的起跳，就是利用助跑速度创造尽可能大的腾起初速度和合理的腾起角度。

一般把跳远起跳划分为着板、缓冲和蹬伸三个阶段。着板和缓冲阶段，起跳工作肌肉完成退让性工作；蹬伸阶段，起跳工作肌肉完成克制性工作。

着板缓冲要积极迅速，创造蹬伸的最佳工作条件；蹬伸要做到快而有力，爆发性地完成起跳，创造尽可能大的腾起初速度和合理的腾起角。

(3) 腾空：平衡的腾空动作，是与助跑和起跳紧密联系在一起的。没有正确的助跑和起跳，不会有正确的空中动作。

在完成起跳动作以后，向空中飞进的过程中，自身任何动作都不能改变身体重心的抛物线轨迹。空中动作的目的，只是为了维持身体在空中的平衡，最大限度地利用这一抛物线轨迹，争取远度，并为合理的落地做好准备。见图 7-2-11。

图 7-2-11

(4) 落地：落地的任务是争取更好的跳远成绩。落地前双腿屈膝高抬成团身姿势。进行这一动作时，应注意膝部主动地向胸部靠拢，而不是上体前倾。腾空过程中，上体前倾会影响腿的前伸，必然要失去一定的距离。落地前上体的姿势，直接影响大腿举起的高度、双腿伸出的远度和身体能否移过支撑点。着地后要及时屈膝缓冲，髋前移，两臂前摆，使身体迅速移过落点，避免后坐。

四、投的锻炼方法

(一) 推铅球

推铅球是一个速度力量性项目，是一个以力量为基础、以速度为核心的田径投掷项目之一。它对增强体质，特别是发展躯干和上下肢速度力量有显著的作用。

随着田径运动的实践和体育科学的发展，推铅球的技术也不断地改进和完善。从古老的上步推球方法，变为侧向滑步推铅球以及背向推铅球，因而促使运动成绩大幅度提高。所以说，背向投掷方法是推铅球技术的一次大变革。

投掷原理表明，铅球出手的初速度（V_0）、出手角度（a_0）及出手高度（H_0）是决定铅球飞行距离的三个基本因素，初速度是三个因素中最主要的因素。

铅球出手的初速度主要是由最后用力推铅球的距离和时间（力作用于铅球上的距离和时间）决定的，用力的距离越长，时间越短，则铅球出手的初速度就越大。

前球出手的角度也对投掷速度有较大的影响。最佳出手角度不是不变的，在一定范围内，它随着出手速度的增加而增加。

完整的背向推铅球技术可分为握持球、滑步、转换、最后用力和维持身体平衡五个部分。见图 7-2-12。

图 7-2-12

（1）握持球：握球手的五指自然张开，将球放在食指、中指和无名指的指根处，拇指和小拇指贴在球的两侧，以保持球的稳定。握好球后，将球放到锁骨内端上方，贴紧颈部，掌心向前，右肘微抬起，右上臂与躯干约成 90°，躯干与头部保持正直。

（2）滑步：完整的滑步技术包括预备姿势、团身、滑步三个部分。

预备姿势（以右手为例）：运动员持好球后，站立在投掷圈的后沿内，背对投掷方向，身体重心落在右脚掌上，左脚置于右脚跟后方 20～30 厘米处，以脚尖点地，帮助维持身体平衡。

团身动作：运动员站稳后，从容不迫地向前屈体，待上体屈至接近与地面平行时，屈膝下蹲，同时头部和左腿向右腿靠拢，完成团身动作。

滑步动作：滑步由身体重心后移、左腿向投掷方向伸摆开始，经过蹬伸右腿、回收右脚来完成。

（3）转换：运动员回收右小腿结束，以脚前掌着地，接着将左脚插向抵趾板，以脚掌内侧着地。右脚着地时，体重大部分落在右腿上，左脚着地时，身体重心移至两腿之间。在这一过程中，上体和头部的姿势没有明显的变化。

（4）最后用力：最后用力可分为准备和加速两个部分。最后用力的准备部分是从左脚落地到身体形成侧弓。在这一过程中，投掷臂还未给铅球加速，仅是依靠右膝的内压、右腿的侧蹬推动骨盆侧移。由于上体不主动抬起，头颈不主动扭转，而使身体左侧的有关肌群形成最大拉紧状态，为最后的加速用力创造了有利的条件。

最后用力的加速是在躯干形成侧弓后，在左腿有力的支撑下，利用躯干的反振作用，顺势转肩伸臂完成整个投掷动作。

（5）维持身体平衡：铅球出手后，为了防止犯规，通常采用换步和降低身体重心来减缓冲力，以维持身体平衡。

（二）掷标枪

掷标枪，是一个技术比较复杂的多轴性旋转项目。它的完整技术，是由肩上持枪经过一段预先助跑连接投掷步获得动量，通过爆发式的最后用力作用于标枪的纵轴上，将标枪经肩上投出去。合理的掷标枪技术要求运动员在周期性转为非周期性的快速运动中，充分发挥人体的能力将标枪掷出。

为了便于分析技术，通常把完整技术按任务和动作形式分为握法、持枪助跑、最后用力、缓冲和标枪飞行五个部分。见图 7-2-13。

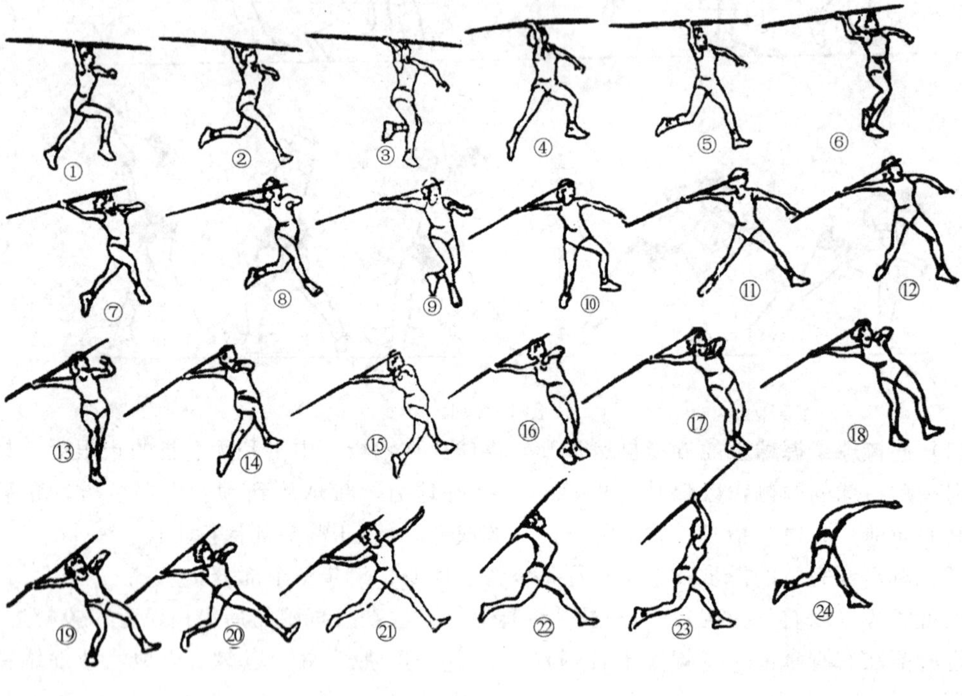

图 7-2-13

1. 握法

握枪是为了将人体运动产生的速度和力量通过握点有效地传递、作用于标枪。现代握枪主要有两种方法，一种方法是用拇指和食指握在标枪线把末端第一圈上沿，另一种方法用拇指和中指握在标枪线把末端第一圈上，其余手指自然扶枪。握法的选择应根据新采用的引枪方法及运动员感觉自然、放松，能发挥碗指力量而定。后一种方法较为优越。因为中指最长而且有力量，能在标枪出手瞬间充分利用中指对器械施力，增加用力距离，可以提高标枪出手后自转速度，增加标枪飞行稳定性。

2. 持枪助跑

持枪助跑的任务是为人体和标枪获得速度、形成有利的最后用力的身体姿势和提高标枪出手速度创造条件。标枪出手速度的20%来自助跑。

（1）持枪方法：肩上持枪是较常见的持枪方法。

（2）助跑（以肩上持枪为例）：掷标枪助跑包括预跑阶段和投掷步阶段。全程一般在20～35米，跑14～18步。

预跑阶段：预跑的任务是使运动员从起动到第二标志线时达到适宜的速度，为掷标枪做好充分的准备。这一段距离约15～23米，跑10～14步。

投掷步阶段：从第二标志线到最后用力时左脚落地为投掷步阶段。这一阶段的任务是在保持预跑速度或继续加速的基础上，完成引枪动作，做好最后用力前的准备并不进入最后用力。

（3）引枪：引枪的动作不尽相同，根据动作的外观，大体可分为直线和弧形两类。

直线引枪：预跑段结束，标枪由肩上直接后引，两步完成。这种方法引枪自然，容易控制标枪的方向和角度。

弧形引枪：预跑段结束时，手持标枪向前、向下、再向后做弧形摆动，两步基本完成引枪。这种方法的投掷臂较放松，但不易控制枪。

引枪动作应放松协调。引枪时下肢蹬伸应有弹性，尽可能减小身体重心的上下起伏，以保持身体前移速度；躯干保持直立，随引枪逐渐向右扭转；面向投掷方向，右臂在胸前摆动。

（4）交叉步：投掷步的倒数第二步为交叉步。这是助跑和最后用力相衔接的关键一步。它的任务是在保持人体快速运动的情况下，进一步完成躯干的扭转并形成合理的后倾姿势，创造良好的发力条件及为缩短最后一步形成双支撑的时间创造条件。

3. 最后用力

最后用力是为标枪加速的主要阶段。器械在这阶段获得的速度占出手速度的70%～80%。最后用力的任务是充分利用助跑的速度和获得的动量，在尽可能长的距离内将最大的力作用于标枪，使标枪在出手瞬间达到最高速度并沿合理角度掷出。

4. 缓冲

标枪出手后，由于向前的惯性，运动员必须迅速阻止身体继续前冲，以防止犯规。标枪出手后，右腿及时跨出一大步，减小右腿和地面的支撑角度，降低身体重心。同时上体前倾，两臂直臂自然摆动，以维持平衡。有时还须再继续跳一至两小步，才能使身体的向前运动完全停止。缓冲距离一般在1.50～2.00米之间。

5. 标枪飞行

标枪出手后沿纵轴旋转向前飞行。标枪自转有助于它在空中飞行的稳定性，在有些情况下还可以起到延缓落地时间的作用。标枪自转可达20周/秒～25周/秒，标枪飞行时间为3.5～4.5秒。

（三）掷实心球

实心球因其重量轻（一般不超过2千克），器械安全性高而受练习者的青睐。实心球练习方法多种多样，可做各种推、抛、掷练习。可单独练习，也可双人或多人练习。并对练习场地无特殊要求，各种质地的场地均可做练习。它对发展上肢、肩带、胸部及腰、腹肌力量有明显作用。练习时要先做一些准备活动，然后根据实际情况选择练习手段，确定练习次数。

1. 双手前抛实心球

面对抛球方向，两脚左右开立，与肩同宽，双手持球上举，抛球时身体重心下降，两膝弯曲下蹲，上体前倾，然后迅速蹬伸两腿，向前展体，将球向前上方抛出，出手角度约35°。

2. 双手后抛实心球

背对抛球方向，两脚左右开立，与肩同宽，双手持球上举，抛球时两膝弯曲下蹲身体重心微微向后移，两腿用力蹬伸展髋，将球经头部向上后上方抛出，出手角度约40°。

3. 单手投实心球

面对投掷方向，两脚左右开立，投掷臂向后伸展，举手持实心球与肩同高，原地或助跑3～5步，将球投出。注意做好躯干和投掷臂的鞭打动作，练习者可对网或墙投掷。

4. 跪投实心球

练习者两膝跪立，面对投掷方向，双手握住实心球，置于头后上方，肘关节弯曲，上体适度后仰，然后躯干带动双臂向前上方将球投出。

5. 单手侧抛实心球

直臂下摆后将球向一侧抛出，异侧手接球再抛。

思考题：

1. 如何认识田径运动的特点及健康价值？
2. 健身走可以分成哪几种形式？
3. 请你介绍几种跑的锻炼方法。
4. 跳跃运动有什么健身价值？
5. 怎样通过投掷运动来锻炼身体？

第八章　球类运动

第一节　足　球　运　动

一、足球运动简介

足球运动是一项以脚控制球为主、两队相互攻守对抗、以射球入门数量多少判定胜负的球类运动。既可竞技比赛，又可游戏娱乐。

在中国，足球运动是一项古老的运动项目。中国古代足球运动称之为“蹴鞠”。

现代足球运动于 1863 年起源于英国，于 19 世纪末传入中国。

1928 年 5 月为了适应现代足球运动的发展的需要，国际足联在荷兰阿姆斯特丹召开了代表大会，与会者一致通过办世界杯足球锦标赛的决定。1930 年首届世界杯足球锦标赛在乌拉圭举行，以后每隔四年举办一次。

现代足球发展至今已经成为人们现代生活中不可缺少的一部分，不论是作为娱乐项目，还是竞技比赛，它时刻都散发着独特的魅力。它是世界体育运动中最为广泛、影响最大的体育项目，被誉为“世界第一运动”，深受世界各国人民所喜爱。

足球运动技术复杂、战术多变，既有参加人数多、场地大、比赛时间长、对抗性强、运动量大等特点，又具有激烈性、惊险性、刺激性等特性，并具有很高的欣赏价值和锻炼价值。经常参加足球运动，不仅能增进身体健康、提高力量、速度、耐力和灵敏等身体素质，同时还能培养人们勇敢、顽强、机智果断、坚忍不拔、积极进取和勇于克服困难等优良品质。

二、足球运动的锻炼方法

（一）足球基本技术

足球基本技术分为无球技术和有球技术两大类，无球技术又分为起动、跑、急停、转身、无球假动作等；有球技术分为颠球、踢球、停球、运球、顶球、抢截球和守门员技术等。

1. 颠球

颠球是指运动员用身体的各个有效部位连续地触击球，并加以控制尽量使球不落地的技术动作。颠球是运动员熟悉球性的一种练习手段，以增强对球的弹性。重量、旋转及触球部位、击球时用力轻领的感觉。

颠球动作按脚触球部位可分为双脚脚背颠球、双脚内外侧、大腿颠球等颠球方法。

（1）双脚脚背颠球

动作方法：脚向前上方摆动，用脚背击球，击球时踝关节固定，击球的下部。两脚可交替击球，也可一只脚支撑，另一只脚连续击球。击球时用力均匀，使球始终控制在身体周围。见图 8-1-1。

(2) 双脚内侧颠球

动作方法：抬腿屈膝，用脚的内侧或外侧向上摆动，击球的下部，两脚内侧或外侧交替击球。见图 8-1-2。

图 8-1-1

图 8-1-2

(3) 大腿颠球

动作方法：抬腿屈膝，用大腿的中前部位向上击球的下部，两腿可交替击球，也可一只脚支撑，用另一侧的大腿连续击球。见图 8-1-3。

图 8-1-3

2. 踢球

(1) 脚背正面踢球

脚背正面踢球的动作是摆、踢顺畅，便于发力。常用于长距离传球和大力射门。

动作方法：踢定位球时，直线助跑，助跑方向与出球方向一致。最后一步稍大，支撑脚踏在球的侧后方 10～15 厘米处，膝关节微屈，足尖正对出球方向眼睛看球。摆动腿以膝关节为轴，大腿带动小腿屈膝积极向前摆动，当膝盖摆至接近球的垂直上方时，小腿做爆发式的前摆，使膝盖处在球的正上方时用脚背正面击球的后中部。击球时脚面绷直，踝关节紧张，上体稍前倾，两臂配合协调摆动。见图 8-1-4。

图 8-1-4

练习方法：①用线标出支撑脚的位置反复练习，并结合踢固定实心球体会脚触球部位，要求身体稍前倾，重心跟上；②强调小腿摆动时机，要求摆动腿的膝盖接近球的垂直上方时，加速摆动小腿；③做上一步踢球模仿练习，并结合用垒球垫将球垫起的踢球练习，要求脚背绷直，脚趾扣紧，足尖向下。

易犯错误：①支撑脚的位置靠后，造成踢球时身体后仰而踢球的后下部，使踢出的球偏高；②摆动腿前摆时，小腿过早前摆，造成直腿踢球，出球无力；③踢球时怕脚尖触地，脚背不敢绷直，造成脚趾触球。

(2) 脚背内侧踢球

脚内侧踢球面积较大，出球较准确，是近距离传球和射门的常用脚法。

动作方法：踢定位球时，斜线助跑，助跑方向与出球方向约成 45°，支撑脚外侧积极着地，踏在球的右侧方 25～30 厘米处，膝关节微屈，足尖指向出球方向，身体稍向支撑脚一侧倾斜并转向出球方向，大腿带动小腿积极前摆，当膝盖摆到接近球内侧垂直方向时，小腿加速前摆，同时足尖稍外转，脚面绷直，脚趾扣紧，足尖指向斜下方，以脚背内侧击球的后中部。踢球后，踢球腿随球继续前摆，两臂随踢球动作自然摆动，见图 8-1-5。

图 8-1-5

练习方法：①用线标出助跑方向和支撑脚的位置进行练习；②踢定位实心球练习，强调脚触球的部位；③多做模仿练习，强调立足后转体，摆动腿向出球方向摆动。

易犯错误：①助跑的方向不对，支撑脚的位置偏后，易把球踢高；②踢球脚脚尖外转不够，接触球部位不正确；③没有向出球方向摆腿，形成向内画弧摆动，折体弯腰。

（3）脚背外侧踢球

动作方法：踢定位球时，正面直线助跑，最后一步稍大，支撑脚积极而迅速地以脚跟着地，踏在球的侧后方 10～15 厘米处，膝关节微屈，足尖正对出球方向，摆动腿以髋关节为轴，大腿带动小腿屈膝积极向前摆动，当膝盖摆到接近球的垂直上方时，小腿加速前摆，同时足尖内转，脚面绷直，脚趾扣紧，足尖指向斜下方，用脚背外侧击球的后中部。踢球后，踢球腿随球向前继续摆动，两臂配合踢球动作协调摆动。

练习方法：①反复踢定位实心球练习，体会脚尖内转动作；②踢定位实心球练习，强调屈膝摆动，要求用脚背外侧触球的后中部。

易犯错误：①踢球时膝盖和脚尖内转不够，造成脚触球的部位不正确；②身体左转，小腿的摆动不够，造成直腿用脚背外侧去推球。

3. 停球

常见停球方式用以下几种：

（1）脚内侧停球

①脚内侧停地滚球

动作方法：脚内侧停地滚球时，身体正对来球方向。支撑脚脚尖与来球的方向一致，膝微屈，停球腿提起屈膝外转并向前迎，足尖稍翘起，使足内侧对准来球。当脚与球接触的刹那开始后撤，以缓冲来球的力量，把球停留在便于衔接下一个动作的控制范围内。见图 8-1-6。

图 8-1-6

②停反弹球

动作方法：停反弹球时，脚内侧对准球反弹方向，当球刚弹离地面时，用脚内侧推压球的中上部，将球停留在便于衔接的下一个动作的控制范围内。见图 8-1-7。

图 8-1-7

③停空中球

动作方法：停空中球分为两种方法，一种方法是身体正对来球方向，另一种方法是身体侧对来球方向。见图 8-1-8。

图 8-1-8

正面停空中球的动作要点：看准来球的弧度和高度，支撑脚维持身体平衡，停球腿屈膝高抬，以脚内侧对准来球方向，用迎撤的停球动作将球停在体前。

侧身停空中球的动作要点：来球一般较高，停球时，身体侧对来球方向。一脚支撑维持身体平衡，一脚屈膝高抬使脚内侧部位对准来球，脚抬的高度与触球时球的高度一致，运用切挡的停球动作改变来球方向使球缓冲落地。

（2）脚外侧停球

①停地滚球

动作方法：停地滚球时，停球脚稍提起，膝关节和脚内转，用脚背外侧对正来球，在支撑腿的前侧方接触球的侧后方（偏支撑脚一侧），脚与球接触的刹那向外侧轻拨，将球停在侧方或侧前方。见图 8-1-9。

图 8-1-9

易犯错误：停球脚不内翻，身体不会向前移动，停球脚紧张，停球不稳。

纠正方法：多做互抛互停练习，强调小腿放松，脚触球的一刹那轻拨。

②停反弹球

动作方法：停反弹球时，面对来球，支撑腿的膝关节微屈，停球脚在支撑脚前方稍提起，脚内翻，使小腿与地面成一定角度，踝关节放松，当球刚反弹离地时，用脚背外侧触球的侧上部，将球停在体侧。

③脚背正面停空中球

动作方法：停球前，身体面对来球，支撑腿微屈维持身体平衡，停球腿屈膝抬起，小腿前伸主动迎球，用脚背正面接触球的底部，当脚背触球前的一刹那，小腿下撤以缓冲来球的力量，同时膝关节和踝关节放松，将球停留在体前适当的位置。见图 8-1-10。

图 8-1-10

练习方法：a. 做抛接球的停球练习，强调踝关节放松；b. 自抛自停反复练习，体会和掌握脚触球前一刹那迅速下撤的时机。

易犯错误：a. 踝关节过于紧张，不能缓冲来球力量；b. 脚触球前下撤过早或过晚，使球反弹出去。

(3) 大腿停球

动作方法：判断好来球的落点，面对来球，停球腿大腿抬起，以大腿中部对准球的落点，在大腿与球接触的刹那，肌肉适当放松并迅速撤引，使球落在与下一个动作衔接所需要的位置。见图 8-1-11。

图 8-1-11

(4) 胸部停球

①挺胸停球

动作方法：挺胸停球时，身体正对来球，两脚前后开立，两膝微屈，上体后仰，重心落在两脚之间，两臂自然张开，微收腹，当球运行到胸部接触的刹那间，两脚蹬地，胸部上挺、憋气，使球触胸后向前上方弹起，改变运行方向然后落于体前，见图 8-1-12。

②收胸停球

动作方法：收胸停球时，身体正对来球，两脚前后开立，两臂自然张开，重心前移，挺胸迎球，当球运行至胸部接触前的刹那，重心迅速后移，收胸、收腹以缓冲来球力量，将球停于体前。见图 8-1-13。

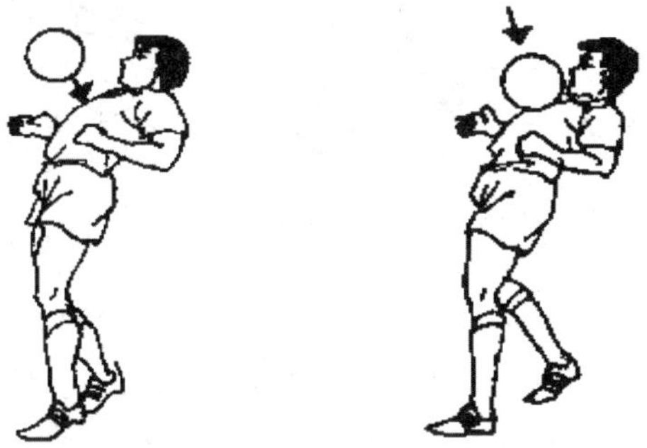

图 8-1-12

图 8-1-13

练习方法：a. 自抛自停或互抛互停练习，根据来球方向迅速跑动，用正确部位触球；b. 多做模仿练习，强调目视来球，不扬头；c. 互抛平直球进行反复练习，体会收胸收腹时机。

易犯错误：a. 不能根据来球方向选择准确的站位，不能用正确的部位接触球；b. 不收下颌；c. 收胸停球时，收胸和收腹过晚，不能缓冲来球力量。

4. 运球

运球是指运动员在跑动中，用脚的推拨动作有目的地使球保持在自己控制范围内而做的连续触球动作。

运球按脚触球的部位可分为：脚内侧运球、脚背正面运球、脚外侧运球、脚背内侧运球。

(1) 脚内侧运球

这是运球技术中速度最慢的一种运球方法。当运球靠近对手需要用身体做掩护时或是运球寻找配合传球时，多采用此种方法。

动作方法：脚内侧运球时，支撑脚向前跨，踏在球的侧前方，膝关节稍弯曲，上体前倾向里转。随着身体向前移动，运球脚提起，在落地之前，用脚内侧推球的后中部。见图 8-1-14。

练习方法：反复练习，养成运球时抬头观察的习惯。

易犯错误：①只是低头看球，不能随时观察场上情况，以致不能及时完成传球或射门；②运球时不是推拨球而是击球，使球失去控制。

纠正方法：反复体会推拨球的动作要领，掌握好用力的大小。

图 8-1-14

(2) 脚背正面运球

这种脚法适合于直线运球，一般在快速运球前进或超越对手之后前方纵深距离较长的情况使用。

动作方法：运球跑动时与正常跑动时姿势相同，身体自然放松，上体稍前倾，步幅不宜过大，运球腿提起，膝关节稍屈，髋关节前送，提踵脚交下指，在运球脚迈步前伸着地用正脚背推球后中部前进。见图8-1-15。

图 8-1-15

（3）脚背外侧运球

此脚法与脚背正面运球有相同的用途，另外还可以用于向外变向以及掩护运球。

动作方法：脚背外侧运球时，向前跑动时身体自然放松，上体稍前倾，两臂自然摆动。支撑脚保持在球的侧后方，运球脚抬起时，脚跟抬起，足尖稍内转，在迈步前伸落地前，用脚背外侧推拨球的后中部前进。

练习方法：①多做模仿练习，强调重心下降，上体稍前倾；②反复运实心球体会动作，改进技术；③由走到慢跑中运球，体会推拨球的动作。

易犯错误：①身体重心过高或臀部后坐；②脚尖不内转，脚触球的部位不准确；③运球时动作紧张，不是推拨而是踢球。

（4）脚背内侧运球

他适合变向运球。多在向内改变方向并需要用身体做掩护时运用。

动作方法：跑动时身体自然放松，上体前倾并稍侧转，运球腿提起，膝关节微屈，脚跟提起，脚尖稍外展，在运球迈步前伸着地前用脚背外侧推拨球的后中部前进。

5. 顶球

（1）原地向前顶球

该技术的特点是触球部位平坦、面积大，动作法力顺畅，出球平稳有力。

动作方法：身体正对来球，两脚自然开立，膝微屈，两眼注视来球。当球临近时，上体稍后仰，展腹挺胸，两臂自然张开，下颌收紧，颈部紧张，身体自下而上蹬地、收腹、摆体、顶送发力，用前额正面顶球的中后部。见图 8-1-16。

（2）跳起向前顶球

动作方法：跳起头顶球时，要选好起跳位置，掌握好起跳时机。起跳脚积极蹬地，手臂协调上摆。起跳后，展腹挺胸，形成背弓，眼睛注视来球。至最高点时，快速收腹摆体，下颌收紧，积极迎球顶送发力，用前额正面击球的后中部。击球后屈膝缓冲落地。见图 8-1-17。

图 8-1-16

图 8-1-17

（3）原地向侧顶球

动作方法：原地向侧顶球时，顶球前，向顶球方向的同侧腿向前跨一步，两膝微屈，身体重心放在后腿上，上体和头稍向异侧倾斜并转体约45°，两眼注视来球，两臂自然张开。顶球时后腿蹬地，上体和头向出球方向迅速扭转，屈体甩头，在与出球方向同侧肩的前上方，用额骨侧面将球顶出。

（4）跳起向侧顶球

动作方法：跳起向侧顶球时，起跳动作与前额正面跳起顶球的动作相同。在跳起上升的过程中，上体侧屈，侧对来球，在跳到最高点顶球时，急速转体甩头，用额骨侧面将球顶出。顶球后，两膝微屈缓冲落地。见图8-1-18。

练习方法：①将球悬吊在身后适当的高度，用头部触球做顶球模仿练习。要求上体后仰，挺胸展腹，收腹转体，反复练习；②先做原地顶悬吊球练习，然后做一抛一顶练习，反复体会顶球用力时机；③反复练习顶悬吊球，要求颈部紧张，目迎目送球；④先做助跑顶悬吊球，然后做助跑顶高抛球练习，或者做助跑顶球练习，反复体会顶球时机，要求对球的运行路线判断准确；⑤原地顶低悬吊球练习，待动作熟练后做顶高吊球练习，或者一抛一顶练习，体会蹬地摆体与甩头动作的协调配合。

易犯错误：①上体不后仰，只用头侧摆动，顶球无力。②顶球过早或过晚；③顶球时闭眼，缩脖，不敢主动迎球；④顶球点选择不准，顶不到球或只用头蹭到球；⑤蹬地摆体与甩头动作配合不协调。

图8-1-18

6. 抢截球

抢球是指防守在规则允许的范围内，有目的的运用合理的动作将对手控制的下的球夺过来，或者是破坏掉。抢球包括正面抢球、侧面抢球、正面铲球等。

（1）正面抢球

动作方法：两脚前后开立，膝微屈，身体重心下降并落在两脚间，面向对手。对手运球前进，当脚触球即将着地或刚着地时，支撑脚立即用力蹬地，抢球脚以脚内侧对正球并屈膝向球跨出，挡住球的正面。支撑脚立即前跨，上体前倾保持身体平衡，把球控制住，见图8-1-19。

图8-1-19

（2）侧面抢球

动作方法：侧面抢球是对手快速运球推进时，防守队员与之平行跑动或从其背后追上成平行跑时所采用的抢球方法。动作方法是当与对手并肩跑动时，身体重心稍下降，同对方接触的臂要紧贴身体，当对方靠近自己一侧的脚离地时，用肘关节以上部位，冲撞对方相应部位，使对方向外侧倒斜而暂时失去身体平衡又离开了球，乘机将球抢过来，见图8-1-20。

练习时两人一组。注意抢球时选位要正确，提高自己的选位意识。要在练习时加强对球的判断，即球没动或对方已将球拨出时，不要伸腿。掌握抢球的时机。

图8-1-20

7. 守门员技术

守门员通常出于全队最后防线上，其主要任务是封堵对方的射门，力保本方球门不失。同时，当守门员截获球之后，要快速有效地发起进攻。而且守门员位置在全队最后，能过看清楚地观察到全局，所以，还可以起到指挥全队进行功防的作用。

图8-1-21

（1）准备姿势

动作方法：双脚分开站立与肩同宽或略宽于肩，双膝自然弯曲，脚跟稍稍抬起，重心落于前脚掌。上体稍前倾，屈肘抬前臂于腰腹高度，掌心向下对准来球。含胸抬头，两眼注视来球。见图8-1-21。

（2）移动

为了更好的截获对方的传球和射门，守门员必须根据球和人的位置变化及时移动以使自己处于最佳的位置，守门员的防守移动主要有平移侧滑步和侧交叉步两种．侧滑步移动相对平稳，便于连接双脚起跳动作，但移动速度较慢：交叉步移动的速度较快，便于连接单脚踏跳动作，多用于扑远侧球。见图8-1-22。

图8-1-22

（3）选位

守门员的选位应能最大限度地封堵对方的射门角度，并同时防止吊射。射门角度是由球与两球门柱所构成的角度。

从站位角度来讲，守门员应站在射门角的角平分线上，这样才能左右兼顾移动，守门员的位置也应跟着移动，见图 8-1-23。

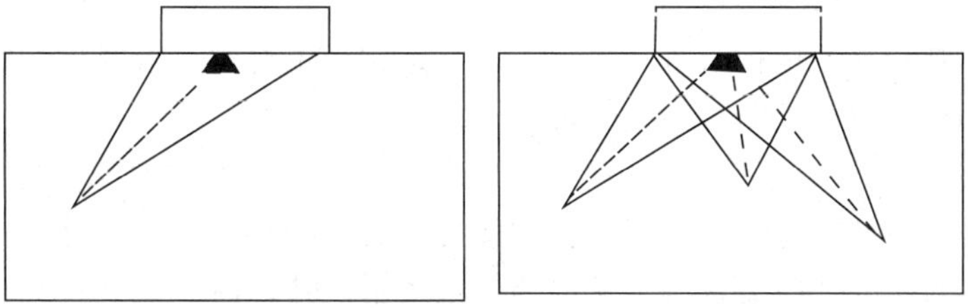

图 8-1-23

从站位的距离来讲，守门员站位应最大限度地靠前，这样可有效地增封堵射门的角度；如果射门距离较远时，站位应考虑对方吊球进门的可能性。因此站位不宜太靠前。

如球在对方半场，守门员站位可在罚球点附近或更靠前一些的位置，并与后卫队员保持一定的距离。以扩大活动的范围，随时准备控制罚球区。

如球在本方半场两个边路或对方在两边地区罚任意球和角球时，守门员应站位于离原端门柱 1/3 处，以便于观察和上前接球。

（4）接球

接球是守门员最常用的技术，是守门员技术中的重点。接球手型可分为下手接球和上手接球。

下手接求的基本受型似“簸箕”状，手指张开，手掌稍内转，掌心朝向前上方，双手小指靠拢。适用于接地滚球、低平球低弧度的反弹球和高弧度的降落球。见图 8-1-24。

上手接球的手型似“球窝”状，掌心向前稍内倾，手指向上，双手拇指靠拢。适用于接胸部及以上的各种高球。见图 8-1-25。

①接地滚球

接地滚球有两种方法：直腿式（图 8-1-26）和单腿跪撑式（图 8-1-27）。这两种接球方法从手型上来说都属于下手接球。

图 8-1-24

图 8-1-25

图 8-1-26

图 8-1-27

②接平直球

平直球一般可分为低于胸部和齐于胸高两种。从手型上来讲，接低于胸部的球用下手接球；接齐胸高的球用上手接球。

③接高球

接高球时，判断球的运行轨迹，确定接球点是相当重要的。根据球的状态不同可分为原地接球、跳起接高球。见图 8-1-28。

（5）扑球

扑球常常是守门员在通过移动无法及时接到球的一种补救方法。扑球是守门员技术的难点，但作为高水平的守门员是必须掌握的一项技术。扑球时，在条件允许的情况下，守门员应尽可能地把球接住并控制好；如果实在比较被动，应努力将球击出或改变球的方向，这需要守门员有较强的应变和快速决策的能力。

扑球的动作方法大致有两种，一是倒地扑球。另一种是跃起侧扑，也称鱼跃扑球。见图 8-1-29。

图 8-1-28

图 8-1-29

（6）拳击球

击球一般用于出击时的防守。当门前出现高球，并有对方队员争顶，守门员为了避免接球脱手，可采用拳击球。拳击球可分为单拳击球（图 8-1-30）和双拳击球（图 8-1-31）两种方法。

图 8-1-30

图 8-1-31

(7) 托球

图 8-1-32

托球一般用于临近球门的防守，对那些力量大、角度刁、贴近门梁和球门柱的球可采用托球。托球时多采用单臂，以提高动作速度和触球点的高度。托球时，近球侧手臂伸出迎球，触球瞬间，手腕后仰，用掌跟部位顶推发力，将球向侧方或向上托出有时也采用双手托球，主要用于将大力射来的球托出门梁和门柱。见图 8-1-32。

(二) 足球基本战术

足球战术就是在比赛中为了战胜对手，根据主客观的情况而采取的对策和行动，是个人行动和集体配合行动的综合体现。比赛实践证明，成功的组织战术和巧妙地运用战术是取得比赛胜利的重要因素。在比赛中做到扬长避短才能克敌制胜。

1. 足球比赛阵型和战术打法介绍

(1)“4-3-3”式阵型

“4-3-3”式阵型由“4-2-4”式阵型演变而来的将一名回撤到中场，以加强中场的人数和力量，使进攻和防守进退自如。

该阵型在后卫线上安排了两名边后卫，一名自由中卫和一名盯人中卫。中场有三人，根据情况可一人主防守，两人主进攻，或相反。前锋线上为两名边锋和一名中锋。见图 8-1-33。

(2)“4-4-2”式阵型

该阵型是有四名后卫、四名前卫、两名前锋组成的阵型。其特点针对足球“攻难守易”的特点，以中场为主，防守更加稳固，中场攻、防兼顾，前锋虽只有两人，但中后场队员都可以随时插上助攻。使场上队员相当机动，有利于快速反击。见图 8-1-34。

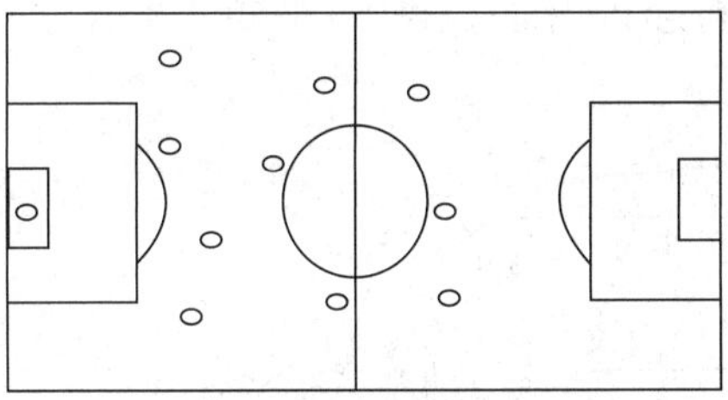

图 8-1-33

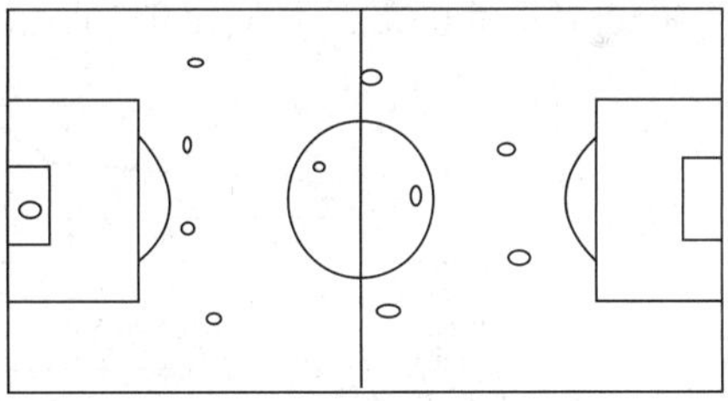

图 8-1-34

(3)“3-5-2”式和“5-3-2”式阵型

“3-5-2”阵型注重中场，五个前卫较灵活，进攻时要求突前助攻，防守要求迅速退回参与防守，对中场队员体能要求较高。三个后卫两人负责盯人，另一人为自由人。五个前卫在中场，确保中场的优势和主动：在由攻转守时，两名边前卫后撤参与防守，此时阵型变为“5-3-2”因此，可把“3-5-2”式和“5-3-2”式阵型合并一个全面的攻守阵型。见图 8-1-35 和图 8-1-36。

2. 进攻战术

(1) 个人进攻战术

个人进攻战术包括跑位、传球、射门和运球突破等。

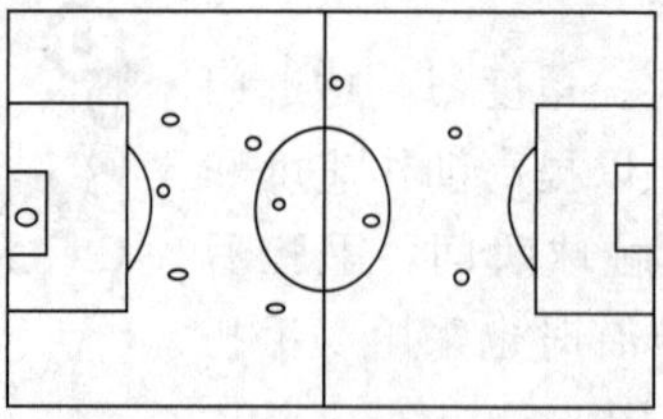

图 8-1-35

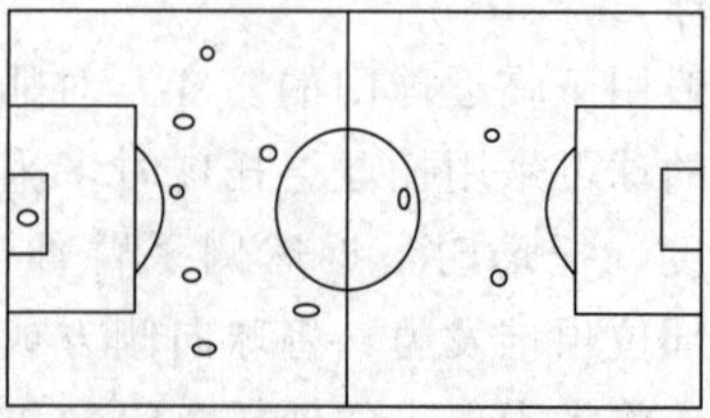

图 8-1-36

（2）局部进攻战术

局部进攻战术指进攻中两个或两个以上队员在相对较小的范围内进行配合的方法。

局部进攻战术的基本形式有传切配合（图 8-1-37）、交叉掩护配合（图 8-1-38）、二过一配合（图 8-1-39）等。

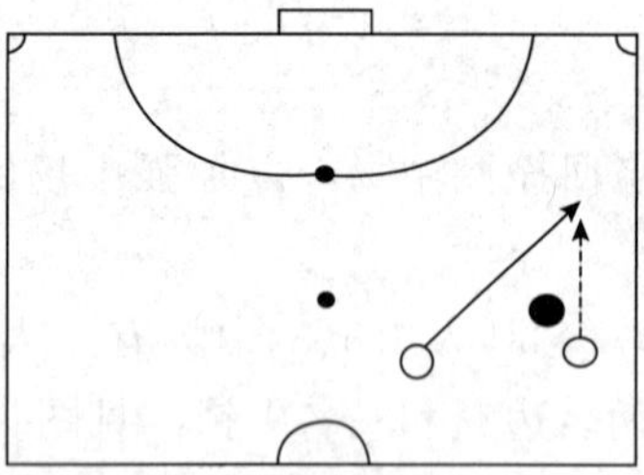

图 8-1-37

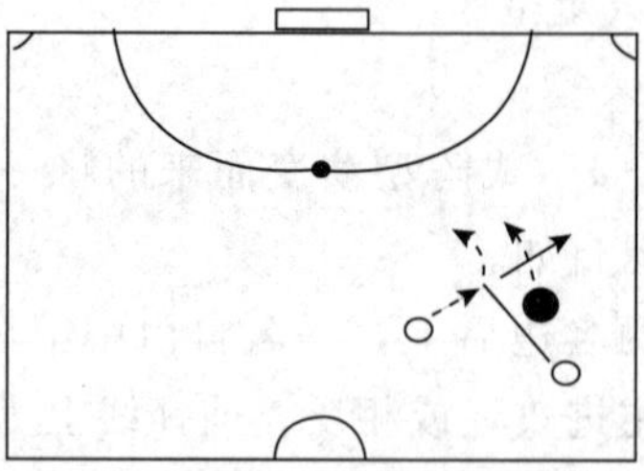

图 8-1-38

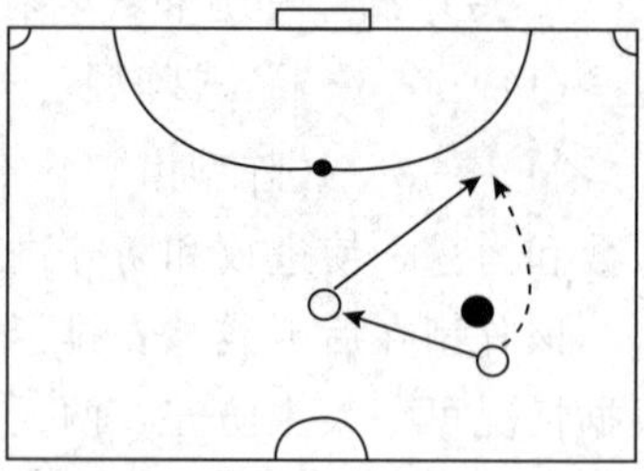

图 8-1-39

三、足球规则简介

1. 尺寸

比赛场地必须是长方形，边线的长度必须长于球门线的长度。其长度最短为 90 米，最长不超过 120 米；宽度最短为 45 米，最长不超过 90 米。见图 8-1-40。

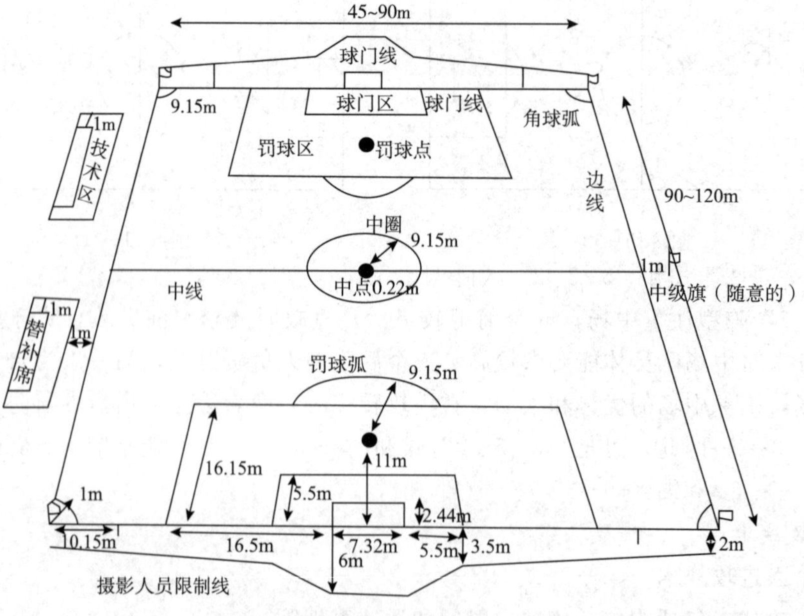

图 8-1-40

2. 场地标记

比赛场地是用线来标明的，这些线作为场内各个区域的边界线应包含在各个区域之内。

两条较长的边界线叫边线，两条较短的线叫球门线。所有线的宽度不超过 12 厘米。比赛场地被中线划分为两个半场。在场地中线的中点处做一个中心标记，以距中心标记 9.15 米为半径画一个圆圈。

3. 球门区

球门区在场地的两端，规定：从距每个球门柱内侧 5.5 米处，画两条垂直于球门线的线。这些线伸向比赛场地内 5.5 米，与一条平行于球门线的线相连接。由这些线和球门线组成的区域范围是球门区。

4. 罚球区

罚球区在场地的两端，规定：从距每个球门柱内侧 16.5 米处，画两条垂直于球门线的线。这些线伸向比赛场地内 16.15 米，与一条平行于球门线的线相连接。由这些线和球门线组成的区域范围是罚球区。

在每个罚球区内距球门柱之间等距离的中点 11 米处设置一个罚球点。在罚球区外，以距每个罚球点 9.15 米为半径画一段弧。

5. 旗杆

在场地每个角上各竖一根不低于 1.5 米的平顶旗杆，上系小旗一面。在中线的两端、边线以外不少于 1 米处，也可以放置旗杆。

6. 角球弧

在比赛场地内，以距每个角旗杆 1 米为半径画一个四分之一圆。

7. 球门

球门必须放置在每条球门线的中央。

它们由两根距角旗杆等距离的垂直的柱子和连接其顶部的水平的横梁组成。两根柱子之间的距离是 7.32 米，从横梁的下沿至地面的距离是 2.44 米。两根球门柱和横梁具有不超过 12 厘米的相同的宽度与厚度。球门线与球门柱和横梁的宽度是相同的。球门网可以系在球门及球门后面的地上，并要适当地撑起以不影响守门员。球门柱和横梁必须是白色的。

8. 球

圆形；用皮革或其他适当的材料制成；圆周不长于 70 厘米、不短于 68 厘米；重量在比赛开始时不多于 450 克、不少于 410 克；压力在海平面上等于 0.6～1.1 个大气压力(600～1100 克/平方厘米)。在比赛中未经裁判员许可不得更换球。

9. 队员

一场比赛应有两队参加，每队上场队员不得多于 11 名，其中必须有一名守门员。如果任何一队少于 7 人则比赛不能开始。在由国际足联、洲际联合会或国家协会主办的正式比赛中，每场比赛最多可以使用 3 名替补队员。竞赛规程应说明可以有几名替补队员被提名，从 3 名到最多不超过 7 名。

10. 装备

上场队员必需的装备是：运动上衣、短裤、护袜、护腿板和足球鞋，不得穿戴能危及其他运动员的任何物件。护腿板必须由护袜全部包住。守门员的服装颜色必须有别于其他上场队员和裁判替补守门员或其他任何队员。

11. 比赛时间

比赛分为两个半场，每半场45分钟。中场休息不得超过15分钟。在每半场比赛中损失的所有时间应被扣除。

12. 比赛开始和重新开始

(1) 预备

通过掷币猜中的队决定上半场比赛的进攻方向。另一队开球开始比赛。猜中的队在下半场开球开始比赛。下半场比赛两队交换比赛场地。

(2) 开球程序

所有队员在本方半场内、开球的对方队员。应距球至少9.15米（10码），直到比赛进行；球应放定在中心标记上；裁判员发出信号；当球被踢并向前移动时比赛即为进行；开球队员在球未经其他队员触及不得再次触球。

13. 越位位置

队员处于越位位置本身并不是犯规。

(1) 队员处于越位位置：队员较球和最后第二名对方队员更接近于对方球门线。

(2) 队员不处于越位位置：他在本方半场内；他齐平于最后两名对方队员；他齐平于最后第二名队员。

(3) 越位犯规：处于越位位置的队员，在同队队员踢或触及球的一瞬间，裁判员认为其就下列情况而言“卷入”了现实比赛中时才被判为越位犯规：干扰比赛；干扰对方队员；利用越位位置获得利益。

(4) 没有犯规：如果队员直接接到球门球、界外球、角球则没有越位犯规。

14. 犯规与不正当行为

队员故意违反下列十项中的任何一项者，即：

①踢或企图踢对方队员；②绊摔或企图绊摔对方；③跳向对方队员；④冲撞对方队员；⑤打或企图打对方队员；⑥向对方吐唾沫；⑦拉扯对方队员；⑧推对方队员；⑨故意手球（不包括守门员在本方罚球区内）；⑩为了得到对球的控制而抢截对方队员时，于触球前触及对方队员。

以上情况都应判由对方在犯规地点踢直接任意球。如果守方队员在本方罚球区内故意违反上述十项中的任何一项者，应判罚球点球。如进攻队员犯规地点在对方球门区内，该任意球可以在球门区内任何地点执行。

15. 间接任意球

如果守门员在本方罚球区内违反下列四种犯规中的任何一种，将判给对方间接任意球：

用手控制球后在发球之前持球超过6秒；在发出球之后未经其他队员触及，再次用手触球；用手触及同队队员故意踢给他的球；用手触及同队队员直接掷入的界外球。

裁判员认为，队员在出现下列情况时，也将给对方踢间接任意球：

动作具有危险性；阻挡对方队员；阻挡对方守门员从其手中发球。

16. 掷界外球

当球的整体不论从地面或空中越过边线；从越出边线处掷界外球；判给最后触球队员的对方的一种重新开始比赛的方法。掷界外球时要面向比赛场地；任何一只脚的部分要在边线上或站在边线外的地上；使用双手将球从头后经头掷出。球一进场比赛即为进行。掷界外球不能直接进球得分。

17. 球门球

当球整体不论从地面或空中越过球门线（不是进球得分）时，而最后处球者为攻方队员。由守方在球门区任何一点将球直接踢出罚球区的一种重新恢复比赛的方法。球门球可以直接射入对方球门得分。

18. 角球

当球整体不论从地面或空中越过球门线（不是进球得分）时，而最后触球者为守方队员，由攻方队员在角球弧内踢球的一种重新开始比赛一种方法。角球可以直接射入对方球门得分。

第二节 篮球运动

一、篮球运动简介

篮球运动是将球投入对方球篮得分、并限制对方得分，并以得分多少决定胜负的集体性球类运动项目。在世界范围内经常举行世界性、地区性比赛，国际交往比较频繁，发展非常迅速，已成为人们喜爱的竞技运动项目之一。

篮球运动是由跑、跳、投等动作组成的一项快速、激烈的综合性运动。经常参加篮球运动，能促进学生速度、灵敏、力量、耐力、柔韧等身体素质的发展，提高中枢神经的灵活性，增强心血管、呼吸、消化系统的机能，促进肌肉和骨骼的生长发育，使身体得到全面发展。

篮球运动具有强烈的竞争性和对抗性，要在瞬息万变的情况下展开激烈的争夺，因此，能培养人们团结协作、互相配合的集体主义精神和勇敢顽强、机智果断等优良品质。

篮球运动在我国高等学校有着广泛的群众基础，是大学生十分喜爱的体育运动项目之一。

经常参加篮球运动，对增进学生的身心健康、活跃大学生的课余文化生活，以及提高学习效率起着良好的作用。

二、篮球运动的锻炼方法

（一）基本技术

篮球运动技术是在篮球比赛中为了一定目的所运用的各种专门动作、方法的总称。可简分为进攻技术和防守技术两大部分。其内容极其丰富，是篮球运动的基础。

篮球运动技术主要包括移动（球场上的各种跑动）、运球、突破、投篮、传接球、防守和抢篮板球等。见图 8-2-1。

1. 基本站立姿势

篮球的基本站立姿势，是跑动、投篮、传球、突破等技术动作的预备姿势，在场上不论持球与否，随时保持这种稳定而又机动的站立姿势，是准确、及时地完成篮球各种技术动作的前提。

这个站立姿势是两脚左右或前后自然开立，与肩宽，两腿微屈，重心降低，身体重量放在两脚前脚掌上，上体稍向前倾，两臂微屈肘下垂置于身体两侧，眼睛观察全场情况（图 8-2-2）。防守时，站立姿势稍有不同，两脚开立距离略比肩宽，屈膝降低重心，直腰含胸，上体稍向前倾，张开两臂。见图 8-2-2。

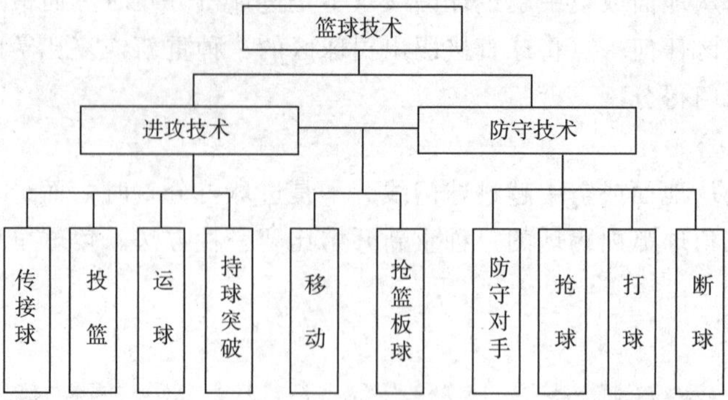

图 8-2-1

图 8-2-2

2. 脚步动作

脚步动作是篮球比赛中队员的位置、方向和速度等变化时，所采用的各种移动方法的通称。

（1）起动、跑：起动是指为改变人体静止状态的一种脚步动作方法。它是以人体上体的前倾或侧转，向跑动的方向移动身体重心为开始，同时使处在身体后的脚或与跑动方向的异侧脚蹬地，迅速地向跑动方向跑出。

起动的方式有多种，如向前起动、向侧起动、向背侧起动及转身起动等。

篮球运动中的跑是为在篮球场上能及时地到达自己需要的位置所采用的提高速度的移动方法。它包括侧身跑、变速跑、变向跑（图 8-2-3）、后退跑等。

图 8-2-3

（2）跳：跳是队员在场上争取高度的一种方法。它主要有双脚起跳、单脚起跳两种。

（3）急停：急停是队员在跑动中突然制动速度的一种方法。它不仅能够直接摆脱防守，而且还可以衔接脚步动作的各种变化，从而更有效地完成攻守任务。常用的急停有跨步急停（图 8-2-4）和跳步急停两种。见图 8-2-5。

图 8-2-4

（4）转身：转身是队员以一脚做中枢脚和另一脚蹬地向前后跨出，改变自己身体的站位方向和与对手位置关系的一种方法。转身在比赛中运用非常广泛，它分为前转身和后转身两种。

图 8-2-5

（5）滑步：滑步是队员防守时主要的移动方法。滑步有利于保持身体平衡和转移重心。所谓滑步是指以防守动作做横向，左、右，或斜前、斜后移动，来阻止对方的移动路线和进攻。滑步分侧滑步（图 8-2-6）、前滑步、后滑步三种。

图 8-2-6

3. 传、接球技术

传、接球是篮球比赛中队员之间有目的地转移球的方法，是篮球比赛中运用最多的一项基本技术，是进攻配合的纽带，是战术变化的基础。传、接球技术的好坏，直接影响战术的质量。良好的传、接球技术既可以组织灵活、多变的战术配合，创造更多更好的投篮机会，又可起到声东击西的作用，打乱对方的防守部署，达到本队进攻的目的。

传、接球是在攻守双方激烈争夺的情况下进行的。随着篮球运动技术、战术的迅速发展，防守的积极性和攻击性有了显著的加强，这就对传、接球技术提出了更高的要求。传球队员不仅要使球穿过自己对手和避免同伴对手的抢断，而且要使接球队员易于接球和便于衔接下一个动作。这就要求做到传球准确、及时、隐蔽、多变。由于篮球技术的飞速发展，传球动作也日益增多，现介绍几种最基本的传、接球技术。

(1) 双手胸前传球：双手胸前传球是传球技术的基础，是篮球运动中运用最普遍的传球方式（一般在中、近距离运用较多）。双手胸前传球动作简单、迅速有力，不仅容易控制，准确性较强，而且还便于和投篮、突破等动作结合运用。

动作要领：原地传球时，两腿前后分开微屈，上体稍向前倾，重心放在两个脚掌上。双手五指自然张开，拇指相对成八字形，用指根以上部位握住球的两侧偏后，手心空出。肩、臂、腕肌肉放松，两肘自然弯屈于体侧，将球置于胸腹之间的位置。传球时用手指和手腕向前翻转和抖动的力量将球传出。传出球时最后通过指端向后旋转使球平直地飞行。见图 8-2-7。

图 8-2-7

(2) 单手肩上传球：单手传球时，由于单臂的活动范围大，传球方向多，更便于争取时间发挥速度。单手肩上传球是一种远距离传球方法，它的速度快，准确性高，快攻偷袭时运用较多。

动作要领：以右手传球为例。双手持球于胸前，两脚平行开立。传球时，左脚向传球方向迈出半步，左肩对着传球方向，同时将球引到右肩上方，上臂与地面近似平行，手腕后屈，右手托球的后下方，体重落在右脚上。出球时，右脚蹬地的同时转体带动上臂，肘领先，前臂迅速前摆，手腕迅速前扣，最后通过食指、中指、无名指的下压动作将球传出。见图 8-2-8。

图 8-2-8

(3) 双手头上传球：这种传球出手点高，便于与头上投篮结合。但与突破、运球及其他隐蔽传球结合使用时，却增加了动作的幅度。这种传球多用于中、近距离传球。

动作要领：持球方法与双手胸前传球相同。双手举于头上，两肘向前。近距离传球时，前臂前摆，手腕前扣并外翻，同时拇、食、中指用力向前拨球（图 8-2-9）。传球距离较远时，脚蹬地，腰腹用力带动上臂发力，前臂前甩，腕、指用力前扣，将球传出。

(4) 接球：接球是与传球紧密联系在一起的。接球的主要目的是为了获得球，以便投篮、传球、运球或突破。接球的动作方法有双手接球和单手接球两种。

①双手接球：接球时，两眼注视来球，两臂自然迎球伸出，手指自然分开，两拇指成八字形，手指向前上方，两手成一个半圆形。当手指触球后，两臂随球后引缓冲来球的力量，两手持球于胸腹之间。保持身体平衡，做好传球、投篮或突破的准备。见图 8-2-10。

图 8-2-9

图 8-2-10

②单手接球：单手接球不如双手接球牢稳，因此在一般情况下都尽量运用双手接球。如果来球离身体较远，移动后用双手接球不便时，可用单手去接。

动作方法：如用右手接球，右脚向来球方向迈出。接球时右臂微屈，手掌成勺形，手指自然分开，向迎球的方向伸出，同时迈出左脚。当手指触球后，手臂顺势后撤，同时收肩，上体微向右转动，然后用左手帮助将球握于胸前。见图 8-2-11。

图 8-2-11

4. 投篮技术

投篮是篮球进攻的技术之一，它在篮球比赛中是最主要的环节。比赛中运用任何进攻战术和一切技术动作的目的，就是为了创造更好、更多的投篮机会。而不论进攻战术配合得如何默契和动作如何熟练，并创造了投篮的良好时机，但是如果投篮不中，则是前功尽弃。为了得分，就必须掌握准确的投篮技术，提高投篮的命中率。

投篮动作的完成，是靠身体的各个部位的协调配合，最后通过手腕、手指的屈伸动作将球投出。因此，投篮动作必须做到连贯、协调和一致。投篮力量的运用和投篮手法，是投篮准确的关键，两者是互相联系、密切配合的。正确的投篮手法，能够更好地发挥手腕和手指的力量和灵活性，控制球在空中飞行的速度、抛物线和旋转程度，从而提高投篮的命中率。动作多种多样，最基本的有如下几种动作技术：

(1) 原地单手肩上投篮：单手肩上投篮，使用于中、远距离的投篮，其特点是出球点高，变化多，较为灵活。

动作要领：以右手投篮为例。两脚开立，距离 15 厘米左右，两膝微屈，身体重心在两脚之间，上体稍前倾。右手翻腕托球于右眼前上方，手指自然张开，手心空出，球的重心要落在中指和食指之间；左手帮助扶在球的侧下部，右肘自然下垂，腕关节放松。随着两脚蹬地的同时，右臂向前上方伸展，手腕平稳地向前上方托起，手指拨球，将球柔和地送出。球出手后，手腕前翻，手指向下。见图 8-2-12。

图 8-2-12

(2) 行进间单手低手投篮：这种投篮方法利用速度和空中伸展动作超过对手，适用于突破对方上篮时使用。

动作要领：以右手为例。在跑动中接球或运球突破上篮时，先跨右脚接球或持球，接着第二步跨左脚起跳步子稍小一些（已能掌握基本动作者，其左脚跨出的步子大小，可根据对方防守的情况和进攻的需要而自行选择)，同时将球持于胸前。右腿屈膝上抬，身体上升至最高点时，右臂向上或前上方伸出，用挺肘和手腕上挑的柔和动作，使球由食指和中指指端出去，并向前旋转入篮。见图 8-2-13。

图 8-2-13

（3）跳起投篮：跳起投篮简称跳投，它具有突然性强、出手点高和不易防守及很强的攻击性等优点。在中、近距离任何角度都可以运用。它与突破、传球结合，能使对手防不胜防，从而创造投篮机会。

跳起投篮要求起跳短促有力，出手要快而高。目前跳投技术已经有了很大的发展，从投篮的准备动作上看，球已由肩上移到头后起跳前增加了侧跨和后撤步法。跳起后身体做后仰、侧倒和转体等动作，提高了跳投的难度和实用价值。

①原地跳起单手肩上投篮：两手持球于胸前，两脚自然站立，膝部稍屈，重心在两脚之上，然后迅速用力蹬地向上跳起。与此同时，两手持球举至肩上，一手托球，另一只手扶球的侧方。当身体到最高点时，向上伸直前臂，最后用手指、手腕的力量将球拨出。见图 8-2-14。

图 8-2-14

②运球急停跳起投篮：快速运球中最后一两步稍减速，缩小步幅，利用跳步急停（一步急停）或两步急停突然起跳。与此同时，两手持球迅速上举至肩上，身体到最高点时，伸前臂，最后用手腕和手指的力量，柔和地将球投出。见图 8-2-15。

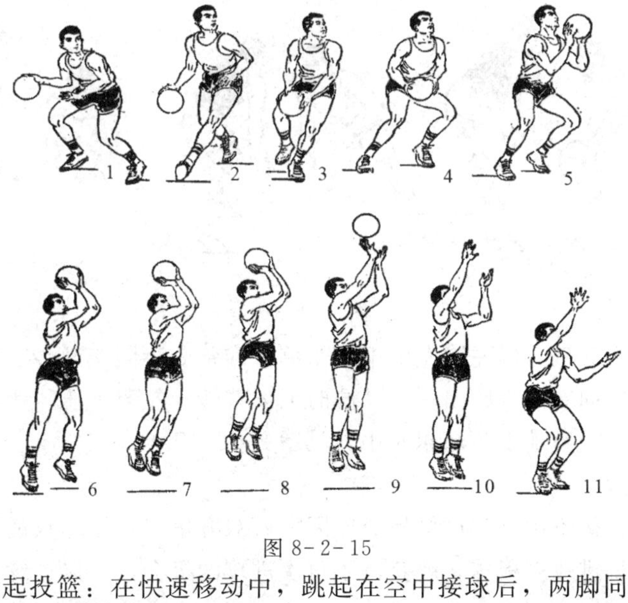

图 8-2-15

③接球急停跳起投篮：在快速移动中，跳起在空中接球后，两脚同时着地，重心适当下降，两腿稍屈，并迅速跳起投篮。投篮出手动作与运球急停跳起投篮。

5. 运球技术

持球队员在原地或行进中，用单手连续拍按从地面反弹起来的球，称为运球。它是组织进攻、突破防守时经常运用的一项基本技术。使用时应从实战出发，与传球、投篮等技术配合。切忌养成盲目地滥用运球的习惯。

运球技术的关键，是脚步动作的熟练程度（变向、变速、转身）和手、脚的协调配合，以及控制球和保护球的能力。

运球的方式是多种多样的，它包括原地运球、行进间直线运球、运球急起急停、体前变向运球、胯下运球、运球转身和背后运球等。

6. 持球突破技术

持球突破是持球队员运用脚步动作和运球技术快速超越对手的一项攻击性很强的技术。比赛中与中投和传球密切结合运用，不但能有效地增强个人进攻威力，而且还能打乱对方的防守部署，为同伴创造良好的投篮时机。

持球突破技术主要是由蹬跨、转体探肩、放球和加速几个环节组成的。

(1) 原地交叉步突破：以右脚做中枢脚为例。两脚左右开立，两膝微屈，身体重心降低，持球于胸前。突破时先做向左侧突破的假动作，然后左脚前脚掌内侧迅速地向右前方迈出一大步，上体右转左肩下压，同时，右手运球迅速超越对手。见图 8-2-16。

图 8-2-16

(2) 原地同侧步突破：以左脚做中枢脚为例。准备姿势同交叉步。突破时左脚前脚掌内侧蹬地，右脚迅速向右前方跨出一步，同时上体右转，左肩下压，用右手将球放于右脚的侧前方，左脚再迅速蹬地上步超越对手，见图 8-2-17。

7. 抢篮板球技术

抢篮板球是在投篮不中（球碰篮板或篮圈）后双方争夺控制球权的技术。它是攻守矛盾转化的关键。夺得进攻篮板球，就获得了再次进攻的机会，可以连续进攻或在篮下直接得分；夺得防守篮板球，不但中断了对方的进攻，而且为本队获得了控制球权，为发动快攻反击提供了有利条件。

抢篮板球是一项联合技术动作，它是由抢占位置、起跳动作、空中抢球动作和得球后

图 8-2-17

的动作所组成。

(1) 抢进攻篮板球。进攻队员抢篮板球时，应根据场上所处位置，及时地判断球可能反弹的方向，利用快速起动，直接冲向篮下或借助于闪晃的假动作迅速绕过对手，抢占有利位置，积极主动地去争抢篮板球或补篮。

(2) 抢防守篮板球。防守队员虽然处于进攻队员和球篮之间较近的有利位置，但在争夺篮板球时，首先要挡住对手，同时判断和密切注视球的反弹方向和进攻队员的动向，牢记“先挡后抢”的原则，防止对手乘隙冲向篮下争夺篮板球。

(二) 基础配合

战术基础配合，是两三个人之间组成的简单配合，包括进攻与防守两个部分。它是组成全队战术的基础。尽管比赛中战术变化多样，但是都离不开这些战术基础配合。

进攻战术基础配合包括传切配合、突分配合、掩护配合和策应配合等。

(1) 传切配合。是进攻队员之间运用传球、切如等技术组成的简单配合。

示例一（图 8-2-18）：④传球给⑤后，立刻摆脱对手向篮下切入，接⑤传来的球投篮。

示例二（图 8-2-19）：在⑤与⑥之间传球时，④乘其对手不备，突然空切篮下接外围同伴的传球投篮。

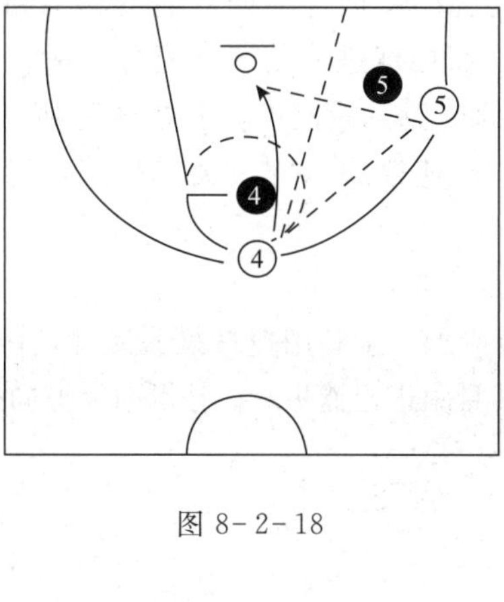

图 8-2-18

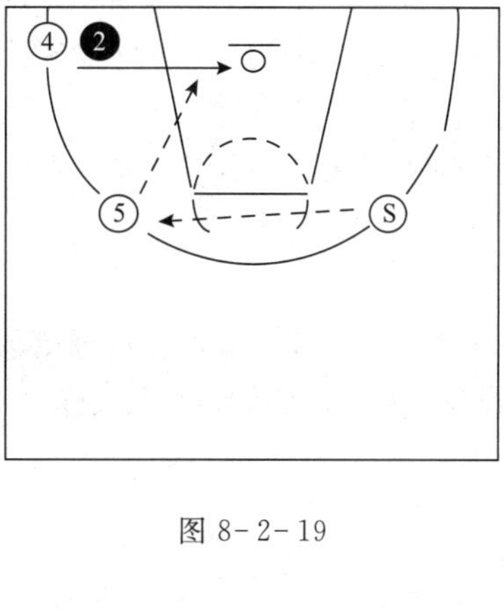

图 8-2-19

练习方法：

方法一（图 8-2-20）：把队员分成两组，每组一球，④把球传给⑤并快速切入，接⑤的回传球投篮。⑤传球后抢篮板球。④和⑤分别跑到对方排尾，其他以此类推继续练习。

方法二（图 8-2-21）：把队员分成三组，⑤和⑥互相传球，④突然摆脱防守接⑥的传球投篮，练完一次按顺时针方向转换，继续练习。

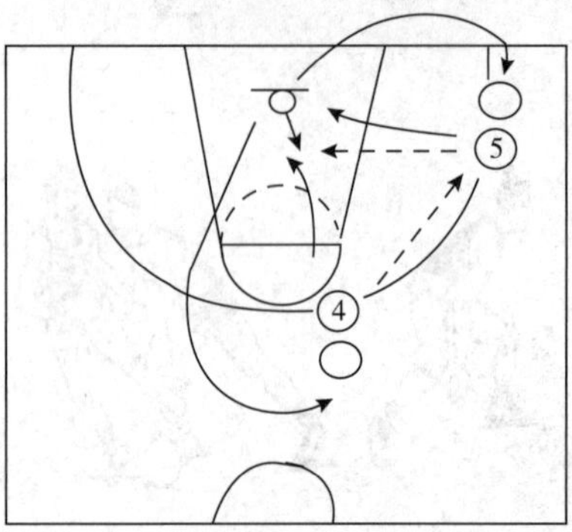

图 8-2-20

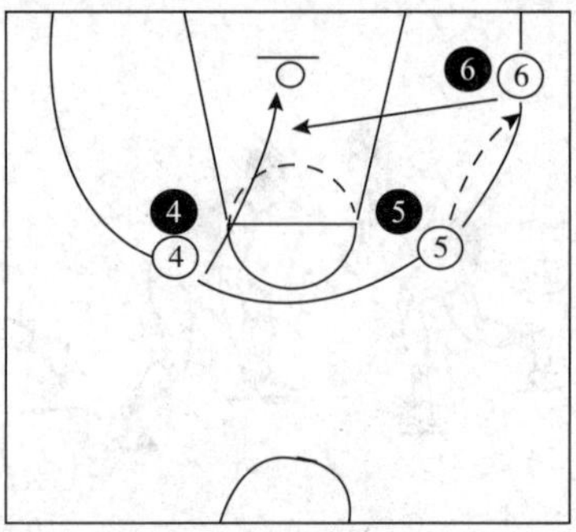

图 8-2-21

（2）突分配合。是持球队员突破后，利用传球与同伴配合的方法。

示例（图 8-2-22）：⑤突破后，遇到黑 7 迎上补防，立刻把球传给切入篮下的⑦投篮或与其他同伴配合。

练习方法：示例（图 8-2-23）：④向下运球突破，当黑 5 上前补防时，立即把球传给切入篮下的⑤，⑤投篮后，三人按顺时针方向轮换位置，继续练习。

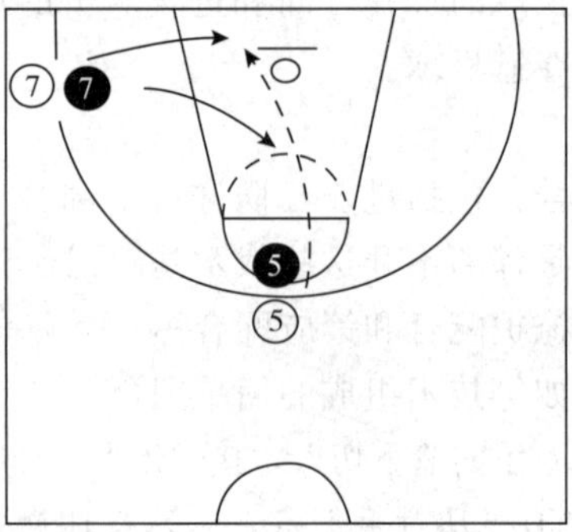

图 8-2-22

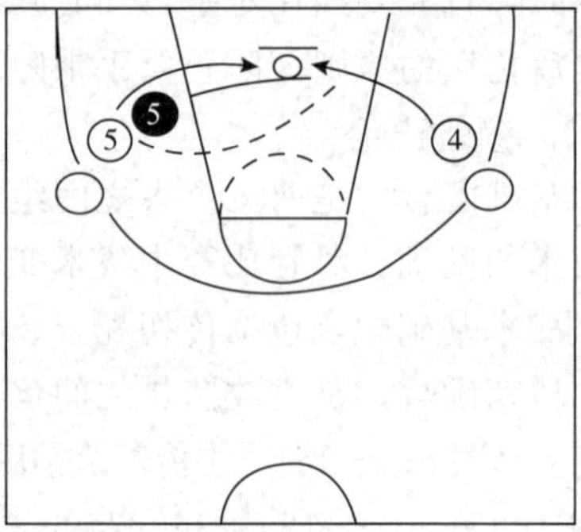

图 8-2-23

（3）掩护配合。是掩护队员采用的行动，用身体阻挡同伴的防守者的移动路线，使同伴借以摆脱防守，或利用同伴的身体摆脱防守，从而接球进攻的一种配合方法。

示例（图 8-2-24）：⑤传球给④后，跑到④的侧后方做掩护，④接球后利用投篮或突破的假动作吸引住黑 4，当⑤到达掩护位置时，④迅速摆脱防守，突破投篮，⑤掩护后要及时转身跟进。

练习方法：

三人一组（图 8-2-25），⑥传球给⑤后给④做掩护，④利用掩护摆脱防守，切入篮下接⑤的传球投篮。切入前要做切入假动作，⑥掩护后转身跟进抢篮板球。按顺时针方向换位练习。

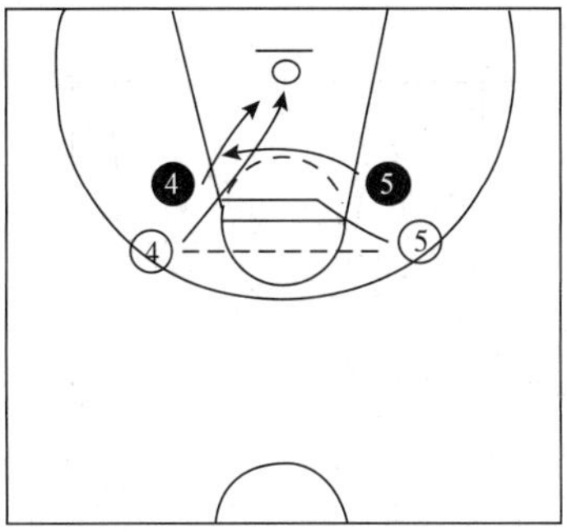

图 8-2-24

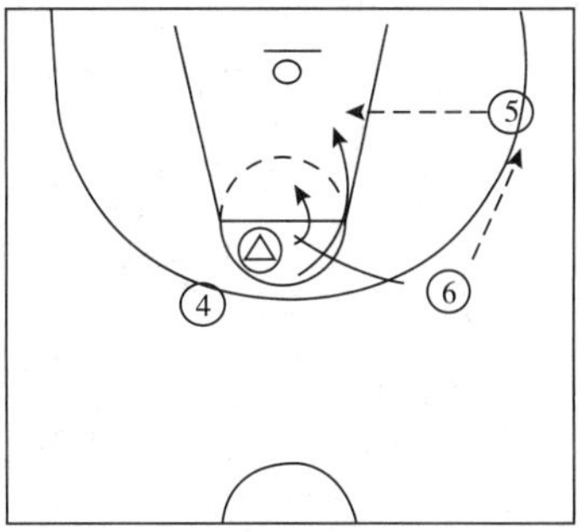

图 8-2-25

（4）策应配合。是处于内线的队员背对或侧对球篮接球，由他做枢纽，与同伴相配合而形成一种里应外合的配合方法。

示例（图 8-2-26）：⑤传球给④后，利用假动作摆脱防守，跑到外策应位置接④的传球做策应，④传球后摆脱防守，然后接球投篮或突破上篮。

练习方法：

学生分成两组，⑤传球给④后摆脱防守，插到罚球线外策应，④传球给⑤，然后摆脱，切入接⑤的传球投篮。⑤也可以做传球假动作，然后自己转身投篮或运球上篮。做完后，二人交换位置，其他人继续练习。见图 8-2-27。

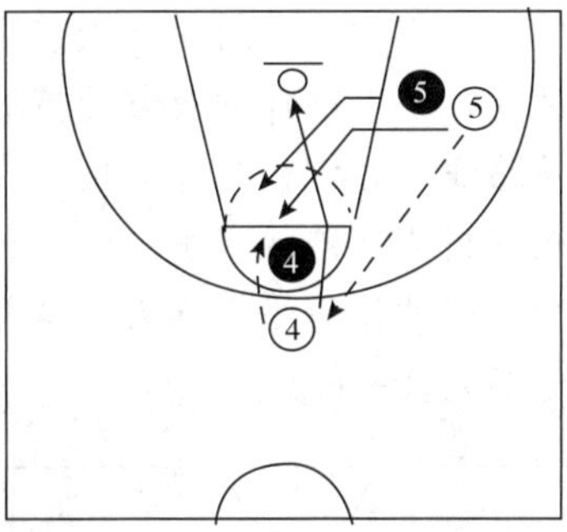

图 8-2-26

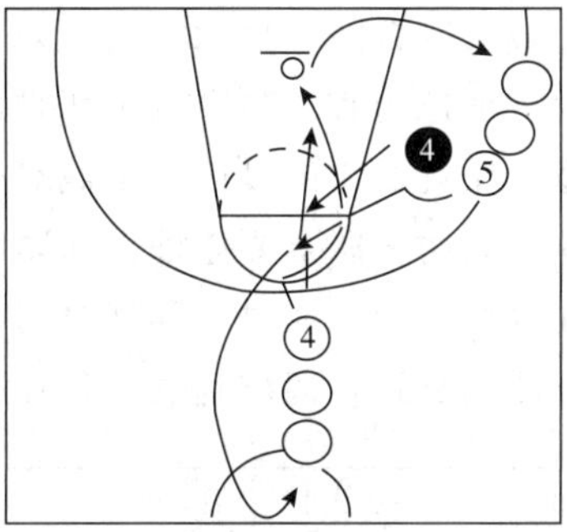

图 8-2-27

（三）快攻与防守快攻

快攻是由防守转入进攻时，以最快的速度、最短的时间把球推进到前场，在对方尚未部署好防守之前造成人数上、位置上的优势，果断而合理地进行攻击的一种进攻战术。

1. 快攻的方法

示例一（图 8-2-28）：⑤抢到篮板球后，首先应观察全场情况，掌握发动快攻的时机，⑥和⑧及时快下，超越对手，⑤根据情况，长传球给⑥或⑧进行投篮，④⑤⑦应随后跟进。

示例二（图 8-2-29）：④抢到篮板球后，将球传给机动接应的⑤，⑤又把球传给⑥从中路运球推进，⑦和⑧沿边线快下，争取以多打少，④和⑤应迅速插空跟进。

2. 防守快攻的方法

（1）拼抢前场篮板球，减少对方获球的机会。

（2）破坏对方快攻的一传和接应。

（3）紧防快下队员，切断长传路线。

（4）降低对方推进的速度，以利及时组织防守。

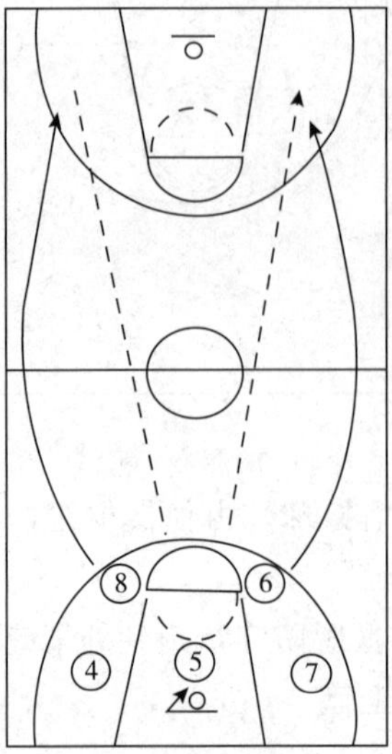

图 8-2-28

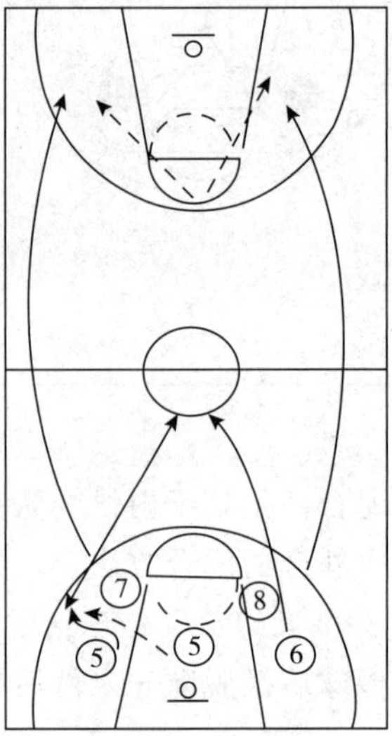

图 8-2-29

（四）人盯人防守

人盯人防守战术是每名防守队员有针对性的、较固定的防守一名进攻队员，在防守住自己对手的前提下，进行互相协作的全队防守战术。

（1）半场人盯人防守战术方法。防守有球队员的位置应该站在对手与篮筐之间，以伸手能触到对方的球为宜。防守队员两脚斜前或平行站立，一手臂伸向对方的持球部位，另一手臂侧举，干扰对方的投篮，堵截对手的运球突破路线，并伺机打球、抢球，当进攻队员运球停止时，防守队员要立即上前紧贴对手挥动双臂封堵其传球路线。

防守无球队员应该在对手和球之间，选择有适当角度的位置，做到人、球兼顾，离球越近，防守距离越近，离球越远，防守距离越远。见图 8-2-30。

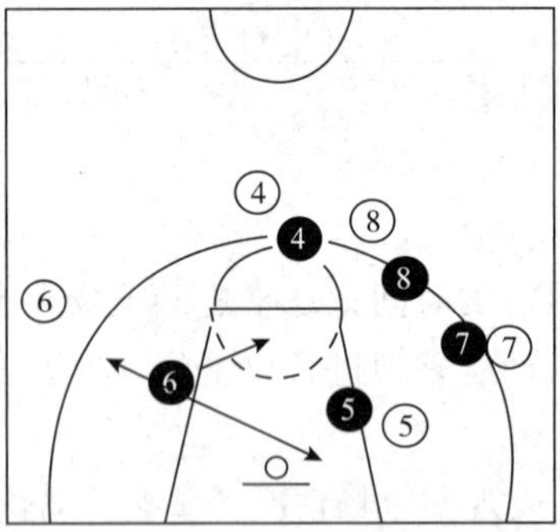

图 8-2-30

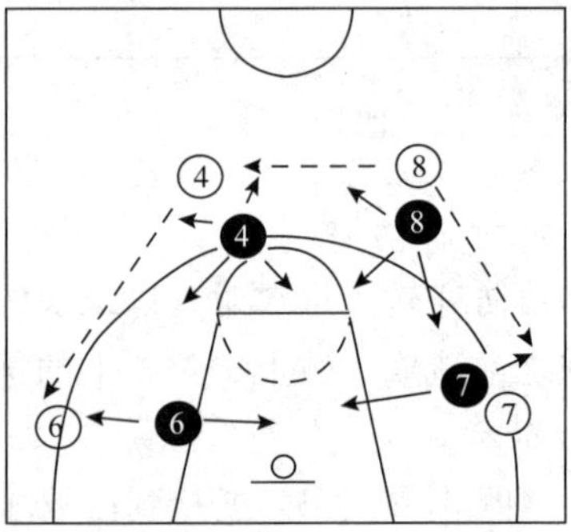

图 8-2-31

练习方法：

进攻队员在原地互相传接球，防守队员随着进攻队员的传球，选择防守位置，防守持球队员要紧逼，防守无球队员则要保持离球近则近、离球远则远的防守位置。见图 8-2-31。

（2）全场紧逼人盯人方法。当④掷球入界时，黑④应迅速上前紧逼防守④，积极挥动双臂，封堵传球角度，争取断球，同时黑⑤、⑥要选择在⑤⑥的侧前方位置，积极堵截其向球移动的路线，阻止其接球，黑⑦、⑧与对手保持一定的距离和角度，在防守住自己对手的同时，随时准备补防和断球，争取造成对方传球失误或掷球入界 5 秒钟违例。见图 8-2-32。

（五）对付全场紧逼人盯人防守的进攻

(1) 进攻队形。进攻队员的落位队形是进攻的准备阶段，它与采用的进攻战术方法紧密相关。进攻队形一般有两种：一种是由防守转入进攻时，五名队员集中在后场，拉空前场，在后场组织固定进攻配合；另一种是五名队分散在全场，利用防守的薄弱环节进攻，各个击破。

(2) 进攻战术方法。一种是后场进攻方法，后场进攻的关键是掷球入界和接应掷球入界的进攻配合。当对方采用一对一紧逼防守时（图 8-2-33），④掷球入界，⑦⑧分别给⑥⑤做掩护，⑤⑥利用掩护摆脱防守，接④的传球进行快速反击。

另一种是中场进攻方法：④传球给接应的⑥⑧立即摆脱防守，插中接⑥的球，与此同时，⑦在前场摆脱防守，准备插中接⑧的球，通过插中策应配合把球推进到前场。见图 8-2-34。

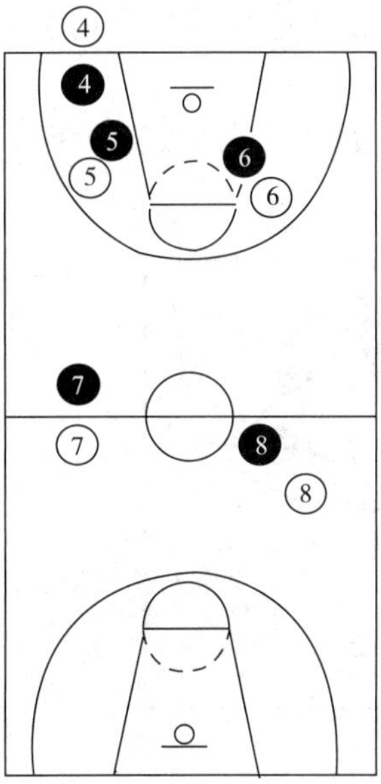

图 8-2-32

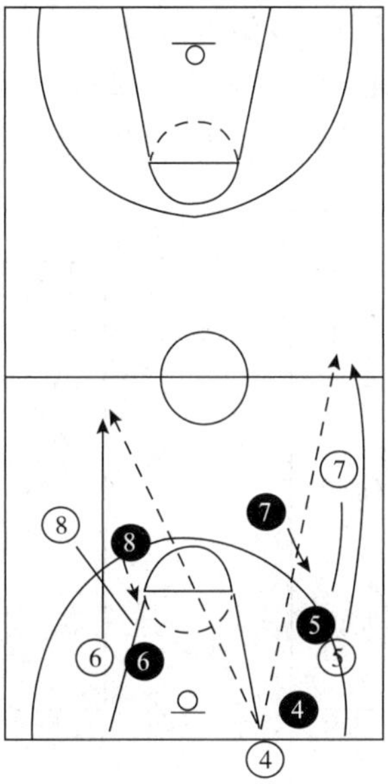

图 8-2-33

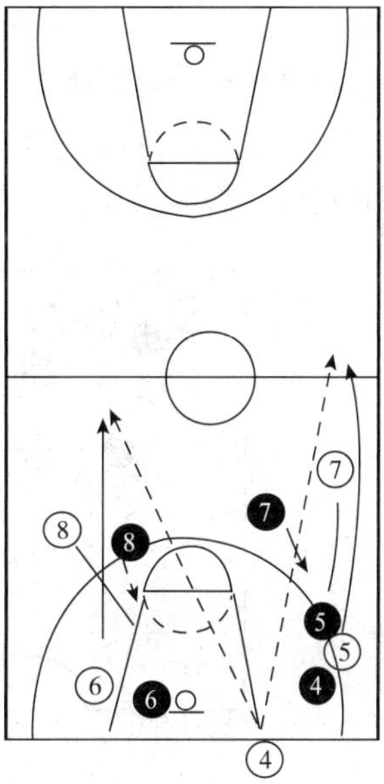

图 8-2-34

（六）区域联防

1. 区域联防的形式

区域联防的形式有“2—1—2”、“2—3”、“3—2”、“1—3—1”等。

2. 区域联防的方法

以“2—3”为例说明。“2—3”区域联防的优点在于加强了篮下和底线防守，有利于抢篮板球。

示例（图 8-2-35）：当⑥接④传球时，黑⑥上前防守⑥，黑⑦向限制区移动，防止④空切，黑⑧抢位在⑧的前面，切断⑥与⑧的传球路线，黑⑤站在⑧的侧前方，防止⑥传高吊球给⑧。黑④站在⑤的内侧，防止⑤向限制区空切。

练习方法：五人一组，三攻二防。⑤④⑥在外围互相传接球，黑⑤④积极移动补位练习。见图 8-2-36。

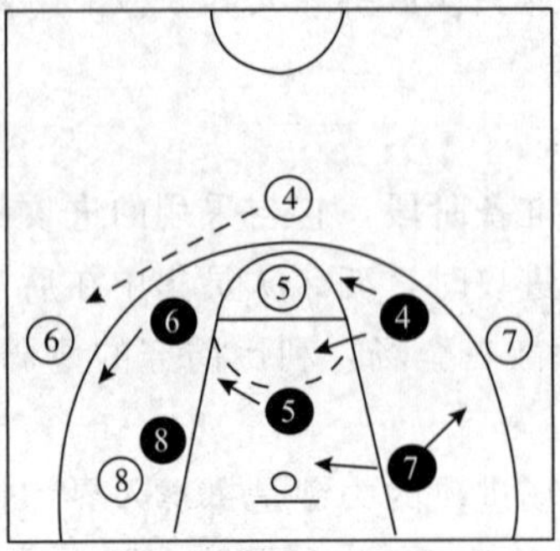

图 8-2-35

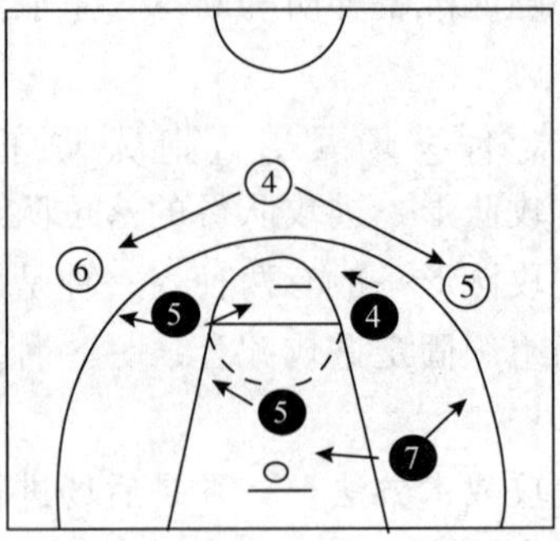

图 8-2-36

（七）进攻区域联防

1. 进攻区域联防的形式

常用的有“1—3—1”、“1—2—2”、“2—2—1”、“2—3”等。

2. 进攻区域联防的方法

以“1—3—1”为例说明，④⑤⑥⑦相互传球，调动对方，使黑⑥④不能及时防守，④⑥⑦可抓住时机果断进行中距离投篮。见图 8-2-37。

练习方法：五人一组，三攻二防，④⑥⑦利用相互传球调动防守，利用黑④或黑⑥的位置量差，果断投篮。见图 8-2-38。

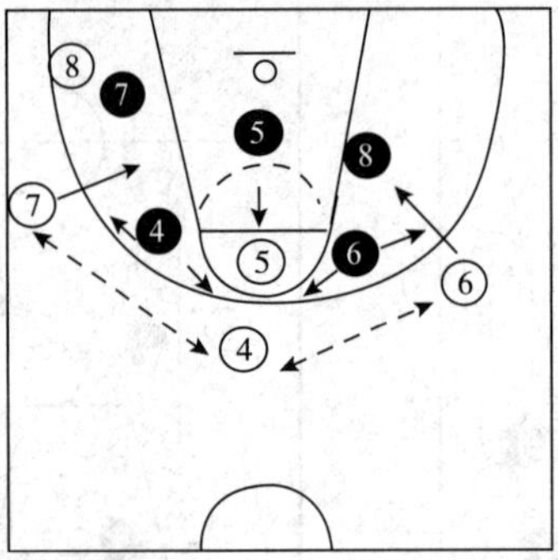

图 8-2-37

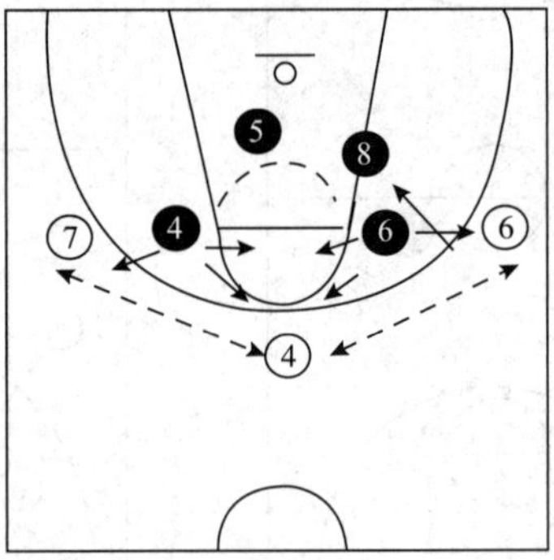

图 8-2-38

三、篮球比赛规则简介

（一）篮球比赛定义

篮球比赛由两个队参加，每队出场 5 名队员，每队的目标是在对方球篮得分，并阻止对方得分。

篮球比赛由裁判员、记录台人员和技术代表管理。

在比赛时间结束时比分较多的队，将是比赛的胜者。

（二）场地

比赛场地应是一块平坦、坚实且无障碍物的表面。其尺寸是长 28 米、宽 15 米，从界线的内沿丈量。见图 8-2-39。

（三）裁判员、记录台人员和技术代表

（1）裁判员应是一名主裁判员和一名或两名副裁判员。他们由记录台人员和技术代表协助。

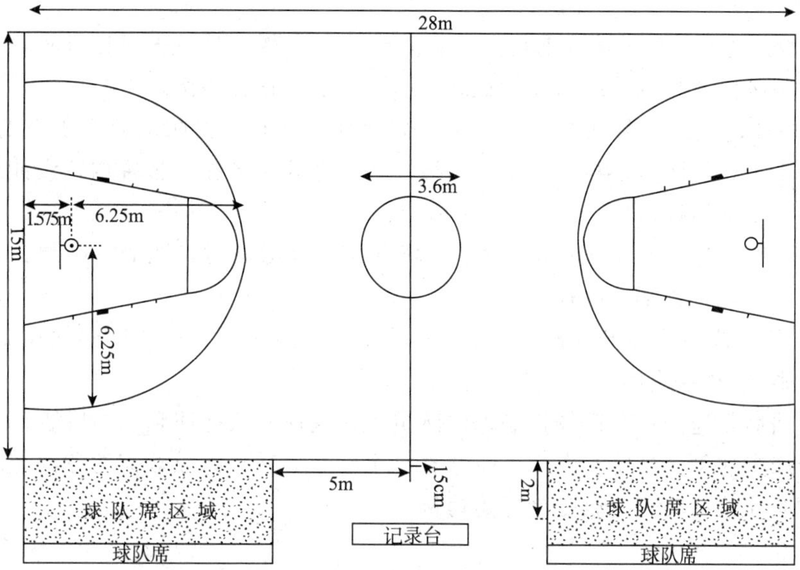

图 8-2-39

（2）记录台人员应是一名记录员，一名助理记录员，一名计时员和一名 24 秒钟计时员。

（3）一名技术代表在比赛中主要是监督记录台人员的工作，并协助主裁判员和副裁判员使比赛顺利进行。

（四）球队

（1）每个队应有不超过 12 名有资格参赛的球队成员，包括一名队长。

（2）应有一名教练员，如果球队需要可有一名助理教练员。

（3）最多 5 名有专门职责的随队人员可坐在球队席上，如领队、医生、理疗师、统计员、译员等。

（4）每一球队成员应穿前后有号码的且前后主要颜色相同的背心，号码与背心颜色要有明显的区别。在比赛中背心必须塞进短裤内。

（五）主要规则

1. 比赛时间及有关规定

（1）比赛应由 4 节组成，每节 10 分钟。

（2）在第 1 节和第 2 节（第一半时）之间，第 3 节和第 4 节（第二半时）之间以及每一决胜期之前应有 2 分钟的休息时间。半时间的休息时间应为 15 分钟。

（3）如果在第 4 节比赛时间终了时比分相等，为打破平局，需要一个 5 分钟的决胜期或多个这样的 5 分钟来继续比赛。

（4）在所有的决胜期中，球队应朝向第 3 节和第 4 节中相同的球篮继续比赛。

2. 交替拥有

（1）交替拥有是以掷球入界而不是以跳球来使球成活球的一种方法；

（2）在第一节开始的跳球后在场上未获得控制活球的队应开始交替拥有；

（3）在所有的跳球情况中，应按指向对方球篮的交替拥有箭号给某队一次交替拥有掷球入界的权利。当交替拥有掷球入界结束后，箭号的方向立即反转。

3. 违例

（1）3秒钟违例：当某队在前场上控制活球并且比赛计时钟正在运行时，该队的队员在对方的限制区停留超过持续的3秒钟时，即形成了3秒钟违例。

（2）5秒钟违例：一名队员在场上正持着活球，这时对方队员处于积极的防守位置，距离不超过1米，该队员是被严密防守。被严密防守的队员在5秒钟内，没能传、投和运球时，即形成了5秒钟违例。

（3）8秒钟违例：当一名队员在他的后场获得控制活球时，他的队必须在8秒钟内使球进入该队的前场，否则8秒种违例。

（4）24秒钟违例：每当一名队员在场上获得控制活球时，他的队必须在24秒钟内尝试投篮，否则24秒种违例。

（5）球回后场违例：在前场控制球的队员不得使球非法地回到他的后场。

（6）带球走违例：当队员在场上持球着一个活球，其一脚或双脚的移动超出规则的限制向任一方向非法移动时，就是带球走违例。

4. 犯规

（1）侵人犯规：是队员与对方队员的接触犯规，无论球是活球或是死球。

（2）阻挡：是阻碍有球或无球对方队员行进的非法身体接触。

（3）撞人：是有球或无球的队员推动或移动到对方队员躯干上的非法身体接触。

（4）背后非法防守：是防守队员从对方队员的背后与其发生的身体接触。即使防守队员正在试图去抢球，与对方队员发生身体接触也是不正当的。

（5）拉人：是干扰对方队员移动自由而发生的身体接触。能用身体的任何部位来造成这个（拉人）接触。

（6）推人：是用身体的任何部位强行移动或试图移动已经或没有控制球的对方队员时发生的非法身体接触。

（7）非法掩护：是试图非法拖延或阻止非控制球的对手到达希望到达的场上位置。

（8）双方犯规：双方犯规是两名互为对方的队员大约同时相互发生侵人犯规的情况。

（9）违反体育道德的犯规：根据裁判员的判断，一名队员不是在规则的精神和意图的范围内合法地试图去直接抢球，发生的接触犯规是违反体育道德的犯规。

（10）取消比赛资格的犯规：队员、替补队员、教练员、助理教练员或随队人员的任何恶劣的违犯体育道德的行为是取消比赛资格的犯规。一名队员被登记了2次违犯体育道德的犯规时，应被取消比赛资格。

（11）队员的技术犯规：技术犯规是包含（但不限于）行为性质的队员非接触犯规。如漠视裁判员的劝告、讲话或接触没有礼貌、使用很可能引起冒犯或煽动观众的言语或举动、戏弄对方或在对方眼睛附近摇手妨碍他的视觉及妨碍迅速地掷界外球以延误比赛等行为。

（12）打架：是两名或多名人员（队员、替补队员、较量、助理教练员和随队人员）之间的相互斗殴。一般罚则是取消比赛资格。

5. 一般规定

（1）队员5次犯规：一名队员已发生了5次犯规和/或技术犯规，该队员必须离开比赛并在30秒钟内被替换。

(2) 全队犯规：在一节中某队已发生的4次全队犯规时，该队是处于全队犯规处罚状态。随后所有发生的对未做投篮动作的队员的侵人犯规应被判2次罚球，代替掷球入界。控制活球或拥有球权的队除外。

第三节　排　球　运　动

一、排球运动简介

排球运动是以排球为运动工具，以中间球网为界，在规定的场地上按一定的规则，双方队员运用排球技术和战术互相攻守，将球击入对方场地内以决定胜负。它包括以竞技为目的的排球运动和以健身为目的的排球活动。

排球运动于1895年始于美国，1905年传入中国、古巴、巴西等国家。并在这些国家广泛开展。20世纪60年代，排球技、战术有了较快的发展，进入80年代，中国女排在世界大赛中曾写下了“五连冠”的辉煌成绩。

排球运动形式多种多样。依运动目的、竞赛规则、参与人数、比赛形式的不同而分类。一般来说，以提高运动成绩为目的，并在国际上设有统一竞赛规则的运动形式称为竞技排球。目前它包括6人制排球和沙滩排球；以其他或游戏方式和参与人数的特殊规定，主要以健身为目的，在国际上还没有统一竞赛规则的运动形式统称为娱乐排球，如软式排球、气排球，妈妈排球、4人排球、9人排球、残疾人排球、草地排球、墙排球等。

二、排球运动的特点和锻炼价值

(一) 技术特点

排球运动的技术特点，主要是击球的准确性和攻防技术的两重性。所谓准确性，是指触球不能有较长时间停留，必须将球清晰地击出，否则就容易持球或连击（拦网和第一传的触球除外）。对击球在时间和击球部位、触球点上要准确。攻防技术的两重性，表现在各项技术在完成击球之前，首先不使球落在本方场地内，是具有防守的性质，但完成击球的瞬间，防守即为结束，转为进攻的开始，既可直接进攻，如打探头球、盖帽式的拦网等，又可为同伴的进攻创造条件，如一传、二传等。所以说排球的各项技术都具有攻与防的两重性，攻中有防，防中有攻，相互转化，相互制约。

(二) 战术特点

排球战术包括个人战术与集体战术。而严密的集体性和高度的技巧性是排球战术的主要特点。在比赛中，除了发球外，各种攻防战术的组织都是在集体的配合下完成的。不论是一攻中的一传、二传、扣球或是防反中的拦网、后排防守和组织反击等，都是一环扣一环进行，只要有一个环节缺少默契或配合失调，都会直接影响到战术的质量和效果，甚至失误。而战术的组织又离不开个人的高度技巧，如果个人技术缺乏技巧，即使组成了战术，也不可能有好的效果。集体战术要通过个人去实现，个人的高度技巧必须融于集体之中才能体现出来。因此，水平越高的比赛，战术的集体性和个人的高度技巧性就越强。

(三) 时间特点

一场排球比赛没有时间的限制，直到决胜局的最后一分才能决定胜负。一场水平较高、实力相当的比赛，一个球往往要经过多次争夺才能得分，有时一局比赛可持续40～50分钟，全场比赛可持续2～3小时。因此，要求队员必须具备持续的思维力、良好的弹跳力和迅速移动的持久力。

(四) 锻炼作用

排球运动趣味性强，场地设备简单，主要规则容易掌握，运动量可大可小，不同年龄、性别，不同技术水平的人都可参加，很受人们的喜爱。经常参加排球运动不仅能提高人的速度、力量、弹跳、耐力、柔韧性和灵活性等素质和运动能力，而且能使人体各器官、各系统的机能得到改善，增强体质，增进健康。通过训练和比赛，还能培养积极主动、果断沉着、勇猛顽强的意志品质，使人的身心得到和谐发展。

三、排球运动的锻炼方法

(一) 排球基本技术

排球技术多种多样，通常把准备姿势、脚步移动、垫球、传球、发球、扣球和拦网称为五大基本技术。其中最基础的技术是垫球、正面传球、上手发飘球、正面扣高球和单人拦网。除五大基本技术外，还有一般准备姿势、各种移动步法和起跳等几种无球技术。排球技术分类如下，每项基本技术又分成多种不同的技术动作。

1. 准备姿势

完成任何排球技术动作都要先做好准备，即准备移动或准备做尚未预料的各种技术动作时的准备姿势。至于已经确定要进行传球、防守、拦网、扣球之前所做的准备姿势，属于专门的准备姿势，将在各项技术中去分别讨论。这里只解释一般的准备姿势。一般准备姿势的目的首先是为了便于向各个方向移动去接近球；同时也为了便于及时起跳、倒地和做各种击球动作。为此，一般准备姿势应当是：

(1) 两脚左右开立，稍比肩宽，一脚在前。

(2) 膝关节适当弯曲，上体前倾，重心偏前。

(3) 两臂自然弯曲，全身都处于一种放松微动的状态。这种姿势不仅便于向前移动，也便于向其他方向移动；两臂不仅便于摆动以协助移动，而且也便于做传、垫、挡球等动作。

2. 脚步移动

又分滑步、交叉步、跨步、跑步四种移动步法。脚步移动是为了接近球，以便击球；也是为了抢占场上的合理位置与同伴配合；两个技术动作的衔接也常常要靠移动来连接。比赛中所做的各种技术动作，以移动的比重最大。要求起动快，尤其是第一步要出得快。移动的快慢既取决于腿部爆发力的大小，也取决于移动技术的好坏。

从技术角度分析：

(1) 移动前要迅速采取向已定方向移动的合理准备姿势，即身体重心要倾向移动方向；

(2) 后蹬脚的着力点要远离重心的投影。以向前移动为例，起动要采取后腿用力向后蹬地，收腹使上体向前倾，有利于身体迅速前移起动后的步法有多种，根据来球的不同情况，通常分四种：

①滑步：来球速度不快，距离不远时可以用滑步移动。滑步特点是：两脚不交叉，步幅虽小，但随时可以制动和保持身体平衡，便于碎步调整对准来球。如向左滑步时，右脚向右蹬地，左脚向左迈步，右脚再跟过来踏在左脚的右侧，再继续向右蹬地，如此连续滑步。向右、向前、向后滑步动作相同。如只滑一步，称为并步。

②交叉步：迅速落在距身体侧面 2～3 米远的球，可以采用交叉步移动。特点：动作快，步大。如向左移动时，右脚向右蹬地后，从左脚前面向左交叉迈出一大步，然后左脚再向左跨步制动，对准来球，保持好击球前的准备姿势。向右也同样。

③跨步：如果来球低而快，可采取向来球跨出一大步，降低重心，上体前倾，以便迎击低球。球近时可以直接跨步，球远时可以在滑步或跑步之后再做跨步。

④跑步：来球远时则用跑步。如球在身后，近时可以采用后退跑，远时则要转身向后跑。跑步要尽快抢占来球位置，并通过制动站稳后再做击球动作。

以上四种移动步法还可以结合起来运用。如滑步后接交叉步；跑步后接滑步等。

3. 垫球技术

垫球是比赛中运用最多的击球动作。接发球、接扣球、接拦回球等都要采用垫球技术。根据不同来球所采取的不同击球动作，垫球可分为正面垫球、侧面垫球、低姿垫球、倒地垫球、背垫和挡球六种基本挡球技术。其中倒地垫球又有多种倒地技巧：滚翻、侧倒、前扑、鱼跃。

下面将主要详细介绍正面垫球、侧面双手垫球、背垫球、挡球、倒地挡球中的滚翻双手垫球、鱼跃垫球、前扑垫球七种垫球技术。

（1）正面双手垫球：是最基本的垫球技术。根据来球的速度和力量大小的不同，垫球动作也有所区别。动作方法：正面双手垫球的基本手型有抱拳式、叠掌式、互握式（图 8-3-1），但无论采用那种手型都应注意手腕下压，两臂外翻。

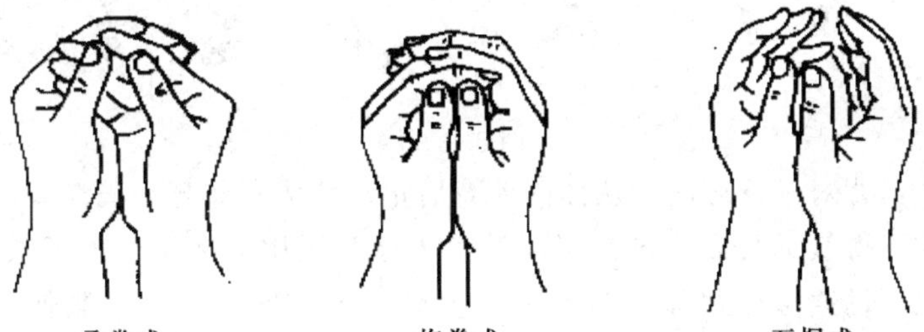

图 8-3-1

正面垫球的准备姿势：重心降低并向前倾，两脚开立，分前后，两臂放松，自然下垂于腹前。球来时两臂伸直靠拢，随蹬地动作抬臂迎击，用前臂的前部垫球，垫球时，适当向下压腕。如果来球速度慢，球反弹的力量小，则须抬臂上送击球；如果来球速度快，球的反弹力大，则不必抬臂加力迎击来球，可对准来球，使其自然反弹。在击球之前，两臂肌肉过于紧张是造成垫球不准，控制力量差的主要原因。垫球时两手互握或互靠都可以，但不要用力，以避免动作僵硬。手臂的迎击面要根据出球的角度，自己加以控制。接发球时，由于来球一般较平，力量中等，故垫击时手臂与地面所成的夹角应稍大，以便向前迎击，同时也不必运用抬臂的力量造成反弹力过大而过网。接扣球时，由于来球力量大，角度陡，不仅不能抬臂迎击来球，还要在垫球时采用收腹、含胸的动作，帮助两臂迅速随球屈肘后撤，以缓冲球的反弹力，使球不致垫到对方而失去反攻的机会。见图 8-3-2。

图 8-3-2

（2）体侧双手垫球：当球飞向体侧，队员来不及移动对正球，而在身体两侧用双臂垫击球的动作称为侧面双手垫球。体侧垫球可以扩大控制范围，但不易控制垫球方向，准确性较差，因此在来得及移动的情况下，应尽量采用正面双手垫球。当球向右侧飞来，左脚蹬地，右脚向右跨一小步，重心右移，右膝弯曲，同时双臂夹紧向右伸出，左肩微向下倾斜，用向左转腰和收腹的动作，配合两臂自右后方向截住球飞行的路线，用两前臂垫击来球的后下部。见图 8-3-3。

图 8-3-3

（3）背垫球：背对击球方向，从体前向背后垫球称为背垫球。背垫球一般在接发球或防守起球后，球飞得较远又无法进行正面调整传球时运用。常用于第三次处理过网的球。进行背垫时，先要迅速移动到球的落点上，背对出球方向，两臂夹紧伸直，击球点高于肩。击球时要抬头挺胸，展腹后仰，直臂向后上方摆动抬送球。如果来球较低，可以用屈肘和翘腕的动作，以腕部虎口处将球向后上方垫出。

（4）挡球：来球快而且较高，用双手或单手在肩部以上挡击来球称为挡球。挡球主要用于防守高于肩的球，运用挡球可以扩大控制球的范围。挡球可分为双手挡球和单手挡球两种。双手挡球并掌式的手法是：两手在头上方交叉叠拢，形成一个平面。挡球时手臂放松，两肘朝前，手腕后仰，以掌根击球或采用双手抱拳式以掌外侧挡击球的后下部，击球点在额前上方。挡球瞬间手腕要紧张将球向上挡起。单手挡球适用于挡高球。飞向身后的平快高球，可以采用跳起单手挡球。

（5）滚翻双手垫球：来球低并且距身体远时可采用滚翻双手垫球。它可以充分发挥移动速度，利用身体及手臂的长度并保护身体不致受伤，并迅速转入下一个动作。

①接球时，迅速向来球方向移动，重心下降并落在跨出的脚上，上体前倾，两臂伸向

来球方向。

②同时两脚蹬地，使身体向来球方向伸展，前臂直插球下，击球的后下部。

③击球后顺势转体，用大腿外侧、臀部侧面、背部、肩部依次着地滚翻，并及时低头、收腹、团身向移动方向做后滚翻后，迅速起立。

（6）鱼跃垫球：来球低而远，采用向前跃出，在空中击球，然后双手撑地缓冲，使胸腹着地向前滑动，称作鱼跃垫球。鱼跃垫球可以扩大防守控制范围。鱼跃垫球的技巧性较高，并需具备良好的力量、灵活性和勇敢精神。

①当判断来球之后，迅速迎球上步，上体前倾，重心降低，用前脚掌蹬地，使身体向来球腾空跃出。

②用单手前伸，垫击来球的后下部。

③击球后，双手在体前着地支撑，两肘弯曲，缓冲身体下落力量。同时抬头、挺胸、展腹，向后自然屈腿，身体成弓形，胸腹、大腿依次着地并滑动。

（7）前扑垫球：接前面低远球时，击球后失去平衡，手臂屈肘撑地，身体向前滑动，称为前扑垫球。

①前扑垫球的准备姿势低，上体前倾，重心前移，两脚先后蹬地，身体向前方伸展扑出。

②双臂或单臂插入球下，用虎口或手背击球。

③击球后两手迅速撑地，两肘弯曲缓冲，膝关节伸直，胸腹可以着地。

4. 传球技术

传球分为正面传球、背传、侧面传球和跳传四种基本动作。每种传球又可以传高球、传快球、传平球和传调整球，动作要领也各不相同传球主要用于二传，即为扣球手创造有利的进攻条件。在掌握这四种基本传球技术的基础上，二传队员还必须掌握各种战术球的技术。不但能传各种矮球和平球，还要掌握隐蔽传球的技术，即在同一击球点上能传出不同方向的球，使对方难以判断传给哪个位置进攻。还要掌握在各种特殊击球点上传球的技术，同时要提高观察周围情况的环视能力，才能成为一个优秀的二传手。除二传手要全面掌握各种传球技术外，每个队员都要掌握准确传高球的技术，才能适应比赛的需要。

（1）正传：正传是各种传球的基础。正传的击球点要保持在额前上方约一球的距离，这样便于保持半球型的传球手型；便于同时观察手、球和传球的目标，把球传准；也便于运用伸肘的力量。传球主要靠伸臂动作，通过手指和手腕的弹力把球传出。但传球是个全身协调的动作，两腿也应及时蹬地，协调配合，而不是只用手传，这样两手就可以加强控制球的能力，使球传得更准确。见图 8-3-4、图 8-3-5。

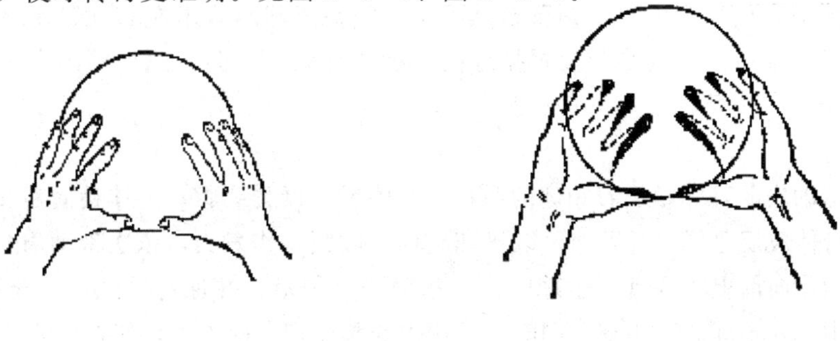

图 8-3-4

图 8-3-5

①当对准来球后，降低身体重心，双手置于脸前，两前臂夹角约成 90 度角。

②球接近额前时开始蹬腿、伸臂。

③在额前以十指指端触球后，由于球的压力使指腕后仰，从而使球在传出的过程中有一个在手中缓冲的时间，可用以控制球。

④就在控制的过程中，四肢伸展，伴送着球向预定的方向传出，从而提高传球的准确性。

（2）背传：背传与正传的不同之处有三：

①击球点应比正传时靠后，约在头上。

②加大肩后展和腰后仰的动作。

③手腕要后翻，加强拇指后挑的力量。

（3）侧传：侧传与正传的不同之处有二：

①击球点偏向传球一方。

②传球方向异侧的手臂向传球方向伸展的幅度应大些。

（4）跳传：不论是原地起跳或助跑起跳，都应保持垂直方向，不宜冲跳，以免影响跳传的准确性。由于跳起在空中，传球时用不上蹬地的力量，主要靠伸臂和手指、手腕的力量传球，故起跳不能过早，在身体下落的情况传球更影响向上传球的用力。

5. 扣球技术

扣球在比赛中是得分的主要手段，是进攻中最积极有效的武器，是战术配合中最后一个动作，是一个队争取主动的途径及攻击力强弱的表现，是夺取胜利的关键。

正面扣球：

扣球时面对球网，便于观察，准确性较高。由于挥臂动作灵活，能根据对方防守情况，随时改变扣球路线和力量，便于控制球的落点，因而进攻效果较好。

扣球助跑前采用稍蹲姿势，两臂自然下垂，站在离球网 3 米左右观察来球，做好向各个方助跑起跳的准备。隔的步数要根据球的远近、高低、方向、速度等因素和个人的习惯采用一步二步、三步及跑步等方法。

空中击球：

空中击球动作的好坏影响着扣球的质量。起跳后，挺胸展腹，上体稍向右转，右臂向后上方抬起，身体成反弓形。挥臂时，以迅速转体、收腹动作发力，依次带动肩、肘、腕各部关节成甩鞭动作向前上方挥动。击球时，五指微张呈勺形，并保持紧张，以全手掌包满球，掌心为击球中心，击球的后中部，同时主动用力屈腕屈指向前推压，使扣出的球加速上旋。

落地缓冲：落地时尽量双脚同时着地。落地时，以前脚掌先着地缓冲，再过渡到全脚掌着地，同时顺势屈膝、收腹，以缓冲下落时的冲击力，并立即做好下一个动作的准备，见图 8-3-6。

图 8-3-6

6. 发球技术

发球或以直接得分，也可以破坏对方一攻的战术组成，还可以起到先发制人的作用。因此发球既要有攻击性，又要有准确性。

发球技术动作：

（1）正面下手发球：面对网两脚前后开立，左脚在前，右脚在后，两膝弯曲，上体前倾，左手持球于腹前。左手将垂直上抛在右肩的前下方，离手约 20 厘米高度即可。以肩为轴，手臂由后经下方向前摆动，身体重心也随之前移，在右肩的前下方腹前高度用全手掌击球的后下方。适用于初学者，球速慢，攻击性不强。见图 8-3-7。

图 8-3-7

（2）侧面下手发球：这种发球在转体时借助了腰腹肌的力量，比较省力，适用于女生。左肩对网站立，两脚左右开立与肩同宽，两膝微屈，上体稍前倾，右手持球于腹前。左手持球由小腹前将球垂直上抛在身体的正前方，离手高度约 30 厘米，离身约一臂距离，同时右臂摆到右侧后方。利用右脚蹬地和向左转体的动作，带动右臂迅速向前挥动，在体前腹部高度用全手掌击球后下方。

（3）正面上手发球：发球面对网站立，便于观察对方，发球的准确性大，易于控制落点，并能充分利用转体、收腹动作带动手臂加速挥动，以便运用手腕的推压动作，加大击球的力量和速度。面对球网，两脚自然开立，左脚在前，左手持球于体前。用抬臂和手掌的平托上送，将球平衡地垂直抛于右肩的前上方，高度适中。在左手抛球的同时，右臂抬起，屈肘后引，肘与肩平，上体稍向右侧转动。击球时，利用蹬地，使上体向左转动，同时收腹，带动手臂挥动。在右肩上方伸直手臂，用全掌击球的中下部。击球时，手指自然张开吻合球，手腕要迅速主动地做推压动作，使击出的球呈上旋飞行，见图 8-3-8。

图 8-3-8

（4）正面上手发飘球：这是一种使发出的球不旋转，从而使球的运行轨迹呈不规则地向前飘晃飞行的发球方法。其他同正面上手发球，但抛起球的高度离上身一臂距离左右，且高度比上手发球稍低。击球前手臂的挥动轨迹不呈弧形，而是从后向前呈直线运动形式。击球时五指并拢，手腕稍后仰，用手掌平面击球体中下部；击球时手指紧张，手型固定，不加推压动作，击球后手臂突停前摆。

（5）勾手发飘球：和发上手飘球一样，发出的球不旋转，而是在空中飘晃不定，给接发球队员造成较大的困难。

7. 拦网技术

用腰部以上身体任何部位，在球网附近高于球网上沿，试图阻拦击过网的球，并触及球，称为拦网。

拦网具有强烈的攻击性。可以直接拦死、拦回对方的扣球，削弱对方的锐气，动摇对方的信心，给对方造成心理上的压力。

（1）单人拦网：两脚左右开立约与肩同宽，两膝弯曲，上体稍前倾，重心落在两脚之间和两前脚掌上，两臂自然放松屈于胸前。4 号位拦网队员应站在距边线 1.5 米处；3 号位拦网队员站在距中线 20～30 厘米处；2 号位拦网队员应站在距边线 1.5 米处。可采用并步移动、交叉步移动、滑步移动及跑步等多种步法，迅速移动到位，准备起跳。

击球手型：两手掌伸展，五指自然张开稍紧张。

拦击动作：在拦击球时，向上提肩手臂尽量上伸，两手指紧张，拇指、小指尽量外伸且尽可能地包住球，手腕下压，把球拦到对方场区。在 2、4 号位拦网时，外侧稍转向场内，以防对方打手出界。如已将球拦回，则可面对对方，屈膝缓冲，双脚落地如未能拦到球，则在下落时就要随球转头，并以转头方向相反的一只脚先横过来落地，即转身面向后场，准备接应来球或做下一个动作的准备。见图 8-3-9。

（2）集体拦网：注重相互之间的配合与协作。

二人拦网：主要由 2、3 号位或 3、4 号位队员组成。当对方从 4 号位组成拉开进应以本方 2 号位为主，3 号位移动并拢协同配合组成双人拦网；如果球较集中，则以 3 号位队员为主，2 号位队员进行配合拦网。当对方从 3 号位进攻时，以本方 3 号位为主，4 号位队员协同配合；若对方从 2 号位进攻，以本方 4 号位队员为主，3 号位队员进行协同配合拦网。

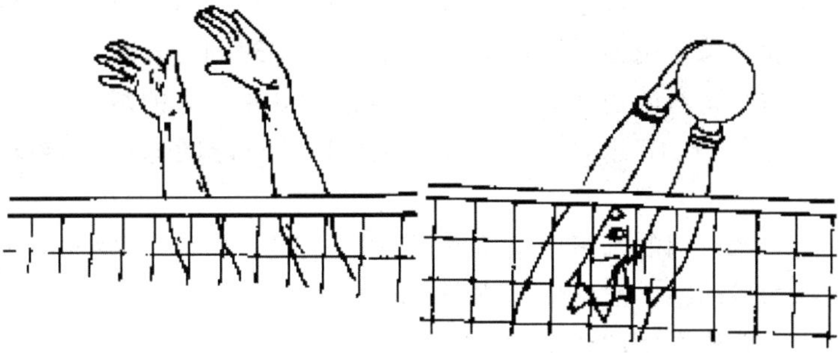

图 8-3-9

三人拦网：多在对方进行高点强攻的情况下运用。在组成三人拦网时，不论对方从哪个位置进攻，都应以本方 3 号位队员为主拦者，两边队员主动配合，集体起跳拦网。

（二）排球练习方法

1. 正面双手垫球的练习方法

（1）徒手模仿练习

①做两手叠掌成互握的垫球手型练习。

②听教师口令做原地徒手模仿练习。体会夹臂、提肩、压腕的动作要领，然后看教师手势做前、后、左、右移动垫球的徒手模仿练习。

（2）结合球的练习

①垫固定球：一人双手持球于腹前，另一人用垫球动作击球。体会击球点及击球部位。

②一抛一垫：一人抛落点固定的球，另一人作原地垫球，两人距离由近到远。垫球者移动垫球。

③连续自垫或对墙垫：强调全身的协调用力，提高控制球的能力。

（3）结合移动的垫球练习

两人或三人一组，一人将球抛向左、右、前、后，另一人或两人轮流移动垫球，抛球的难度逐渐加大，垫球者迅速取位对正球，及时插入球下。

（4）结合位置的垫球练习

在场上各位置（3 号位除外）原地或移动接隔网抛过来的球。要求将球垫至 3 号位。

2. 传球的练习方法

①用足球或小实心球代替排球的对传球，距离可近可远；②对墙传球。③两人一组自传一次后再传给对方；④两人一组自传一次后再背传给对方；⑤四人一组移动传球，方法是人随球走；⑥三人三角传球；⑦两人一组从端线移至另一端线的移动传球；⑧两人蹲式传球。⑨两人一组两限制线内对角传球；⑩六人一组分两队传球串联比赛。要求按比赛规则执行。不准用其他技术。

3. 发球的练习方法

（1）徒手挥臂和抛球练习：通过徒手模仿发球挥臂动作和抛球练习，初步学习和体会抛球和挥臂击球的动作方法，提高抛球、摆臂、击球动作的协调性。

①集体和分组进行徒手模仿发球挥臂动作练习。

②专门抛球练习：在墙或球网边进行抛球，要求平稳上抛，位置、高度和距离都要固定。

(2) 短距离发球练习：初步学习和掌握发球的完整技术动作，要求抛球和挥臂击球动作要协调配合，准确击球，用力适当，防止过大用力，破坏其击球动作。

①对墙发球。站在距离墙边8～9米处，发高度为3米左右的球。

②两人一组，相距9～15米，互相对发（也可以通过球网进行）。要求抛球平稳，用力适当，击球准确。

(3) 站端线后发球过网的练习要求动作正确、连贯协调，提高发球动作的质量。

(4) 提高发球的成功率、准确性、攻击性的练习

①全班分两组，轮流在发球区发球，计算成功率并进行评比。

②每人在发球区发球若干次，统计成功率并进行评比。

(5) 提高发球准确性的练习

①发直线球和斜线球。

②发对方前场区和后场区的球。

③发对方6个位置的球。

④发对方后场区两角的球。

4. 扣球的练习方法

(1) 原地徒手模仿和扣球挥臂动作练习要求动作协调有力、挥臂迅速，通过练习，初步掌握扣球动作的方法。

①原地徒手模仿扣球挥臂。做若干组，每组挥臂次数约10次。

②原地抓石头或小杠铃片模仿扣球挥臂，做若干组，每组挥臂次数约10次。

③两人一组，一人持球直臂举起在头前上方，另一人徒手挥动手臂仿扣球动作击球。要求手臂充分伸直，以全手掌击球后中上部。

(2) 模仿扣球助跑、起跳动作练习要求动作正确协调连贯，起跳迅速有力，通过学习，初步掌握徒手扣球助跑、起跳动作。

①原地做半蹲划弧摆臂起跳动作（只提踵不起跳）。

②原地、一步、二步、三步及多步助跑起跳摸树叶或篮圈。

③助跑起跳（二步或三步）做徒手扣球挥臂动作或扣摸树叶。

④抓小石头或小杠铃片助跑起跳（二步或三步）做扣球挥臂动作。

⑤在网前原地或助跑起跳模仿扣球动作投掷棒球或垒球。

(3) 原地扣球练习结合球学习扣球手法，要求动作协调正确，挥臂快速，充分伸直手臂，保持高点击球。

①两人一组，相距10米左右，对扣反弹球。

②每人持一球，对墙扣球。

(4) 网前一般扣球练习学习扣球完整技术动作，要求选好起跳点，掌握好起跳时间，挥臂动作协调连贯，击球要准确，充分伸直手臂，保持高点击球。

①教练或队员在网前抛球，队员多人轮流上步助跑起跳扣一般近网球。

②网前4、3、2号位队员分别扣一般近网球（由二传队员传球）

(5) 提高个人扣球技术和技巧的练习。

①网前4、3、2号位扣直线、斜线球及对方场区两腰。

②在网前4、3、2号位单人拦网情况下，避开拦网手的扣球。

③在双人拦网情况下，避开拦网手的扣球。

④在双人拦网情况下打手出界。

⑤单人或双人拦网情况下进行轻扣和吊球。

⑥各种个人跑动扣球练习。如由4号位跑到3号位或2号位扣球；由3号位跑到4号位或2号位扣球；由2号位跑到3号位或4号位扣球。

⑦助跑扣球后，立即原地扣球。

⑧助跑起跳后，立即后撤并助跑扣远网球。

⑨助跑起跳扣近网球后，立即后撤并助跑起跳扣调整球。

(6) 在接发球和后排防守的情况下，组织各种进攻战术的扣球练习等。

5. 拦网的练习方法

(1) 徒手原地和移动拦网动作练习

①徒手原地学习手型和伸臂动作。

②徒手原地模仿拦网动作，体会拦网的伸臂和拦击球动作。

③网前做原地起跳徒手拦网动作。

④网前两人一组，隔网相对，做并步、交叉步、跑步徒手移动拦网。要求移动迅速，两人密切配合。

⑤网前三人站在本方高台上，分别持球在本区上空网上沿，多人在对方网前轮流移动拦网。要求起跳后在空中压腕"盖帽"并触球。

⑥两人一组，徒手移动配合拦网。

(2) 结合扣球的单人和双人拦网练习

①单人跳起拦对方站在高台上扣出的固定路线的球。

②一方扣球，另一方单人原地拦网。

③一方扣球，另一方单人移动拦网。

四、排球比赛规则简介

排球比赛是由两队球员在一以球网分隔的比赛场地上进行的一种团队竞技。有不同比赛方式，适应特定状况提供人们不同比赛。

比赛的目标是要每队采用和于规定的方法击球过网，落于对方的场地上，同时防止球在自己的场地上落地。每一队有三次机会将球击回对方的场区（拦网触球除外）。

比赛由发球开始，球员击球过网进入对方的场区，双方往返击球，直到球触地、出界或一队无法正确的回击为止。

排球比赛中，球队赢得一球则获得一分（得球得分制），当接发球队赢得一球，该队得到一分并取得发球权。

（一）设备与器材

1. 比赛区域

每一队有三次机会将球击回对方的场区（拦网触球除外）。

(1) 范围：比赛球场是一个18米×9米的长方形场地，四周设有相互对称且至少3m宽的长方形无障碍区域。场内自地面向上至少7米的空间必须无任何障碍。FIVB世界性及正式比赛，场外无障碍区域，自边线外至少须有5米；自端线外须有8米；自地面以上高度至少须有 12.5 米。室内球场的表面必须为浅色。

(2) 球场界线：所有的球场界线皆为 5 厘米宽，且必须为浅色，并与地面及其他线条颜色不同。比赛球场由两条边线及两条端线所构成。边线与端线均包含在比赛球场范围内。

(3) 中线：中线把球场分割成每边 9 米×9 米，此线从网下延伸至二条边线为止。

(4) 攻击线：攻击线位于中线的中心点向后 3 米。

(5) 发球区：发球区位于端线之后（不含端线）、宽 9 米的区域。此区域两侧受到两条位于端线之后 20 厘米、长度 15 厘米的短线，延伸至边线。两条线皆计入此区域的宽度范围内。深度方面，发球区可延伸至场外无障碍区域尽头。

2. 球网和网柱

(1) 球网高度：球网置于中线上方，男子网高 2.43 米，女于 2.24 米。球网高度的测量，以测量杆自比赛球场的中央量起。球网两端（边线上方）距地面之高度必须相等，并且不得超过规定高度 2 厘米以上。

(2) 球网构造球网宽 1 米，长 9.50 米，垂直张挂于中线轴的上方。网面由 10 厘米见方的黑色网孔组成。网顶有 5 厘米宽的水平带子，系以自帆布对折，沿球网的全长缝住。带子的两端各有一个孔，孔中穿有绳索与网柱相系，使网顶呈拉紧状态。带子的中间有一可弯曲的钢索，以利于将球网紧系于网住上。在网的下方（无水平带），有一条绳子贯穿于网孔之中，以系紧两网柱，使球网下半部呈拉紧状态。

(3) 标志带：两条宽 5 厘米、长 1 米的白色带子垂直紧系于两边线上方球网上。标志带视为球网的一部份。

(4) 标志竿：标志竿是一支具有弹性的竿子，长度为 1.80 米，直径为 10 毫米。标志竿由玻璃纤维或类似的物质制成。两支标志竿紧系于标志带的外缘，两边各一支标志竿上部 80 厘米分的长度超出网顶，每 10 厘米涂以对比鲜明的颜色，以红白相间为佳。标志竿应视为球网的一部分且作为有效穿越空间的两侧界限。

(5) 网柱：网柱为支撑球网，位于球场与边线相距 0.50～1.00 米处，其高度为 2.55 米，且最好能够调整。网柱为圆形且平滑，不使用金属铁索以固定网柱于场地上。

3. 球

(1) 球的规格：球必须为圆形，以柔软具有弹性的皮革制成，其中实以橡胶或类似质料制成的球胆。圆周为 65 厘米到 67 厘米；重量为 260 千克到 280 千克；内部气压为 294.3～318.82 毫巴（0.30～0.325kg/cm^2）。颜色应一致且浅色，或是由 FIVB 核可之组合色彩排球。

(2) 球规格的一致性：一场球赛中所使用的球必须具有相同的特性，例如：球的圆周、重量、气压、式样等。

(3) 三球制：FIVB 世界性及正式比赛中，可使用三个球。因此项设六名捡球员，即在无障碍区域的四个角落各站一人，两名裁判员身后各站一人。

(二) 比赛方法

正式比赛，每队上场队员 6 人，由一方后排右边队员在发球区内将球直接发过网开始。每方最多击球三次（拦网除外）就需击球过网，不得使球在本方场内落地，不能连击。比赛进行中，队员不能触网和越过中线触及对方场区。每球争夺结束后，由胜队发球，如原发球队胜球，就由原发球队员继续发球；如对方夺得发球权，则要先顺时针轮转一个位置再发球。

正式比赛采用五局三胜制。现行规则规定，前四局的比赛哪一队先得 25 分，并领先对方 2 分以上，为胜这一局。决胜局先得 15 分的队，且领先对方 2 分以上为胜这一局。

第四节　乒乓球运动

一、乒乓球运动概述

乒乓球运动起源于 19 世纪后半叶的英国，流行欧洲，最早叫“Table Tennis”。由此可知，乒乓球是由网球发展而来。1900 年前后出现了赛璐珞制的球，由于拍与球撞击时发出“乒”而落台时发出“乓”的声音，故称为乒乓球。

20 世纪初，乒乓球运动在欧洲和亚洲蓬勃开展起来。1926 年，在德国柏林举行了国际乒乓球邀请赛。后被追认为第一届世界乒乓球锦标赛，同时成立了国际乒乓球联合会。

乒乓球运动在中国的开展和在世界上取得的成绩是举世瞩目的。自 1959 年第 25 届世界乒乓球锦标赛上中国选手容国团第一次获得男子单打世界冠军开始，打开了中国运动员通向世界冠军的大门，在 26 届世界乒乓球锦标赛上，我国运动员获得了男子团体、男子单打、女子单打三项冠军。从此以后我国运动员多次在世锦赛、奥运会等重大的国际比赛中取得好成绩，特别是在第 36 届、43 届、46 届世锦赛上，我国运动员三次囊括了全部比赛项目的 7 个冠军，震惊了国际乒坛。从 46 届起，国际乒联决定将世锦赛中的团体与单打分别举行。

乒乓球运动设备简单，不受年龄、性别和身体条件的限制，具有广泛的适应性和较高的锻炼价值，因此乒乓球运动在群众中易于开展。乒乓球运动形式多样，有男、女单打比赛；有男、女双打比赛；也有男、女混合双打比赛。

经常参加乒乓球运动，不仅能发展人的灵敏性和协调性，提高动作的速度，改善心血管系统机能，增强体质，而且还能培养人的机智、沉着、勇敢作风和拼搏精神。

乒乓球运动在高等学校有广泛的群众基础，经常开展这项运动，对增强学生身心健康，活跃课余生活及提高学生的学习效率，均能起到良好的作用。

二、乒乓球运动的锻炼方法

（一）乒乓球基本技术

1. 握拍法

（1）直握拍法

正面拇指第一指节和食指第二指节握拍，拍柄压住虎口（两指间距离适中），背面中指、无名指和小指自然弯曲斜形重叠，中指第一指节顶住球拍的后上部使球拍保持平稳。见图 8-4-1。

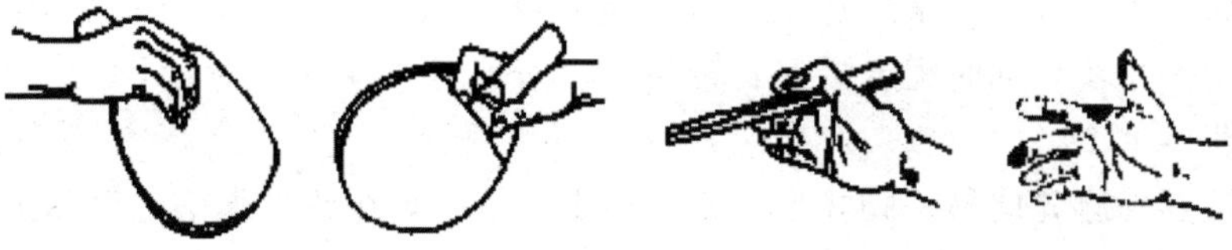

图 8-4-1

削攻型握法：正面拇指自然弯曲紧贴拍柄左侧，第一指节用力下压，其余四指自然分开托住球拍背面。直式握拍法的重点与难点是握拍舒适，手腕控制拍面恰当。

(2) 横握拍法

中指、无名指和小指自然地握住拍柄，拇指在球拍正面轻贴在中指的旁边，食指自然伸直斜放于球拍的背面，虎口轻微贴拍，击球时拇指和食指帮助手腕调节拍形和加力挥拍作用。正手攻球时食指向上移动，反手攻球时拇指向球拍中部移动帮助手腕下压加大击球力量。见图 8-4-2。

图 8-4-2

削攻型握法：与攻击型握拍法大体相同，只是食指靠近中指，拇指更加弯曲放松，虎口不紧贴柄。横式握拍法的重点难点是击球时拇指和食指熟练的移动帮助手腕下压和移动。

2. 基本步法

(1) 单步

移动方法：以一只脚为轴，另一只脚向前、后、左、右不同方向移动，身体重心随之落在移动脚上。见图 8-4-3。

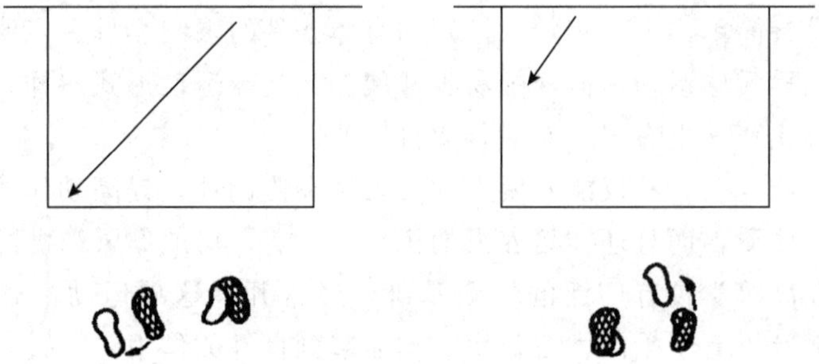

图 8-4-3

实际运用于：①接近网小球；②削追身球；③单步侧身攻棗在来球落点位于中线稍偏左或对推中侧身突袭直线或对搓中提拉球时常用。

(2) 跨步

移动方法：一脚蹬地，另一脚向移动方向跨一大步，蹬地脚随后跟上半步或一小步，身体重心即移到跨步脚上。见图 8-4-4。

实际运用于：①近台快攻打法，用来对付离身体稍远的来球；②削球打法，左、右移动击球；③跨步侧身攻，当来球速度较慢，但离身体稍远时，左脚向左前上方跨一大步，右脚随即跟上一小步，同时配合腰部右转动作，完成侧身移动。

(3) 并步

移动方法：一脚先向另一脚并半步或一小步，另一脚在并步脚落地后随即向来球方向移动一步。见图 8-4-5。

实际运用于：①快攻选手在左右移动中攻或拉球；②削球选手正反手削球；③并步侧身攻，多用于拉削球，右脚先向左脚后并一步，以便转体，随之左脚向侧跨一步。

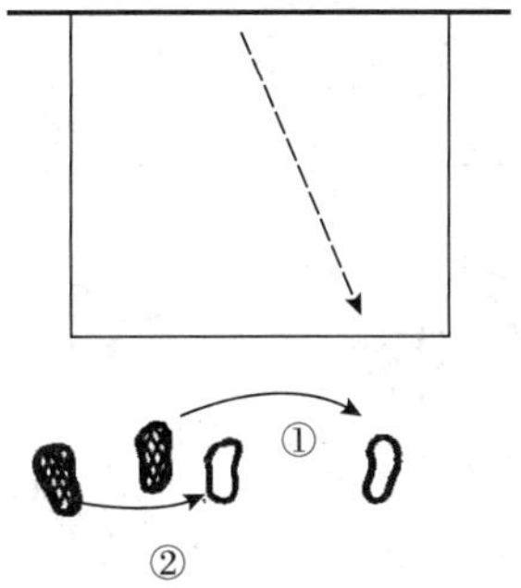

图 8-4-4

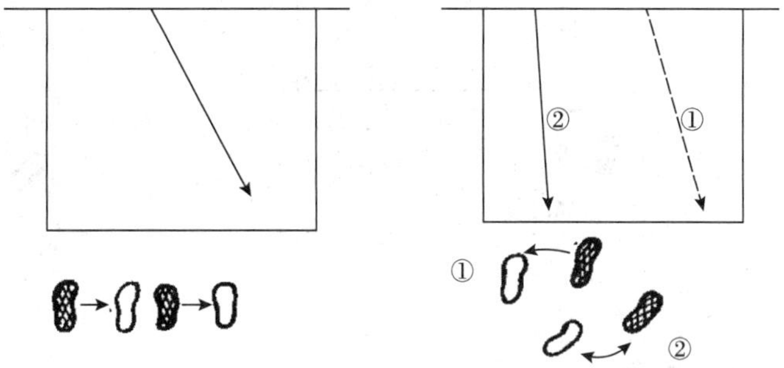

图 8-4-5

（4）跳步

移动方法：以来球异侧脚用力蹬地，两脚同时离地向来球方向跳动。见图 8-4-6。

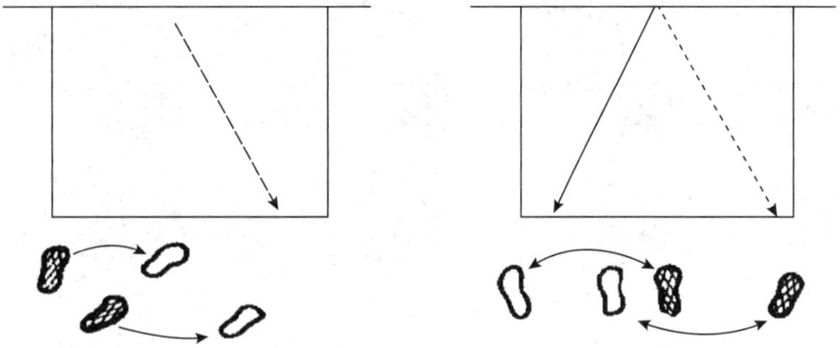

图 8-4-6

实际运用于：①快攻选手左右移动击球，常与跨步结合起来使用；②弧圈类打法由中台向左、右移动时常用；③跳步侧身攻或拉，但在空中需完成转腰动作；④削球选手在接突击时常采用，但以小跳步来调整站位用得较多。

（5）交叉步

移动方法：以靠近来球方向的脚作为支撑脚，该脚的脚尖调整指向移动方向，远离来球方向的脚在体前交叉，向来球方向跨出一大步，身体随之向来球方向转动，支撑脚跟着向来球方向再迈一步，这是前交叉步。后交叉步是在体后完成交叉动作。图 8-4-7。

实际运用于：①快攻或弧圈打法在侧身攻、拉后扑打右角空档，或从右大角变反手击球；②在走动中拉削球；③削球打法接短球或削突击。

3. 发球和接发球

乒乓球比赛是从发球和接发球开始的，两者的好坏都能直接得分或失分，因此要重视发球和接发球技术的练习。

（1）发球

发球的种类取决于球拍和球接触一瞬间拍型的变化，因此拍型控制的好坏以及瞬间力量的掌握情况是决定发球质量的关键因素。

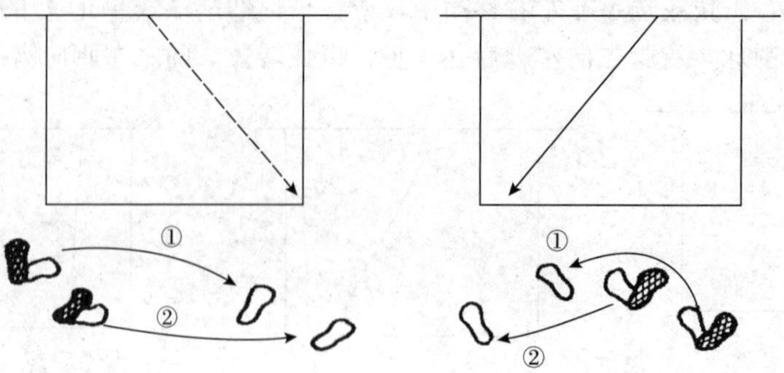

图 8-4-7

①正手发奔球

特点：球速急、落点长、冲力大，发至对方右大角或中左位置，对对方威胁较大。

要点：a. 抛球不宜太高；b. 提高击球瞬间的挥拍速度；c. 第一落点要靠近本方台面的端线；d. 击球点与网同高或稍低于网。见图 8-4-8。

图 8-4-8

②反手发急球

特点：球速快、弧线低，前冲大，迫使对方后退接球，有利于抢攻，常与发急下旋球配合使用。

要点：a. 击球点应在身体的左前侧与网同高或比网稍低；b. 注意手腕的抖动发力；c. 第一落点在本方台区的端线附近。见图 8-4-9。

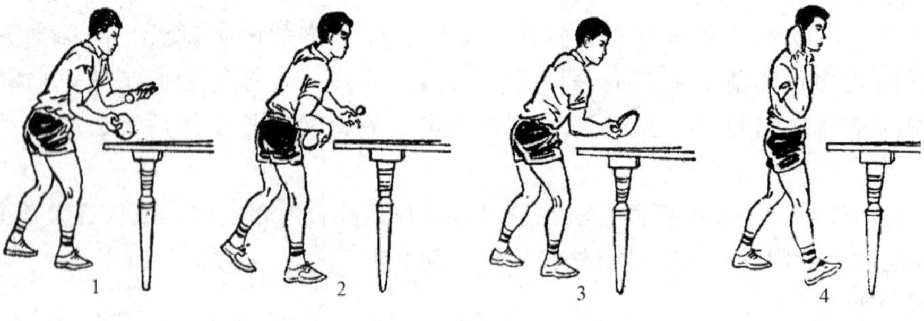

图 8-4-9

③发短球

特点：击球动作小，出手快，球落到对方台面后的第二跳下不出台，使对方不易发力抢拉、冲或抢攻。

要点：a. 抛球不宜太高；b. 击球时，手腕的力量大于前臂的力量；c. 发球的第一落点在球台中区，不要离网太近；d. 发球动作尽可能与发长球相似，使对方不易判断。

④正手发转与不转球

特点：球速较慢，前冲力小，主要用相似的发球动作，制造旋转变化去迷惑对方，造成对方接发球失误或为自己抢攻创造机会。

要点：a. 抛球不宜太高；b. 发转球时，拍面稍后抑，切球的中下部；越是加转球，越应注意手臂的前送动作；c. 发不转球时，击球瞬间减小拍面后仰角度，增加前推的力量。见图 8-4-10。

图 8-4-10

⑤正手发左侧上（下）旋球

特点：左侧上（下）旋转力较强，对方挡球时向其右侧上（下）方反弹，一般站在中线偏左或侧身发球。

要点：a. 发球时要收腹，击球点不可远离身体；b. 尽量加大由右向左挥动的幅度和弧线，以增强侧旋强度；c. 发左侧上旋时，击球瞬间手腕快速内收，球拍从球的正中向左上方摩擦；d. 发左侧下旋时，拍面稍后仰，球拍从球的中下部向左下方摩擦。见图 8-4-11。

图 8-4-11

⑥反手发右侧上（下）旋球

特点：右侧上（下）旋球力强，对方挡住后，向其左侧上（下）反弹。发球落点以左方斜线长球配合中右近网短球为佳。

要点：a. 注意收腹和转腰动作；b. 充分利用手腕转动配合前臂发力；c. 发右侧上旋球时，击球瞬间球拍从球的中部向右上方摩擦，手腕有一个上勾动作；d. 发右侧下旋球时，拍面稍后仰，击球瞬间球拍从球的中下部向右侧下摩擦，见图 8-4-12。

⑦下蹲发球

特点：下蹲发球属于上手类发球，我国运动员早在 50 年代就开始使用。横拍选手发下蹲球比直拍选手方便些，直拍选手发球时需变化握拍方法，即将食指移放到球拍的背面。下蹲发球可以发出左侧旋和右侧旋，在对方不适应的情况下，威胁很大，关键时候发出高质量的球，往往能直接得分。

①直板右侧上旋

②横板右侧上旋

③右侧下旋

图 8-4-12

要点：a. 注意抛球和挥拍击球动作的配合，掌握好击球时间。b. 发球要有质量，发球动作要利落，以防在还未完全站起时已被对方抢攻。c. 发下蹲右侧上、下旋球时，左脚稍前，身体略向右偏转，挥拍路线为从左后方向右前方。拍触球中部向右侧上摩擦为右侧上旋；从球中下部向右侧下摩擦为右侧下旋。d. 发下蹲左侧上、下旋球时，站位稍平，身体基本正对球台，挥拍路线为从右后方向左前方。拍触球右中部向左上方摩擦为左侧上旋；从球中部向左下部摩擦为左侧下旋。e. 发左（右）侧上、下旋球时，要特别注意快速做半圆形摩擦球的动作，见图 8-4-13。

⑧正手高抛发球

特点：最显著的特点是抛球高，增大了球下降时对拍的正压力，发出的球速度快，冲力大，旋转变化多，着台后拐弯飞行。但高抛发球动作复杂，有一定的难度。

要点：a. 抛球勿离台及身体太远。b. 击球点与网同高或比网稍低，在近腰的中右处（15 厘米）为好。c. 尽量加大向内摆动的幅度和弧线。d. 发左侧上、下旋球与低抛发球同。e. 触球后，附加一个向右前方的回收动作，可增加对方的判断（结合发右侧旋球，更

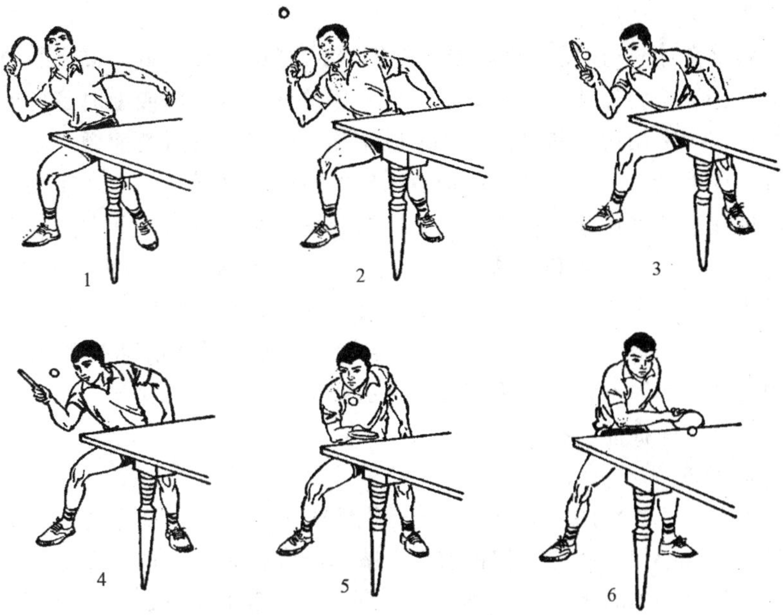
1 2 3 4 5 6

图 8-4-13

有威力)。见图 8-4-14。

1 2 3 4 5 6

图 8-4-14

(2) 接发球

接发球的判断：判断的正确与否，直接影响接发球的方式和接发球的成败。为了判断发球的旋转性质、旋转强度及来球线路落点，应利用各种信息进行综合分析。

①就对方发球时的站位决定自己接发球的站位。②观察对方发球前的引拍方向。③观察球拍触球瞬间摩擦球的方向，判断球的旋转性质。④观察发球时挥臂的动作幅度和手腕用力大小，判断球的落点长短和旋转强弱。⑤根据发球的第一落点判断来球的长短。⑥根据球在空中的飞行弧线判断旋转。⑦根据手感判断来球的旋转。⑧记住不同性能球拍的颜色及各自的性能。

接发球技术的具体运用：

①接上旋转（奔球）：正反手攻球或推挡回接，拍面适当前倾，击球的中上部，调节好向前的力量。②接下旋长球：用搓球、削球、提拉球回接，搓或削时多向前用力。③接左侧上、下旋球：可采用攻球和推挡（搓球或拉球）回接，拍面稍前倾（后仰）并略向左偏斜，击球偏右中上（中下）部位，以抵消来球的左侧上（下）旋力。④接右侧下、上旋球：可采用攻球或推挡（搓球或拉球）回击，拍面稍前倾（后仰）并向右偏斜，击球偏左中上（中下）部位；回接要点和方法与接左侧上、下旋球相同。⑤接近网短球：用快搓、快点或台内突击回接，主要靠手腕和前臂的力量。⑥接转与不转球：在判断不准的情况下可轻轻地托一板或撇一板，但要注意弧线和落点。⑦接不同性能球拍的发球：长胶、生胶、防弧胶的发球基本属不转球，用相应的方法回接。⑧接高抛发球：如球着台后拐弯的程度大，应向拐弯方向提前引拍。

4. 挡球与推挡球

挡球是初学者首先应学习的一项基本技术。推挡球是我国近台快攻传统打法的独特技术。

（1）挡球：近台中偏左站位左脚稍前，屈膝提踵含胸收腹，重心在前脚掌上，持拍手置于腹前，上臂靠近身体右侧，球拍半横状。前臂和手腕顺来球路线向前伸出主动迎球，上升期击球中部，拍面与台面几乎垂直，拍触球后立即停止，迅速还原成准备姿势。见图8-4-15、图8-4-16。

图8-4-15 反手挡球

图8-4-16 正手挡球

（2）推挡球：近台中偏左站位右脚稍前，击球时提起前臂上臂后收肘部贴近身体，在上升时期或高点期击球中上部。击球时适当用伸髋转腰动作加大手腕发力，并用中指顶住拍背向前用力。见图8-4-17。

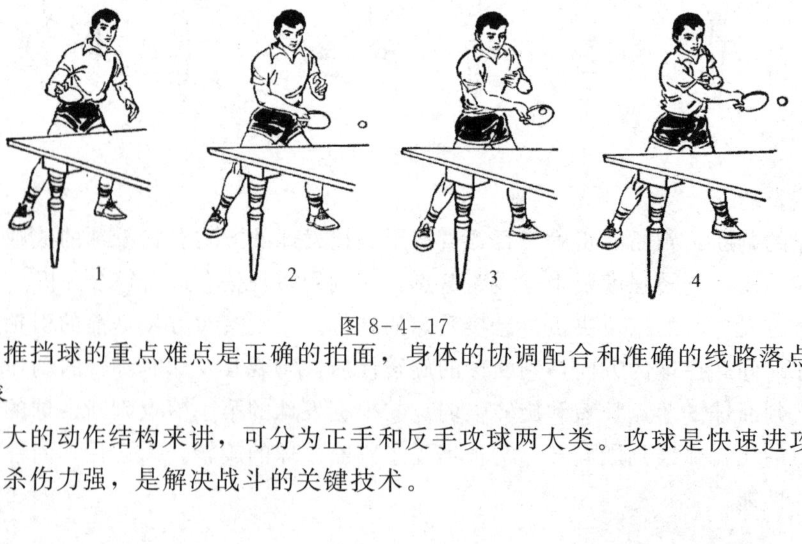

图8-4-17

挡球与推挡球的重点难点是正确的拍面，身体的协调配合和准确的线路落点。

5. 攻球

攻球从大的动作结构来讲，可分为正手和反手攻球两大类。攻球是快速进攻最重要的一项技术，杀伤力强，是解决战斗的关键技术。

(1) 正手攻球：近台中偏右站位左脚稍前，身体斜对球台，持拍手自然放松置于腹前，拍半横状。顺来球路线略向右侧引拍，约与台面齐高，拍面与台面约成80°左右，前臂与台面基本平行。当球从台上弹起，持拍手由右侧向左前上方挥动，以前臂快速内收发力配合手腕内转沿球体做弧线挥动，在上升期击球的中上部，击球位置在身体右前方一前臂距离处。见图 8-4-18、图 8-4-19。

图 8-4-18　横板

图 8-4-19　直板

(2) 反手攻球：站位近台右脚稍前，持拍手自然弯曲置于腹前偏左，重心偏于左脚。顺来球线路向后引拍。当球从台上弹起，持拍手由左后向右前上加速挥拍，前臂发力为主，手腕外转，拍面前倾，重心移至右脚，左右胸前击球上升时期的中上部。见图 8-4-20、图8-4-21。

攻球的重点难点是挥拍发力和正确恰当的击球点。

6. 搓球和削球

这是比赛中最重要的防守技术，通过球的旋转和落点变化调动对方，伺机反攻。

(1) 搓球

慢搓：近台站位右脚稍前，持拍手臂自然弯曲。击球时用前臂和手腕向前下方用力，拍面后仰，在下降期击球中下部。

图 8-4-20　横板

图 8-4-21　直板

快搓：站位及击球方法与慢搓相同，击球时拍面稍横立避免出界或回球过高。横板搓球动作见图 8-4-22、直板搓球动作见图 8-4-23。

图 8-4-22

图 8-4-23

搓球的重点难点是前臂和手腕的挥拍路线和用力方法。

(2) 削球

正手远削：站位中台左脚稍前，上体稍向右转重心落于右脚，持拍手臂自然弯曲于腹前。顺来球方向向右上方引拍与肩同高，拍面后仰。当球从台上弹起时，持拍手上臂带动前臂由右上向左前下方加速切削，手腕向下转动用力，在右侧离身体 40 厘米处击准下降期球的中下部，并顺势前送。横板见图 8-4-24、直板见图 8-4-25。

反手远削：中台站位右脚稍前，上体左转重心落于左脚，持拍手自然弯曲放松置于胸前。顺来球路线向左上方引拍约与肩高，拍柄向下。当球弹起时持拍手从左上方向右前下方挥动，拍面后仰，用前臂和手腕加速用力切削，球拍在胸前偏左 30cm 处击准下降期球的中下部，并顺势挥至右侧下。削球的重点难点是手臂、腰、腹和腿的协调用力。见图 8-4-26。

图 8-4-24

图 8-4-25

图 8-4-26

7. 弧圈球

按击球的方位来划分，弧圈球可分为两种：正手弧圈球，反手弧圈球。在正手弧圈球中又分为加转弧圈，前冲弧圈，侧旋弧圈，直板正胶弧圈（俗称小上旋）和不转弧圈。

（1）正手加转弧圈球：（以右手为例）左脚在前，右脚稍后，两膝微屈，重心约在右脚上。手臂自然下垂伸直，拍形略前倾，当来球从台面弹起时，右脚蹬地，腰部向左上方转动，上臂带动前臂向左前上方加速挥动，击球瞬间，整个身体的动量传递到手腕，加速度达到最大。在来球的下降初期摩擦球的中部或中上部。击球后重心移至左脚。见图 8-4-27。

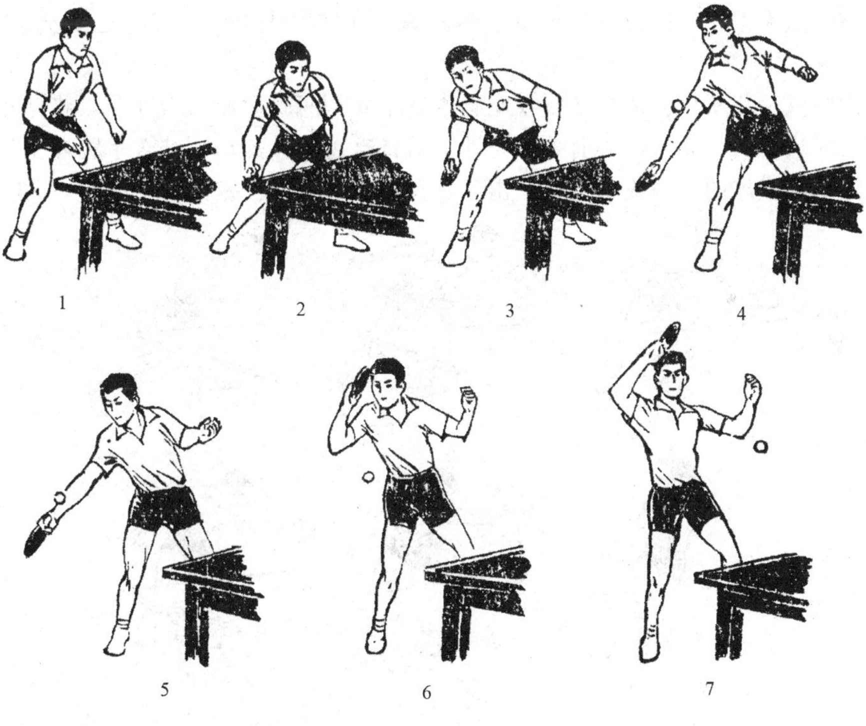

图 8-4-27

（2）正手前冲弧圈球：站位基本上与加转弧圈球相同。手臂的引拍要比如转弧圈球高一些，球拍与地面大约形成 80°夹角。当球从台面弹起时，腿、腰、上臂、前臂依次进行动量传递，击球瞬间手腕向内向前略为转动，加速度达到最大，在上升后期或高点期摩擦球的中上部。击球后，重心移至左脚。见图 8-4-28。

图 8-4-28

（3）正手侧弧圈：击球准备姿势和整个身体的用力方法与加转弧圈球相似，但在击球时，摩擦球的偏右面，拍形稍前倾，手臂自右外侧向左前上方（近似于弧形）发力。在拉侧旋球时，如果击球的右中部或右中上部，拉出的球是侧上旋；如果击球的中下部，主要以向内向前发力为主，往往会拉出侧下旋弧圈球。在实践中，一些优秀运动员常有运用。见图 8-4-29。

（4）横拍反手弧圈球：两脚平行或左脚稍后站立，两膝微屈。击球前，将球拍引至腹部下方。当球从台面弹起时，以肘关节为轴，前臂迅速向上挥动，结合手腕向上转动的力量，在下降期摩擦球的中部或中上部。击球过程中，两腿向上蹬伸。见图 8-4-30。

图 8-4-29

（5）直拍反手反面拉弧圈球：动作方法是：两脚平行或左脚稍后站立，两膝微屈，重心较低。击球前，球拍引至腹部下方，肘部略向前凸，手腕下垂内收，拍形前倾。当球从台面弹起时，以肘关节为轴，前臂迅速向前上挥动，击球瞬间手腕向右前上方转动，在下降初期或下降后期用球拍的反面摩擦球的中部或中上部。击球后，重心放在两脚中间。

图 8-4-30

（二）乒乓球基本战术

1. 发球抢攻战术

发球抢攻是我国直板快攻打法的“杀手锏”，是力争主动、先发制人的主要战术。各种类型打法的运动员都普遍采用发球抢攻来抢占每个回合的上风。发球战术运用的效果主要取决于发球的质量和第三板进攻的能力。

发球抢攻战术因打法的类型不同而有所差异但常用的发球抢攻战术，主要有以下几种：

①正手发转与不转；②侧身正手（高抛或低抛）发左侧上（下）旋球；③反手发右侧上（下）旋球；④反手发急球或急下旋球；⑤下蹲式发球。

2. 接发球战术

接发球战术与发球抢攻战术同样重要，在某种意义上讲，接发球水平的高低可以反映运动员的实战能力以及各项基本技术的应用程度。事实上，接发球者只是暂时处在被控制状态，如果你破坏了发球者的抢攻意图或者为他制造了障碍，减弱了对方抢攻的质量，也就意味着已经脱离被控制状态，变被动为主动了。常用的接发球战术有：

①稳健保守法；②接发球抢攻；③盯住对方的弱点处，寻找突破口；④控制接发球的落点；⑤正手侧身接发球。

3. 搓攻战术

搓攻战术是进攻型打法的辅助战术之一，主要利用搓球旋转的变化和落点的变化为抢攻创造机会。这一战术在基层比赛中被普遍采用。搓攻战术也是削球型打法争取主动的主要战术之一。常用的搓球战术有：

①慢搓与快搓结合；②转与不转结合；③搓球变线；④搓球控制落点；⑤搓中突击；⑥搓中变推或抢攻。

4. 对攻战术

对攻战术是进攻型打法在相持阶段常用的一项重要战术。快攻类打法主要依靠反手推挡（或反手攻球）和正手攻球（或正手拉弧圈球）的技术，充分发挥快速多变的特点来调动对方。常用的对攻战术有以下几种：

①紧逼对方反手，伺机抢攻或侧身抢攻、抢拉；②压左突右；③调右压左；④攻两大角；⑤攻追身球；⑥变化击球节奏，加力推和减力挡结合，发力攻、拉与轻打轻拉结合，也可造成对手的被动局面；⑦改变球的旋转性质，如加力推后、推下旋；正手攻球后，退至中远台削一板对方往往来不及反应，可直接得分或创造机会球。

5. 拉攻战术

拉攻战术是以攻为主的选手对付削球的主要战术。为了发挥拉攻的战术效果，首先要具备连续拉的能力，并有线路、落点、旋转、轻重等变化，其次要有拉中突击和连续扣杀的能力。常用的拉攻战术主要有：

①拉反手后，侧身突击斜线或中路追身球；②拉中路杀两角或拉两角杀中路；③拉一角或杀另一角；④拉吊结合，伺机突击；⑤拉搓结合；⑥稳拉为主，伺机突击。

6. 削中反攻战术

我国乒坛名将陈新华以及第43届世乒赛男单冠军丁松成功地运用削中反攻的战术创造了辉煌，令欧洲选手手足失措，无以应对。这种战术主要靠稳健的削球，限制对方的进攻能力，为自己的反攻创造有利条件。它不仅增强了削球技术的生命力，也促进了攻防之间的积极转化，常用的削中反攻战术主要有：

①削转与不转球，伺机反攻；②削长短球，伺机反攻；③逼两大角，伺机反攻。④交叉削两大角，突击对方弱点；⑤削、挡、攻结合，伺机强攻。

7. 弧圈球战术

由于弧圈球战术把速度和旋转有效地结合起来，稳健性好，适应性强，许多著名选手已用它去替代攻球或扣杀，常用的战术如下：

①发球抢攻；②接发球果断上手；③相持中的战术运用；

8. 双打战术

为了加强配合、协同作战，双打选手在发球时可用手势相互暗示发球意图，尽量为同伴创造抢攻条件，力争主动。在接发球时则应以抢攻、抢拉为主。当发球或接发球时，可运用打一角的战术，迫使对方两人在一角匆忙换位，再突袭另一角；亦可交叉攻两角或以长短结合的战术，打乱对方两人的基本站位和走位，从而创造进攻机会。

（三）乒乓球技术练习方法

1. 熟悉球性的方法

（1）持拍向上击球（颠球）

以球拍的一面做自抛的向上击球练习，也可以转动球拍用球拍的正反两面来击球，还可以在行进中进行练习。

（2）对墙击球

从定点开始，逐步后退击球；或前进和后退结合，做对墙任意击球的练习。在任意击球的基础上，要求能把球击到固定的区域中去。

（3）半台对墙击球

利用半个球台做对墙的击球练习。开始做任意击球，然后要求把球回击到固定区域中去。

（4）击吊线球

把一个破的乒乓球用线吊起来，球与练习者的腰部齐高，然后挥拍击球，做推挡、攻球、削球等练习。

2. 熟悉球旋转性能的方法

半台对墙，练习者做各种旋转的发球后，观察球碰墙以后弹回的方向。练习者也可在球台上用平挡接各种旋转的发球，观察球碰拍以后弹回的方向（如发左侧旋，则回球方向一定是向左），然后逐步在回击各种旋转球时正确掌握球拍的角度和用力的方向。

3. 提高摆速和落点控制能力的方法

（1）两点对一点的练习

例如：一方做左推右攻，有次序地把球击到对方台面的左方，另一方用推挡回击；或者一方交替用正反手削球，把球有次序地寄到对方台面的右角，另一方用正手拉球回击。这种练习既有利于提高摆速，同时又为控制落点打下初步的基础。

（2）不同落点对一点练习

进行这种练习时，对方回球的落点可以不受限制，并且在球路的变化上也没有一定的规律，但要求练习者必须将球回到规定的落点上。通过这个练习不仅能有效地提高摆速，而且也能锻炼反应和判断能力。这个练习难度较高，开始练习时可以要求同伴把球速减慢。

4. 掌握和改进技术动作的方法

（1）模仿练习

练习者对镜子做徒手动作模仿练习，观察动作是否正确；也可以在教师或同伴帮助下做手把手模仿练习。

（2）单一技术练习

在球台固定的线路上，采用练习者想要提高的技术反复进行练习。

5. 部分基本技术练习

（1）推挡球练习

①模仿练习：徒手做推挡球的模仿动作，然后用正反手对墙进行挡球练习。初步掌握后，两人在台上对练各种线路的推挡球。

②二人推挡练习：先两个人均匀力量推挡，再变为一个人均匀力量推、另一人做加力推挡或两人全力推挡。

（2）攻球练习

①徒手模仿练习（方法同推挡练习）。

②多球练习：开始时自抛自攻，然后两人配合。陪练者连续送单个球，对方练习攻球。先轻打，动作熟练后逐渐加力。

③推对攻练习：一人推挡球到固定点，另一人攻球，落点固定。以后可以推二点攻一点和推不固定点攻一点，或一人推二点，另一人做左推右攻及推中侧身攻练习。

④攻对攻练习：二人在球台各个线路上练习，先轻打，能控制好落点后，再用中等力量，熟练后可发力对攻。对攻时先练习近台，然后逐渐扩至中台或远台。

（3）发球练习

初学时，先练平击发球，待发球的准确性有所提高，能发斜、直线球之后，再练发急球、左（右）侧上（下）旋的球和短球，然后用同样手法发出各种不同旋转和难度较高的球。

①发固定落点球：单一种类的发球练习最好是采用多球训练，规定将球发到一定的落点。

②发变化落点球：两种或两种以上的变化旋转和变化落点的发球练习。这个练习也可采用多球练习，例如反手发急球和轻球的结合、侧身正手发左侧上旋球和左侧下旋球的结合或发到对方台面的左角配合发直线急球至对方右角。

（4）搓球练习

①徒手模仿练习，然后单个球在本台抛球，待球从台上弹起后将球搓过球网。

②稍熟练后，台上一条线路对搓练习，或一人发下旋球，另一人搓球。

③两点或不同落点对一店的练习。

④固定点搓球、变线搓球、搓转与不转球、搓长球与短球、快搓与慢搓等多种练习反复交替进行。

（5）削球练习

①徒手模仿练习。

②一个人在固定点发急球，一人用正（反）手将球削回，每削球一次，重新发一次球。初步掌握后，用单个攻球方法将球击到对方台面两角上，由对方将球削回。

③正（反）手将球削到对方台面左右角；变线削球；削转与不转球；削中起板攻球。

（6）拉弧圈球练习

①徒手和持拍做模仿动作练习。

②一人在台上自抛球，待球弹起后将球向对方中路削出，另一人练习拉弧圈球。

③一人发中路出台的下旋球，一人练习拉弧圈球。

④推挡对连续拉弧圈球。

⑤削球对连续拉弧圈球，由拉固定点到拉布同定点。

三、乒乓球比赛规则简介

乒乓球竞赛规则主要内容如下：

（1）决定每场比赛的胜负：可采用五局三胜制或七局四胜制。

（2）决定每局比赛的胜负：以先得 11 分的单打或双打运动员为胜方，但打到 10 平后，先多得 2 分者为胜方。

（3）交换方位：在一场比赛中，一局比赛结束后，下一局应交换方位。决胜局时一方先得 5 分时，即交换方位。

（4）发球、接发球和方位的选择：选择发球、接发球和这一方位、那一方位的权力应由抽签来决定。中签者可以选择先发球或先接发球，或选择先在某一方；当一方运动员选择了先发球或先接发球，或选择先在某一方位后，另一方运动员必须有另一个选择；在获得每两分之后，接发球方即成为发球方，依此类推，直至该局比赛结束，或者直至双方比分都达到 10 分或实行轮换发球法，这时，发球和接发次序仍然不变，但每人只轮发一分球；在双打的第一局比赛中，先发球方确定第一发球员，再由先接发球方确定第一接发球员。在以后的各局比赛中，第一发球员确定后，第一接发球员应是前一局发球给他的运动员；在双打中，每次换发球时，前面的接发球员应成为发球员，前面的发球员的同伴应成为接发球员；一局中首先发球的一方，在该场下一局应首先接发球。在双打决胜局中，当一方先得 5 分时，接发球方应交换接发球次序。

（5）合法发球：发球时，球应放在不执拍手的手掌上，手掌张开和伸平。球应是静止的，在发球方的端线之后，比赛台面的水平面之上；发球员须用手把球几乎垂直地向上抛起，不得使球旋转，并使球在离开不执拍手的手掌之后上升不少于 16 厘米，球下降到被击出前不能碰到任何物体；当球从抛起的最高点下降时，发球员方可击球，使球首先触及本方台区，然后越过或绕过球网装置，再触及接发球员的台区。在双打中，球应先后触及发球员和接发球员的右半区。运动员发球时，应让裁判员或副裁判员看清他是否按照合法发球的规定发球。

（6）合法还击：对方发球或还击后，本方运动员必须击球，使球直接越过或绕过球网装置，或触及球网装置后，再触及对方台区。

（7）重发球：①回合出现下列情况应判重发球：如果发球员发出的球，在越过或绕过球网装置时，触及球网装置，此后成为合法发球或被接发球员或其同伴阻挡；如果接发球员或接发球方未准备好时，球已发出，而且接发球员或接发球方没有企图击球；由于发生了运动员无法控制的干扰，而使运动员未能合法发球、合法还击或遵守规则。②由于裁判员或副裁判员暂停比赛导致的重发球：由于要纠正发球、接发球次序或方位错误；由于要实行轮换发球法；由于警告或处罚运动员；由于比赛环境受到干扰，以致该回合结果有可能受到影响。

（8）比赛得一分的判定：对方运动员未能合法发球；对方运动员未能合法还击；运动员在发球或还击后，对方运动员在击球前，球触及了除球网装置以外的任何东西；对方击球后，该球没有触及本方台区而越过本方端线；对方阻挡；对方连击；对方运动员或他穿戴的任何东两使球台移动；对方运动员或他穿戴的任何东西触及球网装置；对方运动员不执拍手触及比赛台面；双打时，对方运动员击球次序错误；执行轮换发球法时，出现接发球方进行了 13 次合法还击，则判发球方失一分。

（9）轮换发球法：如果一局比赛进行到 10 分钟仍未结束（双方都已获得至少 9 分时除外），或者在此之前任何时间应双方运动员要求，应实行轮换发球法；当时限到时，球仍处于比赛状态，裁判员应立即暂停比赛。由被暂停回合的发球员发球，继续比赛；当时限到时，球未处于比赛状态，应由前一回合的接发球员发球，继续比赛；此后，每个运动员都轮发一分球，直至该局结束。如果接发球方进行了 13 次合法还击，则判发球方失一分；轮换发球法一经实行，或一局比赛进行了 10 分钟，该场比赛的剩余的各局必须实行轮换发球法。

第五节 羽毛球运动

一、羽毛球运动简介

现代羽毛球运动起源于英国，第一次世界大战后传入中国。1934 年，国际羽毛球联合会成立，首任主席是英国人汤姆斯爵士，现任国际羽联主席是我国的吕圣荣女士。目前国际羽联所属的国际单项体育运动组织，已有会员国 130 多个。1992 年奥运会羽毛球被列为正式比赛项目。

羽毛球运动在我国得到了蓬勃发展。1956 年在天津举行了第一次全国羽毛球比赛。1958 年 9 月 11 日中国羽毛球协会在武汉成立。1981 年，中国选手在美国第一届世界运动会的羽毛球比赛中夺得了男单、女单、男双和女双四项桂冠，从此拉开了中国队崛起世界并多次夺取世界冠军的帷幕。

羽毛球运动是比赛双方在中间隔着一网的特定场地上用球拍轮流击打一个羽毛球，以把球击落在对方场区内或之对方击球失误为胜的一项球类运动。羽毛球器材简单，所需场地较小，运动量可大可小，趣味性强，深受大学生们喜爱。经常参加羽毛球运动，不仅可以增强心血管系统和呼吸系统的功能，使心跳强而有力，肺活量加大，耐久力提高，增大上、下肢和腰部的力量；而且对提高人体神经系统的灵敏性和协调性，培养勇敢顽强的优良品质有着积极的促进作用。

二、羽毛球运动的锻炼方法

（一）羽毛球基本技术

1. 握拍法（以下技术均以右手握拍为例）

（1）正手握拍

正确的握拍方法是先用左手拿住球拍杆，使拍面与地面垂直，然后张开右手，使手掌下部（小鱼际）靠在球拍打握柄底托，虎口对着球拍柄窄的一面，小指、无名指、中指自然地并拢，食指与中指稍稍分开，自然地弯曲并贴在球拍柄上。见图 8-5-1。

（2）反手握拍

反手握拍有两种：一种是在正手握拍的基础上，把球拍框往外转，拇指伸直贴在拍柄的宽面上，食指、中指、无名指、小指并拢。另一种是正手握拍把球拍框外转，拇指贴在球拍柄的棱上，食指、中指、无名指、小指并拢。反手握拍时，手心与球柄之间要留有空隙，这样握拍有利于手腕力量和手指力量的灵活运用。见图 8-5-2。

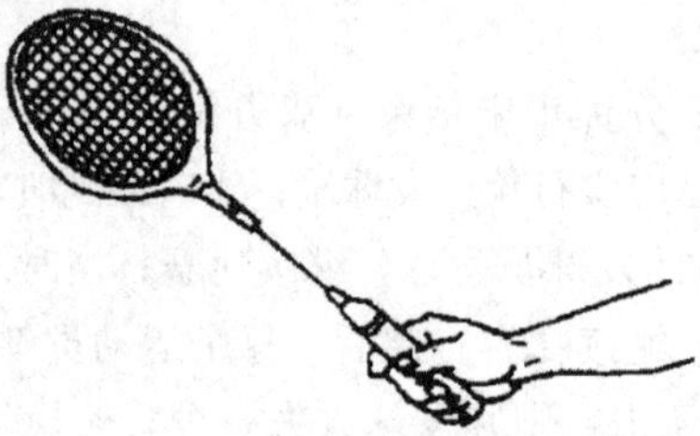

图 8-5-1

图 8-5-2

2. 发球站位及准备姿势

发球站位：单打发球在中线附近，站在离前发球线约 1 米左右。双打发球站位可靠近前发球线。

（1）正手发球站位

准备姿势：身体左肩侧对球网，左脚在前，右脚在后，重心在右脚上，右手持拍向右后侧举起，肘部放松微屈，左手拇指、食指和中指夹住球，举在胸腹间。发球时，身体重心由右脚移至左脚。见图 8-5-3。

（2）反手发球站位

准备姿势：两脚前后站立，右脚在前，左脚在后，上体稍前倾，重心在前脚上；右手反握球拍，将球拍摆在左腰侧前，肘部微屈稍抬高，拍框朝下，拍面稍后仰；握拍手自然放松，左手持球于腹前腰下处。见图 8-5-4。

图 8-5-3

图 8-5-4

3. 发球

发球是羽毛球基本的重要的技术之一。羽毛球发球虽不能像乒乓球发球那样使球产生各种旋转，但它可以通过不同的发球手法，发出不同弧度、不同落点的球来控制对方，为本方创造进攻得分的机会。

发球可分为正手发球和反手发球。一般来说，发网前球、平快球、平高球均可以用正手发球或反手发球的技术来完成，而发高远球，则须采用正手发球。

（1）正手发球

①正手发高远球

动作要领：发球前准备姿势。发球时，左手把球举在身体的右前方并自然放下，使球下落，右手同时持拍由大臂带动小臂，从右后方沿着身体向前并向左上方挥动。当球落到右手臂向前下方伸直能触到球的一刹那，握紧球拍，并利用手腕的力量向前上方发力击球。击球之后，球拍顺势向左上方挥动缓冲。见图 8-5-5。

图 8-5-5

②正手发平高球

这是一种比高远球低、速度较高远球快、具有一定攻击性的球。

动作要领：发球前准备姿势同发高远球。发球的动作过程大致同发高远球，只是在击球的一刹那，小臂加速带动手腕向前上方挥动，拍面要向前上方倾斜，以向前用力为主。发平高球时要注意发出球的弧线以对方接球时伸拍打不着球的高度为宜，并应发到对方场区底线。

③正手发平快球

这种球比平高球的弧线还要低、速度还要快。在对方反应较慢、站位较前、动作幅度较大的对手或是初学者时，效果往往很好。

发球动作要领：准备姿势亦同发高远球。站位比发平高球稍后些（防对方很快回到本方后场）充分利用前臂带动手腕爆发力向前方用力，球直接从对方的肩稍上高度越过，直攻对方后场。发平快球关键是出手的动作要小而快，但前期动作应和发高远球一致。发平快球时还应注意不要过手、过腰犯规。

④正手发网前短球

发网前球是在双打中主要采用的发球技术。单打比赛时，如发高球，怕遭到对方球速较快的直接攻击时；或为了主动改变发球方式借以调动对方时采用。

发球动作要领：准备姿势同发高远球。击球时，握拍要放松，大臂动作要小，主要靠小臂带动手腕向前切送，用力要轻。发网前球时应注意手腕不能有上挑动作，另外，落点要在前发球线附近，发出的球要贴网而过，这可免遭对方扑杀。见图 8-5-6。

（2）反手发球

反手发球的特点是动作小、出球快、对方不易判断。在双打比赛中多采用此发球技术。

发球站位：站在前发球线后 10～50 厘米及发球区中线的附近，也可以站在前发球线及场地边线附近的地方（双打比赛中，从右场区发球时可以看到）。

图 8-5-6

准备姿势：面向球网，两脚前后站立（左脚或右脚在前均可），上体稍前倾，身体重心在前脚上。右手反手握拍，左手拇指、食指和中指捏住球的二三根羽毛，球托明显朝下（避免犯规），球体与拍面平行或球托对准拍面放在拍面前方。

发球动作要领：击球时，小臂带动手腕朝前横切推送。发网前球时，用力要轻，主要靠“切”送；发平快球时，发力要突然，击球时拍面要有“反压”动作。见图 8-5-7。

4. 接发球

接发球的站位：不论是单打还是双打，都应选择一个合理的接发球站位。一般情况下，单打的接发球站位离前发球线约 1.5 米处；在右发球区应站在靠中线的位置，在左发球区则站在中间稍偏边线的位置，主要防备对方发球攻击反手部位。双打接发球时站位可靠近前发球线，因双打的后发球线距前发球线比单打短 0.76 米，发高远球易被扣杀。所以，双打接发球主要精力应对付发网前球上。

接发球的准备姿势：单打接发球应左脚在前，右脚在后，侧身对网，重心在前脚，后脚脚跟稍提起，收腹含胸，持拍于右身前，两眼注视对方。见图 8-5-8。

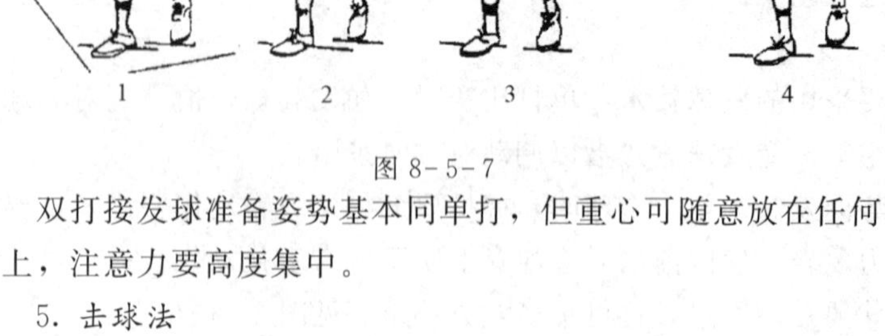

图 8-5-7

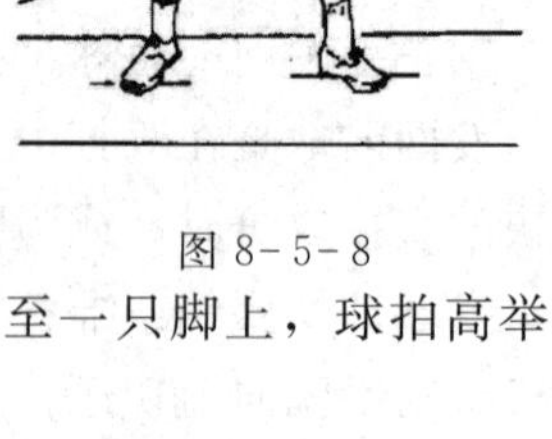

图 8-5-8

双打接发球准备姿势基本同单打，但重心可随意放在任何移至一只脚上，球拍高举在肩上，注意力要高度集中。

5. 击球法

(1) 高手击球技术

一般击球点高于头部的球，称为高手击球。高手击球技术，即在尽可能高的击球点上，还击对方向底线附近击来的高球。它具有主动性强，击球力量大等特点，可给对方造成较大的威胁，是初学者首先必须学好的技术。

①正手击高远球

动作要领：首先判断来球的方向和落点，侧身后退使球在自己右肩稍前上方的位置，左肩对网，左脚在前，右脚在后，重心在右脚上左臂屈肘，左手自然高举，右手持拍，大小臂自然弯曲，将球拍举在右肩上方，两眼注视来球。击球时，由准备动作开始，大臂后引，随之关节上提明显高于肩部，将球拍后引至头后，自然伸腕（拳心朝上），然后在后脚蹬地、转体和腰腹的协调用力下，以肩为轴，大臂带动小臂快速向前上方甩动手腕，在手臂伸直的最高点击球。击球后，持拍手臂顺惯性往前下方挥动并收拍至体前。与此同时，左脚后撤，右脚向前迈出，身体重心由后脚移到前脚。正手击高远球可以用不起跳或起跳进行击球。后者是为了争取高点击球，以赢得时间上的主动，但对步法技术和体力要求较高。见图 8-5-9。

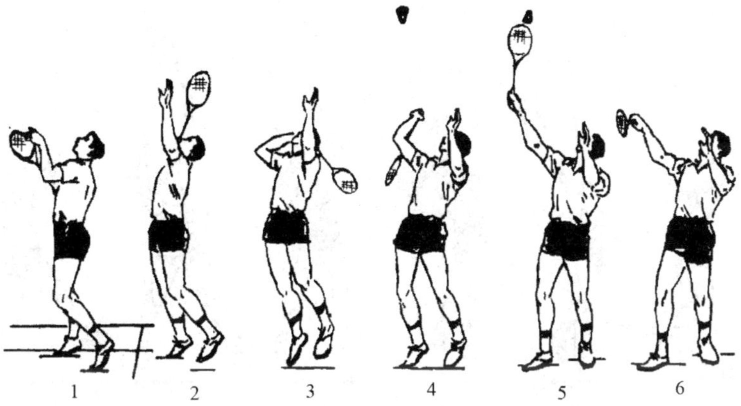

图 8-5-9

②反手击高远球

当对方将球击到本方左后场内，以反手将球击回对方底线去的高远球击球法称之反手击高远球。它的特点是节省体力，对步法要求也不高，朝被动情况下，可采用反手击高远球过渡，帮助自己重新调整站位。

动作要领：首先判断准对方来球的方向和落点，迅速将身体转向左后方，步法到位后，右脚前交叉跨到左侧底线，背对网，身体重心在右脚上，使球在身体的右肩上方。击球前，由正手握拍迅速换为反手握拍，并持拍于胸前，拍面朝上。击球时，以大臂带动小臂，通过手腕的闪动、自上而下的甩臂将球击出。在最后用力时，要注意拇指的侧压力与甩腕的配合，同时还要利用两腿的蹬地、转体等协调全身用力。见图 8-5-10。

图 8-5-10

③头顶击高远球

在自己的左后场区，用正手在头顶中间部位或在左肩上方将来球击到对方底线去的高远球击球法称头顶击高远球。这种击球动作是我国运动员对羽毛球技术发展的一项贡献。它较反手击球主动性强，具有更大的攻击性。

动作要领：击球前的准备姿势以及击球动作同正手击高远球基本一致。不同的是头顶击高远球的击球点在左肩上方（因为球是飞向左后角的）。准备击球时，侧身（左肩对网）稍左后仰。击球时，大臂带动小臂使球绕过头顶，从左上方向前加速挥动，在用力击球时，注意发挥手腕的爆发力和充分利用蹬地以及收腹的力量。击球后，左脚在身后着地并立即回蹬，同时右脚前移，重心移至右脚。图 8-5-11。

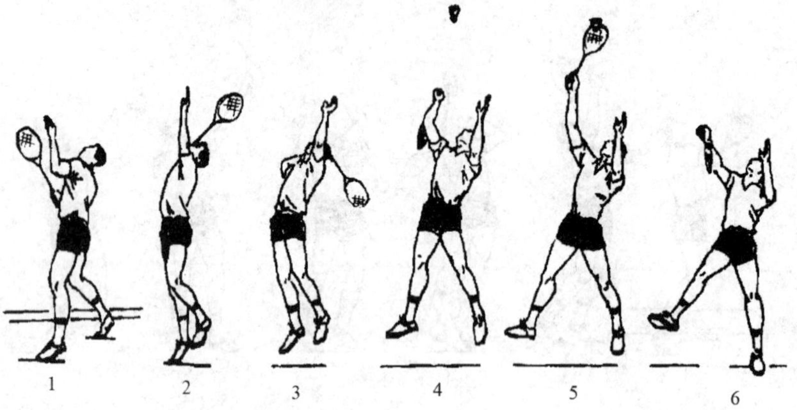

图 8-5-11

(2) 吊球技术

吊球，即把对方击来的后场高球还击到对方的网前区的击球法。吊球可以用正手、反手或头顶击球技术来完成。吊球按球在空中飞行的弧线和击球动作的不同可分劈吊（快吊）和轻吊（拦截吊）两种。但不论哪种吊球，其击球前的准备动作应与击高远球一样，也保持动作的一致性，使对方不易判断己方打出的是什么球。

①正手吊球

劈吊（快吊）击球前期动作同正手击高远球。击球时，拍面正面向内倾斜，手腕作快速切削下压动作。若劈吊斜线球，则球拍切削球托的右侧，并向左下方发力；若劈吊直线，则拍面正对前方，向前下方切削。

轻吊（拦截吊）击球前期动作同正手击高远球。击球时，一种轻吊时的拍面变化同劈吊基本一致，但用力要更轻些；另一种是击球时，拍面正击球托或借助于来球的反弹力用球拍轻挡，使球过网后贴网而下。后者多用于拦截对方击来的平高球和半场高球。见图 8-5-12。

②反手吊球

反手吊球其击球前的动作同反手击高远球，不同处也在于触球时拍面的掌握和力量运用。吊直线球时，用球拍反面切削球托的后中部，向对方右网前发力；吊斜线球时，用球拍反面切削球托的左侧，朝对方左网前发力。

③头顶吊球

头顶吊球也可作劈吊和轻吊。其击球前的动作同头顶击高远球一样。不同的是球拍触

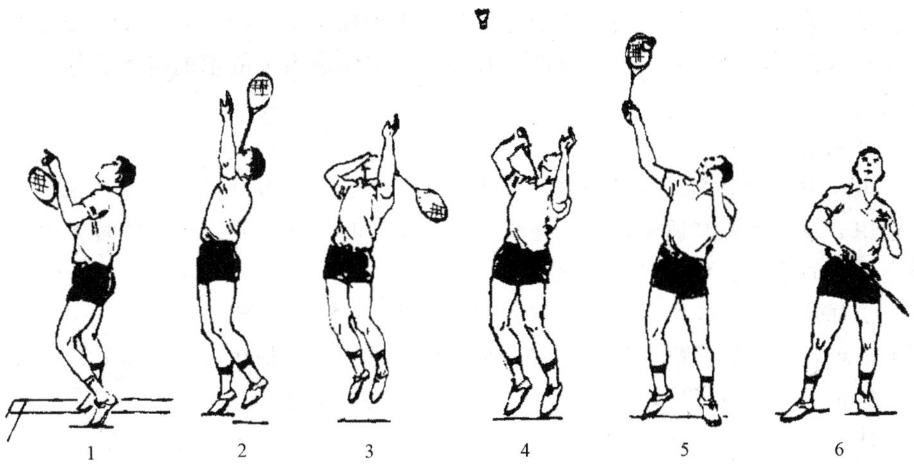

图 8-5-12

球时拍面变化和力量的运用。吊直线球的动作同正手吊直线球基本一致，只是击球点不同；吊斜线球时，球拍正面向外转，切削球托的左侧，朝右前下方发力。

（3）扣杀球

把对方击来的高球全力向下扣压叫扣杀球。其特点是力量大、速度快。

①正手扣杀球

其击球前的准备姿势和击球动作与正手击高远球基本一样。不同的是最后用力的方向朝下，而且要充分利用蹬地、转体、收腹以及手臂和手腕的爆发力全力地将球向下击出，击球的一刹那要紧握球拍。见图 8-5-13。

图 8-5-13

②反手扣杀球

其准备姿势和击球动作与反手击高球一样。但最后用力的方向朝下，而且要加快手臂和手腕朝下的闪动。击球点应尽可能高些、前些，这样便于力量的发挥。

③头顶扣杀球

准备姿势和击球动作与头顶击高球一样。不同的是击球时要充分利用腰腹力量，以大小臂带动手腕快速下扣。

不管用哪种动作杀球均可作重杀、轻杀、长杀、深杀、直线扣杀、斜线扣杀。重杀时要全力扣压；轻杀时用力介于重杀和劈吊之间；长杀是将球杀向对方场区底线附近；深杀落点在中场附近。总之，杀球时只要通过手腕和手指控制拍面、倾斜角度、用力方向和大小，就可扣杀出不同的球来。这些不同形式的杀球主要是为了战术的需要和根据对方站位的情况灵活加以运用。

（4）网前击球

网前击球是调动对方、寻找战机的重要手段，并可直接得分。因它的技术动作轻松而细巧，运用力量要求控制适度，所以在学习网上击球时，除了要注意动作规范之外，还应细心体会击球时手腕、手指的细小感觉。

网上击球技术分：搓球；放网前球；勾对角球；推球；扑球。

网上击球基本姿势：侧身对网，右脚跨步称弓箭步，左脚在后自然拉开，上体略有前倾，右手持拍前伸约与肩平，肘关节微曲。注意握拍要放松。

①搓球

击球时，拍面稍前倾，利用手腕和手指的力量向前“切削”球托底部或向后“提拉”，使球击出后旋转或滚动过网。搓球一般在对方来球较靠近网上时运用。正反手搓球除握拍不同外，其他要领相同。见图 8-5-14。

图 8-5-14

②放网前球

放网前球是指在被动的情况下，把对方击来的网前球回击到对方网前区域的击球方法。

放网前球技术有正手和反手两种。

a. 正手放网前球动作要领：准确判断来球的路线和落点，快速上网，最后一步右脚在前，左脚在后成弓步，上体前倾，重心在右脚，侧身对网；右手正握拍向前下方伸臂，小臂外旋展腕，左臂自然后伸，起平衡作用，拍面几乎朝上迎击来球；击球瞬间，手腕稍内屈轻轻闪动，食指和大拇指控制拍面角度和用力大小，球拍向前上方轻轻一托，把球轻击送过球网。见图 8-5-15。

b. 反手放网前球动作要领：准确判断来球的路线和落点，快速向前左侧上网，最后一步右

图 8-5-15

脚在前，左脚在后成弓步，侧背对网，上体前倾，重心在右脚，右手反握拍向前下方伸臂，小臂内旋展腕，左臂自然后伸，起平衡作用，拍面几乎朝上迎击来球；击球瞬间，腕部伸腕轻闪动，食指和大拇指控制拍面角度和用力大小，球拍向前上方轻轻一托，把球轻击送过球网。

③勾对角球

在网前把来球回击到对角线网前叫勾对角球。击球时，拍面斜向对方右（左）网前。正手勾对角线时击球托的右侧，手腕和手指带动球拍向左内勾动；反手勾对角时，击球托的左侧，同时向右内勾动。

勾球有正手、反手勾球两种。

a. 正手勾球动作要领：看准来球快速上网，侧身对网，重心在右脚；握拍小臂前伸，稍有外旋，手腕稍后伸，手腕、手指自然放松；拍柄稍向外捻动，拇指贴在拍柄宽面，食指由稍后伸至内收闪腕，肘部略回收，拍面朝对方右网前拨击球托侧底部，球沿网的对角线飞越过网。见图 8-5-16。

b. 反手勾球动作要领：看准来球手臂前伸，球拍平举。准备击球时，肘部突然下沉，同时小臂略有外旋；击球瞬间，手腕由屈腕到伸腕闪动，拇指内侧和中指将拍柄向右侧一拉，其余的手指突然紧握球拍，球拍背面朝对方左网前拨击球托侧底部，球沿网的对角线飞越过网。

图 8-5-16

④网前推球

在网上将来对方的来球用较平的弧线快速推到对方场区底线叫推球。由于球的飞行弧线较低、平，球速较快，容易给对方造成回击困难。

网前推球技术有正手和反手两种。

a. 正手网前推球动作要领：准备击球时，肘关节微屈回收，小臂稍外旋，收腕后伸，球拍向后摆，小指、无名指稍松开，使拍柄稍离鱼际肌；击球时，身体稍前移，小臂前伸并带内旋、收腕，手指控制拍面角度，收腕由后伸至闪动，食指前压，小指、无名指突然紧握拍柄；球拍急速推击球，球沿边线飞向对方后场底角；击球瞬间，拍面几乎与球网平行。见图 8-5-17。

图 8-5-17

b. 反手网前推球动作要领：准备击球时，小臂向左胸前收引，屈肘屈腕；击球时，小臂前伸略带外旋，收腕由屈到伸“闪”动，中指、无名和小指突然紧握拍柄；大拇指顶压，向前挥拍，推击球托侧底部，将球推击过对方后场底线。

⑤网前扑球

扑球是把对方击来或发来的高于网的网前球，在球越过网顶上空时，迅速向对方场区扑压下去的一种球方法。

网前扑球有正手、反手扑球两种，就扑球路线有直线、斜线和扑追身球三种。

a. 正手扑球动作要领：准确判断来球路线和高度，快速蹬步上网，身体右侧扑向网，球拍随手臂向右前伸，斜上举，拍面朝前。准备击球时，小臂外旋，收腕关节后伸，小指、无名指稍松开，使拍柄离开鱼际肌；击球时，收腕由后伸到屈腕闪动，利用小臂、收腕和手指力量向前下方“闪”击球，球拍触球后立即收回，或靠手腕由右前向左前“滑动”式挥拍扑球，以免球拍触网违例。扑球后，球拍随周臂向右侧前下方回收。见图 8-5-18。

b. 反手扑球动作要领：反手握拍于左侧前，当身体想左侧前方跃起时，持拍手小臂前伸、上举，收腕外展，拍面正对来球；击球时，手臂伸直，收腕由外展到内旋闪动，手握紧拍柄，拇指顶压，加速挥拍扑击球；击球后即刻屈肘，球拍收回，以免球拍触网违例。

⑥低手击球

低手击球一般是在防守时所采用的击球技术。它虽然不像上手击球那样具有进攻性威胁，但如运用得当，往往也能起到守中有攻的效用。

低手击球技术包括挑高球（或挑球）、抽球和接杀球等。

图 8-5-18

a. 挑高球

挑高球是指把对方击来的吊球或网前球自下而上地挑高后回击到对方后场底线上空的击球方法。

动作要领：不论是正手挑球还是反手挑球，最后一步应是右脚在前。正手挑球时，以肘关节为轴，伸拍向前并以前臂带动手腕由下向上挥动。反手挑球时，以反手握拍法握拍，击球时，肘关节稍抬高，并以肘关节为轴，前臂带动手腕由下向上挥动。见图8-5-19。

图 8-5-19

挑球时应注意，如来球离网较远时，拍面可稍前倾向前上方用力击球；如来球较近网，拍面应接近向上，击球时要有向上的“提拉”，以免挑球不过网。

b. 底线抽球

底线抽球主要是为了对付长杀球、平推球或对方突然回击的平高球使自己较被动地退到底线去接球时采用的一种击球技术。它可以分正手和反手两种抽球。

正手底线抽球动作要领：移动时，右脚先向右后场区迈一小步，身体也随之转向右后方，左脚用并步或交叉步向右后场移动一步，右脚再向右后场跨一大步并成弓箭步，重心在右脚上。在移动的同时，持拍臂往右后方拉，拍面稍后仰，击球时，以躯干为竖轴，作半圆式挥拍击球。见图 8-5-20。

图 8-5-20

反手底线抽球动作要领：移动时，右脚先向左脚靠一小步，然后左脚向左后场跨一步，右脚向左后场跨一大步，身体重心在右脚上。击球前背朝网，大臂往左后方拉，击球时利用大臂带动小臂及手腕左后方前上方发力并利用蹬地、转腰的力量将球击出。底线反手抽球多在单打被动时或双打比赛中运用。

c. 接杀球

把对方杀过来的球还击到对方场区去叫接杀球。接杀球看起来很被动，但当对方杀球质量不高时，接杀球如处理得当，就会本方创造转守为攻的机会或直接还击得分。

接杀近身球即对方杀球的落点离身体不远，不需移动脚步而在原地即可进行还击。击球时，主要依靠前臂、手腕的发力。用力大小和拍面变化要根据对方杀球的力量大小和己方回击的不同落点而变化。一般来说，回击网前球时，用力要轻，主要依靠对方来球的反弹力，拍面正对网稍后仰，球拍触球时可做“切削”或“提拉”缓冲来球力量；回击后场时，前臂和手腕用力要大些，要有抽击动作；当对方杀球质量较差时，可用推后场还击，其用力以手腕为主向前稍上方“甩”腕。

接杀远身球即对方杀球的落点离身体较远，需移动脚步进行还击。击球时，两脚急速蹬伸同时转髋，采用两侧移动步法至击球位置，上体侧向击球点，同时右手侧伸，以前臂、手腕的闪动发力击球。接杀远身球回击网前或后场球时的用力及拍面变化相似接杀近身球。

接杀球时应注意：一是击球点在身体前方或侧方附近，不是在身体后方，否则会影响手腕和手指力量的自如发挥；二是击球前的预摆挥拍动作要小，因杀球速度较快，若接杀球动作幅度较大，会造成接球不及，导致失误。以上两种接杀球技术均可用正手和反手去完成。

6. 步法

在比赛中如没有到位的步法，就会使手法失去应有的积极作用。主要的步法有：上网步法；后退步法；两侧移动步法；起跳腾空突击步法。

(1) 上网步法

上网步法包括：跨步上网（交叉步上网），蹬跳上网。不论用哪种步法上网，其上网前的站位及准备姿势都是一样的。即站位取中心位置，两脚左右开立（稍有前后），约同肩宽，两膝微屈，两脚前脚掌着地，后脚跟稍提起并左右微动；上体稍前倾，右手持拍于体前，两腿注视对方的来球。

①跨步（交叉步）上网

判断准对方来球后，左脚掌内侧用力蹬地并侧身向来球方向迈出，接着右脚也向前迈一大步，以脚掌外侧和脚跟先落地，再过渡到前脚掌，右膝关节弯曲并成弓箭步。紧接左脚自然地向前脚着地方向靠上小半步。击球后，右脚蹬地用小步、交叉步或并步回到中心位置。见图 8-5-21。

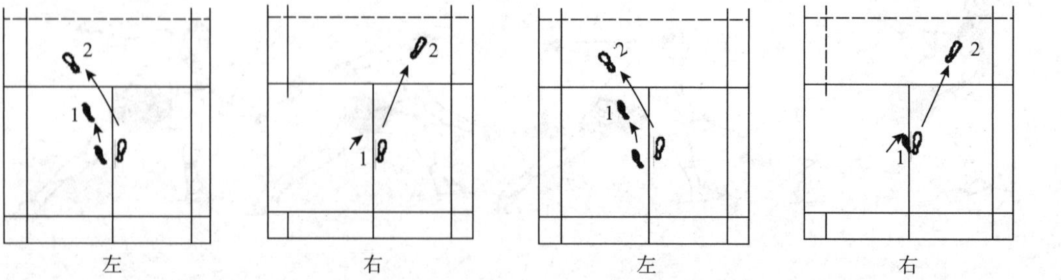

图 8-5-21

②蹬跳上网

蹬跳上网是在预先判断来球的基础上，利用脚的蹬地，迅速扑向球网，以争取在球刚越过网时立即进行还击。单打或的双打中常用此步法上网扑球。其步法是站位稍靠前，对方一有打网前球的意图后，右脚稍向前刚一点地便起蹬侧身扑向网前。击球后应立即退回中心位置。蹬跳上网既要快，又要防止因前冲力过大而触网或过中线犯规。见图 8-5-22。

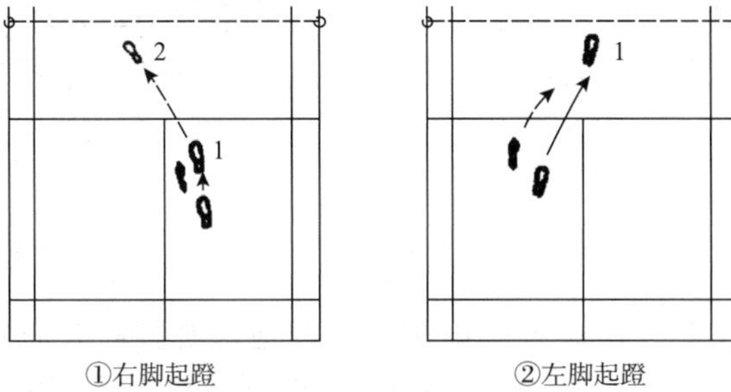

①右脚起蹬　　②左脚起蹬

图 8-5-22

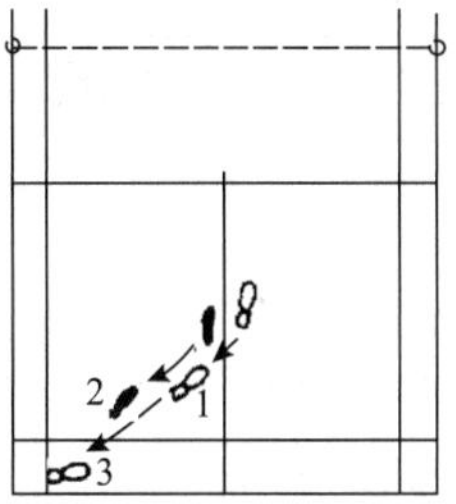

图 8-5-23

（2）后退步法

后退步法有右后场区后退步法和左后场区后退步法两种。向右后场区后退步法主要是正手击球后退步法；左后场区后退步法包括头顶击球后退步法和反手击球后退步法。不论是哪种后退步法，其移动前的准备动作和站位界皆同上网步法。

①正手击球后退步法

判断准来球后，先调整重心至右脚，然后右脚蹬地迅速向右后撤一小步，同时上体右转，左肩对网，接着，左脚用并步靠近右脚（或从右脚交叉后撤一步），右脚再向后移至来球位置。在移动的同时，必须完成挥拍击球前预备动作，待球在右肩上方下落时，作正手原地或起跳击球。击球后，身体重心随右脚前移迅速用小步跑或并步回到中心位置。见图 8-5-23。

②交叉步后退头顶击球步法

交叉步后退头顶击球步法与正手击球后退步法大致相同，只是右脚蹬地后撤向左后方，上体转动幅度较正手后退大，且稍有后仰并倒向左后场区。左脚从体后交叉后退一步，右脚移至来球位置做头顶原地击球或跳起击球。

③反手击球后退步法

反手后退时，应根据离球距离的远近来调整移动步子。如离球较近，可采用两步后退步法。一种是左脚先向左后方撤一步，接着，上体左转，右脚向左后方跨一步，背对网。另一种是右脚先向左脚并一步，然后，左脚向左后方跨一步，同时上体左转，右肩对网作反手击球。如离球较远，则要采取三步或五步后退步法。三步后退时，右脚先向左脚并一步，左脚再向左后方撤一步，同时上体左转，右脚再向左后方跨一步至来球位置，背对球网，作反手击球。如三步移动还未到来球位置，则左脚右脚再向后移动一步即成五步移动步法。见图 8-5-24。

（3）两侧移动步法

两侧移动步法多用于接对方的扣杀球和打来的半场低平球。其移动前的准备姿势及站位基本同上网步法。

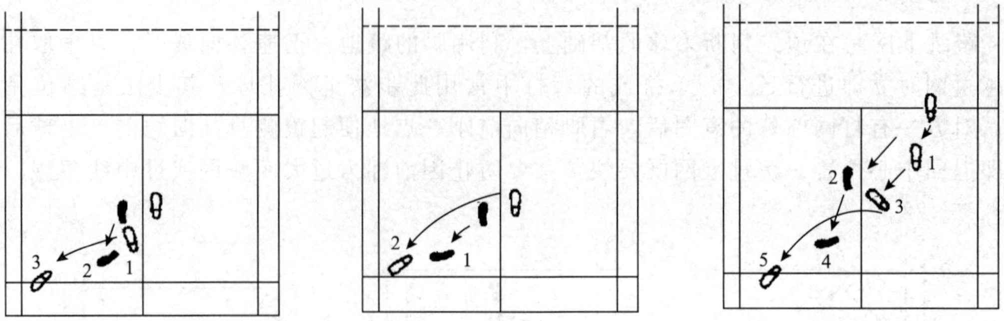

①　　　　②　　　　③

图 8-5-24

①向右侧移动步法

判断准来球后，上体稍倾倒向左侧，用左脚掌内侧用力蹬地，右脚同时向右侧跨大步，髋关节随之右转、上体稍倾倒向右侧，重心在右脚上。若距来球较近，可采用上述动作，若距来球较远，则需左脚先向右脚垫一小步再起蹬，右脚同时向右侧跨大步。见图 8-5-25。

②向左移动步法

判断来球后，上体稍倾倒向右侧，用右脚掌内侧用力蹬地，左脚随髋关节的转动同时向左侧跨大步。若来球较远，左脚先向左侧移一小步，紧接着右脚往左侧方向起蹬并转身，向左跨大步。见图 8-5-26。

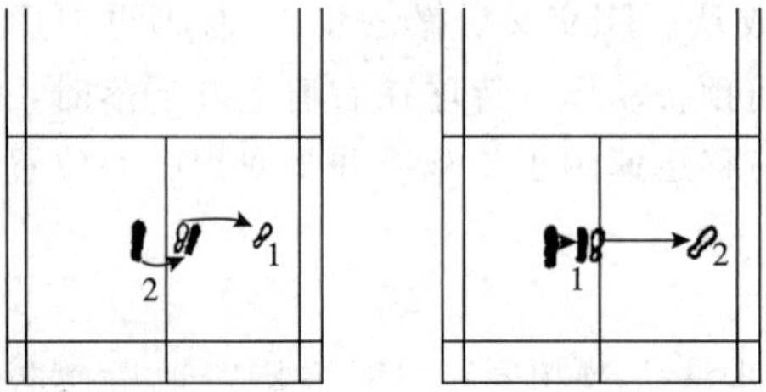

①右侧蹬跨步　　②右侧垫步（两步）

图 8-5-25

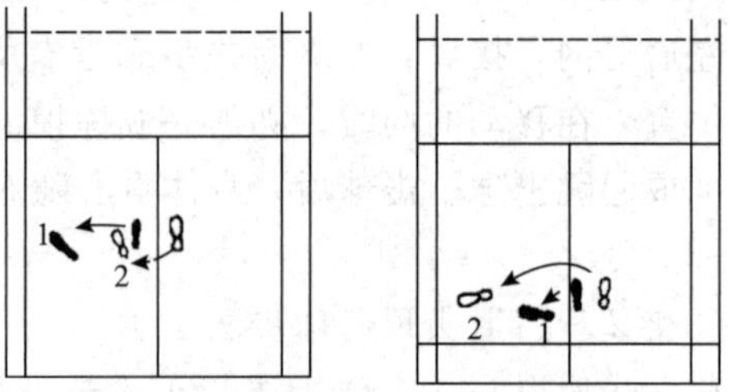

①左侧蹬跨步　　②左侧蹬跨步（两步）

图 8-5-26

（4）起跳腾空突击步法

起跳腾空突击步法主要运用于向左、右两侧稍后的位置移动，突然起跳拦截对方击来的弧线较低的平高球。它的特点是起动快、动作突然，常在对方尚未站稳之际，给其以袭击，使对方防不胜防。

当判断准来球飞向右侧底线且弧线较低时，右脚先向右后跨一步，接着左脚向右侧后蹬地，右脚起跳，身体向右侧后方跃起，截住来球，用正手击球技术扣杀或劈吊对方空档。当来球飞向左侧底线时，用右脚掌蹬地，左脚起跳，用特点击球技术突击对方。在运用起跳腾空突击步法时应注意击球后落地时，要控制好身体平衡，并立即回到中心位置。见图 8-5-27。

（二）羽毛球基本战术

在实战中，战术是根据双方的打法和场上的具体情况而定的。“以己之长，攻彼之短”

是一大原则，现简单介绍一些常用的战术如下：

图 8-5-27

1. 单打战术

(1) 发球抢攻战术

从发球的第一拍起，争取控制对方，以攻杀得分。这种战术，一般为发网前低球结合平快球、平高球，争取第三拍的主动进攻。用这种战术对付应变能力较差的对手，或实施于比赛的关键时刻，效果往往很好。实施这一战术时，应有高质量的发球予以保证，否则很难成功。

(2) 攻后场战术

此战术是通过击高球、重复压对方的底线两角，造成对方的被动，然后寻找机会进攻。用它来对付初学者，或后场还击能力较差，或后退步子较慢以及急于上网的对手是很有效的。

(3) 打四方球战术

若对手步子较慢、体力较差、技术不全面，可以快速准确的落点攻击对方场区的四个角落，寻找机会向空当进攻。此战术的主要目的是通过打落点，逼迫对方前后奔跑、被动应付，并在其回球质量下降或露出破绽时乘虚而入而攻之。

(4) 杀、吊上网战术

对对手打来的后场高球，本方先以杀球配合吊球把球下压，落点选在场区的两条边线附近，致使对手被动回球。若对手回网前球时，本方迅速上网搓球、勾对角球或平推球，创造在中场大力扣杀的机会。这种战术必须能很好控制杀、吊球的落点，在使对方被动回球时，才能主动迅速上网。

(5) 打对角线战术

对付身体灵活性差、转体较慢的对手，不论是进攻还是防守，均应以打对角线球为主。这样，对方回因移动困难而被动，为我方创造进攻机会。

(6) 防守反击战术

在对方主动进攻、我方被动防守时，我方可高质量地接杀挡网；或抓住对方攻杀力量减弱，或落点不好之机会，以平抽底线球还击对方后场，扭转被动局面，并进行反击。

2. 双打战术

双打比赛不仅仅是竞赛双方在技术、战术、体力上的较量，同时也是双打同伴相互配合程度的较量。

(1) 攻人战术

集中攻击对方中有明显弱点的人，并伺机攻击另一人因疏忽而露出的空当，或对此人偷袭。双打比赛中的配对选手的技术，一般总有一人好，另一人稍差些。即便两人水平相差不多，但若能集中力量攻击其中一人，也可给其造成很大的心理压力，从而使其出现失误。

(2) 攻中路战术

当对方分边站位防守时，将球攻击对方两人的中间；当对方前后站位时，可将球下压或平推两边半场。这样可使对方防守时互相争抢或互让而出现失误。

(3) 攻后场战术

对方扣杀能力差，本方可采用平高球、推平球、接杀挑底线，把对方一人紧逼在底线两角移动。当对方被动还击时，则抓住机会大力扣杀。如另一对手后退支援时，即可攻网前空当。

(4) 后攻前封战术

当本方处于主动进攻前后站位时，站在后场的队员见高球就杀或吊网前球，迫使对方接球挡网前，这为本方前场队员创造了封网扑杀机会。前场队员要积极封锁网前，迫使对方被动挑高球。一旦对手挑高球达不到后场，就为本方创造了再进攻的机会。

(三) 羽毛球技术练习方法

1. 握拍、挥拍练习

(1) 握拍练习

按照正确的要领握住球拍，并交替作正手握拍和反手握拍的练习。握拍练习时，要注意适时放松手指，要快而准确地交换握法。在练习击球时，要经常提醒和检查握法是否正确，这一点很重要。

(2) 挥拍练习

这是各种击球动作的辅助性练习。提高挥拍练习的密度，可充分体会各种击球技术的动作要领。开始练习时，先做动作的分解挥拍练习，再做连贯慢速挥拍练习，待较熟练掌握动作要领之后，再做快速挥拍练习。在再做连贯慢速挥拍练习时，有条件的最好能对着镜子练，或两个人共同练习，这样可相互观摩，纠正失误。也可拿网球拍或小哑铃进行挥拍练习，这样既可训练动作，又能增强手臂力量。

2. 发球练习

首先，按照各种发球动作的要领，反复做持拍的模仿练习；第二步，击吊线球（高度应与腰齐），或右侧对高墙做各种发球挥拍练习；第三步，用多球进行提高落点准确性的发球练习，即在对方场区划出若干区域，要求发球落入指定的区域内；还可以二人在场内做指定线路的发球练习。

（1）发高远球练习

练者在掌握正确的发球动作基础上，既要力求将球发得高、发得远（对方底线附近），同时还要注意左、右落点的变化，既要能发到对方场区的底线与边线交界附近，又要能发到底线与中线交界附近。

（2）发平高球、平球练习

发平高球、平球练习时，练者除了要注意球落点的变化，还应使其发球的动作与发高远球动作保持一致，仅在最后用力时再变化。

（3）发网前球练习

在发网前球练习时，练者首先应根据比赛的需要（指单打、双打）选择好站位。如单打被动时的站位应同于发高球时的站位，双打比赛时的站位则应适当前移。练发网前球时，一要注意使发出的球尽量贴网而过，二是球的落点应在对方前发球线或稍后，且要有变化。另在练发网前球时还可安排对手进行扑球练习，这样可提高发球的质量。

3. 击球练习

（1）单独练习

首先，按各种击球动作要领，反复做持拍得模仿练习。可以面对镜子自我检查，或在对练中互相纠正错误动作；其次，用细线把球挂在身体的右肩上方合适位置（按技术要求），反复做击高球、杀球等练习，检查击球点以及球与球拍的接触面是否正确。

（2）原地对打练习

两人站在各自场区，先练直线，然后再练斜线对打。网前球及近距离半蹲快打等下手击球可以采用近距离原地连续快速对打练习，以提高技术水平。

（3）移动中直线、斜线对打练习

先进行一人固定，另一人前后左右（线路固定）移动的对打练习，再进行斜线结合直线（线路不固定）的左右移动对打练习。

（4）提高落点准确性

提高落点准确性的高远球、平高球、杀球、吊球等练习。初学者最好采用一人发球，一人连续做各种动作的多球练习，待熟练后再交换。可在进行多球杀球练习的同时练习接杀技术；也可以固定杀球落点，让接杀者连续进行防守；或者一人挑后场高球一人吊球的重复练习。

三、羽毛球比赛规则简介

国际羽联新规则规定，每局采用 21 分制及每球得分制。双打时采用每方一次发球权规则。

（一）单打比赛

①每场比赛采取三局两胜制；②发球员的分数为 0 或双数时，双方运动员均应在各自的右区发球或接发球。发球员的分数为单数时，双方运动员均应在各自的左发球区发球或接发球；③率先得到 21 分的一方赢得当局比赛；④如果双方比分打成 20 比 20，获胜一方需超过对手 2 分才算取胜；⑤如果双方比分打成 28 比 28，则率先得到第 29 分的一方取胜；⑥上局获胜一方在接下来的一局比赛中率先发球；

（二）双打比赛

双打比赛中每方应有两名运动员。每局比赛开始前，各方应确定好发球员及接发球员，并且双方分别站在各自的场区，发球员站在右发球区内将球发到对方右区内，由对方确定的接球员接发球。在此回合内，双方任何一名运动员均可在本方场区内的任何地方击球，不受场区限制。

每局比赛开始后，如发球方得分，该发球员应换到本方左区内继续发球，在得分后该发球员又回到右发球区内发球，以此类推至对方得分。对方发球时接球方两运动员的位置不变。当轮到接球方发球时，根据发球方已得到的分数来确定是在左区还是右区发球（得分为奇数时在左区的运动员发球，得分为偶数时在右区的运动员发球）。

发球时，发球员和接发球员必须站在规定的发球区内发球和接发球，双方的另一名运动员的站位可不受限制，但不得因此妨碍对方。

每局比赛结束，下一局比赛开始时由上一局获胜方先发球，双方运动员的位置可重新排定。

（三）违例

1. 发球违例

（1）过手违例：过手是指运动员发球时，在击球瞬间球拍的顶端未向下，整个拍框未明显低于握拍的整个手部。

（2）过腰违例：运动员发球时，球的任何部分在击球瞬间高于发球员的腰部。

（3）延误发球违例：运动员发球时，从拍子第一次向前挥动开始，动作不连贯，有中断或虚晃动作，或发球时非法延误发球时间等。

（4）踩线、移动、触线违例：运动员发球时，两脚都必须站在规定的发球区内，保持与地面接触，不得移动、踩线、触线和出区。

（5）短球违例：发球员发出的球未落入规定的场区内，而落在球网与前发球线之间的场地内。

（6）长球违例：双打比赛中，发球员发出的球落在双打后发球线以外。

2. 接发球违例

接发球违例主要有两种：踩线违例和移动违例。

3. 击球违例

主要有以下几种：连击违例、拖带违例、持球违例、界外触球违例、被击中违例。

4. 网前违例

包括：触网违例、过网击球违例、阻挠和妨碍违例。

第六节 网 球 运 动

一、网球运动简介

网球运动最早起源于11世纪法国。近代网球起源于英国，随后发展于美国，目前盛行于全世界，是奥运会的正式比赛项目。网球运动属于持拍隔网对抗性球类项目，具有健身、休闲、娱乐、及安全等特点，深受广大体育爱好者喜爱。它易于学习和掌握，适合于不同年龄、不同职业、不同性别的人群，是现代大学生终身体育锻炼的项目之一。经长参加网球运动不仅可以提高人的心肺功能、机体免疫力，还可以提高反应速度、判断力，并且能培养自己成为一个有修养、讲文明、气质高雅的现代人。

二、网球运动的锻炼方法

（一）网球的基本技术

1. 握拍方法

目前握拍方式主要有：东方式、大陆式和西方式三种。

（1）东方式正手握拍法。右手掌根与拍柄右上斜面贴紧，拇指垫握住拍柄的左垂直面，食指微离中指，食指下关节压住拍柄右垂直面。“V”字形对准拍柄的右上斜面和左上斜面的上端中间。见图 8-6-1。

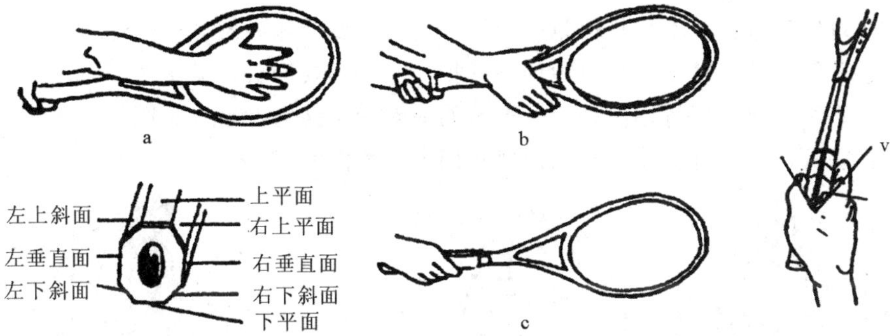

图 8-6-1

（2）大陆式握拍法。握拍时用手掌根贴住拍柄上部的平面，食指与其余三指稍微分开，食指上关节紧贴在右上斜面上，拇指垫贴在拍柄的左垂直面上。见图 8-6-2。

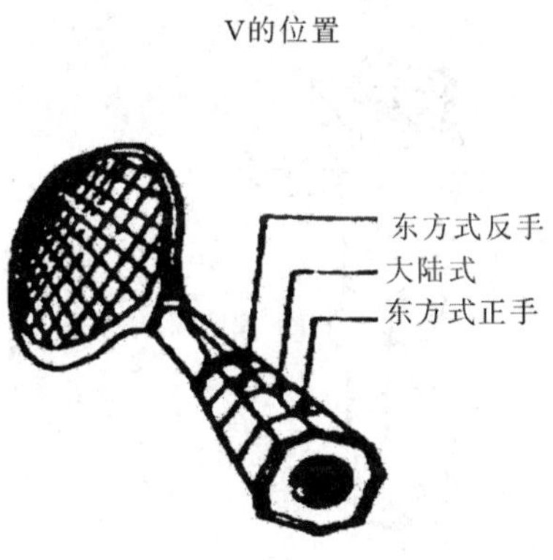

图 8-6-2

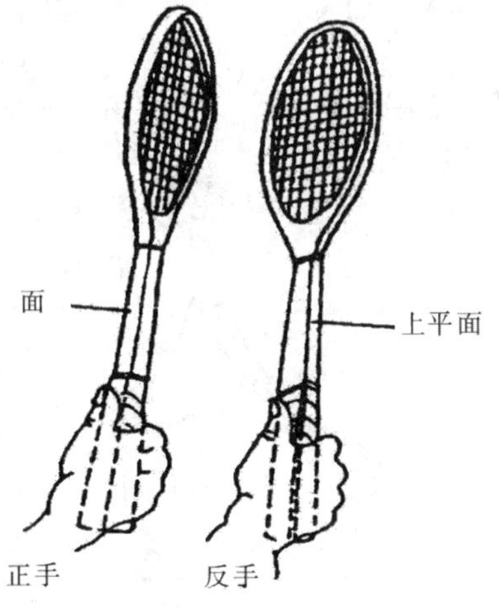

图 8-6-3

（3）西方式握拍法。手掌大部分放在拍柄的底部，掌根贴在拍柄的右下斜面上，拇指压在拍柄的上部侧面，食指下关节握拍柄的右下斜面。见图 8-6-3。

2. 无球技术

学会了握拍方法之后，我们就可以进入无球技术学习了。

（1）准备姿势

准备姿势是网球最基本站位，适合接发球和跑动中击球。双脚开立，面向来球，注视对方来球，判断球速和方向。身体重心落在脚前掌，拍子放在体前中央，方便挥拍。见图8-6-4。

（2）挥拍动作

挥拍动作不仅只是单纯地挥动球拍，而是一个从准备姿势开始到连续完整的挥拍动作。从技术上分析，正确的握拍、击球前的准备姿势、步伐移动、击球时的重心移动、击球点、身体的平衡、随挥动作等构成了一个完整的挥拍动作。

准备姿势：身体要放松，肩部和握拍要放松，过于用力就无法顺利地进入挥拍动作。见图8-6-4。

后摆：可选择从上往下弧线、从下往上后摆。后摆动作的进行要有充分的余地，最好是在来球刚过网时进行。不只是握拍手后摆，同时还要转体。图8-6-5。

前挥：要盯住球，臂部要尽量地伸展挥拍。注意不要仰头。见图8-6-6。

击球：手腕固定，保持拍面稳定。击球的一瞬间再猛力握紧。见图8-6-7。

随挥：随挥动作幅度要大，自然地停止用力。见图8-6-8。

图8-6-4

图8-6-5

图8-6-6

图8-6-7

图8-6-8

回到准备姿势：动作要流畅。随挥后的手臂平缓地收回到身体的中心，做好再次击球的准备，回到准备姿势。

3. 有球技术

（1）击球技术

网球技术中，击球技术分为正手击球、反手击球、发球、接发球、截击球、高压球、放小球、挑高球等技术。

①正手击球

是打底线落地球技术的一种，它是网球初学者最先学习的一项技术动作，主要分为传统正手和现代正手。传统正手击球，一般运用关闭步伐站位，采用东方式握拍的击球方式，它适合于初学者。现代正手击球，一般运用开放式步伐站位，采用西方式握拍的击球方式，它适合于有一定基础者。见图 8-6-9。

图 8-6-9

正手击球练习方法：

a. 准备姿势站立，屈膝。当你移动准备击球时，眼睛要盯住球，使用正手击球的方法握好拍子。

b. 后引拍时，身体重心要低，动作要迅速，用不持拍子手引导肩的转动。

c. 拍子引到略超过肩膀的高度，当你击打过来的球时，使它构成一个自然的弧形。

d. 头降低一些，然后将球向上击打。转肩，并在肩和膝之间的高度于体前击球。

e. 从引拍到击球点要让你的肩转动。

f. 随挥球拍到你的另一侧肩，身体正对前方，向前带动你的后脚，心保持身体平衡，这样有利于你击下一个球。

g. 当你击完球后，迅速地回到底线的小“T”字形的位置上，准备击下一个球。

②反手击球

反手击球分为单手反拍击球和双手反拍击球。单手反拍击球和双手反拍击球相比，单手反拍击球对击球点要求不是很高，易发挥人体的力量，能较容易地打出旋转变化丰富的球。而双手反拍击球技术现在越来越被广泛采用，它的出现使反手击球在网球比赛中由防御性武器变为进攻性武器，从而极大地增强了底线技术的反击能力，使底线全攻型选手达到了一个新的高度。见图 8-6-10、图 8-6-11。

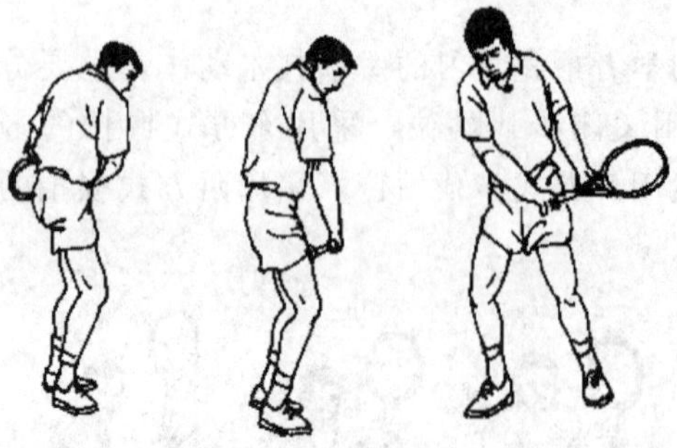

图 8-6-10

图 8-6-11

单手反拍击球方法，一般采用东方式单手反手握拍或大陆式单手反手握拍法击球。上网型手多选用该方法，它的特点是旋转、多变、灵活。适合于初学者或有一定基础者。

双手反拍击球方法，采用东方式双手反拍握拍或西方式反拍握拍法击球。底线型选手常选用该方法，它的特点是隐蔽、有力并且能更好地控制球拍和球，适合于初学者或有一定基础者。

反手削球方法，采用大陆式握拍方法击球，球拍在球的后方从高向低削切这个球，使球速减慢，并且比一般球反弹低、落点刁。适合于初学者或有一定基础者。

打反手时，如果你是用右手击球，右脚向前上一步。如果你是用左手击球，你的左脚就是前脚，就像正手击球一样，你也可以用开放式姿势打反手球。

单手反拍击球练习方法：

a. 用单手反手准备引拍时，用非持拍手握在拍的颈部转动球拍，使握拍方式变为东方式反手握拍。

b. 向左转动右肩回撤球拍。持拍手伸直，不持拍手扶在球拍的颈部支撑球拍。

c. 前侧的肩指向来球，前膝要屈膝，结束回撤。眼睛注视来球。

d. 身体重心前移，前挥，在体前击球。

e. 手腕固定，在体侧前击球，随后向右上方随挥。

f. 将身体转向正面，使随挥动结束在身体的右前上方。

双手反拍击球练习方法：见图 8-6-12。

图 8-6-12

a. 可使用任何一种双手握拍方法。持拍做好准备姿势，观察从对方球拍上离开的球，以便你尽可能快地适应对方的击球。

b. 眼睛盯住球，转肩，向后引拍，伸腕，使拍头高过手腕，重心在后脚。

c. 当球过来时，降低身体以便靠近来球，同时向前迈一步，屈膝，转肩。

d. 后脚用力蹬地，迅速转肩，重心快速前移，同时伸直手臂，使击球点在你的体前。

e. 继续转肩挥拍通过击球区，同时锁住手腕来帮助控制球的飞行路线，保持头部直立。

f. 球拍随挥到另一肩，前肘对准的方向就是你要击球的方向。后脚向前移动以保持平衡，并迅速恢复到准备姿势。

单手反手削球练习方法：见图 8-6-13。

图 8-6-13

a. 用大陆式握拍方法，同时不持拍手扶在球拍的颈部支撑拍头。

b. 拍框的底边在前，拍面稍打开些。

c. 击球时，“吃”住球拍“吃”得越深，旋转越大。

d. 随挥时，仍保持拍面是打开的。

e. 击完球后，左脚自然向前，身体微立，观看球的落点以及对方回击球，准备再一次回球。

(2) 发球技术

在网球比赛中，发球是每一分的第一次击球。由于它是唯一不受对方制约的一项技术，因而能最大限度地充分发挥出个人的技术特长，也是最常见的得分手段之一。但是，发球相对其他技术动作来说较为复杂，所以学习起来难度也较大，不过只要我们抓住其中的关键要素，就能掌握好这项技术。

发球技术分下手发球和上手发球两种。下手发球是运用开放式步伐站位，采用东方式反手握拍、开放面或半西方式握拍、关闭拍面的一种击球方式，它适合于初学者或中老年选手。上手发球是运用关闭式、开放式步伐站位，采用大陆式、东方式反手握拍的一种击球方式，适合于初学者或有一定基础者。

①站位

击球一刹那，无论你哪一只脚踩在底线、边线、中点线的延长线上均判为脚误。如果你第二就犯，你就失去一分。

②握球

用不握拍的另一只手来握球，握球时用拇指和其余四指配合来握住球。握两个球时，用拇指、食指和中指握住第一个球，无名指和小指夹住第二个球。如果不习惯握两个球，可把另一个球放在口袋里或夹在球夹上，准备第二次发球。

③抛球

站在发球区的位置上，将球拍放在人的脚前，练习抛球。手臂伸直把球垂直向上抛起，高度逐渐增高，让球正落在拍面附近。

（3）上手发球的练习方法：见图 8-6-14。

图 8-6-14

①侧身站在场地端线后，用大陆式握拍法，这样比较容易使球产生旋转。球靠在拍弦上或靠在拍颈部。

②让两手臂向下，向后伸拍，重心下降，重心落在两脚之间，屈臂，向上看球。

③向后引拍时，同时将球抛到高于你球拍能够打到的地方。这时让你持拍的手臂从体侧离开，持拍一侧的肩向后。当持拍手臂伸展头顶时，你的肘、膝充分伸直将这个球打出，重心随之转移到前脚。

④屈持拍手臂，准备击球，后肩比前肩低，后脚向前带。

⑤转肩直到双肩与网平行。当球刚开始下落时，蹬直腿，击球。击完球后，感觉到拍头快速超过手腕。球拍继续前挥到腰的另一侧，用持拍手来保持平衡。回到准备姿势，观察对方的回球。

常见错误：

①向上抛球高度不够。

②抛球偏斜，球下落时常有偏左或偏右现象。

③后摆没有下垂球拍，拍头向上直接拍击。

④发球时击球点选择不合适，有时过高或过低。

⑤上体过于后仰，发球经常失误。

⑥发力过猛，失去控制。

（4）接发球技术

接发球，顾名思义，就是把对方发过来的球回击过去。接发球不仅要使回击的球落入对方场区，而且要让对方回球时感到困难，甚至接发球回击得分，来打破对方的发球局。对初学者而言，我们强调的是接发球的成功率，其次者攻击力。

接发球一般有如下四种方法：

正手回击接发球：采用东方式、大陆式、西方式握拍方法，特点是灵活、方便，适合于初学者。

双手反手接发球：采用东方式、大陆式、西方式双手反手握拍方法，特点是稳定、有力，适合于有一定水平者。

反手切削接发球：采用大陆式反手握拍方法，特点是旋转、多变，适合于高水平者。

进攻性接发球：采用东方式、大陆式、西方式握拍方法，特点是主动、突然，适合于有一定水平以上者。

接发球的练习方法：

①准备姿势

准备姿势对不同的击球方式都适用。

②正手回击接发球

判断来球开始引拍，侧身对着场区，将球引入右侧前方用正手回击，随之重心移到前脚。击球后，后脚上步以保持平衡。然后回到底线准备回下一球。

③双手反手接发球

双手反手接发球将给你增加击球力量，稳定拍面。这样，对方发球的速度将决定你有多少时间向后引拍，较慢的球速将会有充分的时间向后引拍，从而增加你的击球力量。击球要在腰部与肩的位置，手腕固定，手臂向外伸展，肘部自然弯曲。在挥拍过程中膝关节要伸直，这将有利于挥拍由低到高保持身体平衡。

④反手切削接发球

用反手切削接发球，需要用短引拍。把球让在体侧一边，拍面在接触球的瞬间与地面垂直，转肩拍面“打开”击球，手臂保持伸直，手腕微微转动带动球拍，切削回击的接发球将使球很低地越过球网。如果击球动作过猛，拍面击球部位不合适，球容易飞出底线。

⑤进攻性接发球

在接对方发球的短球时，早一点上前将它击向底线或对角线上。这种接发球使对方不太可能上网，迫使他在前进过程中受阻。所以你的进攻性接发球要迫使对方处于防守，并且使你能控制网前，占据主动。

（5）挑高球技术

挑高球不仅是被迫使用的一项防御战术，而且它对任何水平较高的对手也是一种可怕的武器，它可以破坏对方的进攻节奏，改变对方回击球的速度，高球挑得隐蔽，就能减弱对方在网前的优势，使自己从被动转为主动，因此一定要重视挑高球的练习。

动作要点：挑高球动作要尽可能和底线正、反拍抽击球动作一样。完成拉拍动作时，要使手腕保持后屈。见图 8-6-15。

图 8-6-15

(6) 截击球

拦截正在飞行的球，称为截击球。它分为正手截击球和反手截击球。截击球属进攻性技术，它往往是最有力的得分武器。从技术表面看，它的动作结构是所有技术动作中最简单的。但是由于截击球对预测能力、脚步移动、击球时机三者在瞬间的和谐运用上有极高的要求，因而使这项技术充满了挑战性。

正手截击球：在高截击球时，采用东方式或大陆式握拍方法，打高于头上方的球。要求截击人手腕有力，拍头控制得好。在低截击球时，采用大陆式握拍方法。适合打在膝部以下的球，要想进攻是很困难的。在进攻性截击球时，采用大陆式式握拍方法。打网前高过于球网上的球。

反手截击球：在高的反手截击球时，要求截击人手腕有力，拍头控制得好，击球时不要降低拍头和摇晃。在低的反手截击球时，打低的反手截击球要想进攻是很困难的，因为球低于球网高度，你要降低重心击打球的下方。进攻性截击球时，有些球高于球网，可以试着去打反手进攻截击球。双手反手截击球时，去打高而慢的球，这种感觉就像打棒球一样。手腕固定控制好球，做好随球动作。

(7) 高压球技术

高压球是对付对方挑高球的一项进攻技术，良好的高压球技术，能为上网截击增加信心和增强威力，根据对方挑高球落点的深浅，采取猛力和扣杀和落点准的打法，能使高压球更具威胁。

动作要点：高压球的动作与发球动作相似，握拍也与发球握拍相同，当对方挑高球时，应立即侧身转体并用短促的垫步向后退，同时侧身，持拍手上举，在头部位向后引拍，重心在两脚前脚掌上，后腿弯曲，随时准备跳跃扣杀。见图 8-6-16。

图 8-6-16

(二) 网球的基本战术

1. 单打战术

单打战术的运用要有独立作战的能力，头脑冷静，适应能力强，既能控制球路，不轻易失球，又能大力抽杀，积极主动进攻。在战术的运用上，能灵活多变。根据自已的技、战术特点，把各种战术有机地结合起来运用。

单打战术分为三种：

（1）上网型打法

上网型　打法战术的指导思想就是利用网前进攻为主要得分手段。它的基本战术可分为发球上网，随球上网，接发球上网，偷袭上网，伺机上网及放轻球上网。

（2）底线型打法

底线型　打法是以底线正、反抽击球为基础组织的战术。它的指导思想必须是用速度，旋转，落点的变化来创造进攻机会。底线型打法的主要战术有：对攻、拉攻、侧身攻、紧逼攻、防反攻。

（3）综合型打法

综合型打法是以基本功扎实，技术全面为基础，可根据不同的对手和不同的技、战术掌握情况，场地特点与战术需要，灵活地变化战术打法，综合型打法攻守平衡，符合积极主动，机动灵活的战术原则。

2. 双打战术

双打中的战术主要有发球局战术、接发球局战术和双方上网战术三种。

下面简单介绍一下双打的站位：

（1）发球局

①前后站位

同伴站在网前，发球员发球后立即上网。见图 8-6-17。

②澳大利亚式站位

即同伴在网前中线或靠近中线，发球员发球后根据同伴的要求进行上网。

发球员的站位应根据网前同伴的站位以及战术意图来及时调整自己，做到便于上网和便于封网，以达到发挥发球局的进攻优势，控制网前的目的。见图 8-6-18、图 8-6-19。

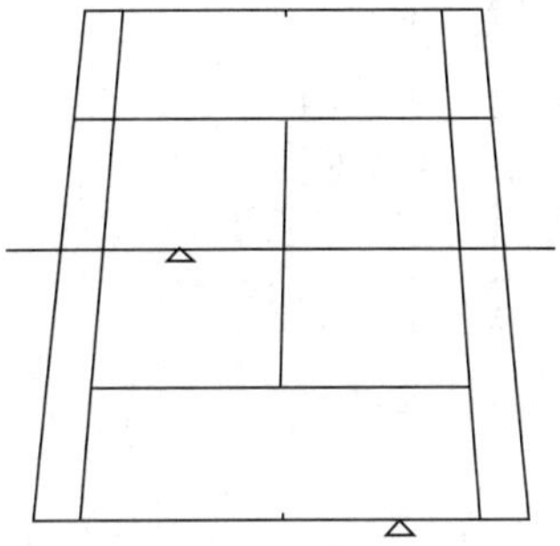

图 8-6-17

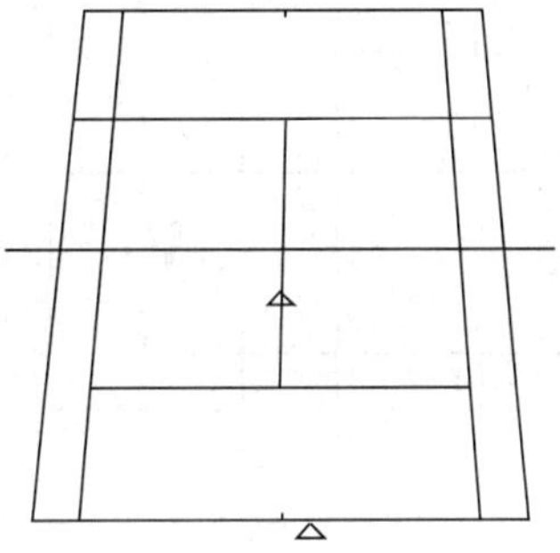

图 8-6-18

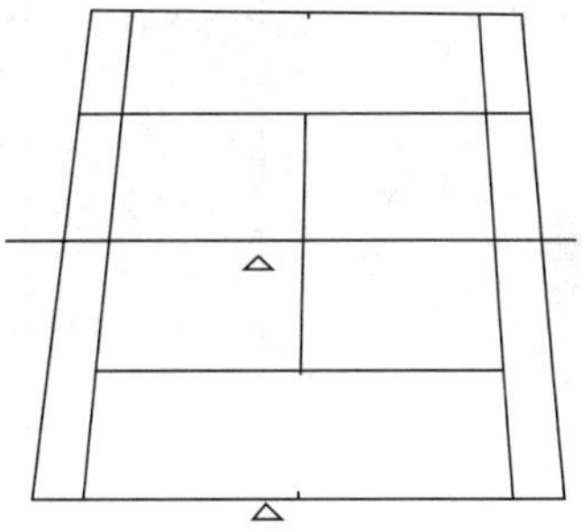

图 8-6-19

（2）接发球局

①前后站位

即同伴站在发球线与球网中间，接发球员站在底线或底线内。见图 8-6-20。

②双底线站位

即同伴与接发球员都站在底线。

接发球员与同伴的站位，应根据对方发球与网前的威胁，以及发球与网前的成功率来进行调整，在接发球破网的防守反击中伺机上网，抢占网前的有利位置。见图8-6-21。

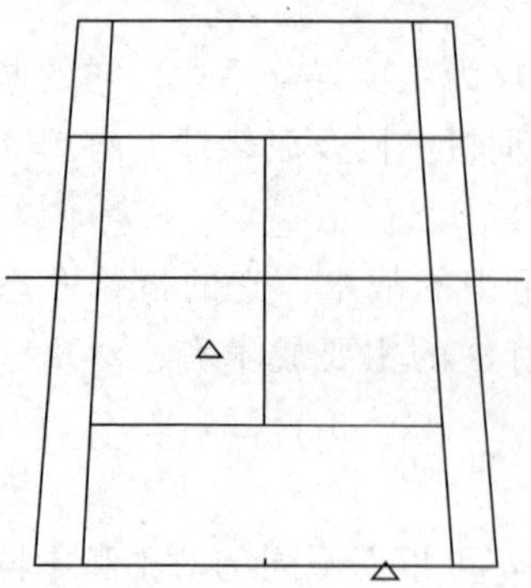

图 8-6-20

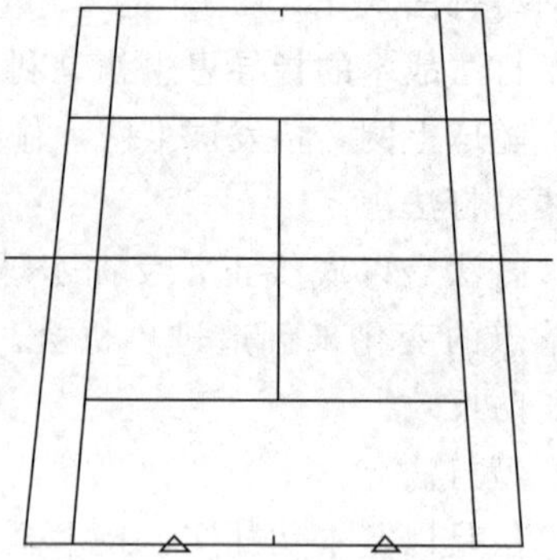

图 8-6-21

三、网球竞赛规则、场地简介

（一）网球场地

（1）场地各线的宽度：全场除端线可宽至 10 厘米处，其他各线的宽度应在 2.5～5 厘米的范围之内。全场各区的丈量除中线外，都从各线的外沿计算。

（2）各线的长度：边线长 10.97 米。端线长单打为 8.23 米，双打为 10.97 米。发球线至端线 5.485 米；发球线至球网地面 6.40 米。网柱高 1.07 米，球网中央高 0.914 米。见图 8-6-22。

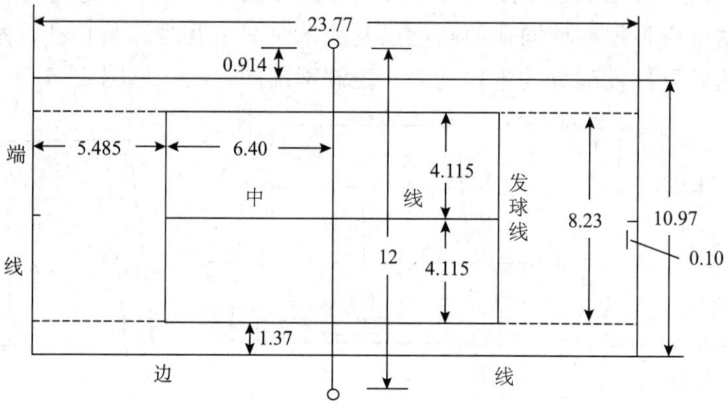

图 8-6-22

（二）网球竞赛规则

通常的网球比赛是用挑边器或抛硬币的方法决定选择场地或首先发球权、接发球权，得胜者有权选择或要求对方选择。选择发球或接发球者，应让对方选择场地；选择场地者，应让对方选择发球或接发球。

（三）网球比赛的记分方法

（1）胜一局：比赛中球员胜第 1 球即得 1 分，记分 15，胜第二分记分 30，胜第 3 分记分 40 分，先胜 4 分者为胜 1 局。如遇双方各得 3 分时，则为“平分”。“平分”后，某一方先得一分，为“该球员占先”，“占先”后再得 1 分，才算胜一局。如一方“占先”后再得 1 分，才算胜 1 局。如一方“占先”后，对方又得 1 分，则仍为“平分”。依此类推，直到一方在“平分”后净胜 2 分才为胜该局。

（2）胜一盘：一方先胜6局为胜一盘。但遇双方各胜5局时，一方必须净胜两局才为胜1盘，也就是7∶5。如果是双方的局数打到6∶6，就要以决胜局定胜负。

（3）决胜局比赛的记分方法有两种：一种是长盘方法，就是某一方必须净胜两局才为胜该局；另一种是短盘方法，就是双方再赛1局，胜者即为胜该盘。赛前另有规定的可以采用其他记分定式。

（4）短盘制应按以下办法执行：先得7分者为胜该局及该盘（若分数为6平时，一方须净胜2分）。决胜局的比赛，首先由发球员发第一分球，然后由对方发第二、三分球，此后轮流各发2分球直到比赛结束。第一分球发球员在右区发，换对方发第二分球时，先在左区发，第三分球在右区发。双方得分之和为6以及决胜局结束都要交换场地。短盘制的记分：第一分球得分，报1∶0或0∶1，不报15∶0或0∶15，比分打到5∶5或6∶6时，需连胜两分才能决定谁为胜方，但最后在记分表上则统一写成7∶6。

（5）胜一场：一场比赛男子最多打5盘，5盘3胜制，比赛双方中先胜3盘者为胜一场。女子最多打3盘，3盘2胜制。比赛双方中先胜2盘者为胜一场。

（6）发球员发球应按下列方法将球发出，发球员在发球前应先站在端线后中点和边线的假定延长线之间的区域里，然后用手将球向空中任何方向抛起，在球接触地面以前用球拍击球，球拍与球接触时就算完成球的发送。

如果第一次发球失误，第二次发球也失误了，则判为二次发球失误，发球员失分。

（7）发球员的位置

每局开始，发球员应先从右区端线后发球，得或失1分后，再换到左区发球。如果发球位置错误而未察觉，比分仍然有效，一旦发现，应立即纠正。

思考题：

1. 篮球、排球、足球这几项运动的锻炼价值有什么异同？
2. 乒乓球的基本功练习应注意哪几方面？
3. 羽毛球发球技术的种类有哪些？
4. 网球运动为什么会受到大学生的喜爱？
5. 篮球进攻战术的基本配合有哪几种？

第九章　游泳运动

游泳是一种凭借自身肢体动作和与水的相互作用力，在水上漂浮前进，或在水中潜游进行的有意识的技能活动。是人类在长期生产劳动和同大自然斗争中产生的，它一直与人类生存、生产与生活相联系。

坚持游泳锻炼，不但能使神经、呼吸和血液循环等系统的机能得到改善，而且还能提高肌肉力量、速度、耐力和关节灵活性，使身体得到协调发展。

游泳运动被认为是21世纪人们最喜爱的体育锻炼项目之一，它对于丰富人们的精神文化生活有积极作用，是大学生非常喜爱的一项体育活动。经常进行游泳训练，能锻炼意志，加强组织纪律性，还可以培养大学吃苦耐劳的精神

第一节　游泳运动的锻炼价值

一、游泳对人体的作用

（一）对心血管的作用

游泳对心血管系统的改善有相当重要的作用。冷水的刺激通过热量调节作用与新陈代谢能促进血液循环；此外游泳时水的压力和阻力还对心脏和血液的循环起到特殊的作用，在水面游泳时，身体所承受的水压就已达到0.02～0.05千克/平方厘米；游泳速度的加快也会加大压力负荷，心房和心室的肌肉组织能得到加强，心腔的容量也能逐渐有所加大，心脏的跳动次数减少，这样心脏的活动就节省化，整个血液循环系统得到有效地改善。静止状态下舒张压有所上升，收缩压有所下降，因此血压值变得更为有利；血管的弹性也有所提高。根据有关专家统计，一般人在安静状态下每分钟心脏跳动约66～72次，脉搏输出量约为60～80毫升，而长期参加游泳锻炼的人，在同样情况下心肌收缩50次左右，脉搏输出量却达到90～120毫升。

（二）对呼吸系统的作用

游泳时，呼气一般都是在水下完成，而水的密度要比空气的密度大800多倍，因此要想呼气就必须用力，这样不管是吸气还是呼气都能增加呼吸肌的收缩力，从而能增强呼吸系统的功能，加大肺活量。一般健康男子的肺活量为3000～4000毫升，而经常从事游泳锻炼的人，可以达到5000～6000毫升。

（三）对人体皮肤的作用

在游泳过程中，由于水温的刺激，机体为了保证足够的温度。皮肤血管参与了重要的调节作用，冷水的刺激能时皮肤血管收缩，以防热量扩散到体外。同时身体又加紧产生热量，使皮肤血管扩张，改善对皮肤血管的供血，这样长期的坚持锻炼能使皮肤的血液循环得到加

强。另外，水是十分柔软的液体，而由于水波浪的作用，不断对人体表皮进行摸擦，从而是皮肤得到更好的放松和休息，所以经常参加游泳锻炼的人，都有一身光洁、柔软的皮肤。

二、游泳运动的分类

游泳运动大致可分为竞技游泳、实用游泳和花样游泳。

（一）竞技游泳

符合国际泳联游泳竞赛规则要求，以速度来决定优劣的游泳称为竞技游泳。目前，竞技游泳的泳姿分为自由泳、仰泳、蛙泳、蝶泳和四式组合泳。竞技游泳的比赛项目分类如下：

自由泳：男、女 50 米、100 米、200 米、400 米、800 米、1500 米、4×100 米接力、4×200 米接力各 8 项。

仰泳、蛙泳、蝶泳：男、女 100 米、200 米各 3 项。

个人混合泳：男、女 4×100 米各 1 项。

以上 24 项（男、女各 17 项）为国际、国内大型比赛所设项目。另外，有些单项比赛中还设有男、女 4×50 米接力项目。

（二）实用游泳

指生产、生活和军事使用的游泳技术，包括侧泳、反蛙泳、踩水、潜泳和水下救生等游泳技术。蛙泳、自由泳虽不包括在实用游泳中，但在实际中也常被采用。

（三）花样游泳

花样游泳是女运动员在音乐伴奏下作出各种优美动作的艺术性游泳，亦称水上芭蕾。

花样游泳比赛包括单人、双人和集体 3 项。各项比赛按规定动作和自选动作的完成情况，以总分多少排定名次。

第二节　游泳运动的锻炼方法

一、熟悉水性

熟悉水性是初学游泳的第一步。其目的是让初学者了解水的特性，适应水的环境，消除怕水心理，培养对水的兴趣，掌握游泳的一些最基本的呼吸、漂浮、滑行和站立动作技术，为学习和掌握各种游泳技术打下良好基础。

（一）水中行走练习

练习方法：初学者下水后，由慢到快的速度进行水中行走，两手应与行走动作协调配合，可以用手拨水帮助行走，熟悉后可以在水中做追逐或走、跑、接力等游戏还可以进行水中韵律操等运动。

（二）水中呼吸练习

练习方法：呼吸练习必须贯穿整个教学始终。练习者两脚开立站在水中，两手扶膝或扶池边，上体前倾使下额接触水面，吸一口气后将头没入水中，稍憋气，然后用口鼻漫漫将气呼出，并逐渐抬头，当嘴快露出水面时，迅速用力将余气呼净，用嘴在水面上快而深地吸气。多次重复，以达到熟练的程度。见图 9-2-1。

图 9-2-1

（三）水中浮体与站立练习

（1）抱膝浮体练习：原地站立，深吸气后闭气，下蹲低头，潜入水中，低头抱膝，身体放松，使身体自然漂浮水中，然后松手，两臂向下压水同时抬头，两腿向下伸，脚触池底成站立姿势。见图 9-2-2。

图 9-2-2

（2）展体浮体练习：开始与抱膝浮体相同，当人体浮到水面稳定时，缓慢而平稳地将两臂和两腿伸直成卧浮姿势，当背部浮出水面后，伸直臂和腿，然后收腹、收腿，两臂下压水，抬头，两腿伸直，脚着池底站立。见图 9-2-3。

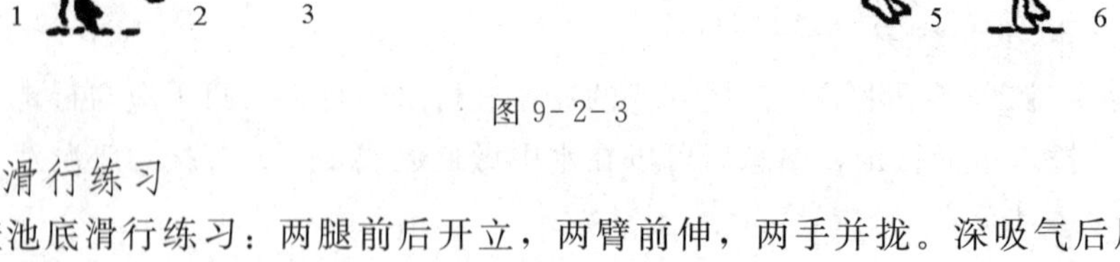

图 9-2-3

（四）滑行练习

（1）蹬池底滑行练习：两腿前后开立，两臂前伸，两手并拢。深吸气后屈膝重心前移，当头和肩入水中时，前脚掌用力蹬池底随后两腿并拢伸直，使身体呈流线型向前滑行。滑行后还原。见图 9-2-4。

（2）蹬池壁滑行练习：背对池壁，左（右）手拉池槽，左右臂前伸，同时一脚站于池底，另一脚紧贴池壁。深吸气后低头，上体前倾入水成俯卧姿势，之后上收支撑腿，两脚贴住池壁（距水面较浅处）臂部靠近池壁，随即两臂前伸并拢，头夹于两臂之间，两腿用力蹬壁，使身体呈流线型向前。见图 9-2-5。

图 9-2-4

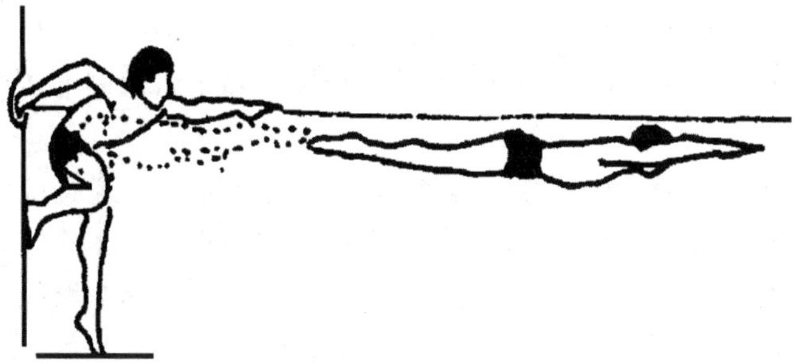

图 9-2-5

二、蛙泳的锻炼方法

蛙泳是身体俯卧水中，依靠两臂对称向后划水，两腿向后夹水，而向前游进的。因为模仿青蛙所以取名蛙泳。

蛙泳动作省力，呼吸简单，并能充分利用水的浮力使人体长时间漂浮，因而很受游泳爱好者喜爱。

（一）身体姿势

蛙泳时身体俯卧水中，在完成臂和腿的动作后几乎成水平姿势，两臂向前伸直，两腿并拢向后伸直，脸部浸入水中，后脑始终露出水面，收腹部，使身体保持一定的紧张程度向前滑行。这时身体纵轴与水平面成 5°～10°左右，胸部与前进方向形成一定的迎角，有利于游进时提高身体位置，减小迎面阻力。见图 9-2-6。

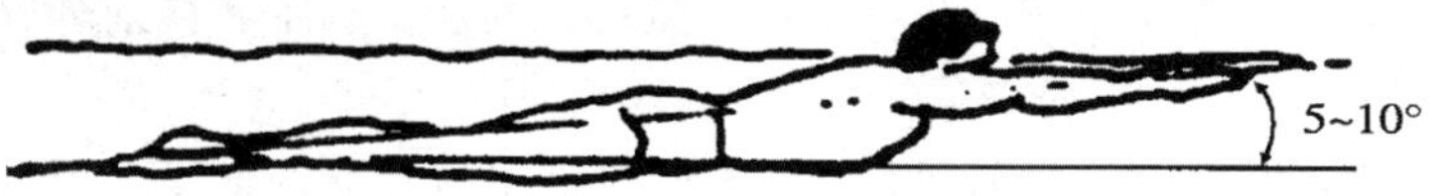

图 9-2-6

（二）腿的技术

蛙泳腿部动作是推动身体前进的主要动力，腿部动作由收腿、翻脚、蹬腿、滑行四个连贯动作组成。

(1) 收腿：开始收腿时，两腿随着吸气动作自然向下，两腿自然逐渐分开，小腿向前回收，脚跟向臀部靠拢，边收边分。收腿时，力量要小，要放松、自然。收腿结束后，大腿和躯干约成 120°～140°，两膝内侧与髋关节同宽。见图 9-2-7、图 9-2-8、图 9-2-9。

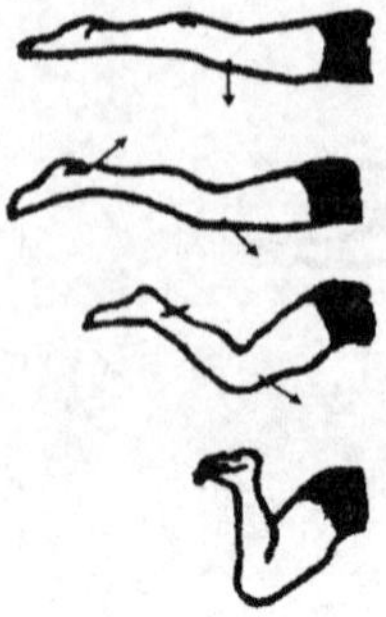

图 9-2-7

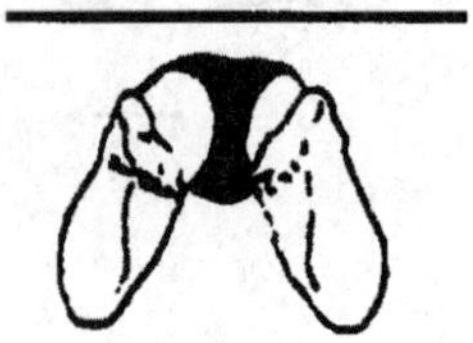

图 9-2-8

图 9-2-9

（2）翻脚：蛙泳蹬水效果的好坏，很大程度上取决于翻脚的技术。在收腿将要结束时，两脚就开始做外翻动作，膝关节稍向内转，使脚掌和小腿内侧形成向后最有利的对水面。见图 9-2-10。

（3）蹬夹水：这是在腿的动作中产生推进力的主要部分，是通过伸髋、伸膝，以大腿、小腿和脚掌内侧面向后做加速而有力的弧形蹬夹水动作。蹬水将结束时，踝关节伸直并拢做鞭状动作。蹬夹水的方向是两腿向后，向内运动，它的基本路线是前半段稍向外做蹬的动作，后半段向内，边蹬边夹一起进行。见图 9-2-11。

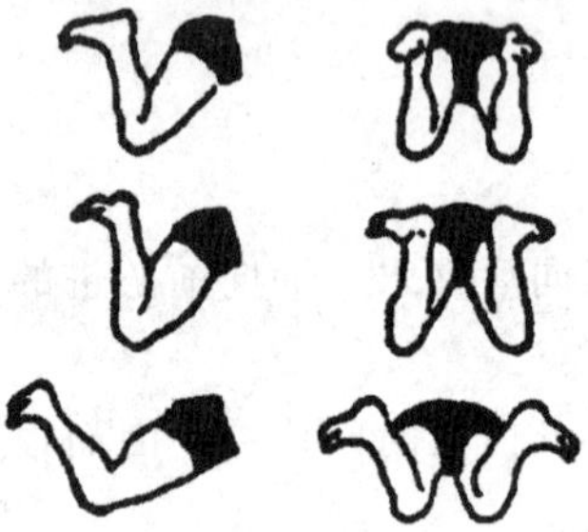

图 9-2-10

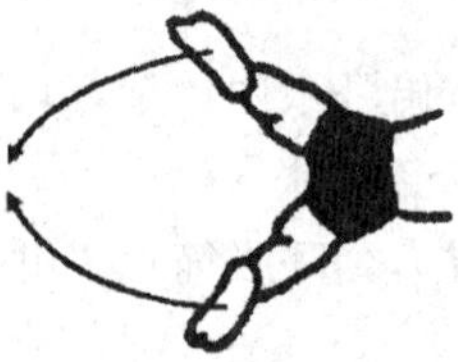

图 9-2-11

（4）滑行：蹬夹水后，前进的速度较快，有一段短暂的滑行时间。滑行时，两腿并拢，自然伸直，放平，以减少迎面主力。

（三）臂部动作

臂的动作能产生较大的推进力和一定浮力，使身体处于较高的位置，并同时配合腿的动作，保持匀速运动。臂部动作由开始姿势、抓水、划水、收手和向前伸臂五个连贯动作组成。

（1）开始姿势：两臂自然向前伸直，并与水平面平行，掌心向下，手指自然并拢，使身体成一直线，形成较好的流线型。

（2）抓水：从开始姿势起，手臂先前伸，并使重心向前，前臂和上臂立即内旋，掌心向外斜下方并稍勾手腕，两手分开内侧斜下方压水，当手掌、前臂感到有压力时，即刻开始划水。

（3）划水；划水是产生推进力最有效阶段。在紧接抓水动作后，加速向后划水动作主要是拉的力量。划水方向是向侧、下、后、内前方。划水路线是椭圆曲线。划水力量是由小到大，划水速度是由慢到快。

划水时，前臂和上臂弯曲角度是不断变化的，当手臂划至两臂夹角约 120°时，既应连续过渡到向里做收手动作，划水和收手时，手走的路线应在肩的前下方。

(4) 收手：收手是划水阶段的继续，收手过程也能产生较大的推进力和上升力。动作是由内向上收到头的前下方，继而成两手掌向上，最后掌心向下并拢伸直。收手动作应当有利于做快速前伸手动作。

(5) 伸臂：伸臂动作由伸直肘关节、肩关节来完成，掌心由朝上逐渐向下方，同时向前伸出。

(四) 臂与呼吸配合技术

游蛙泳时，多数采用的是中晚吸气，呼吸是与臂的动作配合进行的。划水将结束时，稍抬头嘴露出水面，用力将余气呼出，当嘴露出水面时，立即用嘴进行强而深的快速吸气。收手和臂前伸时头放平，稍闭气后，用鼻和嘴慢慢呼气，再开始第二次呼吸的循环动作。

(五) 腿、臂、呼吸动作的配合技术

蛙泳是臂划水一次，腿蹬水一次，呼吸一次的配合游法。

臂抓水和开始划水时，腿伸直不动，划水将结束时两腿自然放松。收手时开始收腿，手开始前伸时收腿结束并翻好脚掌，臂向前伸同时用力蹬腿，伸臂蹬腿后，身体成一直线，向前滑行。

现代蛙泳的技术特点是：头部起伏大且位置高，高肘划水，快速窄蹬腿，整个动作频率快。见图 9-2-12。

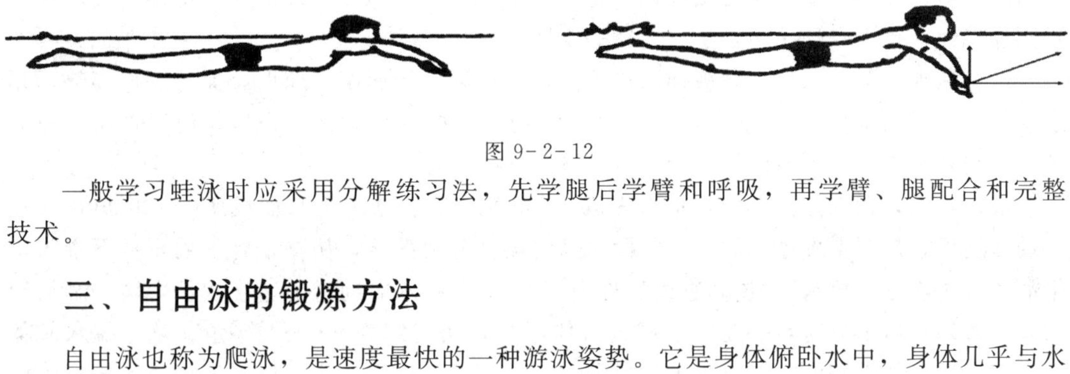

图 9-2-12

一般学习蛙泳时应采用分解练习法，先学腿后学臂和呼吸，再学臂、腿配合和完整技术。

三、自由泳的锻炼方法

自由泳也称为爬泳，是速度最快的一种游泳姿势。它是身体俯卧水中，身体几乎与水面平行，依靠两腿不停地上下向后方打水，两臂轮流向后划水，侧面呼吸而游进的。

(一) 身体姿势

自由泳的上体（包括腹部）较平直地俯卧在水中，使身体纵轴与水平面构成 3°～5°角。游进时，头的姿势要放平，两眼视向前下方，水面在发际或眉际处，后脑部分露出水面。头的位置影响整个身体姿势。头不能抬得过高，这样会导致躯干过分弯曲，增加迎面阻力；头部也不能过底，把头埋在浪中，同样影响游进速度。在不影响臂划水力量和腿打水动作时，身体应围绕纵轴与水面构成 35°～45°角。这样有助于按最佳的划水路线划水，以最小的阻力出水和空中移臂。见图 9-2-13、图 9-2-14。

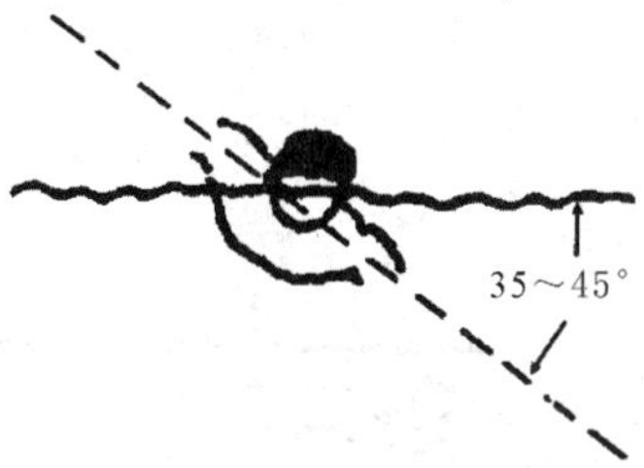

图 9-2-13

（二）腿部动作

腿的动作主要保持身体平衡和配合两臂的动作，并能起到一定推动身体前进的作用。两腿应上下交替打水，打腿幅度以脚跟的垂直距离 30～40 厘米为宜，向下打水动作应有力，打水时大腿发力，带动小腿和脚掌做鞭状打水动作。在脚掌和小腿尚未结束下打时，膝关节伸直。踝关节要放松，便于减少前进时的阻力。两腿打水动作要连贯，有节奏。见图9-2-15。

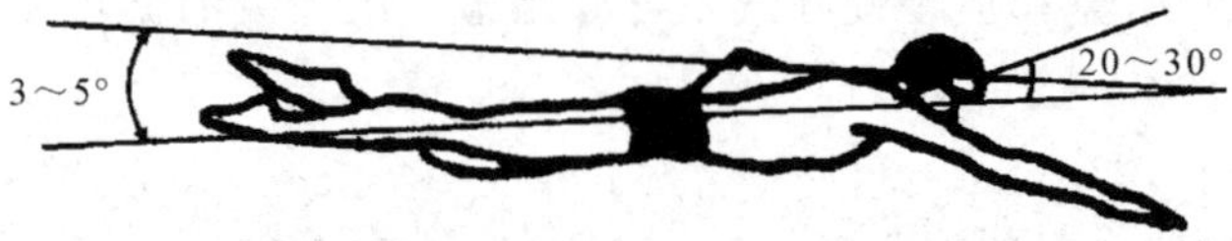

图 9-2-14

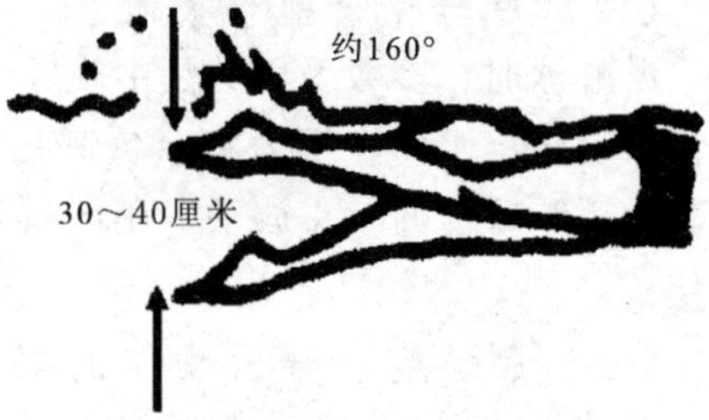

图 9-2-15

（三）臂部动作

划臂是推动身体前进的主要力量。臂的技术由入水、抱水、划水、出水、空中移臂五个连贯动作组成。

（1）入水：臂入水时肘关节高于手，手指自然伸直并拢，手指向斜下方切插入水或掌心向外侧切入水中，动作要自然放松。臂的入水点应在肩的延长线上或在身体下面，使划水更加有力，臂入水的顺序是手—前臂—上臂。

（2）抱水：臂入水后，积极插向前下方，并逐渐开始屈腕、屈肘，保持高肘姿势。划水开始，手臂与水平面成 40°角时，整个手臂动作像抱一个大圆球一样，使肩带肌群充分拉开，给划水创造有利条件。见图 9-2-16。

（3）划水；划水是指手臂与水平面成 40°角起，向后划水至水面成 15°～20°角止的这一动作过程，是获得推进力的主要阶段。这阶段又分两部分，从整个臂部划至肩下方与水平面垂直之前称“拉水”；过垂直面后称为“推水”。拉水时前臂的速度快于上臂，继续屈肘，当臂划至肩下方时，手在体下靠近身体中线，屈肘约为 90°～120°角。整个拉水应保持高肘姿势，使手和前臂能更好地向后划水。从拉水到推水，应是连贯地加速完成，中间没有停顿，特别是经过肩下垂直线时，不要失掉手对水的支撑感觉，要使上臂与前臂同时向后划动，同时肩部后移，以加长有效的划水路线，向后推水是通过屈臂来完成的。整个划水动作中，手的轨迹是向下—向后—向上，划水路线呈“S”形。见图 9-2-17、图 9-2-18、图 9-2-19。

图 9-2-16

图 9-2-17

（4）出水：在划水结束后，臂由于惯性的作用而很快的靠近水面，应立即借助三角肌的收缩将臂提出水面。出水时，肩部和上臂几乎同时出水，掌心朝后上方，手臂出水动作必须迅速而不停顿，同时应柔和，前臂和手臂应尽量放松，手掌的出水点应在大腿旁。总之，臂出水时不应破坏整个动作节奏。

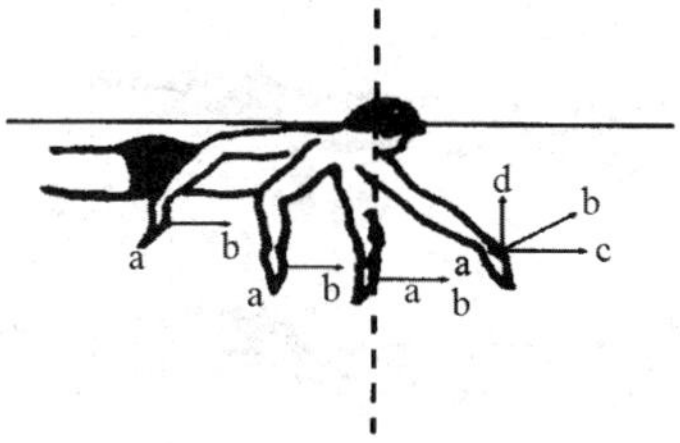

图 9-2-18

图 9-2-19

(5) 空中移臂：空中移臂的动作是手臂出水的继续，不能停顿，移臂时动作应放松自如，尽量不破坏身体的流线型，要和另一臂的划水动作协调一致。在整个移臂过程中，肘部应始终保持在比肩部高的位置。图 9-2-20。

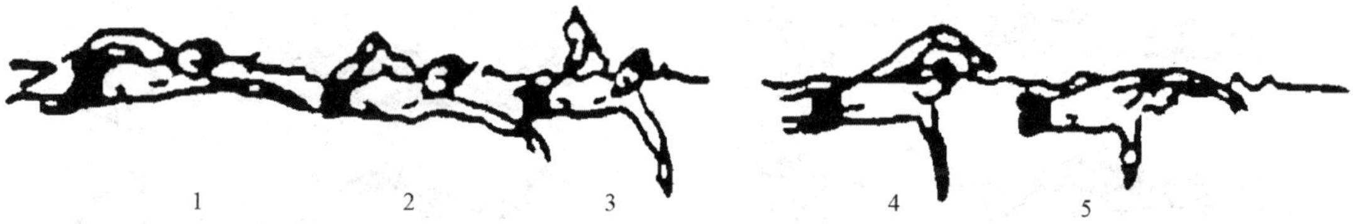

图 9-2-20

（四）两臂配合技术

爬泳两臂的正确配合是前进速度均匀的最重要条件之一。划水时，依照两臂所处的位置不同，可以分为三种交叉形式，既前交叉、中交叉、后交叉。前交叉配合形式是一臂入水时，另一臂划水至腹下方，与水平面构成150°角左右。

（五）臂与呼吸动作配合技术

一般是两臂划水一次，作一次呼气、吸气和闭气动作。以配合右臂划水于肩下方时，开始逐渐呼气，然后边呼气边向右转头；当右臂推水结束提肘出水时，向侧转头使嘴露出水面，用力完成呼气动作。紧接着用嘴迅速吸气，吸气在空中移臂过肩时结束。然后闭气并将头转正还原，闭气至右臂划水至肩下方时又开始第二次的循环动作。

（六）腿、臂、呼吸完整动作配合

完整的配合技术，是匀速地、不间断地向前游进的保证。目前爬泳的配合动作中，有两腿打水 6 次，两臂划水各 1 次，呼吸 1 次的配合游法，简称 6：2：1；另一种是两腿打水 4 次、两臂划水各 1 次，呼吸 1 次，简称 4：2：1；两腿各打水 1 次，呼吸 1 次的配合技术，简称 2：2：1；另外还有不规则打水、交叉打水等多种形式的配合技术。图 9-2-21。

四、仰泳的锻炼方法

仰泳是身体较水平的仰卧水中，依靠两腿不停地上下交替向后方踢水，两臂轮流向后划水而游进的。仰泳的配合动作基本与爬泳相同，但卧水姿势与爬泳相反，因而得名叫仰泳。

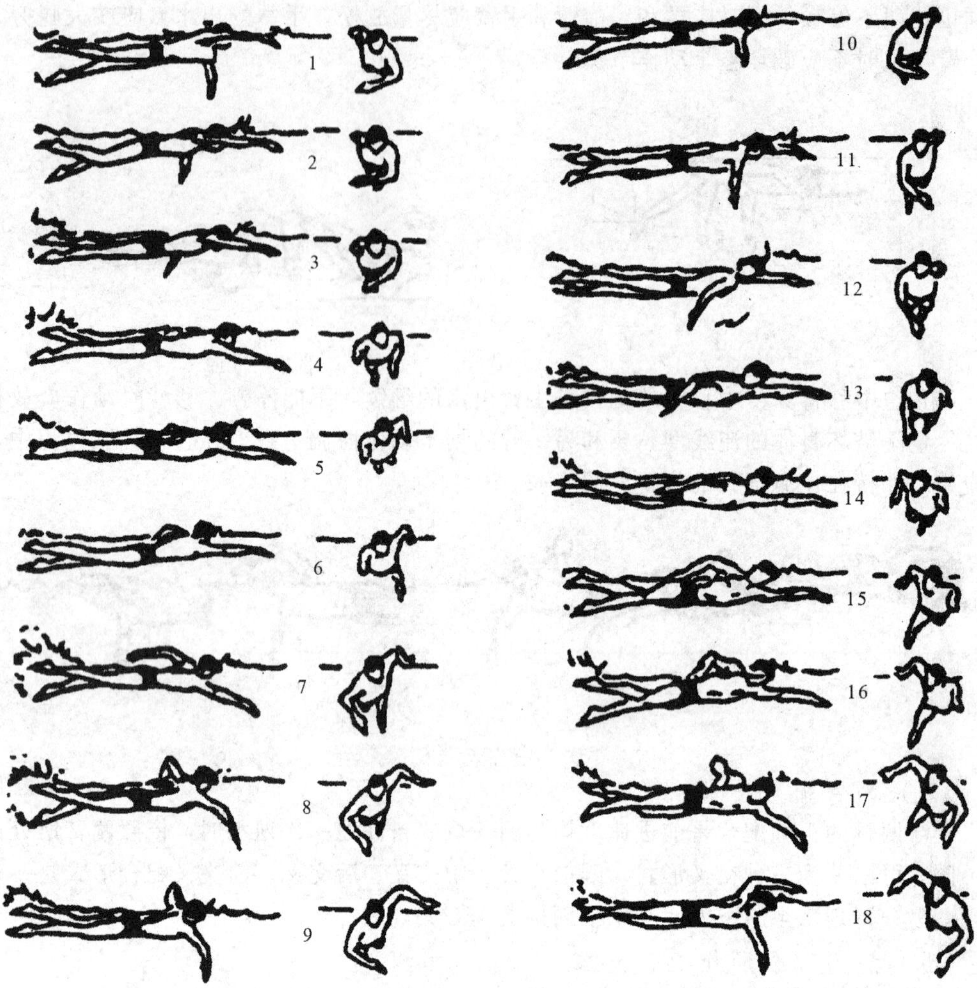

图 9-2-21

（一）身体姿势

仰泳时，身体几乎水平地仰卧在水中，胸部自然伸展，与腹部成一直线，使身体纵轴与水平面构成较小角度，两腿较平地延伸在后面，处于有利的踢水位置。头在仰泳技术中起着舵的作用。并可控制身体左右转动。头要自然地仰在水面上，后脑浸在水中，颈部肌肉放松，两眼看后上方。臂部及腰部肌肉保持适度紧张，下肋上提，不要含胸。游仰泳时身体要不断围绕身体纵轴有节奏地左右转动，转动的角度一般在 45°左右。这样既有利于臂出水和空中移臂，也有利于加强臂的划水力量。见图 9-2-22。

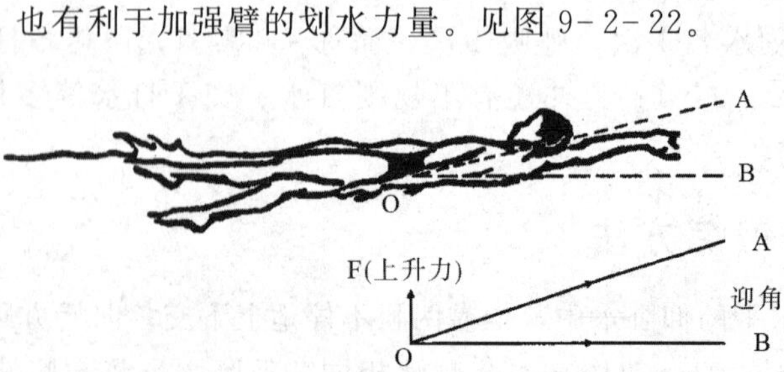

图 9-2-22

（二）腿部动作

腿部动作，可使身体姿势保持较高位置，并能产生一定的推进力，同时在配合臂的动作中，能发挥积极作用。仰泳两腿打水幅度比爬泳大，打水时，以髋关节为支点，由大腿发力，带动小腿和脚向上后方作鞭状踢水。向上踢水时，膝关节微屈，约成 135°～140° 角，踝关节自然伸直，打水时，两脚跟上下最大距离约 40～50 厘米。

（三）臂的技术

仰泳臂的动作周期中分实效动作和恢复动作两部分。实效动作包括下划、抱水和划水；恢复动作包括臂出水、移臂和臂入水。

（1）下划和抱水：臂入水后，随着肩部下沉，肩背部肌肉收缩用力，使手臂呈直臂外下后方划水，同时逐渐屈腕使手掌向后方对水。随着下划动作至一定深度时，离水面约 15～20 厘米深处，即向下沉肘屈臂抱水，使下划与屈臂抱水结合一起进行。手臂约在水面下 30～40 厘米处完成抱水并继续向后划水。

（2）划水：划水是产生推进力的主要阶段，是这样一个过程；在上臂由外下位置向体旁收夹的带动下，手和前臂由抱水位置继续屈肘向后上方划水，又转而伸肘向后下内方向划水。屈肘动作使手的运动路线由下而向后、上、内方，至肩侧时约在水面下 5～15 厘米处，此时屈肘角约为 70°～110°。随着继续后划，屈肘屈腕又逐渐调节为伸肘伸腕，使前臂及手掌保持较大的挡水截面。由于伸肘，使手由上而向后下方运动，直至大腿旁，在推水动作将结束时，前臂内旋并同时向内后方或向下方的扣腕，以加速划水过程。从手臂入水下压开始，在整个划水过程中都应是加速进行的，并应不断调整屈腕和屈肘，使手掌和前臂内侧而尽量向着后方，只有在最后扣腕划水时才使掌心向内或向下方。划水结束，手离水面应为 40 厘米左右，划水整个路线呈“S”形，有节奏地加速进行。

（3）出水：手臂划水结束后迅速提出水面。正面的出水动作是先压水后提肩，使肩露出水面。由肩带动上臂、前臂和手依次出水。划水结束时手掌自然转向下方，并靠拢大腿，用手臂内旋下压的作用力和肩部三角肌肉收缩力量，手臂自然地提出水面。

（4）移臂：手臂出水后，应经同侧肩的正上方直臂前摆，在移臂的后半程应尽量拉展肩部，并内转手臂使掌心向外，在肩的延长线上直臂入水。注意移臂时所成的扇面应该垂直于水平面，手臂入水前，肩部应做最大限度的拉展，但必须在与纵轴平行的肩的延长线上，任何偏侧的动作都会引起身体的左右摇摆，更影响入水动作的正确性。

（5）入水：手臂应直臂入水，掌心向外，小指先行切入。入水点应在肩的延长线上，或在肩的延长线与纵轴之间，这样可使手臂在入水时的挡水截面控制在最小的范围，并使下划动作不致引起较大的侧向分力。

（四）两臂的配合技术

仰泳两臂的配合采用“连接式”的技术，即当一臂划水结束时，另一臂已入水并开始划水：臂处于划水的中部，另一臂正处于移臂的一半。在整个臂的动作过程中，两臂几乎都处于完全相反的位置，这样的配合能保证动作的连贯性和速度的均匀性，而且还有助于划水力量的加强。

（五）腿、臂与呼吸动作配合

仰泳的呼吸和其他泳式一样，应有严格的节奏，并习惯有节奏的深呼和深吸，才能保证最大的吸氧量供给肌肉血液能量代谢的需要，通常是划臂 2 次，呼吸 1 次，即当一臂移臂时用口进行吸气，然后做短暂的闭气，当另一臂移臂时进行呼气。

仰泳采用腿踢水6次，臂划水两次，呼吸一次的配合方法。这种配合法能有效地发挥臂和腿的作用，使身体保持平衡和处于较高的位置。

仰泳和自由泳动作很相似，只是在卧水姿式上有所不同，其学习顺序同爬泳一样。

五、蝶泳锻炼方法

蝶泳是身体俯卧水中，依靠两臂经空中移臂入水后的向后划水，躯干和两腿上下形成波浪壮动作而游进的。

（一）身体姿势

蝶泳的身体姿势与其他三种姿势不同，它随着躯干和两腿上下打水也上下起伏，近似波浪一样进行运动，但应注意在发挥的作用提前下，尽量减小身体起伏，以便减小迎面阻力。

（二）躯干和腿的动作

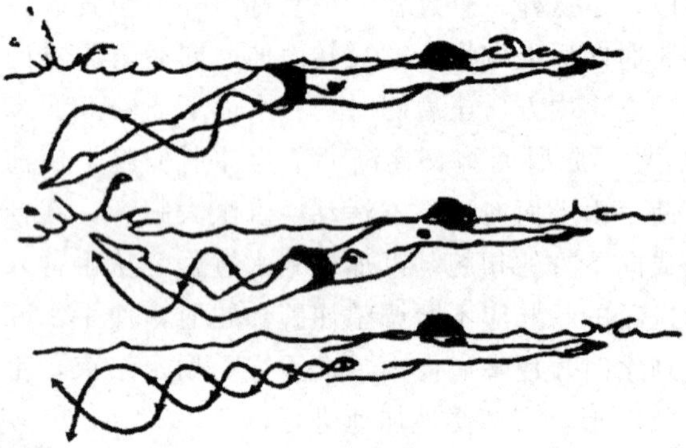

图9-2-23

躯干和腿的动作是身体前进的动力之一，打水时，两腿自然并拢，双脚掌稍向内旋成八字，以腰腹发力压肩提臀，带动腿向后下方做鞭状打水。屈膝向下打水时，稍提臀收腹，打水结束时膝关节伸直。向上打水时直膝稍挺腹，打水结束时膝关节微屈。向下打水时应用力快速进行。向上打水时要自然。打水动作上下的幅度约40～50厘米。见图9-2-23。

（三）臂的技术

两臂划水动作在蝶泳中起着主要的推进作用，它是各种游泳姿势中所产生推进力最大的一种。划水时，两臂的动作要对称地进行，与自由泳臂的动作结构基本相同。包括入水、抱水、划水、出水，空中移臂五个连贯动作组成。

（1）入水：两臂同时在肩的延长线的两侧斜插入水，臂入水时，手掌领先，小臂、大臂依次入水，入水时肩要向前向下伸，肘部保持较高的位置。入水后头和肩的位置均底于肘。

（2）抱水和划水：当两臂入水后，手和小臂内旋向侧下方抓水，接着两臂逐渐向内弯曲，高抬肘，使手掌和前臂成主要的对水面。在进入划水阶段时，使肘保持较高的位置，随后即做加速划水动作。在划水的前半部分，上臂内旋动作和逐步加大屈臂动作是同时进行的，当两臂划至肩下方时，小臂与大臂之间的角度成90°～110°，然后，手掌、小臂、大臂、一起继续加速向后推水。在推水过程中，小臂和大臂的角度逐渐加大。

（3）出水：推水结束后，利用推水速度的惯性提肘，迅速将臂和手提出水面。

（4）空中移臂：臂出水后，由肩带动上臂、前臂、在身体两侧快速由空中向前摆动。移臂时，整个臂部动作要自然放松，手距水面不要提得过高，肘和手几乎在同一条线上，摆至肩前方时，肩处于较高的位置。

（四）臂与呼吸的配合

当臂入水后开始用鼻和嘴慢呼气，两臂进入划水时，稍仰起下颏，推水至大腿两侧时抬头，嘴露出水面用力完成呼气动作，并接着迅速张嘴深吸气，臂出水面用力完成呼气动作，并接着迅速张嘴深吸气，臂出水后和空中移臂时闭气，头放平。

（五）臂与腿打水的配合

蝶泳技术中均采用2∶1∶1的配合形式，即2次打腿、1次划臂、一次呼吸的配合技术。方法：两臂入水时做第一次向下打水，能较好地发挥躯干和腿的作用，保持游进时良好的均匀速度，并能减少移臂时身体下沉。臂抓水时，腿向上。当两臂划至胸、腹下部时，开始做第二次向下打水，这时游进速度比较快，身体位置也比较高，做第二次打水不仅能产生推进力，而且可以使下肢得到支撑，使身体成较好的流线型，可增强划水效果。见图9-2-24。

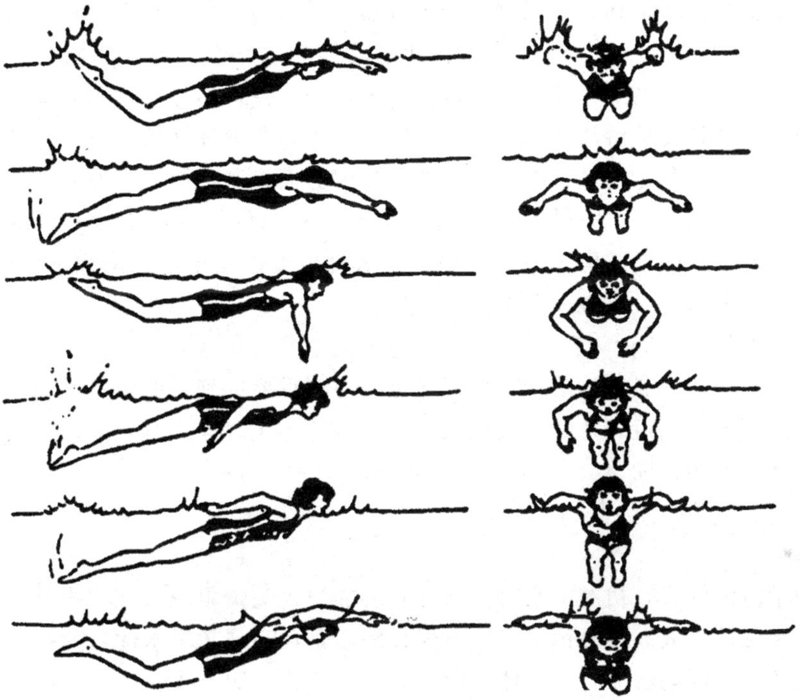

图9-2-24

第三节　游泳锻炼的安全与救护常识

一、游泳的安全与卫生

（一）游泳场所的选择

我国有大量的天然水域，为开展游泳锻炼活动创造有利条件。各地的江河湖海池塘水库都可以充分利用作为游泳的场所。

在江河湖海中游泳，为了保证安全，必须事先做好调查工作。应当选择水质比较干净的地方，要注意水的深度和流速，还要了解水底的情况，最好选择沙底的地方游泳，不宜在有污泥、乱石、暗礁、树桩、杂草丛生和船只来往频繁的水域游泳。有鲨鱼的海中也不宜游泳。

不要在受工业废水、生活污水及其他污染水源的地方游泳：不要在有吸血虫的河道里游泳。初学游泳的人不要到急流有大漩涡的地方游泳。到人工修建的游泳池去游泳，也要注意游泳池的环境卫生，和加强安全救护的措施。

（二）暂时不宜游泳的人

为了保护自己身体健康，防止疾病传染，因此患有活动性肺结核、传染性肝炎、严重皮肤病、腹泻病、红眼病、中耳炎、心脏病、高血压和有癫痫史的病人，都不宜参加游泳。妇女月经期和怀孕期也不适宜游泳。

（三）下水前要做好准备活动

在游泳前做好准备活动，可以改善身体各器官系统的状况，提高神经系统的兴奋性和灵活性。准备活动以后，心脏和呼吸器官活动功能加强，血液循环和物质代谢的过程加快，肌肉的弹性和力量增加，关节活动范围加大，灵活性提高。体内的这些变化，有利于身体更好地和更快地适应游泳活动的需要。同时对预防肌肉抽筋拉伤有一定的作用。

准备运动的内容和运动量，根据不同的游泳姿势而有所不同，但基本上要求是使身体各部分肌肉、关节活动开，尤其是游泳时负担较重的部位，如蛙泳时下肢的膝关节，爬泳、仰泳、海豚泳时的上肢肩关节等部位。下水时也可以先用水擦擦面部、胸部和大腿，使身体对水温有所适应，再进入水中练习。

（四）加强组织工作

加强组织工作是开展游泳活动，保证安全的一项重要措施，游泳活动时，不宜单独行动，最好有组织进行。组织办法不宜太大，一般以三人至五人为宜，既便于组织指挥和互相照顾，又利于互相帮助。

（五）对一些情况的处理

1. 头晕

有些初学游泳的人，初次下水时，感到心跳加快，头晕眼花，在水中站立不稳，这是因为不熟悉水性的缘故。只要镇静下来，经过练习，逐步熟悉了水性，就能克服。

还有一些人，因在游泳时，身体血液分布有了变化，而产生头晕，这种现象在医学上叫“血液的从新分配”当血液发生重新分配时，有些器官或部位血液流到另一些正在进行工作的器官和部位去，因而脑部的血液暂时供给不足，致使人感到头晕。一般身体不好的人，以及游泳时间过长或体力消耗过大，往往也容易发生头晕。出现这种情况后，只要稍休息一会是可以好转的。这种现象，只有经过锻炼，增强体质和提高机体对运动的适应能力，并不难克服。

2. 抽筋

在游泳中，有时会发生抽筋。抽筋是肌肉强直收缩造成的。常发生的部位是小腿，但手指、脚趾甚至胃部也会发生抽筋。抽筋的原因，通常是下水前没有做好准备活动，或者身体过于疲劳，或者遇到寒冷的刺激等。另外，过分紧张，动作不协调，也容易引起抽筋。

发生抽筋时，首先要保持镇静，不要慌张，可以叫别人来救或自己解脱。发生抽筋后，最好上岸，擦干身体，按摩抽筋部位的肌肉，并注意保暖。

在水中进行解脱的方法，主要是用牵引法。

方法：

(1) 手指抽筋：将手指握成拳头，然后再用力张开，这样迅速连续做几次，直到现象消除为止。见图 9-3-1。

(2) 手掌抽筋：用一手掌将抽筋的手掌用力向下压，并做振颤动作。直至抽筋现象消除为止。见图 9-3-2。

(3) 上臂抽筋：握拳，并尽量屈肘，然后用力伸直抽筋现象消除为止。见图 9-3-3。

(4) 小腿或脚趾抽筋：先吸一口气，仰浮在水中，用抽筋腿对侧的手，握住抽筋腿的脚趾，并用力向身体方向拉，同时用另一手掌压在抽筋的膝盖上，帮助小腿伸直。见图 9-3-4。

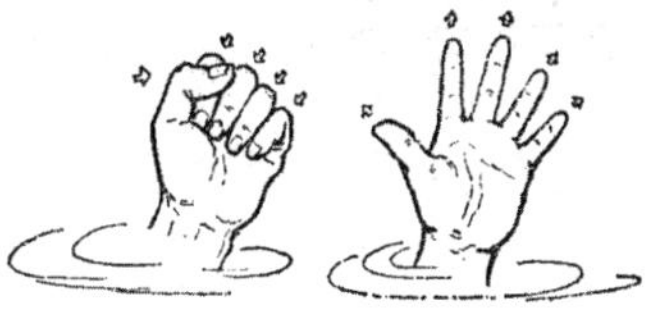
图 9-3-1

图 9-3-2

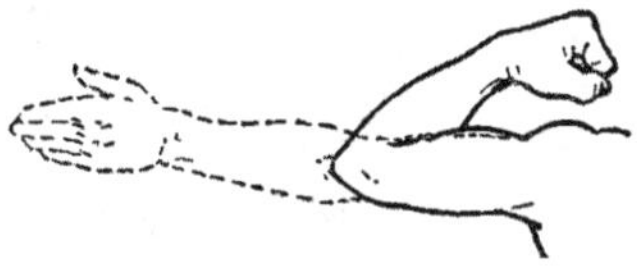
图 9-3-3

(5) 大腿抽筋：先深吸一口气，仰浮在水中，屈膝抽筋腿，然后用两手抱着小腿用力使它帖在大腿上，并加以振颤动作，使抽筋现象消除。见图 9-3-5。

(6) 胃部抽筋：先吸一口气，仰浮在水上，迅速弯曲两大腿靠近腹部，用手稍抱膝，随即向前伸直，注意动作不要太用力，要自然。见图 9-3-6。

图 9-3-4

图 9-3-5

图 9-3-6

在水中抽筋现象消除后，应慢慢游动，以免发生再次抽筋。消除抽筋现象，除牵引法外，还可以用按摩法，这种方法主要适用于岸上进行，做法是：用手揉捏、拍打或捶击抽筋肌肉，使之松弛。

3. 呛水

呛水是水从鼻腔或口腔吸入呼吸道，一般初学游泳的人，由于还没有很好掌握游泳呼吸技术，所以容易发生呛水。

水吸入呼吸道，会阻塞呼吸道的某一部分，很快造成呼吸困难，另外，喉头和气管由于受到水或异物的刺激，会发生反射性痉挛，以致呼吸道梗阻，引起窒息。

如果发生呛水，心里慌张，身体不能保持平衡，接二连三地又呛几次水，就会使身体下沉，造成溺水。

要防止呛水，主要是多练水中呼吸动作、熟悉呼吸技术。发生呛水时，应保持镇静，游泳动作不要乱，这样，呛水感觉很快就能消除。

4. 耳内进水

在水中可用吸引法。做法是：将头偏向有水的一侧，用手掌紧压有水耳朵，屏住呼吸，然后迅速提起手掌，反复几次，将水滴吸出来。见图 9-3-7。

在岸上可用跳空。做法是：站在岸上，将头偏向有水的耳朵一侧，以那侧的腿支持身体，原地连跳几次，使水从耳内流出来。见图 9-3-8。

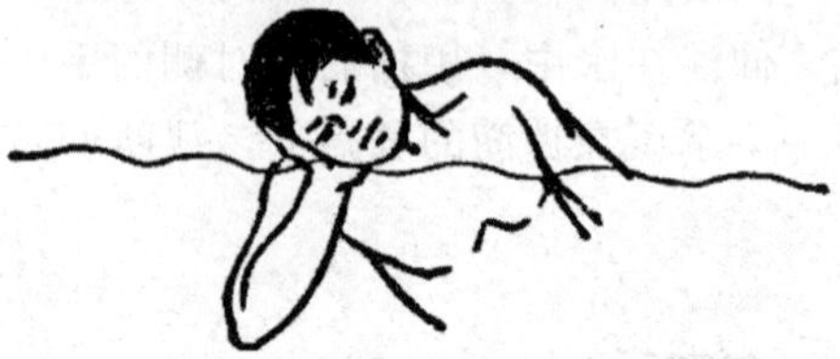

图 9-3-7

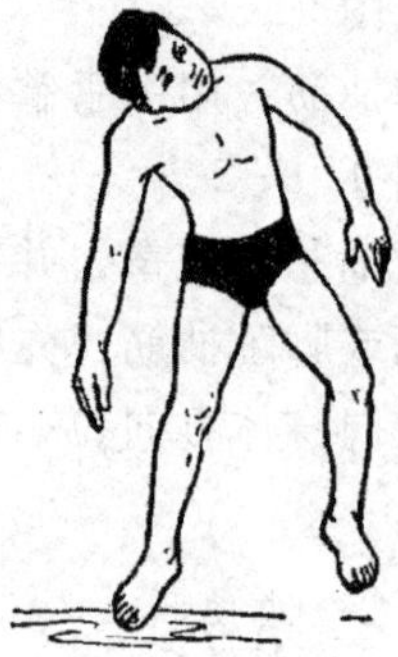

图 9-3-8

二、水上救护

（一）间接救护和直接救护

间接救护是救护者利用现有的救生器材，对较清醒的溺水者采用的一种救护技术，如一般采用向溺水者投掷救生圈、木板、竹竿等应急物件。见图 9-3-9。

图 9-3-9

直接救护是在没有救生器材或者溺水者已处于昏迷状态时由人直接救护的一种技术。直接救护应该注意下列事项：

（1）救护人员在入水前应观察好溺水者的被淹地点，沉浮情况（或已昏迷下沉，或在水中挣扎）。如果溺水者落入静水，救护人员可以直接入水向溺水者游去进行救护。如果溺水者落在急流的江河中，救护人员应跑到溺水者的斜前方入水，向溺水者游去施救。

（2）救护员如果对水域情况不熟悉，切忌头先入水，最好采用两腿前后分开，两臂伸向两侧，向前方跳入水中。

（3）接近溺水者的动作。当溺水者正在挣扎时，救护人员不可迎面接近溺水者，而应从背后去救护，以免被溺水者抓住，发生危险。接近溺水者后，先从背后将溺水者托出水面，然后用侧泳或反蛙泳将溺水者运到岸上，进行抢救。

（二）水中解脱

水中解脱是一种救护人员在执行救护当中，被溺水者抓住或抱住时解脱的方法。溺水者在水中神志不清，挣扎乱抓。救护人员万一被溺水者抓住时，必须根据被抓的部位，熟练地采用各种解脱方法。解脱方法主要是利用反关节和杠杆原理，动作要熟练，迅速和突然。

（1）被溺水者抓住手臂的解脱方法：溺者从上方或下方抓住两臂时，救护者握紧双拳向溺者的拇指方向外旋或内旋，即可解脱。溺者两手抓住单臂时，该手握紧拳头，另一手从溺者两臂中间穿出，握住自己拳头突然向下拉，即可解脱。

（2）溺者从后面抱住颈部的解脱方法：首先握住溺者靠近自己胸前的一只手腕，另一手从下向上托溺者的肘关节使之转体，然后低头从溺者腋下钻出，乘势将手腕拉倒背后，进行拖带（图）。

(3) 溺者前面抱住颈部的解脱方法：用左（右）手推溺者的右（左）肘关节，右（左）手握住溺者同一手腕并向下拉。突然从溺者的两臂中间钻出。用握住溺者手腕的手向下向后扭转，进行拖带。

(4) 溺者从前方拦腰抱住救护者的解脱方法；一手按住溺者头后部，一手拖住下颏，向外扭转头部，使溺者背向救护人员，顺势拖带。

(5) 溺者从后方拦腰抱住救护者解脱方法：用两手分别抓住溺者的左右手指，向左右用力拉开，然后放开溺者的一只手，乘势转至溺者背后进行拖带。

(6) 被溺者从背后连两臂拦腰抱住的解脱方法：两腿用力向下蹬夹水，使两者身体位置升高。当头出水后深吸一口气，同时两臂用力外撑，突然下沉从溺者两臂中间脱出，随即转至溺者背后进行拖带。

（三）常用的拖带方法

拖带是溺者被救后，救护人员把溺者从水中用各种泳法拖带上岸的方法。一般用侧泳或仰泳进行拖带。侧泳拖带可以用一臂伸直托住溺者的后脑部；或一手抓住溺者的衣服；或拉住溺者的臂；也可以一手从溺者的背后沿着肩经胸前，握住腋窝后面，另一臂在侧划水，两腿做侧泳剪水，把溺者拖至岸边，等待急救。

1. 反蛙泳托带方法

先将溺水的体位调整为仰卧姿势，然后两手托着溺水者的下颌（图 9-3-10①）或腋下（图 9-3-10②），以反蛙泳的姿势进行拖带。

①

②

图 9-3-10

2. 侧泳拖带法

同样也是先将溺水者的体位调整成仰卧姿势，然后一手从溺水者的胸前握住对侧腋下（图 9-3-11），用侧泳进行拖带。

（四）岸边急救

把溺水者拖带上岸后，先将其口打开，清除口腔中的分泌物和其他淤泥，杂草和呕吐物等，使上呼吸道通畅。然后救护者一腿跪下，另一腿屈膝，将溺者腹部放在屈膝的大腿上，一手扶着溺者的头，使溺者嘴向下，另一手压背部将水排除（图 9-3-12）。如溺水者心脏有跳动时，应立既进行人工呼吸。人工呼吸的方法很多，实践证明，以对口吹气法效果比较好，而且可同时进行胸外心脏按摩。施行时，使溺者仰卧，头部尽量后仰，把口打开并盖上纱布，救护者一手托起溺者下颌，掌根轻压环状软骨，使其压迫食管，防止空气入胃，另一手捏住他的鼻孔，然后深吸一口气，对准口部将气吹入。吹完后松开捏鼻孔的手，如此反复进行，每分钟做 14～20 次左右。进行不能间断，开始时可稍慢，以后可适当加快，直至溺者恢复呼吸为止。见图 9-2-13。

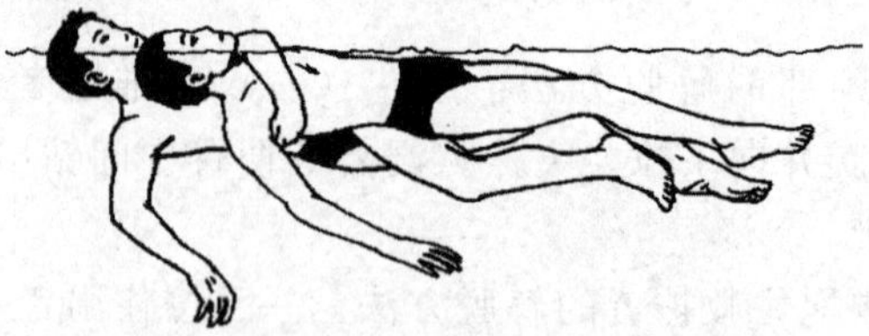

图 9-3-11

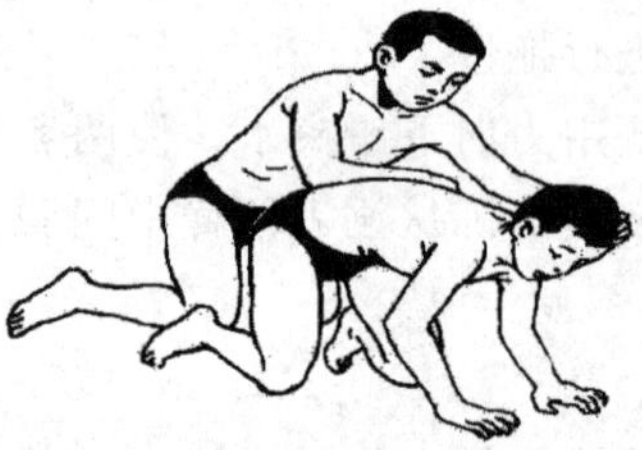

图 9-3-12

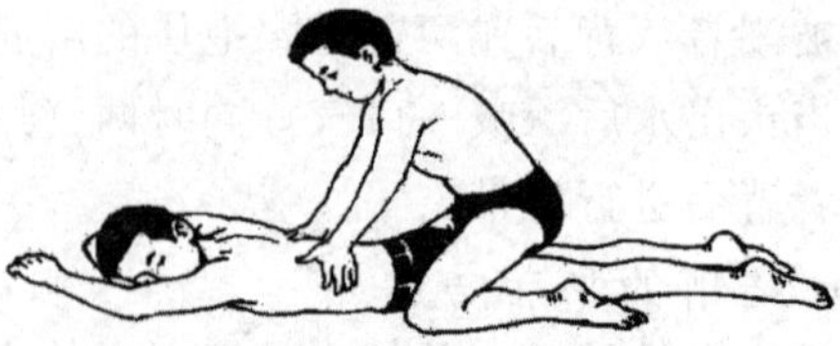

图 9-3-13

胸外心脏按摩可以在进行人工呼吸时同时进行。方法是两手掌相重叠，放于溺者胸骨体下段及剑突部，用力下压，随后将手放松，每分钟以 60～80 次有节奏地进行，下压时用力要均匀缓慢，松手要快，不宜用力过猛。

思考题：

1. 游泳运动有什么锻炼价值？
2. 自由泳的技术要领是什么？
3. 游泳前应注意的问题有哪些？
4. 如何进行水上救护？

第十章　滑冰运动

第一节　滑冰运动的锻炼价值

速度滑冰（speed skating）是冰上运动项目之一。它是在天然或人工冰场上，借助于专用冰刀，在规定的距离内以竞速为目的的竞技性运动项目。它不仅是冬季奥运会的比赛项目，而且还是人们冬季进行体育健身锻炼最好的运动方法。因此，深受广大青少年的喜爱。在中国北方，各级各类学校都把速度滑冰作为冬季体育课教学内容之一。

一、速度滑冰的运动特点

（一）采用特殊姿势滑跑

为了保持快速滑跑中身体平衡，减少空气的阻力面积，滑行者采用上体前倾、两腿弯曲、双手后背或摆臂的滑跑姿势进行练习或比赛。这种姿势不仅使身体形成流线体，减少空气阻力，而且还有利于动作的形成及发挥最大的作用力。

（二）滑跑

滑跑是指运动者在冰上快速滑行而言，它不同于陆地上的跑，它没有前后支撑、双脚腾空的过程。滑跑中的“滑”是指惯性滑行。它是一个由一脚蹬冰产生的加速，另一只脚转向滑行的过程，是典型的周期循环动作。其技术构成是由 4 个时期、8 个动作而形成的一个复步。

（三）侧蹬冰

运动者在快速滑行中（一般运动员比赛时的平均速度为 10～13 米/秒左右），不可能在体后找到有效的支点。这不仅因为冰刀长径与蹬冰脚的纵轴一致，不便向后蹬冰，更重要的是身体向前滑行速度快于蹬冰腿的伸展速度，只有向侧蹬冰，才能找到合理稳固的支点和获得滑跑的动力。

（四）弯道的特殊步伐

由于速度滑冰是借助与特制的窄而长的冰刀在冰面上进行滑跑，比赛时每滑一圈都要经过两个直道和两个弯道，要求运动者以直道滑跑步伐、弯道交叉滑跑步伐滑行一圈。因此，除提高运动者控制平衡能力外，还要进行直道滑行技术和弯道技术训练。

二、速度滑冰的项目设置

由于速度滑冰分为大场地速度滑冰比赛和短跑道速度滑冰比赛，因此在项目设置上有所不同。

（一）大场地速度滑冰比赛项目

分为男子项目和女子项目，并设有单项和全能的项目。单项比赛一般有男、女 500

米、1000米、3000米、5000米和男子10000米，另有超长距离赛和接力赛等。全能比赛包括男子和女子的短距离全能和全能项目。短距离全能项目男女均有500米、1000米；全能项目（大全能）男子为500米、1500米、5000米和10000米，女子为500米、1500米、3000米和5000米。

（二）短跑道速度滑冰比赛项目

有男、女个人比赛项目，分短距离：500米、800米和1000米；长距离：1500米、3000米；接力比赛项目男子为：3000米、5000米，女子为：2000米、3000米；另还有其他形式的比赛项目。

三、速度滑冰运动的锻炼价值

速度滑冰运动是人们冬季进行体育健身锻炼最好的运动方法。在严寒的冬季从事该项运动，对人的身心健康会起到良好的锻炼效果。其主要表现为：

（一）对运动系统的影响

我国北方的冬季，气候多变，天气寒冷，经常参加滑冰运动对严寒和冷风都具有高度的适应能力和耐受力。这是因为长期的室外低温刺激，使身体温度调节能力增强，从而提高了人们对严寒的适应力，增强抗寒能力。

经常参加滑冰运动还能提高人体的平衡能力。由于滑冰运动是借助于窄而长的冰刀在冰面上滑跑，人体重量放在1～1.3毫米的刀刃上，除了要保持特殊的身体姿势外，还要在快速滑跑中做各种技术动作。因此，对提高人体平衡能力有着突出作用。

（二）对心血管系统的影响

滑冰运动能促进人的心血管功能的提高。据有关部门测定数据表明，速滑运动员心脏比例要大于一般人4.4厘米左右，直径也大于1.5厘米左右。这种功能性肥大是心肌发达的表现，心脏搏动有力且脉搏输出量多。在安静状态下滑冰运动员心脏每分钟跳动只有40～50次就够了，而一般人心率跳动必须保持在75次左右才能满足正常人体的需要。在从事剧烈运动时，速度滑冰运动员心率跳动最高可达200～230次，心脏的脉搏输出量和每分输出量要比一般人心脏功能程度高许多。

（三）对呼吸系统的影响

速度滑冰运动大多数是在自然的寒冷环境条件下进行。经常参加滑冰运动，能够大量呼吸室外新鲜空气，增强呼吸能力，促进新陈代谢。机能的提高改善了血液循环系统功能和提高抗寒能力。在旺盛的新陈代谢下，消化系统及其他组织机能得到相应的改善，使整个机体工作效率提高，从而大大增强了呼吸道防病抗病的能力。

由于速度滑冰运动采用特殊的姿势运动，所以运动者的隔肌受到限制，整个呼吸形式为混合式呼吸。经常参加滑冰运动的人胸肌发达，呼吸节律性强而有力，这证明了滑冰运动对提高人的呼吸功能有很大作用。如滑冰运动员最大氧摄取量为：男子平均5.8公升/分钟；女子平均为3.1公升/分钟；一般男子则为3公升左右。在最大欠氧债能力上，速滑运动员可达15～20公升，而一般人只有10公升左右。

（四）对神经系统的影响

滑冰运动，可以提高神经系统的调节作用，特别是体温调节能力。在寒冷的冬季，当强烈的冷空气刺激人体时，皮肤里的感觉神经末梢接受刺激，并立即传向中枢神经，在中枢神经系统调节作用下，毛孔和皮下血管收缩，大量血液流回心脏，起到了保持体温、减少散热的作用，同时又加速心脏收缩频率以增进血液循环来促进新陈代谢功能，增加热量，以保证身体能适应寒冷的刺激。因此，在寒冷环境中锻炼，神经系统调节功能使机体各部分的反应更加灵敏、准确，从而提高机体对外界气温骤然变化的适应能力。

滑冰运动不仅速度变化大，而且蹬冰、身体位置也处于一种复杂的变化中。它主要依靠机体内部各器官、肌肉肌腱、关节和韧带中的运动分析器感觉神经末梢，不断反复刺激，使机能活动建立在复杂条件下形成了综合分析活动。这样便形成了运动功能的特殊的“冰感”、“速度感”和“平衡感”。在本体感觉及空中方位感觉的基础上，大脑皮层随着环境和气候的变化，借助于各种反射调节肌肉紧张程度，保证各种高度、复杂、协调、精细技术动作完成的质量。

（五）培养、锻炼人的意志及思想品质

滑冰运动除了对人的机体组织器官有良好的影响外，同时它又是培养、锻炼人的思想意志品质良好的方法和手段。它不仅是机体运动的过程，也是锻炼人的思想品质的过程。速度滑冰运动属于体能类耐力性的运动，在严寒的冬季，人们冒着凛冽寒风在户外从事滑冰运动锻炼，必须在精神和思想上有吃苦耐寒的准备。当运动量、运动强度及负荷的变化作用于人体时，人的意志品质因素就显得非常重要了。经常参加滑冰运动，能有效地培养人的勇敢、坚定、顽强的意志品质和吃苦耐劳的思想作风。

第二节 滑冰运动的锻炼方法

一、速度滑冰的基本技术

速度滑冰的基本技术包括直道滑跑、弯道滑跑、起跑和冲刺四个部分。其中直道滑抛和弯道滑跑是速度滑冰技术中最重要的两个环节，统称为滑跑。速度滑冰的滑跑技术是由四个时期、八个动作构成一个复步，往复循环而组成的。见图 10-2-1。

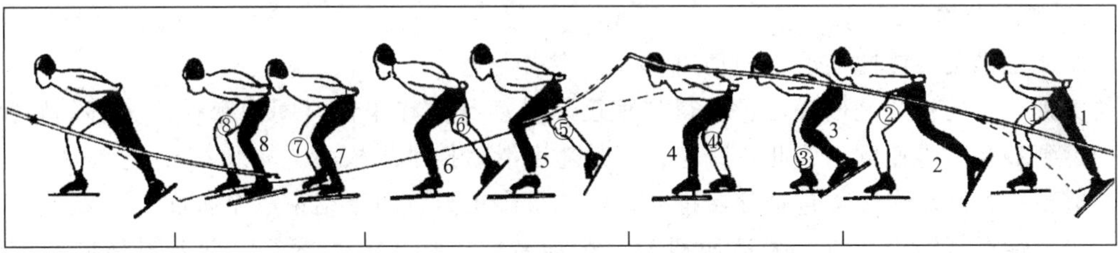

右 腿	⑦—⑧ 下刀动作	⑤—⑥ 收腿动作	③—④ 蹬冰	①—② 惯性滑进动作
左 腿	7—8 蹬冰动作	5—6 惯性滑进动作	3—4 下刀动作	1—2 收腿动作

图 10-2-1

（一）直道滑跑

速度滑冰直道滑跑技术是速度滑冰的学习基础，在合理的掌握与运用中，是实现正确技术和充分发挥机体技能的重要前提。

直道滑跑基本技术包括七个技术细节，即滑跑姿势、蹬冰动作、收腿动作、下刀动作、惯性滑进动作、全身配合动作和摆臂动作。见图 10-2-2。

图 10-2-2

1. 滑跑姿势

速度滑冰的基本滑跑姿势是学好速度滑冰的基础，姿势正确能有效地发挥身体机能最大潜力和作用力，相反，体力消耗大且效果不佳。

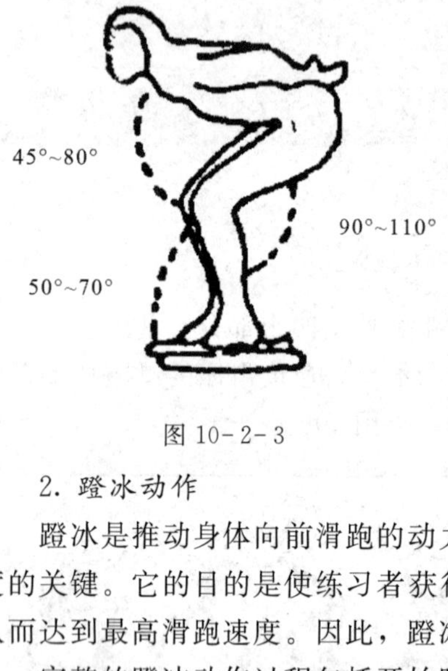

图 10-2-3

正确的滑跑姿势是上体前倾、肩稍高于臀部，上体与冰面约成 15°～30°角，与大腿约成 45°～80°角；膝关节成 90°～110°角；踝关节约成 50°～70°角；上体放松，两臂伸直，双手互握自然放于背后，头微抬起，两眼目视滑行前方 10～20 米处。身体重心的投影点落在支持冰刀中心偏后部位。见图 10-2-3。

滑跑姿势有高姿势和低姿势两种。它取决于腿部弯曲的程度，在滑跑中如何采用，一是要根据练习者自身的体能和解剖特点，二是根据滑跑距离的长短。长距离上体前倾程度小，短距离上体前倾程度大。

2. 蹬冰动作

蹬冰是推动身体向前滑跑的动力，是决定滑跑速度的关键。它的目的是使练习者获得加速度，推动身体在单位时间内获得最大移动距离，从而达到最高滑跑速度。因此，蹬冰技术是速度滑冰技术的核心。

完整的蹬冰动作过程包括开始蹬冰、蹬冰最大用力、蹬冰结束三个阶段。

当惯性滑行结束，进入蹬冰阶段时，运动者已破坏了平刃滑行，随着身体向一侧倾斜，开始过渡到以内刃滑行，进入开始蹬冰阶段。蹬冰时对腿部动作的技术要求是：伸展髋关节，膝关节内压，踝关节略有缩小；当身体倾斜达到适宜的程度时，髋、膝、踝三关节快速伸展，进入蹬冰最大用力阶段。当三个关节完全伸直时，也就是蹬冰结束阶段。见图 10-2-2⑧～⑫。

为了保持和增加滑跑的速度，必须使身体向一侧倾斜，重心内移而改变支撑腿为蹬冰腿做蹬冰动作，当冰刀刚好着冰承担身体体重时，也是蹬冰腿在蹬冰过程中发挥最大力量的较好时机。蹬冰时机过早或过晚，都会使蹬冰无力。

3. 收腿动作

收腿动作是速度滑冰运动中周期动作的一个动作阶段，在不同距离滑跑中起着很重要的作用。它是指蹬冰腿蹬冰结束后使冰刀抬离冰面并收至支撑腿后到冰刀着冰前的动作过程。在蹬冰结束收腿开始时，借助蹬冰的反弹力，小腿迅速抬离冰面，以大腿带动小腿顺势前收至胸下，同时做到膝关节弯曲向内前压前提并靠拢支撑腿上提。蹬冰结束后的直接收腿，不仅使收腿路线缩短也使收腿的动作时间缩短，相对加快了收腿动作过程。见图10-2-2①～⑤。

在滑跑过程中，通过积极收腿动作不仅能使浮腿肌肉放松，有利重心的移动，同时还能增加蹬冰的力量和调节身体平衡。

4. 下刀动作

下刀动作是速度滑冰周期性循环动作的衔接点，它不仅是一个单步做功的结束，由是一个循环复步的开始。下刀技术动作的正确与否，直接影响惯性滑行的效果和蹬冰动作的质量。下刀是从收腿动作结束到浮腿冰刀触及冰面为止的动作，它包括向前摆腿和冰刀着冰两个阶段的动作。

在滑跑中将浮腿收回靠近支撑腿的前提下，以大腿带动小腿提至胸前，小腿弓膝前顶，使浮腿冰刀置于支撑冰刀的前半脚处，先用刀尖外刃着冰而后滚动到平刃着冰，此时体重仍在蹬冰腿上，着冰腿似乎悬在冰面上，只有在蹬冰结束的一刹间，体重才被移到着冰腿上并支撑惯性滑行。见图 10-2-2⑥～⑦。

下刀技术在整个滑跑的周期性循环动作中起到了协调配合蹬冰动作、调节蹬冰时机、掌握滑行方向、建立和维持平衡等作用。

5. 惯性滑行动作

惯性滑行是指滑跑过程中的单脚支撑滑行阶段，就是说在浮腿下刀开始到蹬冰结束时的单脚支撑滑行全过程。它是通过冰刀的变刃过程建立身体平衡和破坏身体平衡，以达到最佳的滑跑速度，并为再次蹬冰创造有利条件。惯性滑行运用得好，不仅能充分利用蹬冰的效果，促进滑跑，同时也使浮腿得到放松、休息。见图 10-2-2②～⑥。

惯性滑行在不同距离滑跑中，其持续时间和技术动作均有所不同。长距离滑跑的惯性时间相对长些，下刀后外刃着冰变到平刃滑行、最后到内刃（内弧很短）到蹬冰前止。短距离滑跑的惯性滑行持续时间相对短些，因短距离滑跑频率较快，所以从较短的平刃支撑，迅速转变到较长时间的内刃支撑和蹬冰。

由于惯性滑行的速度呈逐渐下降趋势，因此，适当缩短惯性滑行时间以减少消极滑行的不利因素，有助于提高滑跑速度。

6. 摆臂动作

摆臂动作在速度滑冰运动中起着增强蹬冰力量、迅速移动重心和提高滑跑频率的作用。通过摆臂可以调节身体平衡，加强蹬冰有利于整个身体的协调运动。

蹬冰开始至蹬冰结束，两臂摆动是从下垂点各向上加速摆起，一臂前摆至高位点，一臂后摆至高位点，由于两臂顺着身体纵轴向不同方向的上方摆动，对冰面产生一定压力，同样也增加了蹬冰的力量；当收腿时另一腿处于惯性滑行，两臂下落由促进了身体重心下降，减小了人体对冰面的压力，同样也减小了冰刀对冰面的摩擦力，有助于惯性滑行。摆臂运动方向和收腿重量偏向一侧，又造成倾倒，所以摆臂又起到了迅速移动重心的作用。两臂摆动越快，则重心移动越快，同时滑跑速度也越快，并提高了蹬冰滑跑的动作频率。

见图 10-2-4。

根据不同的滑跑距离和速度，可选用不同的摆臂形式。一般摆臂动作有单摆和双摆两种，单摆多用于中、长距离及长距离的弯道滑跑，双摆多用于短距离滑跑及起跑与冲刺。

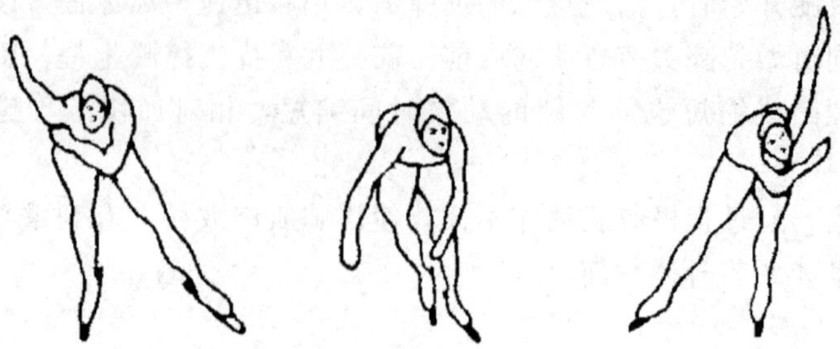

图 10-2-4

7. 身体配合

身体配合是指在完成正确滑跑整体技术动作的过程中身体各部位动作之间的快速而准确的协调合作。它是实现正确滑跑技术和创造较高速度滑跑的重要因素。从动作结构来看可以分为：两腿的动作配合，上体、臀部与腿的配合，摆臂动作与腿的配合。

两腿的动作配合：

在滑跑的过程中，两腿的配合是由四个时期、八个动作所形成一个复步而往复循环的周期性动作。从图 10-2-1 中可以看出右腿支撑惯性滑行时，左腿处在收腿动作阶段，当右腿开始蹬冰时，左腿正是向前摆动下刀阶段；当右腿完成蹬冰收腿时，左腿处在支撑惯性滑行阶段，当左腿开始蹬冰时，右腿进入了向前摆动下刀阶段，而后成为新的支撑腿开始惯性滑行。这种反复不断的重复循环，只有建立严密、准确的协调关系才能使滑跑达到最佳效果。

上体、臀部与腿的配合：

实现正确滑跑整体技术动作是由蹬冰动作、收腿动作、惯性滑行和下刀动作相互配合来完成的。在滑跑中，运动者上体和臀部应保持与滑跑方向一致。在蹬冰时，惯性滑行支撑腿冰刀由正刃转为内刃之后，上体和臀部开始向蹬冰的相反芳香水平移动，并要保持平稳、协调，此时要充分利用体重蹬冰，只有当蹬冰结束后身体重心才移到新的支撑腿上，上体随着新的支撑腿向前运动。严格控制体重在支撑滑行腿上创造蹬冰有效时间、距离，是身体与腿部动作配合技巧。

摆臂动作与腿的配合：

摆臂动作在滑跑中能起到增强蹬冰腿蹬冰的力量，并对移动重心、加快滑跑频率与动作的节奏性，起到很大的作用。

从图 10-2-4 中可以看到，在滑跑时，摆臂的动作速度稍快于两腿的动作速度，并有三个位向点。即前位高点、后位高点和下垂点。当左臂摆至前位高点，右臂同时也摆至后位高点时，左腿正处在蹬冰结束阶段，右腿处在单脚支撑惯性滑行阶段；当左臂摆到下垂点时，右臂也摆到下垂点处，这时左腿位于收腿，右腿将开始蹬冰的阶段；当右臂摆至前位高点，左臂摆至后位高点时，右腿正处在蹬冰结束的动作阶段。

（二）弯道滑跑

弯道滑跑与直道滑跑从动作结构方面有明显的区别。身体重心向左侧倾倒，两腿交叉交换蹬冰都是向右侧蹬冰，冰刀的用刃是左脚用外刃右脚用内刃，且身体重心沿弯道弧线方向运动，这就构成了弯道滑跑的特殊动作，在运用中形成了弯道滑跑的技术。见图 10-2-5。

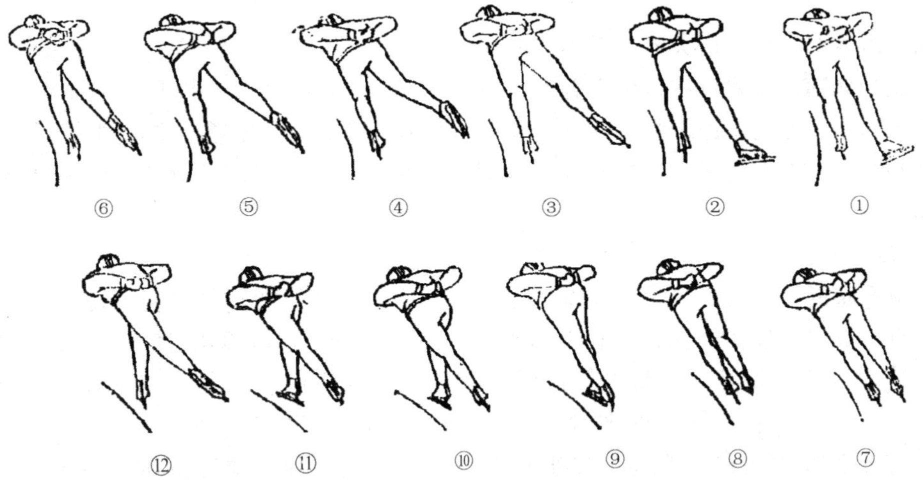

图 10-2-5

弯道滑跑基本技术包括基本姿势、蹬冰动作、收腿动作、下刀动作、惯性滑行动作、摆臂动作、身体配合及进、出弯道几个技术环节。

1. 基本姿势

弯道滑跑中，身体必须采用向左倾倒的姿势来完成整段弯道滑跑动作，这是与直道滑跑所不同的。由直道滑跑转入弯道滑跑时，身体要保持直道滑跑时的姿势，通过右脚的蹬冰和身体成一直线向左侧倾倒来形成弯道滑跑的身体姿势，同时上体和支撑腿的冰刀要保持在弯道弧线正面切线运动的方向上。通过离心力和向心力的作用，使身体保持平衡在弯道上滑跑，整个弯道滑跑应有加速感。见图 10-2-6。

图 10-2-6

弯道滑跑身体倾斜的角度要依弯道的半径、滑跑的速度而定。如半径小、速度快，身体倾斜度就大，反之倾斜度就小。掌握运用好正确的弯道滑跑姿势和身体倾斜角度，是提高弯道滑跑速度的重要因素。

2. 蹬冰动作

弯道蹬冰是弯道滑跑的动力来源。在弯道滑跑的过程中，由于身体纵轴线向圆心内倾斜就自然地形成了右脚冰刀用内刃、左脚冰刀用外刃的交替、连续、快速的向右侧方向的蹬冰动作。这就构成了弯道滑跑的特殊技术动作。

弯道蹬冰的动作过程是：当右脚蹬冰结束收压腿时，左脚进入蹬冰最大用力阶段；当左腿收拉腿时，正是右脚蹬冰最大用力阶段；两腿在弯道滑跑中形成交叉步，是两腿蹬冰、收腿交接动作的结果。见图 10-2-5。

在两腿蹬冰的过程中，体重始终要保持压在蹬冰腿上方，以髋关节伸展或内收为先，随之伸展膝、伸踝完成蹬冰动作。

3. 收腿动作

在弯道滑跑中，由于特殊的身体姿势和双脚的交叉动作，构成了他特有的收腿路线和方式。弯道的收腿动作是指蹬冰腿蹬冰结束后，将浮腿收至支撑腿左侧某一位置的动作过程，这一动作使浮腿放松，加速重心移动，增加蹬冰腿的蹬冰力量，为下刀和蹬冰创造条件。

右腿蹬冰结束后，以大腿带动小腿，膝关节领先向内扣压收腿，并向左平移，在左脚冰刀左侧稍偏前的位置以冰刀全刃着冰，完成收腿动作，同时要控制下刀的角度在弯道圆弧切线方向上。左腿蹬冰结束后，以大腿带动小腿，膝关节领先靠近支撑腿向左上方做提拉腿的动作，收至右支撑腿的左侧并使左腿冰刀靠近右脚冰刀的适宜的位置上准备着冰。见图 10-2-5。

4. 下刀动作

弯道滑跑的下刀动作是浮腿收腿动作结束到冰刀着冰时的动作过程，是由下刀方向、下刀时机、下刀部位和位置等几个环节组成。下刀动作的质量，影响着弯道滑跑的速度。

正确的下刀动作是：右脚刀收回时，冰刀刀跟部应向左内压，刀尖偏离雪线，以刀前刀肚的全内刃扣压冰面的方式下刀，这时右小腿不要向左摆跨，其下刀着冰点应保持在与左脚冰刀尖最近距离的前半脚处，在蹬冰腿蹬冰将要结束阶段着冰，并注意膝前方内口冰刀，用刀全内刃压冰，使下刀的右腿与身体保持在一个倾斜面上。见图 10-2-5。

弯道滑跑的下刀动作要与收腿蹬冰动作相互配合，要体现出连贯、流畅，收即下、下即蹬。

5. 惯性滑行

弯道滑跑是在圆弧上以两腿交替蹬冰完成的切线运动，所以它的惯性滑行运动时间要比直道短的多。弯道滑跑的技术要求是以最快的速度和最短的时间滑跑弯道，使弯道惯性滑行形成了与直道不同的规律和特点。这就是积极的动作中体现惯性滑行，惯性滑行中体现积极的动作，它们之间是互相作用的，不存在消极的支撑滑行。

弯道滑跑中，左腿支撑惯性滑行动作是以右腿结束蹬冰起，到右腿收到与左腿靠近时止；右腿惯性滑行动作是从左腿开始收腿起，到左腿冰刀收到右腿的冰刀后方为止。因此说某一腿支撑惯性滑行都是在运动中完成的。见图 10-2-5。

提高弯道交叉步的蹬冰质量，是掌握弯道惯性滑行的主要因素。

6. 摆臂动作

弯道滑跑中的摆臂动作是为了维持身体平衡、加速移动重心和配合蹬冰腿增强蹬冰力量，提高滑跑频率。摆臂分为单摆臂和双摆臂二种，中、长距离滑跑一般采用单摆臂，短距离滑跑一般多采用双摆臂。

在弯道滑跑的双摆臂中，右臂摆动的幅度较大，与直道基本相同，前摆不超过身体中线，高度不影响视线；后摆位于体侧后方，高度不得超过肩轴。左臂摆动与直道区别较大，它是以大臂紧贴上体用小臂带动大臂做前后摆动。单摆臂多数情况下在中长距离滑跑中采用，为了节省体力，单摆右臂动作幅度要比双摆臂中的右臂摆动幅度小。见图10-2-7。

7. 身体配合动作

身体配合动作是指在运动中身体某一部位的动作与身体其他部位动作的协调合作。在弯道滑跑中，挖掘身体各部分动作潜力并使之协调配合，是当今速度滑冰技术的要求，也是提高弯道滑跑技术的途径之一。

图 10-2-7

弯道滑跑身体动作配合主要表现为两腿之间的配合、摆臂动作与腿的动作配合等。

在弯道滑跑的过程中，两腿连续交替蹬冰、收腿、下刀，在动的状态下完成周期性的动作。由于左腿支撑蹬冰的距离比右腿支撑蹬冰距离长，因此要适当降低右腿收腿动作速度和加快左腿的收腿速度，以保持两腿在动作过程中不对称的协调配合，同时要把握住下刀时机这个两腿配合的关键，提高动作配合效果。

弯道摆臂动作与两腿的配合，不仅要符合人体运动规律和习惯，而且还要与蹬冰动作时机、节奏等保持一致，这是配合的关键。同侧腿蹬冰时同侧臂向前摆动，异侧臂向后摆动，使臂与腿配合动作呈交叉型；右腿蹬冰结束时，左腿处在下刀后的开始蹬冰阶段，两臂的动作是右臂摆至前高点，左臂摆至后高点；左腿蹬冰结束时，右腿处在下刀着冰阶段，左臂摆至前高点而右臂摆至后高点，当在右腿蹬冰左腿收腿阶段时，左臂从前向后、右臂从后向前开始回摆，直到右腿蹬冰结束、左腿下刀阶段止，完成一个周期的动作配合。见图 10-2-8。

图 10-2-8

8. 进、出弯道技术

进出弯道衔接滑跑技术，是直道滑跑与弯道滑跑衔接的重要环节，掌握运用的好与坏，直接影响全程滑跑的速度。无论是小弯道进入，还是大弯道进入，虽然离心力不同，但把握身体向左侧倾斜的角度，关键在于进入弯道的第一步，这也是衔接的主要环节。

进入弯道滑跑前，运动者在距直、弯道交接点适当距离时，用目视来判断进入弯道第一刀的位置，同时调整步频使右脚完成进入弯道的第一步滑进。下刀的位置，是前半步在直道上，后半步在弯道上，小弯道一般应距直、弯道交接点雪线大约 1.5～2 米处进入；大弯道约在 1～1.5 米处进入。随着第一步的进入，身体随之大胆地向左侧倾斜，左脚冰刀快收且靠近右脚下刀，以刀外刃贴近雪线滑行，身体重心紧压在左脚刀外刃上，形成团身、倒体、前弓膝的姿势完成弯道滑跑。出弯道滑跑同样要求以右脚第一步出弯道，前半步在弯道内，后半步在弯道外。随着右脚第一步滑出弯道，身体仍处于向左倾斜状态，左脚同样靠近右脚下刀，但下刀方向是直线的滑跑方向，身体重心要稳压在左脚冰刀上。见图 10-2-9。

图 10-2-9

（三）起跑

起跑是速度滑冰技术之一，其目的是在最短的时间内使身体从静止状态转变到移动，并获得最理想的速度。快速起动和在瞬间达到高速度是起跑较理想的效果。

起跑技术一般可分三个动作阶段，即预备姿势、起跑和衔接。

1. 预备姿势

起跑的预备姿势是起跑前的准备动作，是为快速起动和疾跑创造有利条件。经常采用的起跑姿势有正面点冰式、正面“丁”字式和侧向蹲距式。

（1）正面点冰式

在起跑线后两脚前后开立，以前脚（左或右）刀尖点冰的方式确定前脚支撑点，再以后脚（右或左）冰刀的内刃（冰刀身横向）压冰确定后脚支撑点，上体前屈，两眼目视前方 10～15 米处，前臂下垂屈肘放于胸前，后臂伸直至策后上方，身体重心在两脚之间偏前，保持身体静止状态，静听发令枪声。见图 10-2-10。

正面点冰式的身体姿势，有抛射式感觉，利于突然快速起动，大多数运动一般都采用此姿势。

（2）正面“丁”字式

在起跑线后面对滑跑方向站立，两脚左右开立，两刀跟距离稍宽于肩，两刀尖成外“八”字形，双脚冰刀内刃压冰，两眼目视前方 10～15 米处，上体前倾，前臂自然下垂与胸前，后臂侧后平伸，两腿下蹲，重心在两脚之间偏向有力腿一侧，放松身体处于静止状态，静听枪声。见图 10-2-11。

这种起跑预备姿势较容易掌握，且稳定性好，也比较省力，对初学者和一般运动员都比较适合，也是被广泛采用的一种起跑姿势。

（3）侧向蹲距式

在起跑线后身体侧对滑跑方向，两脚冰刀平行于起跑线站立，两脚开立稍宽于肩，两眼目视前方 3～5 米处。上体前屈，两腿屈蹲，前臂自然下垂屈肘于体侧，后臂做侧后位自然平伸，重心放于两脚之间，后腿膝关节内转，用冰刀内刃压冰，静止不动，听发令枪声。见图 10-2-12。

图 10-2-10

图 10-2-11

图 10-2-12

这种起跑姿势重心较低且比较好控制平稳，动作结构比较简单，是初学者开始学习起跑的方法之一。

2. 起跑

起跑的第一步是起动，是由静止到动的过程。起跑的技术是采用最有效的方法，在最短的时间内以最快的速度完成跑动距离。

在实践中起跑的方式有疾跑式和扭滑式两种。

（1）疾跑式

疾跑式起跑一般都采用“踏切”技术，短时间、快速来完成助跑段距离。起动时后脚迅速蹬冰，前脚冰刀外转，抬离冰面，身体重心前移；第一步前脚“踏出”用冰刀的前半部内刃着冰，并迅速滚动到全内刃“踏切”冰面，随着身体重心的前移，后脚利用蹬冰后的反弹力迅速前收完成第二步向前“踏切”动作，使身体快速向前；第三、四步同样采用“踏切”方式进行。随着身体向前速度加快，重心下降，冰刀外转角度逐渐缩小，两脚的“踏切”动作逐渐转入“切滑”动作直至转入“蹬滑”动作，动作频率也由小步快频率逐渐减为慢频率拉长步伐。见图 10-2-13。

图 10-2-13

（2）扭滑式

扭滑式起跑是“踏切”式与滑跑相结合的一种起跑形式，是以身体左、右扭动滑行的姿态和“踏切”动作达到最快起跑速度。起跑时，身体重心前移，前脚踏出第一步，冰刀尖外转，用刀内刃压冰，重心跟上，同时后脚随重心前移向前踏出第二步，通过冰刀“切滑”方式推动身体左右扭动向前滑行。随着速度的加快，冰刀外转角度缩小，“切滑”动作转为“踏滑”动作，同时身体重心降低，“踏滑”步伐变大，频率放慢．见图 10-2-14。

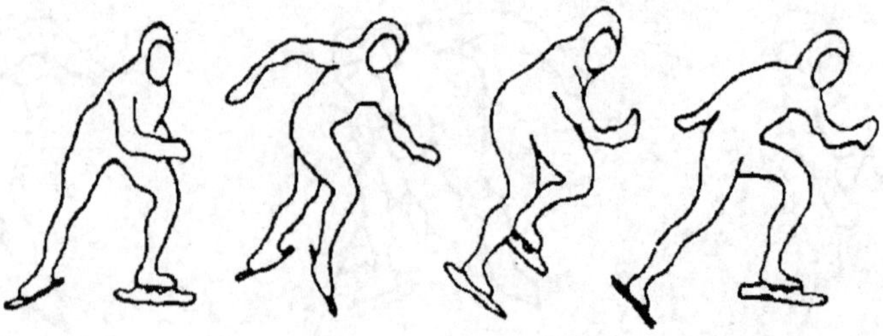

图 10-2-14

3. 衔接

衔接是起跑后速度达到一定程度而转入滑跑时的动作过程，从身体动作过程看，由起跑扭动滑跑变为水平移动滑跑，由冰刀的“踏切”或“切滑”转为“蹬滑”，由向后“踏蹬冰”转为向侧蹬冰。从身体姿势动作看，重心逐渐降低，两腿蹲屈角度缩小，重心后移，上体前屈收腹含胸成团身，两臂动作从屈肘小摆动转为以肩为轴的大摆臂。这些动作的变化，其目的是把起跑后已获得的速度转移到正常的滑跑中去，达到最佳的滑跑效果。见图 10-2-15。

图 10-2-15

(四) 终点冲刺跑

终点冲刺是全程滑跑的一个组成部分，是接近滑跑完全程到达终点前的最后滑跑过程。进入终点冲刺阶段，意味着全程滑跑就要结束，这时运动者的身体机能已基本达到最大潜力，尤其是长距离滑跑，如再加速滑跑，将会破坏正常的滑跑动作，影响滑跑速度。因此运动者要根据自身体力情况、技术和训练水平来确定冲刺的时机和距离。在保证不破坏原有动作技术基础上以最大力量蹬冰或加快蹬冰频率来保持和提高速度直至终点。见图 10-2-16。

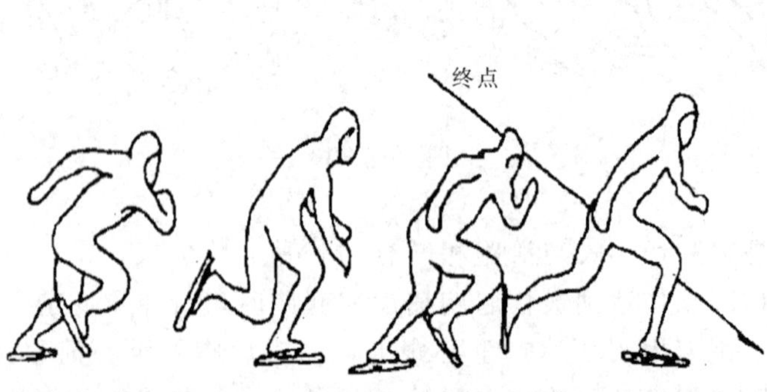

图 10-2-16

（五）停止法

停止法是终止冰上滑跑时所采用的制动方法。它不仅能使快速滑跑迅速停止下来，而且从某种意义上说还起到了保证冰上滑跑安全的作用。一般经常采用的停止法有犁状停止法（内八字停止法）、双刀内外刃停止法和单刀外刃停止法。

1. 犁状停止法

冰上正常滑跑，当要做停止时，两脚冰刀用平刃平行滑进，重心放在两支撑腿之间，上体稍前倾，两腿微屈，两膝内扣，身体重心后坐的同时两刀跟外展，用两刀内刃刮冰停止。采用此方法停止时，滑跑速度越快，两腿屈蹲越深，身体重心后移程度越大，重心越低。停止后要立即调整重心，保持身体平稳。见图 10-2-17 中。

图 10-2-17

2. 双刀内外刃停止法

在滑跑中需要停止时，两刀迅速并拢，重心放在两刀之间，两刀以平刃平行向右（左）转体 90°，同时身体重心后坐，两腿微屈，上体前倾并向右（左）倾倒，同时用右刀外刃、左刀内刃（或右刀内刃、左刀外刃），逐渐用力压切冰面。停止后随即调整身体重心，保持平衡。见图 10-2-17 中。

3. 单刀外刃停止法

在滑跑中需要停止时，身体逐渐成直立姿势，用右（左）脚刀平刃支撑，左（右）腿抬离冰面，体重落于右（左）腿上，此时身体与右（左）脚冰刀同时快速向右（左）转动，膝关节微屈，重心下降，身体向右（左）倾倒，用右（左）脚冰刀外刃压切冰面。停止后随即调整身体重心，保持平衡。见图 10-2-17 中。

二、速度滑冰练习方法

（一）陆地模仿练习方法

陆地模仿练习是体会和学习速度滑冰基本动作的手段，使初学者建立起速度滑冰的正确概念。进行陆地多种模仿冰上技术动作练习，不仅可以改进和提高速度滑冰技术，同时还能提高运动者的平衡能力，增强下肢肌肉力量，是实用性较强的重要练习手段。

1. 基本姿势练习方法

直立两腿并拢，两臂自然下垂，背部放松。然后上体前倾与地面平行或肩稍高于臀，双腿屈膝深蹲（膝角度为 90°～110°），双臂自然置于身后，双手互握，头微抬起，目视前方 15～20m，髋、膝、踝三个关节角度适宜，鼻、膝脚（刀）尖三个点要成一直线，重心放在两脚后半部成滑冰基本姿势。见图 10-2-18。

图 10-2-18

2. 直道模仿练习方法

（1）模仿直道侧蹬冰接后引练习：由滑冰基本姿势开始，重心放在一侧支撑腿上，另一腿以脚内侧轻擦地面向侧蹬出并伸直膝关节，然后以最短距离由侧位向后收引腿，接着前送着地（下刀），两腿并拢，成基本姿势。两腿交替练习。

（2）模仿速滑移动重心练习：由侧蹬冰姿势开始，重心在支撑腿上。支撑腿主动向内侧倾倒，同时移动重心，用脚内侧蹬地（伸髋、膝）将身体重心推至另一腿上方垂直位置，又呈侧蹬冰姿势，反复做练习。见图 10-2-19。

图 10-2-19

（3）模仿直道滑行练习：由左脚支撑右腿后引的速滑姿势开始，当右腿向前摆动收回（做下刀动作）至靠近左腿后，左腿以臀领先向内侧方蹬伸，上体保持向侧平行移动，当左腿与地面形成适宜的蹬冰角度时，用脚内侧迅速蹬地，右腿始终位于胸下随上体向侧移动，适时以 3 脚左右间距跨出轻擦地面着地，重心随之落在右腿上。左腿伸直后借助蹬地的反弹力量，折叠大小腿并以膝关节领先向内收引腿成开始姿势。另一腿做上述动作，反复练习。见图 10-2-20。

图 10-2-20

3. 弯道模仿练习方法

(1) 弯道蹬、收腿动作练习：呈弯道滑行基本姿势，重心放在左腿上，用脚外侧支撑；右脚内侧着地并以脚跟用力轻擦地面向右侧蹬出，膝关节充分伸直；而后右腿以膝收至左脚的内侧，以脚跟着地并用脚内侧支撑并承担体重。当重心稳定后，左脚以脚跟用力由右腿后向右侧后方蹬出，并充分伸直膝关节，然后以膝关节领先向左提拉收腿至右腿内侧以脚跟着地，同时用脚掌外侧支撑并承担体重。按上述方法及要领反复练习。见图 10-2-21。

图 10-2-21

(2) 弯道交叉压步练习：从基本姿势开始，然后身体向左倾倒，同时左腿开始蹬动，身体重心随之向左横向移动，右腿屈膝靠近左支撑腿向左前提收，并迅速跨越左腿做交叉压步动作，当左腿膝关节充分展直蹬动结束的同时，右脚着地，上体随右腿移动置于右腿的正上方，右腿屈膝支撑体重成交叉压步姿势；当右腿蹬动时，左腿屈膝经右腿后向胸前提收，重心随身体向左侧横向移动，左脚向左侧以脚跟后部先着地，随后过渡全脚掌，臀部稍后坐，上体位于左支撑腿上，成开始姿势。反复做练习。见图 10-2-22。

图 10-2-22

(二) 冰上练习方法

1. 冰上站立、蹲起和踏步练习

冰上身体呈直立姿势，两脚开立与肩宽，两腿微屈，身体稍前倾，用冰刀平刃着冰，成外八字形站立，两臂自然下垂，目视前方，身体重心放在两腿之间的冰刀后半部。待能站稳后可做蹲起练习；并逐步做身体左右移动重心练习，体会一脚支撑另一脚抬起的重心移动方法；在这个动作的基础上，可做冰上高抬腿踏步动作练习。

2. 冰上行走练习

冰上站立，身体稍前倾，两腿微屈，两臂自然下垂，目视前方，两脚外八字同肩宽呈冰刀平刃支撑，身体重心放在两腿之间。动作开始时，身体重心移向支撑腿，当浮腿抬起向前迈出时，支撑脚刀内刃压冰，推送身体重心跟随浮脚前移，浮脚前迈下刀着冰同时重心落在该腿支撑点上。两腿交换做练习。

3. 单蹬双滑练习

冰上呈上体前倾两腿屈膝下蹲姿势，抬头目前方，两臂自然下垂，身体重心放在两脚之间。动作开始时，一脚用刀内刃开始蹬冰，同时将身体重心推移到向前滑进的一腿上，蹬冰结束后，迅速收腿与滑行脚并拢成双刀平刃滑行。当滑行速度下降后，交换蹬冰腿做上述动作，反复练习。见图 10-2-23。

图 10-2-23

4. 单蹬单滑过渡到直道滑行练习

冰上呈上体前倾两腿屈膝下蹲姿势，抬头目前方，两臂自然下垂。两脚稍分开成外八字站立，平刃着冰，身体重心放在两脚之间。动作开始时一脚用内刃蹬冰，同时将重心推移到支撑滑行腿上。蹬冰结束后，收腿与支撑腿并拢，待单腿支撑惯性滑行一段后，浮腿向前收腿下刀着冰成支撑腿，另一腿开始蹬冰。重复上述动作，逐渐过渡到直道滑行练习。见图 10-2-24。

5. 冰上弯道练习方法

(1) 向左交叉步练习：上体前倾，两腿屈膝半蹲，两腿开立与肩同宽，用刀平刃着冰，身体重心放在两腿之间。动作开始时重心移向左腿，同时右腿冰刀抬离冰面，屈膝前送，经过左腿冰刀，在左支撑腿左侧前方以平刃着冰，随之身体重心移到右腿上，左腿在右腿后伸直；而后左腿从右腿后方提拉收回，向左侧迈出大半步成开始姿势。见图10-2-25。

图 10-2-24

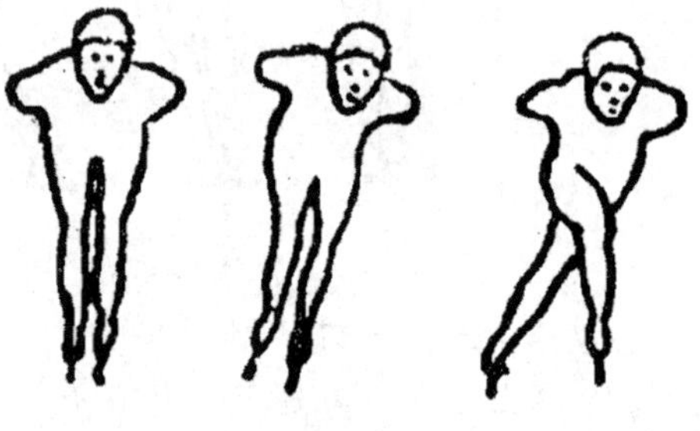

图 10-2-25

(2) 圆弧上连续单蹬单滑练习：上体前倾，两腿微屈，两腿开立与肩宽并用刀平刃着冰，身体重心放在两腿之间。动作开始时右脚用冰刀内刃蹬冰，同时身体重心移到左脚上并以刀平刃着冰支撑滑行，右腿蹬冰结束向支撑腿收刀并拢；在右脚冰刀未做下一次蹬冰时，左脚冰刀先向左稍微改变一下方向，接着右脚冰刀再做又一次向侧蹬冰动作。右腿连续蹬冰，左腿连续用平刃支撑滑行。随着动作的熟练，左脚可以以刀外刃支撑滑行时，便可做一、二次的交叉压步练习，最后过渡到连续不断的交叉压步滑行练习。见图 10-2-26。

图 10-2-26

思考题：

1. 经常参加速度滑冰运动对人体有哪些影响？
2. 速度滑冰的直道滑行技术包括哪几个技术细节？
3. 速度滑冰的弯道滑行与直道滑行在下刀和蹬冰动作上有何不同？
4. 结合个人实际，谈一谈如何进行速度滑冰锻炼？

第十一章 健美运动

第一节 健 美 操

一、健美操概述

健美操起源于20世纪60年代末，英文原名“Aerobics”，意为“有氧运动”、“健身健美操”。健美操运动在我国的发展历史可追溯到20世纪30年代，那时就出现了追求人体健与美的健美操雏形，如康健书局出版的《女子健身操集》、《男子健身操集》，还有康氏发明的“消肿舞”。还有三国时期名医华佗创编的“五禽戏”，这些民族形式的健身运动，为现代健美操运动的发展奠定了基础。经过后代人的精心研究和改良，拥有了现代我们能够见到的健美操运动。可见，健美操运动是经过历史见证的，适合大众的高品位健身运动。

1983年美国举行了首届健美操比赛，1984年首届远东区健美操大赛在日本举行。由于两次大赛的成功，健美操运动在世界各地全面兴起。每年国际上举办的活动有：健美操世界锦标赛、世界杯赛、世界冠军赛、世界巡回赛。

健美操运动在我国兴起于80年代。1984年北京体育大学成立了健美操研究组，开设了健美操选修课。1987年5月在北京举行了首届“长城杯”健美操友好邀请赛，第一次把健美操列为正式比赛项目。随后1988年、1989年、1990年、1991年先后在北京、贵阳、昆明、北京举办了四届邀请赛。1992年9月成立了中国健美操协会。并从1992年起改名为全国锦标赛，成为每年举办的传统赛事。另外，1992年、1995年在北京举办了两届全国健美操冠军赛。1998年，举办了全国锦标赛暨全国健美操运动会。这标志着我国此项运动进入了一个有序发展、科学指导的新阶段，逐步形成了竞技型和大众健身型两大类的运动架构。

几年来，随着人民生活水平的不断提高，健美操正沿着健身和竞技的方向迅速发展。健美操所特有的保健、医疗、健身、健美、娱乐的实用价值受到越来越多的人们的重视，并以其独特的魅力吸引着越来越多的人们参加这项运动。各级电视台纷纷制作以健美操竞赛、普及为内容的专题节目，其收视频率远远超过其他节目。

健美操运动，作为一项具有极高健身价值的美的运动，必然会随着人们物质生活水平的不断提高而在世界各地更加广泛地开展起来，为健美人类作出贡献。

二、健美操的主要构成

（一）拉丁健身操

拉丁健身操来源于国标中的拉丁舞，但绝对不强调基本步伐，更确切地说，它是健身操的一种，强调能量消耗，对动作的细节要求不高，注重运动量和对髋、腰、胸、肩部关节的活动。

拉丁操自由随意，热情奔放，节奏明显。它的锻炼侧重点在于腰和髋部，同时使大腿内侧得到充分锻炼。拉丁健身操的另一个特点是在热烈奔放的拉丁音乐中感受南美风情，同时在健身操中增加舞蹈元素，在锻炼之外更可自我享受。拉丁健身操要求百分之百的情绪投入，越是淋漓尽致地把拉丁的感觉发挥出来，就越能在音乐中释放情绪，燃烧激情的同时，也让你的脂肪一起燃烧。

（二）街舞

所用音乐一般为“Hip Hop”或“punk”，发展至今由黑人街头即兴舞蹈演变而来。而现今融入了有氧舞蹈，以明显的节奏搭配，全身上下的自由摆动，有更多的趣味性，一样可以达到减肥瘦身的效果。如可以增进协调性、心肺功能，甚至肌力等，所以目前的专业有氧教练也逐一将 Disco、Jazz 等各类型的舞蹈，加以整合而成，让你在一堂课里，不断吸收新奇好玩的舞步，又可达到减肥塑身的目的。喜欢舞蹈的你不妨敞开心胸，一起 High 一下。

（三）搏击操

最早是由欧洲的搏击选手与职业健身操运动员推出的。而其具体形式都是将拳击、空手道、跆拳道、功夫，甚至一些舞蹈动作混合在一起，并配合强劲的音乐，成为一类风格独特的有氧健身操。一节完整的搏击操会消耗大量的热量，由于搏击操动作多变，包括如直拳、勾拳、摆拳、正踢、侧踢、侧蹬等搏击动作，而且在做每个动作时要求迅猛，有爆发力，所以在锻炼全身每一块肌肉的同时，我们身体的弹性、柔韧性及反应速度也将得到前所未有的提高。

尤其是搏击操中的所有动作几乎都要求腰腹保持平衡并发力，所以一节课下来对腰腹部的锻炼超过了任何其他健身方式。

三、健美操的动作内容

健美操是一项深受广大群众喜爱的、普及性极强，集体操、舞蹈、音乐、健身、娱乐于一体的体育项目。成套健美操的动作是由单个动作所组成的，它来源于徒手体操、艺术体操和舞蹈等的动作。

（一）徒手体操动作

徒手体操动作是健美操动作最基本的内容，它是由头颈、上肢、胸部、腰部、下肢等部位的屈、伸、转、绕、举、摆、振等基本动作构成的。只有正确地掌握徒手体操动作，才有可能协调、准确地完成健美操动作。

徒手体操与健美操在完成的方法上有较大的区别，主要表现在动作节奏、运动方向、路线以及造型等方面。由于健美操中增加了新颖、独特的手型和步型，特别是髋部动作，所以，健美操动作更加丰富多彩。

（二）艺术体操徒手动作

波浪动作是艺术体操的典型动作。此外，摆动、绕环、屈伸、平衡、转体、跳步、舞步及近似技巧动作等也是健美操动作的内容。艺术体操的徒手练习不仅能培养人们对动作的美感，而且能有效地增强身体素质，提高协调性，增加成套动作的难度价值。

(三) 现代舞中的简单动作

健美操中大量吸收了迪斯科舞、爵士舞、霹雳舞中的上下肢、躯干、头颈和足踩动作，特别是髋部动作，这给健美操增添了活力，同时，也有利于减少臀部和腹部脂肪的堆积，有利于改善动作的协调性和灵活性。

此外民间舞中的许多动作，基本体操中的队列、队形变化也是健美操的内容之一。

(四) 健美操常用的手型

健美操中的手型有多种，是从芭蕾舞、现代舞、迪斯科、武术中吸收和发展的。手型是手臂动作的延伸和表现，运用得好，会使健美操动作更加丰富多彩，生动活泼，更具有感染力。

(1) 并拢式：五指伸直，相互并拢。大拇指微屈，指关节贴于食指旁。

(2) 分开式：五指用力伸直，充分张开。

(3) 芭蕾手式：五指微屈，后三指并拢、稍内收，拇指内扣。

(4) 拳式：握拳，拇指在外，指关节弯曲，紧贴于食指和中指。

(5) 立掌式：五指伸直，手掌用力上翘。

(6) 西班牙舞手式：五指用力，小指、无名指、中指自掌指关节处依次屈，拇指稍内扣。

(7) 花式：在 (2) 分开式的基础上小指伸直向掌心回弯到最大限度，无名指会随小指回弯。

(五) 健美操基本步法

基本步法作为健美操运动中最小的单位，是构架健美操练习的基本元素，通过基本步法的练习，能培养练习者的协调性和韵律感。

健美操基本步法，根据人们运动时对地面的冲击力大小，可分为无冲击力步法、低冲击力步法和高冲击力步法三大类。

1. 无冲击力步法

弹动、半蹲、侧弓步、前弓步、提踵。

2. 低冲击力步法

(1) 踏步类：踏步、走步、一字步、V字步、漫步。

(2) 点地类：脚尖点地、脚跟点地、脚尖侧点地、脚尖后点地。

(3) 迈步类：并步、迈步点地、迈步屈腿、迈步吸腿、迈步弹腿、侧交叉步。

(4) 单腿抬起类：吸腿、踢腿、弹腿、后屈腿。

3. 高冲击力步法

(1) 迈步起跳类：并步跳、迈步吸腿跳、迈步后屈腿跳。

(2) 双脚起跳类：并腿纵跳、分腿半蹲跳、开合跳、并腿滑雪跳、弓步跳。

(3) 单腿起跳类：吸腿跳、后屈腿跳、弹踢腿跳、摆腿跳。

(4) 后踢腿跑类：后踢腿跑、侧并小跳（小马跳）。

四、健美操的特点

健美操是在音乐伴奏下，以操化动作的方式，融入体操、舞蹈、武术等内容，组成单个动作、成套动作，通过参与者的身体练习，达到健身效果，追求完美体形的一项新颖运动项目。其特点大致可归纳为以下几个方面：

（一）锻炼的目的性

健美操的目的是在健身的基础上把形体美、姿态美、动作美和精神美有机的结合起来，注重外在美的训练，又强调内在美的培养。这种健与美的统一，是健美操本质特征的表现，也是健美操区别于其他健身操、卫生操的重要标志。

（二）编操的针对性和科学性

健美操的编操是以对象的性别、年龄、职业、身体状况等具体情况为依据，以人体生理学、人体解剖学、营养学、心理学、人体造型学、体育美学等多学科科学理论为指导进行的。每套操的动作结构、数量、顺序、时间、身体各关节的作用、形体、心率、氧代谢等诸多因素，都经过科学的测定和分析，因而具有明确的针对性和严密的科学性。

（三）动作的整体性

健美操的动作来源于体操中的徒手动作和队列队形，舞蹈中的现代舞，古典芭蕾和民族民间舞的基本动作等。但这些动作已不再是单纯的体操和舞蹈动作，而是按照健美操的特点，经过再创造所形成健美操的特有动作，使之具有讲求实效、简单易行、造型美观、活泼多变、富有弹性、小关节和对称活动多等特点。这些动作通过科学有序的排列组合和重复，成为具有特定功能的动作整体。

（四）音乐的和谐性

音乐与健美操有着十分密切的关系，是健美操不可缺少的内容。与动作协调一致，具有先明的节奏，能够产生振奋人心的效果，使练习者进入意境，充分发挥自己的想象力，达到调节情绪，恢复疲劳、陶冶情操的目的。

五、健美操的分类

健美操可分竞技健美操和健身健美操、表演健美操三大类。竞技健美操根据竞技健美操规则的要求进行编制、训练、比赛。健身健美操是普及性的，没有统一要求。

（一）竞技健美操

竞技健美操是在音乐伴奏下，通过难度动作的完美完成，展示运动员连续表演复杂和高强度动作的能力。成套动作必须通过所有动作、音乐和表现的完美融合体现创造性。

1. 竞技健美操比赛种类

（1）全国健美操比赛；（2）全国职工健美操比赛；（3）全国大学生健美操比赛。

竞技健美操在练习场地的大小、练习人数的多少、特定动作、动作节奏快慢等方面有严格统一的标准，必须按规则进行，不得擅自更改。

竞技健美操起源于传统的有氧健身操。作为竞技运动，他的比赛是由以下几项目，男子单人，女子单人，混合双人，三人（三名运动员性别任选），六人（现只限于国内比赛）。

单人比赛时间限制在1′30″上下浮动五秒钟。混双，三人，六人时间限制在1′45″上下5秒浮动。单人比赛场地为7×7平方米（混双，三人，六人操场地为10×10平方米）。比赛服装也有专门的规定，一般为紧身的专业健美操服装，比赛有专门的竞赛规则，对每一具体细节都作出详细的说明。

2. 动作的特殊要求

（1）艺术性：成套动作艺术性的要求是：充满活力，有创造性，以健美操方式表现动作设计和流畅的过渡动作。成套动作必须显示身体双侧的力量和柔韧性而不重复同一动作。

(2) 完成：任何未按竞技健美操定义完成的动作都将被扣分。混双和三人（六人）成套中最多允许3次托举或支撑配合动作，包括开始和结束。

(3) 难度：至少每类难度动作各一个，难度分将是12个最高难度动作的总分。

(二) 健身健美操

健身健美操的目的在于增进健康，可为社会不同年龄层次的人所采用。它根据练习对象的需求进行创编，动作简单易学，节奏稍慢，时间长短不等，可编排5分钟到1小时。例如，美国著名健美操明星简·方达所编的初级健美操，一套有27分钟。在日本，一般的健美操约1小时。目前我国健身健美操运动开展非常广泛，各种成套健美操动作的练习时间、场地、人数、内容、动作名称、节奏快慢等没有统一的标准，可以根据练习者的需要进行编排。

健美操除上述分类法外，按一定的特征，还可归为以下几类：

(1) 根据练习的主要目的和任务，可分为大众健美操和竞技健美操；

(2) 根据练习形式，可分为徒手健美操、持轻器械健美操和利用专门健美器械进行练习的健美操；

(3) 根据练习者的性别特征，可分为女子健美操和男子健美操；

(4) 根据练习者不同年龄阶段的特征，可分为幼儿健美操、儿童健美操、少年健美操、青年健美操、中年健美操和老年人健美操；

(5) 根据人体解剖结构特征，按身体部位常可分为颈部健美操、肩部健美操、臂部健美操、胸部健美操、腰腹健美操、髋部健美操、腿部健美操和足踩健美操；

(6) 根据动作的内容特征，可分为形体健美操、姿态健美操、跑跳健美操和垫面健美操等。

六、健美操的锻炼价值

健美操是时代的产物，是基本体操艺术化、动力化、健身化趋势的反映，也是一项具有实用锻炼价值的运动项目。长期进行健美操锻炼，能够增进健康，增强体质，改善体形体态，矫正畸形，调节心理活动，陶冶美好情操，提高神经系统机能，培养顽强的意志品质。

(一) 增强体质，增进健康

进行健美操锻炼，对心血管系统、呼吸系统、消化系统及内脏器官都有良好的影响。会使心肌纤维逐渐变粗，心肌增厚、收缩有力、心输出量增加，提高供血能力；可使血管壁弹性增强，预防心血管疾病的发生。通过长期健美操的有氧锻炼，人的呼吸加深，呼吸频率减慢，吸氧量增大，可使呼吸肌得到充分的休息，促进良好的新陈代谢。通过健美操的腰部、腹部和髋部等全方位的运动，加强了胃肠蠕动，促进消化液的分泌，从而增强了消化系统的机能，促进了人体的新陈代谢，有利于营养的吸收和利用。从而提高的对疾病的抵抗能力。

(二) 改善体形培养端庄体态

健美操的独到之处，是它可以对身体比例的均衡产生积极的影响，特别是能增加胸背肌肉的体积，消除腰腹部沉积的多余脂肪，使体态变得丰满、线条变得优美。此外，通过经常性正确的形体动作训练，协调发展人体各部位的肌肉群，矫正不正确的身体姿势，使人体匀称和谐地发展，形成正确端庄的体态，使锻炼者的形体和举止风度发生良好的变化。

（三）调节心理活动，陶冶美的情操

健美操是在音乐伴奏下进行的身体练习。人们在欢乐的气氛中进行锻炼，不仅心情愉快，能很快忘却烦恼，身心得到全面调节，而且精神面貌和气质修养都会有所改善和提高。特别是健美操是一种群体运动，在集体场所进行锻炼，还能使练习者体验到个人与集体的关系，把“我”置于“我们”之中，起到协调人与人之间关系的作用。通过集体配合练习，还有助于增进友谊，结交朋友，提高群体意识。

（四）提高神经系统机能

健美操是一项要求力度和幅度的身体练习，经常参加健美操运动，可使肌肉的力量得到增强，肌腱、韧带、肌肉的弹性得以提高，有效的发展人体的力量和柔韧素质。另外，健美操动作的路线、方向、速度、类型、力度等的不断变化，可以加强人对动作的记忆力和再现力，提高神经系统的灵活性和均衡性，全面发展人的协调性。

健美操是具有较强艺术性的运动项目，经常从事该活动，可以增强节奏感、韵律感，提高认识美、鉴赏美、表现美和创造美的能力。

（五）医疗保健功能

健美操作为一项有氧运动，其特点是强度低、密度大，运动量可大可小，容易控制。因此，只要控制好运动的范围和运动量，健美操运动除了对健康的人具有良好的健身效果外，对一些病人、残疾人和老年人而言，也是一种医疗保健的理想手段。如：对于下肢瘫痪的病人来说，可做地上健美操和水中健美操的练习，以保持上体的功能，促进下肢功能的恢复等。

七、健美操锻炼的注意事项

健美操融体操、舞蹈、音乐为一体，以有氧练习为基础，近年来为广大青少年所青睐。但是跳健美操要想取得良好的效果，在进行健美操锻炼时，要注意以下几点事项，才能收到良好的健身效果。

（一）合理安排练习时间与次数

进行健美操练习，可根据自己的工作、学习情况及生活习惯，安排在早上、白天或晚上。其中以下午 3 时至晚上 8 时这段时间为最好，因为在这段时间内，体力比较旺盛，另外工作之后进行锻炼也可以起到消除疲劳的作用。每星期安排 2～3 次，每次 1～2 小时，如在饭前练习要休息半小时才能用餐，饭后练习则要休息 1 小时以上才能进行；晚上练习，要在临睡前两小时结束，以免因过度兴奋影响入睡。

（二）科学的饮食

饮食也会对跳健美操效果产生重要影响。一般进食后需间隔 1.5 至 2.5 小时才可进行健美操锻炼，若饭后休息时间短，则食量可少一些。原则上应是运动前的一餐食量不宜过多，并且应吃一些易于消化，且含有较多糖、维生素和磷的食物，同时应尽量少吃含脂肪、纤维素及刺激性、过敏的食物。运动后，则应休息 30 分钟以后再进食，运动后应多进食些高能量、低脂肪含蛋白质多的食物，运动时出汗较多还应及时补充水分。

（三）充分的准备活动

做健美操运动前应先进行准备活动，使身体发热，提高神经系统的兴奋度。因为，人体从安静状态进入运动状态需要克服内脏器官的生理惰性，开始运动应逐渐加强，这样，血液循环和气体交换才能逐渐得到改善；新陈代谢才能逐渐旺盛，使关节、肌肉、韧带的柔韧性和灵活性增强，既可以防止损伤，又可以使肌体作好机能上的准备。

天气较暖时，身体容易活动开，热身运动的时间可短一些，天凉时，活动时间要稍长些。通常情况下，热身运动的时间应控制在总锻炼时间的20%左右，做到身体感觉发热为宜。

充分的准备活动能使关节、韧带、肌肉温度升高，增加身体灵活性，提高神经系统兴奋程度和心血管活动水平，从而防止运动伤害的发生。

（四）适当的运动负荷

在健美操锻炼时，要根据自身的体质和运动负荷的承受能力，适当安排运动时间、强度、练习组数等。有慢性病的人要在医生的指导下进行锻炼，心血管疾病患者应减少剧烈运动，避免快速旋转头部和突发性动作，患重感冒时最好停止健美操运动。勉强锻炼，不仅不利于健身，反而会给身体带来不良影响。

（五）合体的运动装备

从着装上讲，参加健美操锻炼应根据季节的变化和练习环境的温度适当变化。最好选择有弹性、纯棉、柔软、舒适的服装。每次练习后，要及时清洗服装，保持服装干爽。特别强调运动时一定穿运动式弹性好的、柔软性强的运动鞋和运动袜子，鞋子不仅要大小合适，而且要有衬垫，并具备一定的弹性和弯曲性。切忌穿高跟鞋和厚底鞋。因为健美操对下肢关节及足弓具有一定冲击力，穿舒适的鞋袜可以起到保护作用，避免受伤。

（六）放松整理运动必不可少

放松整理运动是跳健美操一个不可忽视的环节。练习完毕，要做放松整理活动，通过放松整理运动可使运动时流入肌肉中的血液慢慢流回心脏，使心脏较快地恢复到正常工作状态，使整个机体较快地恢复平静状态；同时，还能加速乳酸的消除，使紧张的肌肉得到舒展放松，避免肌肉充血、僵硬。运动后洗热水澡，能使全身感到舒适、精神焕发，精力更加充沛。

第二节 体育舞蹈

一、体育舞蹈简介

交谊舞是一种深受广大群众喜爱的社会生活舞蹈。它兼具社交、娱乐、体育锻炼、竞技表演等多种社会功能，是人们建立友谊、陶冶情操、锻炼身体极好的运动形式。由于它兼有文化娱乐的内涵和体育竞技的双重特点，以及很强的表演观赏性和技艺性，很多国家将它纳入体育的竞技范畴。这种舞蹈将以体育舞蹈的新名称，列入奥林匹克运动竞赛项目。

体育舞蹈的前景是由其自身的功能所决定的，它的交际功能、教育、审美功能、健身、娱乐功能以及总的体育、艺术功能等无疑使该项运动一经问世必迅速得到开展。它的发展是以青年人为基础，以社会做普及，以竞技为提高，以表演为宣传朝着大众化、表演化、竞技化的方向不断发展。

二、体育舞蹈的内容

（一）体育舞蹈的内容

目前世界上流行的体育舞蹈共分两大类，十个舞种。

1. 现代舞（Modern Dance）

风格典雅、波浪起伏的华尔兹；潇洒奔放、静动闪视的探戈舞；稳重大方、形如狐狸跑步的狐步舞；运步轻快如行云流水的快步舞；雍容华贵、旋转多姿的维也纳华尔兹。

2. 拉丁舞（Latin）

形、情交融的伦巴舞；热烈欢快中见美的恰、恰、恰舞；风格别致、摇曳摆颤、如春风扬柳般的桑巴舞；刚健英武、振奋人心的斗牛舞；激情奔放的牛仔舞。

（二）现代舞与拉丁舞的区别

1. 对舞形式和运行路线上的区别

现代舞有较严格的握持方法，必须在标准握持状态下，保持贴身共舞；行进路线受舞程线的制约。而拉丁舞则相对自由，随意分合；运动路线不受舞程线路的制约。

2. 审美情趣与气质性风格上的区别

现代舞保持着浓厚的社交礼仪性审美取向，体态端庄而挺拔，不允许胯部的摇摆，即使在轻快跳跃性舞步变化中，也不失高雅的风度。特别能展现男士的潇洒和风彩。

拉丁舞则倾向与展现生动活泼、自由奔放的生活气息。通过灵活的腰胯动作，刻意追求人体曲线美的展示，能表现出女士们婀娜多姿与柔媚灵巧。

3. 服饰方面的区别

现代舞保持着正规礼仪性活动的要求，男士身着燕尾服或西服配领结；女士则身着晚礼服长裙。

拉丁舞为了展示人体曲线美，男士身着紧身衣裤，女士则以袒露腰背和大腿的线条为基本审美取向，不拘一格。

只要我们掌握了上述三个判断标准，现代舞和拉丁舞就很容易区别了。

三、体育舞蹈的锻炼方法

现代舞中的华尔兹、狐步舞和探戈舞三个舞蹈，是最基础、最常见的舞蹈，学习这三种舞蹈的组合练习，也是较容易接受和掌握的。

1. 华尔兹

华尔兹是现代舞中历史最悠久、流传最广泛，而且最受人们喜爱的舞蹈种类。他曾借助与奥地利著名作曲家约翰·施特劳斯的不朽乐曲的帮助，风靡世界达一个多世纪之久。

华尔兹舞曲轻快明丽，具有旋转舞步的律动，每小节三拍子，一排走一步，没有快慢之分。华尔兹舞蹈风格端庄典雅，起伏流畅，跳华尔兹比跳其他舞步更显得文质彬彬，富有诗意，所以华尔兹又被人们称为“舞中之后”。

（1）华尔兹的标准握持

在现代舞里，标准握持即为五点接触，除探戈之外，所有的舞种的标准握持都是一样的（图 11-2-1）。其要点如下：

脚：双脚平行并拢，切不可“八”字形张开；右脚尖对准舞伴的两脚之间，重心集中于前脚掌，但不能抬起脚跟。

手：男伴的右手掌心向内，扶在女伴左侧肩胛骨下缘，从肘尖直到指尖形成一直线，呈斜角状自然斜重，无指并拢，即不要凸起手腕，更不能用手背来控舞；大臂基本平肩呈椭圆形展平——点接触（图 11-2-2）。女伴左手轻放在男伴右大臂三角肌处；四指并拢，用虎口定位；整个手臂轻放在男伴手臂之上，不可脱离接触——二点接触（图 11-2-3）。男左手和女右手相握，掌根与地面垂直，并互相顶住；整个手臂呈圆弧状向斜上方展开。手的高度一般在齐耳根和齐眉之间的某一固定点——四点接触。见图 11-2-4。

图 11-2-1

图 11-2-2

图 11-2-3

图 11-2-4

头和视点：在保持双方肩横线平行的前提下，各自的头部向左侧 45°侧转，双眼平视前方；女伴还应充分利用胸椎和颈椎的关节功能，从剑突部位起，让胸椎后展15°，颈椎再后展 15°成挺拔式弯曲，造成特有的女性曲线美。注意切勿理解为往后躺腰或挺腹。

身体：从横隔膜起，直到大腿面上，形成双方的微贴，在重心上挺，打开“间隔”的基础上，寻找双方“全力”感——五点接触。

（2）华尔兹的组合练习方法

基本起位：

左脚前进基本步→前进右转 90°→后退基本步→后退左转 90°→前进基本步→前进右转 90°→右轴转 270°→后退左转 90°→从头反复。

基本位：又叫关位、合对位、闭合位。要点是双方肩横线必须保持平行，不可一边宽一边窄地侧向张开。见图 11-2-5。

左脚前进基本步：

1 拍（图 11-2-6），男进左，女退右。有侧身动作。

2 拍（图 11-2-7），男右脚刷过左脚旁，横移一步，向左倾斜。注意不可斜向直接跨出。女左脚刷过右脚旁，横移一步，向右倾斜。注意不可斜向后退。

3 拍（图 11-2-8），男女同时收脚并拢。留意倾斜和上升运动的保持，以及交替重心和下降的转化。

前进右转 90°：

1 拍（图 11-2-9），男进右，女退左。

2 拍（图 11-2-10），向右转 90°，男横左，女横右。

3 拍（图 11-2-11），男女双脚并拢。

后退基本步：

1 拍（图 11-2-9），男退左，女进右，有侧身动作。

2 排（图 11-2-7），男右脚刷过左脚旁，横移一步，向左倾斜，不可斜向直接后退。

女左脚刷过右脚旁，横移一步，向右倾斜，不可斜向直接跨出。

图 11-2-5

图 11-2-6

图 11-2-7

图 11-2-8

图 11-2-9

图 11-2-10

图 11-2-11

图 11-2-12

3 拍（图 11-2-8），男女同时收脚并拢，注意倾斜和上升运动的保持，以及交替重心和下降的转化。

后退左转 90°：

1 拍（图 11-2-12）男退右，女进左，有侧身动作。

2 拍（图 11-2-13），在第一拍的后半拍开始辗动脚掌（男左、女右），开始左转，在第二拍开始时，男左脚和女右脚以刷式位置向外横移，并伴随着肩部引导下的男右倾斜和女左倾斜。

3 拍（图 11-2-11）男女双脚并拢，保持倾斜和上升，注意后半拍的重心交替和下降的转化。

右轴转 270°：

1 拍（图 11-2-13）男退左，女退右。双方右腿内侧相靠，形成旋转轴心。后半拍转移重心时，男伴左脚在脚跟不离地的状态下，脚尖向右侧摆，此时旋转已经开始。

2 拍（图 11-2-14），在完成旋转的情况下，男落右，女落左。

3 拍（图 11-2-15），双方在继续旋转中并脚，并继续保持重心上升（男左脚并于右脚，女右脚并于左脚）。

2. 狐步舞

狐步舞起源于美国，后流传至欧洲大陆及英国。狐步舞如同狐狸走路，轻柔悠闲，他的风格是步态从容，平稳大方，优雅流畅。

狐步舞曲为 4/4 拍，每小节四拍，是由慢步“S”和快步“Q”构成的（S 为英语 Slow 的缩写，意为慢步，一个 S 的时值为二拍；Q 为英语 Quick 的缩写，意为快步，一个 Q 的时值为一拍）。

图 11-2-13

图 11-2-14

图 11-2-15

（1）狐步舞的标准握持方法同华尔兹的握持方法

（2）狐步舞的组合练习方法。

基本起位：羽步（S、Q、Q）→三直步（S、Q、Q）→羽步（S、Q、Q）→左转前进步（S、Q、Q、S、Q、Q、S）→右转前进步（S、Q、Q、S、S、S）→羽步（S、Q、Q）→弧形步（Q、Q、Q、Q、Q、Q、S）→右转前进步（S、Q、Q、S、S、S）→从头反复。

羽步（S、Q、Q）：

图 11-2-16，S，男进右，女退左，有侧身。

图 11-2-17，Q，男进左，女退右，同时男在左肩引导下向右倾斜，女在右肩引导下向左倾斜。

图 11-2-18，Q，男进右，女退左，并继续保持倾斜姿势。

三直步（S、Q、Q）：

图 11-2-16

图 11-2-17

图 11-2-18

图 11-2-19，S，男进左，女退右，有侧身。

图 11-2-20，Q，男进由，女进左，男脚跟、女脚尖运步，男伴在右肩引导下呈现左倾斜，女伴在左肩的引导下呈现右倾斜。在后半拍里，双方将重心移向前脚掌，抬起脚跟，重心上挺。

图 11-2-21，Q，男进左，女退右，重心上挺，用前脚掌运步，继续倾斜。

左转前进步（S、Q、Q、S、Q、Q、S）：

图 11-2-22，S，男进左，女退右，有侧身动作，当重心向右脚的动作中用脚跟旋转 135°，并落下脚掌，身体上挺。

图 11-2-19

图 11-2-20

图 11-2-21

图 11-2-23，Q，男伴在完成 135 度的方位上，保持上升状态退右脚，女伴同时见左脚。双方都用前脚掌运步，并继续旋转 45 度，有倾斜（男向左倾斜，女向右倾斜）。

图 11-2-24，Q，男退左，女退右，继续倾斜，在后 1/4 拍里将脚跟落下。

图 11-2-22

图 11-2-23

图 11-2-24

图 11-2-25，S，男退右，女进左，有侧身动作。当双方的重心都转移到前脚掌时，随着重心的升起，开始旋转。

图 11-2-26，Q，在完成左转 90°的方位上，男进左，女退右，用前脚掌运步，有倾斜（男向右倾斜，女向左倾斜）。

图 11-2-27，Q。男进右，女退左，用前脚掌向深度运步，保持倾斜。

S，男进左，女退右（参照三直步的第一步见图 11-2-29）。

图 11-2-25

图 11-2-26

图 11-2-27

右转前进步（S、Q、Q、S、S、S）：

图 11-2-28，S，男进右，女退左，有侧身动作，男用脚怔，女用脚跟开始旋转。

图 11-2-29，Q，在完成 135°旋转时，男退左，女换右，脚掌运步，有倾斜。

图 11-2-30，Q，男退左，女进右，脚掌运步，在倾斜中继续旋转 45°。

图 11-2-31，S，男退坐，女进右，有侧身动作没有上升，男用全脚，女用前脚掌开始继续右转。

图 11-2-32，S，男右转在脚跟不离地的状态下，在右旋转 135°中拖拉滑步，最后横移一步；女左脚则跟随左横移一步，有侧身，没有倾斜。

图 11-2-33，S，男进左，女退右，双方移动脚都要刷过重心加向深度发展，并有侧身。

图 11-2-28　图 11-2-29　图 11-2-30　图 11-2-31　图 11-2-32　图 11-2-33

弧形步（Q、Q、Q、Q、Q、Q、S）：

图 11-2-34，Q，男进左，女退右，有侧身动作，都用前脚掌左转 90°以上。

图 11-2-35，Q，男横右，女横左，用前脚掌运步同时有倾斜。

图 11-2-36，Q，男退左，女进右，脚掌运步，向右外侧交叉，在倾斜中继续左转 90°。

图 11-2-37，Q，男退右，女进左，脚掌运步，形成基本位，有侧身动作，同时继续左转 90°。

图 11-2-38，Q，男横左，女横右，脚掌运步，有倾斜。

图 11-2-39，Q，男进右，女退左，用前件掌运步，向右外侧交叉，保持倾斜，在后 1/4 拍里降下脚跟。

图 11-2-40，S，男进左，女退右，有侧身。

图 11-2-34　图 11-2-35　图 11-2-36　图 11-2-37　图 11-2-38　图 11-2-39　图 11-2-40

3. 探戈

探戈是现代舞中最具特殊性的舞种。虽然它从上个世纪初才开始流行于世界，但在短短的时间里，却以独特的魅力，后来居上，雄居舞坛，成为与华尔兹并肩驾齐驱的“舞中之王”。如果说华尔兹是以柔媚典雅的女性美，博取了人们的青睐，那么探戈则是以其雄浑豪放的阳刚之美倾服人心的。它以“舞中之王”的美称和“舞中之后”的华尔兹交相辉映，成为现代舞王国里压倒群芳的两朵奇葩。

（1）探戈的标准握持方法

探戈的标准握持，有别所有的舞种。

脚：探戈的开步形式是一种左前右后的特殊错位状态。右脚尖对着左脚弓，后跟稍向外分，男女右脚尖正对。见图 11-2-41。

手位和手形：男伴的右手要从女伴左侧肩胛肩下缘，伸到指尖超过背柱中线的位置并稍稍向腰部下降（图 11-2-42）。女伴的左手用肘关节围住男伴的肘尖，并使小臂降至男伴大臂后侧腋下线的高度，掌心向下，用食指和拇指托住男伴大臂而固定自己的位置（图 11-2-43）。对握的双手近似于“掰腕子”，即是女伴的右手，稍向男伴左手拇指根方向偏移，而男伴的左手则稍用力挺直，并略向外转。图 11-2-44。

图 11-2-41

图 11-2-42

图 11-2-43

图 11-2-44

体位：探戈必须采用“密合”式微贴才能有效地控舞，最好成绩保持在邹侧 2/3 相贴，这样一来才会收到最大的控舞效果。

探戈和其他舞种的最明显的不同直处，就是头部动作。很多人将其视为“甩头”，这是不正确的，这种理解之所以错误，是因为头部动作实际上并不是靠头去“甩”出来的，而是通过腰部发力的反弹作用。就发力而言，这就好比是赶马车的响鞭，发力在腕，而表现在鞭梢。

（2）探戈的组合练习方法

常步前进分身连步（S、S、Q、Q）→侧行横进并步（S、Q、Q、S）→常步后退左转 90°并步（S、Q、Q、S）→常步前进左转 180°开放式 P. P 接后退左转 90°并步（S、S、Q、Q、S、Q、Q、S）→四快步（Q、Q、Q、Q）→侧行左转 90°并步（S、Q、Q、S）→左转前进步（Q、Q、S、Q、Q、S）→摇步接后退左转并步（S、S、Q、Q、S、Q、Q、S）→从头反复。

常步前进分身连步（S、S、Q、Q）：

图 11-2-45，S，男进左，女退右，有侧身动作。

图 11-2-46，S，男进右，女退左。男在右肩引导、女在左肩引导下保持倾斜。

图 11-2-47，Q，男进左，女退右，有侧身动作。

图 11-2-48，Q，双方适度右转，男迅速改变左脚方位，女在横移中改变左脚方位，形成 P. P 位。

侧行横进并步（S、Q、Q、S）：

图 11-2-45

图 11-2-46

图 11-2-47

图 11-2-48

S，男进左，女进右（见图 11-2-49），动作相同，但方向相反。

图 11-2-49，Q，男见右，女进左。

图 11-2-49

图 11-2-10，Q，男横左，女横右。

图 11-2-11，S，男并右，女并左。

常步后退左转 90°并步（S、Q、Q、S）：

图 11-2-9，S，男退左，女进右。

图 11-2-6，Q，男退右，女进左，开始左转。

图 11-2-10，Q，男横左，女横右，完成 90°。

图 11-2-11，S，男并右，女并左。

常步前进左转 180°（S、S、Q、Q）：

图 11-2-45，S，男进左，女退右。

图 11-2-46，S，男进右，女退左。

图 11-2-47，Q，男进左，女退右，开始左转。图 11-2-11，Q，男并右，女宾左。

快步（Q、Q、Q、Q）：

图 11-2-50，Q，男进左，女退右，有侧身动作。

图 11-2-51，Q，男横右，女横左。

图 11-2-52，Q，男腿左，女退右。

图 11-2-53，Q，男退右，女横左，形成开放式 P.P 位。

图 11-2-50

图 11-2-51

图 11-2-52

图 11-2-53

侧行左转 90°并步（S、Q、Q、S）：

图 11-2-54，S，男左、女右同时横移前进一步。

图 11-2-49，Q，男进右，女进左，向深度发展，落脚后开始左转。

图 11-2-55，Q，男横左，女横右，完成 90°左转。

图 11-2-56，S，男并右，女并左。

图 11-2-54

图 11-2-55

图 11-2-56

左转前进步（Q、Q、S、Q、Q、S）：

图 11-2-57，Q，男进左，女退右，有侧身动作。

图 11-2-58，Q，男横右，女横左。

图 11-2-59，S，男腿左，女进右，经过深度同时三步完成 135°～180°左转。

图 11-2-57

图 11-2-58

图 11-2-59

图 11-2-60，Q，男退右，女进左，有侧身动作。

图 11-2-61，Q，男横左，女横右，

图 11-2-62，S，男并右，女并左。

图 11-2-60

图 11-2-61

图 11-2-62

摇步（S、S、Q、Q、S）：

S，男进左，女退右，有侧身动作。

S，男进右，女退左。

图 11-2-63，Q，男放下左脚跟，抬起右脚跟，重心后移；女放下右脚掌，抬起左脚跟，重心前移，在保持上身稳定中，做第一次摇晃。

图 11-2-64，Q，反向摇晃，动作同图 11-2-61，但方向相反（男同女步，女同男步）。

图 11-2-65，S，再次摇晃。

图 11-2-63

图 11-2-64

图 11-2-65

第三节　健　美　运　动

一、健美运动的概念

健美运动是一项通过徒手和各种器械，运用专门的动作方式和方法进行锻炼，以便发达肌肉、增长体力，从而改善形体和陶冶情操为目的的运动项目。

健美运动是举重运动的一个分支，也是一个独立的竞赛项目。

它可以采用各种徒手练习，如各种徒手健美操、韵律操、形体操以及各种自抗力动作。也可采用各色各样轻重不同的运动器械来进行练习，如杠铃、哑铃、壶铃等举重器械，单杠、双杠等体操器械，以及弹簧拉力器、滑轮拉力器、橡筋带和各种特制的综合力量练习器等。

健美运动的动作方式也是多种多样，既有成套的各种徒手健美体操，也有球、棒等轻器械体操，这些主要用于女子健美训练，借以减肥和改善体形体态，提高韵律感。更有许多能发达身体各部位肌肉的举重练习动作和其它动作，这些动作主要用于男女竞技健美训练。

健美运动作为一个运动项目，除了具有一般体育活动所共有的能锻炼身体、增进健康、增强体质的作用外，还特别能发达全身各部位的肌肉，增长体力，改善体形体态，以及陶冶美好的情操。它不仅强调“健”，而且强调“美”，把体育和美育融为一体。

二、常见肌肉锻炼方法

（一）胸大肌

胸大肌是人体比较大的几块肌肉之一，相对来说较好练。

(1) 仰卧脸朝上平躺在宽凳上，两手各执一只哑铃，双手上举，然后慢慢向身体两侧展开，就好像鸟儿在拍打翅膀飞行一般。(练六组，每组 12～15 次)。

(2) 平躺在宽凳上，双手紧握杠铃上举后，慢慢地放至乳头上方，然后用力上推。此动作应由两人合作，另一人做保护。(练六组，每组 12～15 次)。

(3) 俯卧撑为提高难度，可把脚部提高成 45°角倾斜，在背部或颈部放置重物超负荷训练，使胸大肌完全拉伸。(练六组，每组 12～15 次)。

(二) 背阔肌

有了发达的背阔肌后，人的驱干呈现出"V"字形，像一把打开的扇子。

(1) 引体向上。宽握颈后引体向上，身体不要摇晃，然后屈臂上拉，此动作最有效。(练六组，每组 12～15 次)。

(2) 俯立划船。人腰弯成 90°，双手下垂握住杠铃，然后把杠铃上拉至腰部，屏住一会儿，使背部用力。(练六组，每组 12～15 次)。

(3) 在专门的组合器械上练。

(三) 肱二头肌

上臂前面凸起的就是肱二头肌。

(1) 两臂弯举，此动作可站也可坐，正反握哑铃，杠铃多种方。两上臂必须紧帖两腋，利用肱二头肌收缩的力量使两手向胸前尽力弯起。

(2) 反手窄握引体向上，也是利用肱二头肌收缩的力量达到锻炼的目的。(练六组，每组 12～15 次)。

(四) 肱三头肌

上臂后面凸起的就是肱三头肌。练好肱三头肌能使你的手臂肌肉线条清晰。

有正反握两个动作，脸朝上平躺在宽凳上，双手与肩同宽，紧握杠铃上举，然后以肘关节为支点，慢慢的向后弯曲到头顶，然后用肱三头肌的收缩力把杠铃恢复到原位。(练六组，每组 12～15 次)。

(五) 三角肌

肩膀上的肌肉就是三角肌，分成前束、中束、后束。

(1) 前束，手握哑铃或杠铃在身前，握距与肩同宽，用力抬起手臂前平举，使手臂与身体成 90°。(练六组，每组 12～15 次)。

(2) 中束，手握哑铃在身旁，把手臂侧平举从两侧抬起至头顶。(练六组，每组 12～15 次)。

(3) 后束，两手握杠铃比肩同宽，把杠铃放在颈后，向上伸臂推起杠铃，然后缓缓屈臂，将杠铃置于颈后肩部原位。(练六组，每组 12～15 次)。

(六) 腹肌

腰腹肌是比较难练的肌肉，要下苦功。

(1) 斜板仰卧起坐。

(2) 仰卧举腿，平躺在长凳上，两手抓住凳头，用腰腹力量的收缩把双脚抬起后把身体弯曲。

(3) 两头起，平躺在长凳上，上臂与双腿都伸直，直臂摆动，以臀部为支点，上体与腿同时折起，用双手去触上举的脚尖。

(4) 颈后负重鞠躬，把杠铃放在颈后，慢慢把身体前俯与腿部成 90°，然后用腰部力量恢复原位。(练六组，每组 12～15 次)。

（七）大腿肌

(1) 颈后负重深蹲，把杠铃横担在肩上，两脚开立与肩同宽，深蹲并呼吸，再以股四头肌的力量站起。(练六组，每组 12～15 次)。

(2) 颈前负重深蹲，提取杠铃置于胸前锁骨部位，徐徐屈膝下蹲到大小腿折叠靠紧为止。(练六组，每组 12～15 次)。为加大负荷，可在脚后跟垫上一块 5～6 厘米的砖或木头。

（八）小腿肌

小腿肌的健美标准是练成如菱形“钻石”。

提踵，两脚尖站在高出地面 5～10 厘米的木板或砖上，先将脚跟慢慢下沉到地面，然后用力提脚跟踮起脚尖，提高身体重心位置，收紧臀部和大腿肌肉（练六组，每组 12～15 次）。

三、健美锻炼的饮食

健美锻炼中的器械练习，对体力损耗较大。因此，从事健美器械练习者应该注意以下几方面：

（一）健美运动是力和美的协调统一，它表现在人体的肌肉美、线条美和造型美上。要达到这个目的，人们在锻炼中要力求肌肉和神经的协调，并在较短时间内有极强的展现力，因此，要有一定的训练强度和密度。在进行健美锻炼时，每小时消耗的热能一般在 4000 千卡左右，所以，饮食中应保证能产生热能的碳水化合物食物占有较大比重（应占日总热量的 60～65%）。

（二）进行健美锻炼，人体会消耗大量的蛋白质，同时，强壮肌肉、结实筋腱也需要蛋白质，所以提高每日膳食中的蛋白质供给量非常重要。除奶蛋、鱼肉外，人们还需要有谷类和豆类搭配的蛋白质，如豆制品，以提高蛋白质的生理价值。

（三）脂肪不宜多吃。脂肪过多会影响其它营养素的吸收，而且不易消化。脂肪氧化时耗氧量高，力量练习又常常缺氧，氧债高，所以应少吃为宜，烹调时宜用植物油，少吃动物脂肪。

（四）与健美锻炼有关的无机盐和维生素。

无机盐中缺钾和氯化钠，会引起肌肉软弱无力，练健美应多吃些新鲜蔬菜、水果、豆类、鱼和牛肉。铁是构成血红蛋白、肌红蛋白的重要物质，又可促进能量代谢和供氧，应多吃肝和绿叶菜补铁。维生素中，维生素 E 有提高肌肉力量、促进蛋白质的合成及预防肌肉萎缩的作用，应适当多食用含维生素 E 多的玉米油、豆类胚和绿叶菜。

思考题：

1. 健美操的特点及锻炼价值有哪些？
2. 健美操的主要构成及内容有哪些？
3. 体育舞蹈包括哪两大类？其区别是什么？包括哪些舞种？
4. 健美运动常见的肌肉训练方法有哪些？

第十二章　武术运动

第一节　武术运动概述

武术在长期的历史演变中，逐渐形成了自己的运动规律，它以独特的技术风格和多方面的社会功能享誉于世。

一、武术运动的特点

（一）寓技击于体育之中

武术最初作为军事训练手段，与古代军事斗争紧密相连，技击的特点是显而易见的。在实用中，其目的在于杀伤、制服对方，它常常以最有效的技击方法，迫使对方失去反抗能力。这些技击术至今仍在军队、公安中被采用。

武术作为体育运动，技术上仍不失攻防技击的特性，将技击寓于搏斗运动与套路运动之中。

搏斗运动集中体现了武术攻防格斗的特点，在技术上与实用技术基本上是一致的，但是从体育的观念出发，它受竞赛规则所制约，以不伤害对方为原则。如在散打中对武术中有些传统的实用技击方法作了限制，而且严格规定了击打部位和保护的护具；短兵中使用的器具也作了相应的变化；而推手则是在特殊的技术规定下进行竞技对抗的。为此，可以说武术的搏斗运动具有很强的攻防技击性，但又与实用技击不完全相同。

套路运动是中国武术的一个特有的表现形式，不少动作在技术规格、运动幅度等方面与技击的原形运动有所变化，但是动作方法仍然保留了技击的特性。即使因连接贯串及演练技巧上的需要，穿插了一些不一定具有攻防意义的动作，然而就整套技术而言，主要的动作仍然是以踢、打、摔、拿、击、刺诸法为主，是套路的技术核心。它的攻防技击特性是通过一招一式来表现的，汇集百家，它的技击方法是极其丰富的，在散打、短兵中不宜采用的技术方法，在套路中仍有所体现。

（二）内外合一，形神兼备的民族风格

即究形体规范，又求精神传意，内外合一的整体观，是中国武术的一大特色。所谓内，指心、神、意等心志活动和气息的运行；所谓外，即手、眼、身、步等形体活动。内与外、形与神是相互联系统一的整体。

武术以“内外合一，形神兼备”的特点主要通过武术功法和技法来体现。“内练精气神，外练筋骨皮”是各家各派练功的准则，如太极拳主张身心合修，要求“以心行气，以气运身”，形意拳讲究“内三合，外三合”，少林拳也要求精、力、气、骨、神内外兼修。此外武术套路在技术上往往要求把内外精气神与外部形体动作紧密相合，完整一气，做到“心动形随”，“形断意连”，“势断气连”。以“手眼身法步，精神气力功”八法的变化来锻炼身心。这一特点反映了中国武术作为一种文化形式在长期的历史演变中受中国古代哲学、医学、美学等方面的渗透和影响，形成了独具民族风格的练功方法和运动形式。

（三）广泛的适应性

武术的练习形式、内容丰富多样，有竞技对抗性的散打、推手、短兵，有适应演练的各种拳术、器械和对练，还有与其相适应的各种练功方法。不同的拳种和器械有不同的动作结构、技术要求、运动风格和运动量，分别适应人们不同年龄、性别、体质的需求，人们可以根据自己的条件和兴趣爱好进行选择练习。同时，它对场地、器材的要求较低，俗称“拳打卧牛之地”，练习者可以根据场地的大小变化来选择练习的内容和方式，即使一时没有器械，也可以徒手练拳、练功。一般来说，受时间、季节限制也很小。较之不少体育运动项目，具有更为广泛的适应性。武术能在广大民间历久不衰，与这一特点不无关系，利用这一特点可以为现代群众体育活动提供方便，使武术进一步社会化。

二、武术运动锻炼的价值

武术具有健身、防身、修身养性、娱乐观赏等多方面的价值，是人们增强体质，振奋精神的一种好手段。

（一）改善和增强体质

武术运动具有强体健身的作用，它不仅是形式上的锻炼，而且使人体身心得到更全面的锻炼。对外能利关节、强筋骨、壮体魄；对内能理脏腑、通经脉、调精神，尤其是武术许多功法注意调息行气和意念活动，对调节内环境的平衡，调养气血、改善人体机能，增强体质是十分有益的。

（二）提高防身和自卫的能力

武术具有技击的特点，通过习武，不仅可以掌握各种踢、打、摔、拿、击、刺等技击方法，提高身体的灵活性和反应能力。持之以恒的练功，还能增长劲力、抗击摔打，克敌制胜，具备防身自卫的能力。若系统地训练，掌握技击术，可以为国防、公安服务。

（三）磨练意志，培养道德情操

武术的学艺和练功，不仅要有吃苦耐劳的精神，还需要常年不懈，持之以恒。不仅能培养坚忍不拔、勇敢无畏的意志品质，也是一种修身养性的良好手段。

武术在长期的延绵中，一向重礼仪、讲道德。“未曾学艺先学礼，未曾习武先习德”，培养武德是武术的传统。武德教育是培养共产主义精神道德的一个组成部分，通过练武习德可以培养尊师重道、讲礼守信、见义勇为、不凌弱逞强等良好的心理素质和高尚的道德情操，有益于社会主义精神文明建设。

（四）娱乐观赏，丰富文化生活

武术具有很高的观赏价值，赛场上两人斗智斗勇的对抗性搏斗，还是显现武术功力与技巧的套路演练，都会引人入胜，给人以美的享受，丰富人们的业余文化生活。此外，群众性的武术活动，可以为人们切磋技艺，交流思想，增进友谊的良好形式。随着武术在世界上的广泛传播，武术将会为与世界各国人民的友好交往发挥更大的作用。

三、武术中常用的手型和步型

（一）手 型

（1）拳：四指并拢卷握，拇指紧扣食指和中指的第二指节。见图 12-1-1。

要求与要点：拳握紧，拳面平，直腕。

（2）掌：四指并拢伸直，拇指弯屈紧扣于虎口处。见图 12-1-2。

（3）勾：五指第一指节捏拢在一起，屈腕。见图 12-1-3。

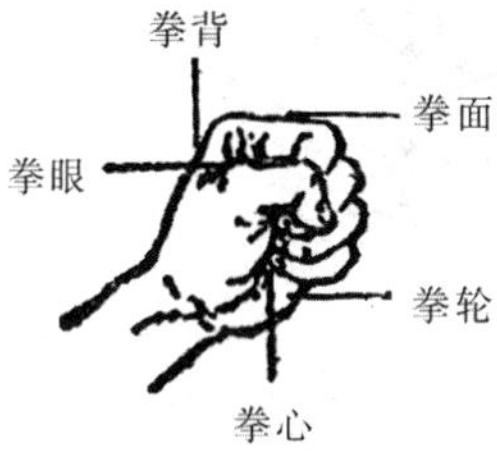

图 12-1-1

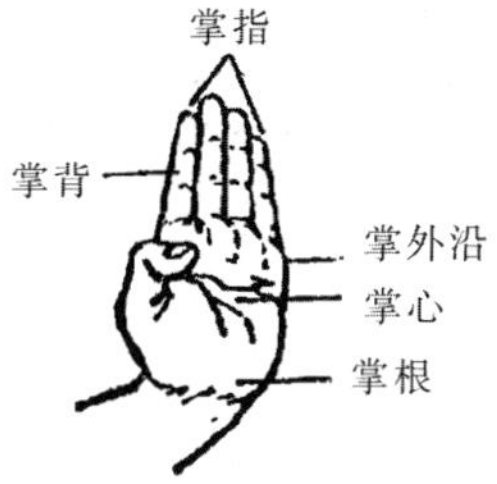

图 12-1-2

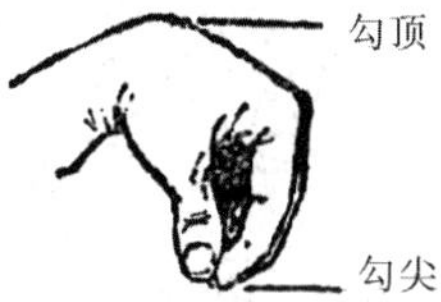

图 12-1-3

（二）步 型

（1）弓步：左脚向前一大步（约本人脚长的四～五倍），脚尖微内扣，左腿屈膝半蹲（大腿接近水平），膝与脚尖垂直。右腿挺膝伸直，脚尖内扣（斜向前方），两脚全脚掌着地。上体正对前方，眼向前平视，两手抱拳于腰间。见图 12-1-4。

要求与要点：前腿弓，后腿绷；挺胸、塌腰、沉髋；前后脚成一条直线。

（2）马步：两脚平行开立（约为本人脚长的三倍），脚尖正对前方，屈膝半蹲，膝部不超过脚尖，大腿接近水平，全脚掌着地，身体重心落于两脚之间，两手抱拳于腰间。见图 12-1-5。

要求与要点：挺胸、塌腰、脚跟外蹬。

（3）仆步：两脚左右开立，右腿屈膝全蹲，大腿和小腿靠紧，臀部接近小腿，右脚全脚掌着地，脚尖和膝关节外展，左腿挺直平仆，脚尖里扣，全脚掌着地。两手抱拳于腰间。眼向左方平视。仆左腿为左仆步，仆右腿为右仆步。见图 12-1-6。

要求与要点：挺胸、塌腰、沉髋。

图 12-1-4

图 12-1-5

图 12-1-6

（4）虚步：两脚前后开立，右脚外展 45°，屈膝半蹲，左脚脚跟离地，脚面绷平，脚尖稍内扣，虚点地面，膝微屈，重心落于后腿上。两手叉腰。眼向前平视。左脚在前为左虚步，右脚在前为右虚步。见图 12-1-7。

要求与要点：挺胸、塌腰、虚实分明。

（5）歇步：两腿交叉靠拢全蹲，左脚全脚掌着地，脚尖外展，右脚前脚掌着地，膝部贴近左腿外侧，臀部坐于右腿接近脚跟处。两手抱拳于腰间。眼向左前方平视。左脚在前为左歇步，右脚在前为右歇步。见图 12-1-8。

要求与要点：挺胸、塌腰、两腿靠拢并贴紧。

虚步

图 12-1-7

歇步

图 12-1-8

第二节　二十四式简化太极拳

一、太极拳简介

太极拳是我国武术宝库中的一个拳种，早期曾称为“长拳”、“绵拳”、“十三势”、“软手”。至清朝乾隆年间（公元 1736～1795 年），山西武术家王宗岳著《太极拳论》，才确定了太极拳的名称。“太极”一词源出《周易·系辞》，含有至高、至极、绝对、唯一的意思。

太极拳作为中华民族的文化瑰宝，诞生和发展在中华数千年历史长河中。它结合“拳术”（手法、眼法、身法、步法的协调动作）、“吐纳术”（吐故纳新的腹式深呼吸运动）、“导引术”（俯仰屈伸的肢体运动）三者成拳，实为“练脑、练气、练身”的健身之法。练脑、练气、练身（即意识、呼吸、动作）三者密切结合，始而意行，继而内动，再之外动，全身内外动则协调发展，构成了太极拳健身方法上的整体性和内外统一性，从而达到增强体质的目的。

太极拳在我国源远流长，并在长期实践过程中加以创新，派生出了多种流派，如有杨式、陈式、吴式、武式、孙式等；新中国成立后，国家体委组织专家在调查研究的基础上，把在群众中流传较广的原有太极拳套路进行了整编，在杨式太极拳的基础上，删去繁难和重复的动作，编写出了一套简化太极拳，也称《二十四式简化太极拳》。《二十四式简化太极拳》简明扼要，易学易练，易于掌握，不仅是群众推崇的健身法宝，而且成为我国医疗体育的一个重要形式，深受中外医学界和体育界的重视，成为深受群众欢迎的运动项目之一。

二、太极拳的特点

太极拳与其他武术项目相比，其独特之处在于它是一项心静体松、柔缓自然、连绵不断、动静结合、着重自我控制和意气诱导的武术项目。如果把长拳比作一首刚健明快的奏鸣曲，那么太极拳则是一首柔缓抒情的小夜曲，它柔和平稳、细腻委婉、感情的抒发、气息的流畅、形体的自然圆活，达到了高度和谐统一。尽管太极拳存在各种流派，在力度、速度以及表现的含蓄程度上各有差异，但在基本特点上各种太极拳是一致的。

（一）心静意导、呼吸自然

各式太极拳皆要求思想专一、心理安静，用意念引导动作，好像书法、绘画要求意在笔先，胸有成竹一样，打太极拳也要求先在心，后在身，以意导静，行意合一。

太极拳家把精神锻炼和肢体锻炼看作同样重要。在未动之前，就先要端正姿势、呼吸自然、心静气和、情绪安宁、排除杂念、集中注意力，一切安排就绪，自觉全身放松，心静气和，然后开始动作，在动作过程中，不断用意来指导每一动作。打拳时，不要因为运动而引起急促呼吸，要求呼吸深匀自然，不可勉强憋气；动作熟练后可根据个人体会，按照起吸落呼、开吸合呼的原理，使呼吸与动作自然配合。

（二）中正安舒、松柔连贯

太极拳要求力身中正安稳，指的是“中正不偏”、“上下一条线”。太极拳的身法主要是“立身须中正安舒，支撑八面”、“不偏不倚，无过不及”，处处不使身体各部位散漫失中。要表现出中正、大方、严正、舒展、和顺的形象，符合心静用意的静态要求。身体姿势松展圆满，肌肉、关节不可紧张僵硬。一般来讲，动作没有忽起忽落的明显变化和激烈的跳跃动作。动作如行云流水，悠缓流畅，连绵不断，常常是前一个动作的结束就是后一个动作的开始，没有任何停顿。

（三）动作圆活、周身协调

太极拳动作大多走弧形成螺旋形，转折圆润和顺，衔接自然，头、眼、手、脚、躯干要互相配合，整个身体要和谐地组成一个整体，不可顾此失彼，上下脱节，各行其是。轻灵沉着、刚柔相济太极拳动作“迈步如猫行，运劲似抽丝”，柔而不软，刚而不硬，富于韧性、弹性。即使发力动作，也要做到刚中有柔，充满弹性。太极拳古典拳论说：“处示安逸，内固精神，刚柔相济，方为懂劲。”也有人形容太极拳动作如棉中裹铁，在轻灵柔缓中表现出从容、镇定、一触即发之势。

（四）轻灵沉着、刚柔相济

练太极拳要求在意识引导下动作轻灵、重心沉稳。即每一动作都要轻灵沉着，不浮不僵，外柔内刚，发劲要完整，富有弹性，不可使用拙力。“轻灵”是保证全身内外充分放松的必要措施。所谓“一举动，周身俱要轻灵”，只有用力越少越好的轻的练法，动作才能越练越灵活。不轻就不能松，不松就不能灵活。在心静的前提下用意引导肢体内外各个器官、关节和肌肉的放松，逐步做到全身不该用力处毫不用力，内外各部分无一处不松，尽量使身体自然舒展而不僵硬。按照规矩用劲，以意贯注于动作过程之中，按照动作的虚实变化适度地完成动作。

三、太极拳的健身价值

太极拳外练全身的关节、骨骼、肌肉，内练意识、精神气质、神经功能。起初练的是动作、姿势、筋骨和皮肉，深入进去练的是意念、内气活动，从而由外至内、由内向外锻炼。这种方式不是简单的活动，是在意念的支配下，使人的神经系统、运动机能和呼吸系统、循环系统、消化系统、免疫系统等得到全面的改善，它的健身价值是全面的、自然的、科学的。

（一）调节、改善运动神经系统

人体的一切活动都是以骨骼为杠杆，关节为支点，依靠肌肉收缩为动力，在神经系统的支配下完成各种动作。练习太极拳对骨骼肌肉的作用，就在于太极拳是一种内外结合，一动全身无不动的运动。太极拳运动方式要求意念、动作、呼吸三者密切结合；在意识的支配下，意念不动，外形寂然不动，意念一动，引导内气、催动肢体，随之一节一节贯串而动，一动全身各部位都参与运动，而且是在极松静、极轻灵的情况下所达到的，使全身各部分肌肉、关节都能得到锻炼。筋骨、肌肉收放、转换能力的增强，运动神经系统的均衡性、灵活性以及传递信息的速度也在提高，正确性也在提高，从而改善了运动神经系统功能。

太极拳要求身法中正，从百会穴到会阴穴，整个脊柱要尽量正直，并强调用意，使它对拉拔长。脊柱以及两侧，是中医讲的督脉、阳经，是西医讲的中枢神经系统，都通过脊柱的两侧伸展到全身的各个部位，现在很多人患腰椎间盘突出、颈椎、腰椎骨质增生，都是平时立不正、坐不直，弯腰弓背造成的，而经常练太极拳的人，一般腰椎都很有力量，脊柱一般不出问题。因为经常虚领顶劲、气沉丹田，会阴穴到百会穴，整个脊柱对拉拔长，对整个运动神经系统就会有良好的调节作用。

（二）促进消化功能和体内物质代谢

太极拳动作松柔缓慢，随着动作的引导呼吸功能的改善和神经系统对内脏器官的调节过程的改善，膈肌、腹肌的收缩和舒张对肝脏、胃肠起到了自我“按摩”的作用，使肠、胃、肝、肾随之发生了适当的运动，促进了内脏器官血液循环，提高了胃肠的张力、蠕动、消化和吸收能力，增强了肾上腺素的分泌功能，改善了体内物质代谢。因此，常练太极拳可以增进食欲，改善胃肠功能，减少便秘，使血液中的胆固醇含量下降，也起到了预防动脉硬化的作用。

（三）有助于减轻心脏负担，促进血液循环系统健康

坚持练习太极拳，不仅锻炼了肌肉、骨骼、关节，而且由于意念的作用使精神、肢体全面放松，使经络通畅、气血周流，各毛细血管开放，静脉、淋巴回流加速，从而减轻了心脏的负担。意守丹田、气沉丹田、丹田内转的练习形成了腹式呼吸，此种呼吸方式的形成，促进了血液循环，加强了心肌的营养作用，改善了心脏营养的过程，有助于心脏、血管和淋巴系统的健康，同时由于练拳时身体重心的降低，增强了腿部血液循环的功能，也起到了减轻心脏负担的作用。

（四）增强肌肉、骨骼和关节的韧性和弹性

练习太极拳要求松柔、螺旋的运动形式，动作起来连绵不断、刚柔相济、快慢相间，从而使得全身各部位的肌肉群、肌纤维在反复绞转、缠绕中都参加活动。在意念的引导下，动作、姿势用意不用力，筋骨、肌肉放松，这就使得肌肉纤维能拉长到一般运动所不能达到的长度，并且匀称丰满、柔韧而富有弹性。由于肌肉的收缩对骨骼的牵拉作用和新陈代谢作用也得到了加强，骨骼组织的供血量增加（骨关节是人体主要造血出之一），因此骨质的形态、性能发生了良好的变化，提高了骨骼抗折、抗弯、抗压缩和抗扭转性，肌肉和骨骼的活动锻炼也使关节周围的关节囊和韧带得到磨炼，其韧性、灵活性不断增强。只要我们循序渐进，量力而行坚持常年锻炼太极拳，就可以避免和减少中青年人的颈椎病、肩周炎、腰椎间盘突出等现代病，老年人的扭伤、宜摔倒、关节炎、腿力减退、足膝痿软、僵硬、乏力等症状。

（五）修身养性，完善健全人格

太极拳是练意、练气、练身三者结合的运动，是修身养性之道。太极拳可以修身养性，改变人的消极个性。练习太极拳要求立身中正，形神一致，动作均匀缓慢，似行云流水，连绵不断，动中求静，静中有动，虚实结合，刚柔相济，处处充满哲理。故常练之可

使急躁、易怒、焦虑、多疑小气的人改变成稳健、豁达、沉静、随和、乐观的人。因而太极拳不仅仅是一种强身健体的拳术，而且还具有一种内涵丰富、博大精深的太极精神，它既能提高人的修养，又能健全人格，陶冶情操。

健康不仅要有健壮的体魄，而且要有良好的适应性及完善的心理状态。太极拳既可以促进身体健康，又能促进心理健康。太极拳强调松静自然，以意识引导动作，要求“意到身随”，“内外相合”，“身心皆修”，使人进入无忧无虑、无我无他的休闲怡情境界。使人消除心理疲劳，情绪开朗，乐观向上。

太极拳可以提高人的社会适应性和人的社会行为水平。练太极拳者，多为集体练习，虽是群体活动，但大家都是为健身而来，彼此不猜测、无隔阂，无利益冲突，容易亲近。在交流拳艺的过程中，也交流了情感，增进了相互间的理解和信任，从而疏导了工作中造成的心理压抑和感情危机，使人和人的关系更加和谐、融洽，达到心理相容、心理沟通。

四、学习太极拳的基本原则

要学习太极拳，先要弄清什么是太极拳，太极拳简单地说是一项松静自然，正稳柔绵的武术运动项目。有些人动作质量不高，姿势不到家，常受到身体素质的限制，以致力不从心，太极拳的基本素质着重于下肢的力量，桩步稳固的程度以及身体的协调性、柔韧性和平衡的调节能力。这些是完成技术动作的物质基础，我们经常所说的练功，就是基本功、基本动作和基础套路，三者的手段、目的各有侧重，具体方法也要不断充实，然后不管采取何种手段进行太极拳的基本修炼，遵守以下原则都是十分必要的。

（一）循序渐进、因人而异

俗话说“紧了崩，慢了松，不紧不慢才是功”对老年体弱、初学入门的人宜从低起点、小强度入手，循序渐进，对年轻体强，基础较好，训练有素的人，则要针对弱点，从难从严，有计划、有重点的加强训练，同时也要分层次逐步提高，要求过低会使学者松懈满足、失求进取，要求过高过急，容易发生伤害事故，也会挫伤学者的信心。

（二）坚持经常，持之以恒

人的体质和素质的提高是渐进过程，由于体育锻炼具有超量恢复的特点，只有坚持不懈，经常锻炼的人才会使起点具有新的高度。由于基本训练比较枯燥，这是一些人不能持之以恒的原因，解决这个问题可先学个套路，提高兴趣，但这不能提高。基本训练是集中力量清除障碍，补充不足，攻克难关的过程。只想学套路，不搞基本训练，就如同只想开快车，不想给机器加油一样，结果是只能中途搁浅，停滞不前。

（三）方法正确、刻苦认真

每次训练，一般有基本功和套路两部分的内容，但重点可以调整轮换。基本训练不同于热身运动，热身运动是为身体进入运动状态、防止事故而安排的，而基本训练应由静而动，由弱而强的步骤安排进行的，而且要保证质量和正确要领，不能勉强凑数，马虎应付，训练前做好准备活动，训练时刻苦训练，训练后做好整理活动，教育学员发扬自讨苦吃的精神，武术话说：“光说不练嘴把式，光练不想傻把式”，在训练中要发扬手脑并用，善于思考，善于总结的习惯。

（四）有的放矢，学用一致

武术运动有多种功能，有的人为了健身养生，有的人为了体育竞赛，有的人追求攻防实践，教学中要有的放矢。

(1) 健身养生：训练的内容主要包括：①站桩的练习、运臂的练习、高势行走的练习、动作的协调性练习。②培养自我控制身心的能力。③掌握身法中正、步法稳定、手法松柔，呼吸顺畅。

(2) 体育竞赛：除了上述练习外，应在动作的准确性、规范性以及在难度、强度上下功夫，全面提高专项技术水平。

(3) 攻防实践：加强桩步的稳定、发劲完整、运转灵活，通过模拟对练和实践，提高感觉、判断、应变能力的培养。

五、太极拳的动作要领

(一) 心静体松，精力集中

所谓“心静”，就是在练习太极拳时，思想上应排除一切杂念，不受外界干扰；所谓“体松”，可不是全身松懈疲沓，而是指在练拳时保持身体姿势正确的基础上，有意识地让全身关节、肌肉以及内脏等达到最大限度的放松状态。

(二) 虚领顶劲，尾闾中正

头正颈直，虚领顶劲。口唇自然闭合，下颌向里收，舌放平，动作要向何处，眼神先去，眼随手动，手到眼到，停时目光经食指前视。

(三) 沉肩坠肘，坐腕舒指

肩要松沉平齐，不可一高一低。肘要松沉微屈。意贯指尖。

(四) 含胸拔背，气沉丹田

锁骨平准对齐，胸肌放松，称作含胸。背肌也要放松，背肌骨节微有上提之意，背部皮肤有绷紧的感觉，称作拔背。

(五) 以腰为轴，上下相随

腰为主宰，带动四肢运动。腰腹肌转动，胸背肌亦随之转动，带动四肢的缠绕圆转。作到上下呼应，融为一体，内外、上下、左右、前后要协调一致。内外合一，一气呵成。

(六) 步法灵活、虚实分明

要做到“运动如抽丝，迈步似猫行”，首先要注意虚实变换要适当。一般来说，下肢以主要支撑体重的腿为实，辅助支撑或移动换步的腿为虚；运动时两腿要随着重心的转移，两足要交替支撑重心，以保持全身的平衡。上肢以体现动作主要内容的手臂为实，辅助配合的手臂为虚。总之虚实不但要互相渗透，还需在意识指导下变化灵活。

(七) 势正招圆，连绵不断

势正是指动作端正，不散漫，不蜷缩，不歪斜。招圆是指动作圆满，舒展不拘不僵。在动作转换过程中，下肢是以腰带跨，以跨带膝，以膝带足；上肢是以腰带背，以背带肩，以肩带肘，再以肘带手。动作之间要求连绵不断，招招贯串，整套动作要一气呵成。

(八) 以意导动，内外合一

打太极拳时，要求精神贯注，意守丹田，要“心静用意”。使意识专注于指挥全身各器官系统机能的变化和协调动作。动作过程中，内部与外形的开合虚实和旋转变换，务求作到“上下相随，内外合一”意想劲到，动必合法。

六、太极拳对身体各部位姿势的要求

（一）头部

太极拳对头要求是严格的，所谓“虚领顶劲”、“头顶悬”或“提顶”、“吊顶”的说法，都是要求练习者头向上顶，避免颈部肌肉硬直，更不要东偏西歪或自由摇晃。面部要自然，下颏里收，口自然合闭，舌轻顶上颚，眼随身体转动，目视前手或前方。

（二）躯干部

1. 胸背部

太极拳要求“含胸拔背”或“含蓄在胸，运动在两肩”，意思是说在锻炼过程中要避免胸部外挺，也不要过分内缩，应顺其自然，背部肌肉随着两臂伸展动作，尽量地舒展开，同时注意胸部肌肉要自然松弛。这样胸就有了“含”的意思，背也有“拔”的形式，呼吸也就自然了。

2. 腰脊部

太极拳中的“刻刻留心在腰间，腹内松静气腾然”，说明了腰部的重要性。如在运动中起不了车轴的作用，就不可能做到周身完整一气。练习时，无论是进退或旋转，凡是由虚到实的动作，腰部都要有意识地向下松垂，以助气的下沉，注意腰腹不可用力前挺，腰部的松垂可增加两腿的力量，使下盘得到稳固。

3. 臀部

练拳时要求垂臀或敛臀，这是为避免臀的突出破坏身体的自然形态，在松腰正脊的要求下，臀部要有意识的收敛，以维持躯干的正直。

（三）肩臂部

太极拳中的“沉肩坠肘”就是要求两个部位放松，不可耸、前扣、后张，肘关节要保持自然弯曲，并含有轻微垂坠的姿态，屈臂时保持弧形，腋下保持一定空隙，使动作圆活自然；凡收掌的动作，掌应含蓄，但又不可软化飘浮；掌向前推时，腕要微向下塌，但又不可弯的太死。掌要松握，不要用拙力，手指要舒展。

（四）腿部

在练太极拳的过程中，进退的变换、发劲的根源、周身的稳定，主要在于腿部。练拳人常说“其根在脚，发于腿，主宰于腰，传于臂，形于手指”，说明腿脚这个“根”的主要性。整个动作除了“起式”“收式”外，避免身体的重心落在两腿上，这样不仅保证两腿屈伸自由、进退转换动作灵活，而且可使两腿轮换负荷与休息。

七、二十四式太极拳图解

（一）动作名称

第一组：①起式；②左右野马分鬃；③白鹤亮翅。

第二组：④左右搂膝拗步；⑤手挥琵琶；⑥左右倒卷肱。

第三组：⑦左揽雀尾；⑧右揽雀尾。

第四组：⑨单鞭；⑩云手；⑪单鞭。

第五组：⑫高探马；⑬右蹬脚；⑭双峰贯耳。⑮转身蹬脚。

第六组：⑯左下势独立；⑰右下势独立。

第七组：⑱左右穿梭；⑲海底针；⑳闪通臂。

第八组：㉑转身搬拦锤；㉒如封似闭；㉓十字手；㉔收势。

（二）练习方法

第一组：

1. 起式

①身体自然直立，两脚开立，与肩同宽，脚尖向前；两臂自然下垂，两手放在大腿外侧；眼向前平看。见图 12-2-1。

要点：头颈正直，下颏向后收，不要故意挺胸或收腹。精神要集中（起式由立正姿势开始，然后左脚向左分开，成开立步）。

②两臂慢慢向前平举，两手高与肩平，与肩同宽，手心向下。见图 12-2-2、图 12-2-3、图 12-2-4。

要点：两肩下沉，两肘松垂，手指自然微屈。屈膝松腰，臀部不可凸出，身体重心落于两腿中间。两臂下落和身体下蹲的动作要协调一致。

图 12-2-1

图 12-2-2

图 12-2-3

图 12-2-4

2. 左右野马分鬃

①上体微向右转，身体重心移至右腿上；同时右臂收在胸前平屈，手心向下，左手经体前向右下划弧放在右手下，手心向上，两手心相对成抱球状；左脚随际收到右脚内侧，脚尖点地；眼看右手。见图 12-2-5、图 12-2-6。

②上体微向左转左脚向左前方迈出，右脚跟后蹬，右脚自然伸直，成左弓步；同时上体继续向左转，左右手随转体慢慢分别向左上右下分开，左手高与眼平（手心斜向上），肘微屈；右手落在右胯旁，肘也微屈，手心向下，指尖向前；眼看左手。见图 12-2-7、图 12-2-8、图 12-2-9。

③上体慢慢后坐，身体重心移至右腿，左脚尖翘起，微向外撇（大约 45～60 度）随后脚掌慢慢踏实，左脚慢慢前弓，身体左转，身体重心再移至左腿；同时左手翻转向下左臂收在胸前平屈，右手向左下划弧放在左手下，两手心相对成抱球状；右脚随际收到左脚内侧，脚尖点地，眼看左手。见图 12-2-10、图 12-1-11、图 12-2-12。

④右腿向右前方迈出，左腿自然伸直，成右弓步；同时上体右转左右手随转体分别向左下右上分开，右手高与眼平（手心斜向下），肘微屈，手心向下，指尖向前；眼看右手。见图 12-2-13、图 12-2-14。

⑤与③解同，只是左右相反。见图 12-2-15、图 12-2-16、图 12-2-17。

图 12-2-5

图 12-2-6

图 12-2-7

图 12-2-8

图 12-2-9

图 12-2-10

图 12-2-11

图 12-2-12

图 12-2-13

图 12-2-14

图 12-2-15

图 12-2-16

⑥与④解同，只是左右相反。见图 12-2-18、图 12-2-19。

图 12-2-17

图 12-2-18

图 12-2-19

要点：上体不可前俯后仰，胸部必须宽松舒展。两臂分开时要保持弧形。身体转动时要以腰为轴。弓步动作与分手的速度要均匀一致。做弓步时迈出的脚先是脚跟着地，然后脚掌慢慢踏实，脚尖向前，膝盖不要超过脚尖；后腿自然伸直；前后脚夹角约成45～60度（需要时后脚脚跟可以后蹬调整）。野马分鬃式的弓步，前后脚的脚跟要分在中轴线的两侧，它们之间的横向距离（即以动作行进的中线为纵轴，其两侧的垂直距离为横向）应该保持在10～30厘米之间。

3. 白鹤亮翅

①上体微向左转，左手翻掌向下，左臂平屈胸前，右手向左下划弧，手心转向下，与左手成抱球状；眼看左手。见图12-2-20。

②右脚跟进半步，上体后坐，身体重心移至右腿，上体先向右转面向右前方，眼看右手；然后左脚稍向前移，脚尖点地，成左虚步，同时上体再微向左转，面向前方，两手随转体慢慢向右上左下分开，右手上提停于右额前，手心向左后方，左手落在左胯前，手心向下，指尖向前；眼平看前方。见图12-2-21、图12-2-22。

图12-2-20

图12-2-21

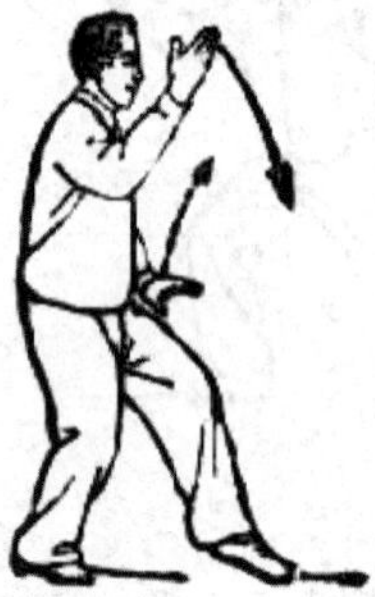

图12-2-22

要点：完成势式胸部不要挺出，两臂上下都要保持半圆形，左膝要微屈。身体重心后移和右手上提、左手下按要协调一致。

第二组：

4. 左右搂膝拗步

①右手从体前下落，由下向后上方划弧至右肩外侧，肘微屈，手与耳同高，手心斜向上；左手由左下向上、向右下方划弧至右胸前，手心斜向下；同时上体先微向左再向右转；左脚收至右脚内侧，脚尖点地，眼看右手。见图12-2-23、图12-2-24、图12-2-25。

图12-2-23

图12-2-24

图12-2-25

②上体左转，左脚向前（偏左）迈出成左弓步；同时右手屈回由耳侧向前推出，高与鼻尖平，左手向下由左膝前搂过落于左胯旁，指尖向前；眼看右手手指。见图 12-2-26、图 12-2-27。

图 12-2-26

图 12-2-27

③右腿慢慢屈膝，上体后坐，身体重心移至右腿，左脚尖翘起微向外撇，随后脚掌慢慢踏实，左腿前弓，身体左转，身体重心移至左腿，右脚收到左脚内侧，脚尖点地；同时左手外翻掌由左后向上划弧至左肩外侧，肘微屈，手与耳同高，手心斜向上；右手随转体向上、左下划弧落于左胸前，手心斜向上；眼看左手。见图 12-2-28、图 12-2-29、图 12-2-30。

图 12-2-28

图 12-2-29

图 12-2-30

④与②解同，只是左右相反。见图 12-2-31、图 12-2-32。

图 12-2-31

图 12-2-32

⑤与③解同，只是左右相反。见图 12-2-33、图 12-2-34、图 12-2-35。

图 12-2-33

图 12-2-34

图 12-2-35

⑥与②解同。见图 12-2-36、图 12-2-37。

图 12-2-26

图 12-2-37

要点：前手推出时，身体不可前俯后仰，要松腰松胯。推掌时要沉肩坠肘、坐腕舒掌。同时须与松腰、弓腿上下协调一致。搂膝拗步成弓步时，两脚跟的横向距离保持 30 厘米左右。

图 12-2-38

图 12-2-39

图 12-2-40

5. 手挥琵琶

右脚跟进半步。上体后坐，身体重心移至右腿上，上体半面向右转，左脚略提起稍向移，变成左虚步，脚跟着地，脚尖翘起，膝部微屈；同时左手由左下向上挑举，高与鼻尖平，掌心向右，臂微屈；右手收回放在左臂肘部内侧掌心向左；眼看左手食指。见图 12-2-38、图 12-2-39、图 12-2-40。

要点：身体要平稳自然，沉肩坠肘，胸部放松。左手上起时不要直接上挑，要由左向上、向前，微带弧形。右脚跟进时，脚掌先着地，再全脚踏实。身体重心后移和左左手上起、右手回收要协调一致。

6. *左右倒卷肱*

①上体右转，右手翻掌（手心向下）经腹前由下向后上方划弧平举，臂微屈，左手随际翻掌向上；眼的视线随着向右转体先向右看、再转向前方看左手。见图 12-2-41、图 12-2-42。

②右臂屈肘折向前，右手由耳侧向前推出，手心向前，左臂屈肘后撤，手心向上，撤至左肋外侧；同时左脚轻轻提起向后（偏左）退一步，脚掌先着地，然后全脚慢慢踏实，身体重心移到左腿上，成右虚步，右脚随转体以脚掌为轴扭正；眼看右手。见图 12-2-43、图 12-2-44。

图 12-2-41

图 12-2-42

图 12-2-43

图 12-2-44

③上体微向左转，同时左手随转体向后上方划弧平举，手心向上，右手随际翻掌，掌心向上；眼随转体先向左看，再向前方看右手。见图 12-2-45。

④与②解同，只是左右相反。见图 12-2-46、图 12-2-47。

图 12-2-45

图 12-2-46

图 12-2-47

⑤与③解同，只是左右相反。见图 12-2-48

⑥与②解同，只是左右相反。见图 12-2-49、图 12-2-50。

⑦与③解同，只是左右相反。见图 12-2-51。

⑧与②解同，只是左右相反。见图 12-2-52、图 12-2-53。

要点：前推的手不要伸直，后撤手也不可直向回抽，随转体仍走弧线。前推时，要转腰松胯，两手的速度要一致，避免僵硬。退步时，脚掌先着地，再慢慢全脚踏实，同时，前脚随转体以脚掌为轴扭正。退左脚略向左后斜，退右脚略向右后斜，避免使两脚落在一

图 12-2-48

图 12-2-49

图 12-2-50

图 12-2-51

图 12-2-52

图 12-2-53

条直线上。后退时，眼神随转体动作先向左右看，然后再转看前手。最后退右脚时，脚尖外撇的角度略大些，便于接作“左揽雀尾”的动作。

第三组：

7. 左揽雀尾

①上体微向右转，同时右手随转体向后上方划弧平举，手心向上，左手放松，手心向下；眼看左手。见图 12-2-54。

②身体继续向右转，左手自然下落逐渐翻掌经腹前划弧至右肋前，手心向上；右臂屈肘，手心转向下，收至右胸前，两手相对成抱球状；同时身体重心落在右腿上，左脚收到右脚内侧，脚尖点地；眼看右手。见图 12-2-55、图 12-2-56。

图 12-2-54

图 12-2-55

图 12-2-56

③上体微向左转，左脚向左前方迈步，上体继续向左转，右腿自然蹬直，左腿屈膝，成左弓步；同时左臂向左前方掤出（即左臂平屈成弓形，用前臂外侧和手臂向前方推出），高与肩平，手心向后；右手向右下落放于右胯旁，手心向下，指尖向前；眼看左前臂。见图 12-2-57、图 12-2-58。

要点：掤出时，两臂前后均保持弧形。分手、松腰、弓腿三者必须协调一致。揽雀尾弓步时，两脚跟横向距离不超过 10 厘米。

④身体微向左转，左手随际前伸翻掌向下，右手翻掌向上，经腹前向上、向前伸至左前臂下方；然后两手下捋，即上体向右转，两手手腹前向右后上方划弧，直至右手手心向上，高与肩齐，左臂平屈于胸前，手心向后；同时身体重心移至右腿；眼看右手。见图 12-2-59、图 12-2-60。

图 12-2-57

图 12-2-58

图 12-2-59

图 12-2-60

要点：下捋时，上体不可前倾，臀部不要凸出。两臂下捋须随腰旋转，仍走弧线。左脚全脚掌着地。

⑤上体微向左转，右臂屈肘折回，右手附于左手腕里侧（相距约 5 厘米），上体继续向左转，双手同时向前慢慢挤出，左手心向后，右手心向前，左前臂要保持半圆；同时身体重心逐渐前移变成左弓步；眼看左手腕部。见图 12-2-61、图 12-2-62。

图 12-2-61

图 12-1-62

要点：向前挤时，上体要正直。挤的动作要与松腰、弓腿相一致。

⑥左手翻掌，手心向下，右手经左腕上方向前、向右伸出，高与左手齐，手心向下，两手左右分开，宽与肩同；然 Y 后左腿屈膝，上体慢慢后坐，身体重心移至右腿上，左脚尖翘起；同时两手屈肘回收至腹前，手心均向前下方；眼向前平看，见图 12-2-63、图 12-2-64、图 12-2-65。

⑦上式不停，身体重心慢慢前移，同时两手向前、向上按出，掌心向前；左腿前弓成左弓步；眼平看前方。见图 12-2-66。

要点：向前按时，两手须走曲线，手腕部高与肩平，两肘微屈。

图 12-2-63

图 12-2-64

图 12-2-65

图 12-2-66

8. 右揽雀尾

①上体后坐并向右转，身体重心移至右腿，左脚尖里扣；右手向右平行划弧至右侧，然后由右下经腹前向左上划弧至右肋前，手心向上；左臂平屈胸前，左手掌向下与右手成抱球状；同时身体重心再移至左腿上，右脚收至左脚内侧，脚尖点地；眼看左手。见图 12-2-67、图 12-2-68、图 12-2-69、图 12-2-70。

图 12-2-67

图 12-2-68

图 12-2-69

图 12-2-70

②同“左揽雀尾”③解，只是左右相反。见图 12-2-71、图 12-2-72。

③同“左揽雀尾”④解，只是左右相反。见图 12-2-73、图 12-2-74。

图 12-2-71

图 12-2-72

图 12-2-73

图 12-2-74

④同“左揽雀尾”⑤解，只是左右相反。见图 12-2-75、图 12-2-76。

⑤同“左揽雀尾”⑥解，只是左右相反。见图 12-2-77、图 12-2-78、图 12-2-79。

图 12-2-75

图 12-2-76

图 12-2-77

图 12-2-78

⑥同“左揽雀尾”⑦解，只是左右相反。见图 12-2-80。

图 12-2-79

图 12-2-80

要点：均与“左揽雀尾”相同，只是左右相反。

第四组：

9. 单鞭

①上体后坐，身体重心逐渐移至左腿上，右脚尖里扣；同时上体左转，两手（左高右低）向左弧形运转，直至左臂平举，伸于身体左侧，手心向左，右手经腹前运至左肋前，手心向后上方；眼看左手。见图 12-2-81、图 12-2-82。

图 12-2-81

图 12-2-82

②身体重心再渐渐移至右腿上，上体右转，左脚向右脚靠拢，脚尖点地；同时右手向右上方划弧（手心由里转向外），至右侧方时变勾手，臂与肩平；左手向下经腹前向右上

划弧停于右肩前，手心向里；眼看左手。见图 12-2-83、图 12-2-84。

③上体微向左转，左脚向左前侧方迈出，右脚后跟后蹬，成左弓步；在身体重心移向左腿的同时，左掌随上体的继续左转慢慢翻转向前推出，手心向前，手指与眼平齐，臂微屈；眼看左手。见图 12-2-85、图 12-2-86。

图 12-2-83

图 12-2-84

图 12-2-85

图 12-2-86

要点：上体保持正直，松腰。完成式时，右臂肘部稍下垂，左肘与右膝上下相对，两肩下沉。左手向外翻掌前推时，要随转体边翻边推出，不要翻掌太快或最后突然翻掌。全部过渡动作，上下要协调一致。如面向南起势，单鞭的方向（左脚尖）应向东偏北（大约为 15°）。

10. 云手

①身体重心移至右腿上，身体渐向右转，左脚尖里扣；左手经腹前向右上划弧至右肩前，手心斜向后，同时右手变掌，手心向右前；眼看左手。见图 12-2-87、图 12-2-88、图 12-2-89。

图 12-2-87

图 12-2-88

图 12-2-89

②上体慢慢左转，身体重心随之逐渐左移；左手由脸前向左侧运转，手心渐渐转向左方；右手由右下经腹前向左上划弧，至左肩前，手心斜向后；同时右脚靠近左脚，成小开立步（两脚距离约 10～20 厘米）；眼看右手。见图 12-2-90、图 12-2-91。

图 12-2-90

图 12-2-91

图 12-2-92

③上体再向右转，同时左手经腹前向上划弧至右肩前，手心斜向后；右手向右侧运转，手心翻转向右随之左腿向左横跨一步；眼看左手。见图 12-2-92、图 12-2-93、图 12-2-94。

图 12-2-93

图 12-2-94

④同②解。见图 12-2-95、图 12-2-96。

图 12-2-95

图 12-2-96

图 12-2-97

⑤同③解。见图 12-2-97、图 12-2-98、图 12-2-99。

图 12-2-98

图 12-2-99

⑥同②解。见图 12-2-100、图 12-2-101。

要点：身体转动要以腰脊为轴，松腰、松胯，不可忽高忽低。两臂随腰的转动而运转，要自然圆活，速度要缓慢均匀。下肢移动时，身体重心要稳定，两脚掌先着地再踏实，脚尖向前。眼的视线随左右手而移动。第三个“云手”右脚最后跟步时，脚尖微向里扣，便于接“单鞭”动作。

11. 单　鞭

①上体向右转，右手随之向右运转，至右侧方时变成勾手；左手经腹前向右上划弧至

图 12-2-100

图 12-2-101

右肩前，手心向内；身体重心落在右腿上，左脚尖点地；眼看左手。见图 12-2-102、图 12-2-103、图 12-2-104。

图 12-2-102

图 12-2-103

图 12-2-104

②上体微向左转，左脚向左前侧方迈出，右脚跟后蹬，成左弓步；在身体重心移向左腿的同时，上体继续左转，左掌慢慢翻转向前推出，成“单鞭”式。见图 12-2-105、图12-2-106。

要点：与前“单鞭”式相同。

图 12-2-105

图 12-2-106

图 12-2-107

图 12-2-108

第五组：

12. 高探马

①右脚跟进半步，身体重心逐渐后移至右腿上；右勾手变掌，两手心翻转向上，两肘微屈；同时身体微向右转，左脚跟渐渐离地；眼看左前方。见图 12-2-107。

②上体微向左转，面向前方；右掌经右耳旁向前推出，手心向前，手指与眼同高；左手收至左侧腰前，手心向上；同时左脚微向前移，脚尖点地，成左虚步；眼看右手。见图

12-2-108。

要点：上体自然正直，双肩要下沉，右肘微下垂。跟步移换重心时，身体不要有起伏。

13. 右蹬脚

①左手手心向上，前伸至右手腕背面，两手相互交叉，随即向两侧分开并向下划弧，手心斜向下；同时左脚提起向左前侧方进步（脚尖略外撇）；身体重心前移，右腿自然蹬直，成左弓步；眼看前方。见图 12-2-109、图 12-2-110、图 12-2-111。

图 12-2-109

图 12-2-110

图 12-2-111

②两手由外圈向里圈划弧，两手交叉合抱于胸前，右手在外，手心均向后；同时右脚向左脚靠拢，脚尖点地；眼平看右前方。见图 12-2-112。

③臂左右划弧分开平举，肘部微屈，手心均向外；同时右腿屈膝提起，右脚向右前方慢慢蹬出；眼看右手。见图 12-2-113、图 12-2-114。

图 12-2-112

图 12-2-113

图 12-2-114

要点：身体要平稳，不可前俯后仰。两手分开时，腕部与肩齐平。蹬脚时，左腿微屈，右脚尖回勾，劲使在脚跟。分手和蹬脚须协调一致。右臂和右腿上下相对。如面向南起势，蹬脚方向应为正东偏南（约 30°）。

14. 双峰贯耳

①右腿回收，屈膝平举，左手由后向上、向前下落至体前，两手心均翻转向上，两手同时向下划弧分落于右膝盖两侧；眼看前方。见图 12-2-115、图 12-2-116。

②右脚向右前方落下，身体重心渐渐前移，成右弓步，面向右前方；同时两手下落，慢慢变拳，分别从两侧向上、向前划弧至面部前方，成钳形状，两拳相对，高与耳齐，拳眼都斜向内下（两拳中间距离约 10～20 厘米）；眼看右拳。见图 12-2-117、图 12-2-118。

图 12-2-115 图 12-2-116 图 12-2-117 图 12-2-118

要点：完成式时，头颈正直，松腰松胯，两拳松握，沉肩垂肘，两臂均保持弧形。双峰贯耳式的弓步和身体方向与右蹬脚方向相同。弓步的两脚跟横向距离同“揽雀尾”式。

15. *转身左蹬脚*

①左腿屈膝后坐，身体重心移至左腿，上体左转，右脚尖里扣；同时两拳变掌，由上向左右划弧分开平举，手心向前；眼看左手。见图 12-2-119、图 12-2-120。

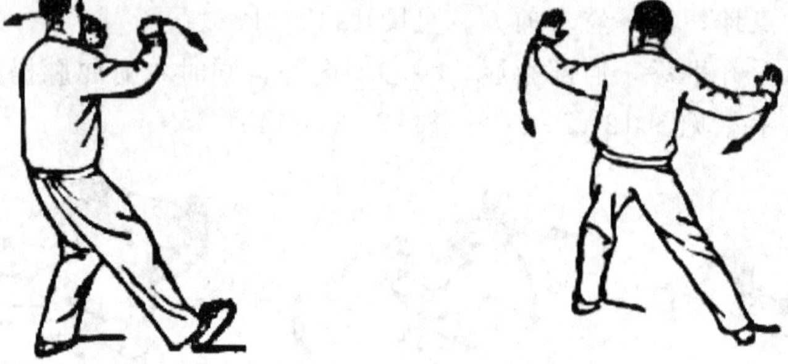

图 12-2-119 图 12-2-120

②身体重心再移至右腿，左脚收到右脚内侧，脚尖点地；同时两手由外圈向里圈划弧合抱于胸前，左手在外，手心均向后；眼平看左方。见图 12-2-121、图 12-2-122。

图 12-2-121 图 12-2-122

③左右划弧分开平举，肘部微屈，手心均向外；同时左腿屈膝提起，左脚向左前方慢慢蹬出；眼看左手。见图 12-2-123、图 12-2-124。

图 12-2-123

图 12-2-124

要点：与右蹬脚式相同，只是左右相反。左蹬脚方向与右蹬脚成 180°（即正西偏北，约 30°）。

第六组：

16. 左下势独立

①左腿收回平屈，上体右转；右掌变成勾手，左掌向上、向右划弧下落，立于右肩前，掌心斜向后；眼看右手。见图 12-2-125、图 12-2-126。

图 12-2-125

图 12-2-126

②右腿慢慢屈膝下蹲，左腿由内向左侧（偏后）伸出，成左仆步；左手下落（掌心向外）向左下顺左腿内侧向前穿出；眼看左手。见图 12-2-127、图 12-2-128。

③身体重心前移，左脚跟为轴，脚尖尽量向外撇，左腿前弓，右腿后蹬，右脚尖里扣，上体微向左转并向前起身；同时左臂继续向前伸出（立掌），掌心向右，右勾手下落，勾尖向后；眼看左手。见图 12-2-129。

图 12-2-127

图 12-2-128

④右腿慢慢提起平屈，成左独立势；同时右勾手变掌，并由后下方顺右腿外侧向前弧形摆出，屈臂立于右腿上方，肘与膝相对，手心向左；左手落于左胯旁，手心向下，指尖向前；眼看右手。见图 12-2-130、图 12-2-131。

图 12-2-129

图 12-2-130

图 12-2-131

要点：上体要正直，独立的腿要微屈，右腿提起时脚尖自然下垂。

17. 右下势独立

①右脚下落于右脚前，脚掌着地，然后左脚掌为轴脚跟转动，身体随之左转，同时左手向后平举变成勾手，右掌随着转体向左侧划弧，立于左肩前，掌心斜向后；眼看左手。见图 12-2-132、图 12-2-133。

②同“左下势独立”②解，只是左右相反。见图 12-2-134、图 12-2-135。

图 12-2-132

图 12-2-133

图 12-2-134

图 12-2-135

③同“左下势独立”③解，只是左右相反。见图 12-2-136。

④同“左下势独立”④解，只是左右相反。见图 12-2-137、图 12-2-138。

图 12-2-136

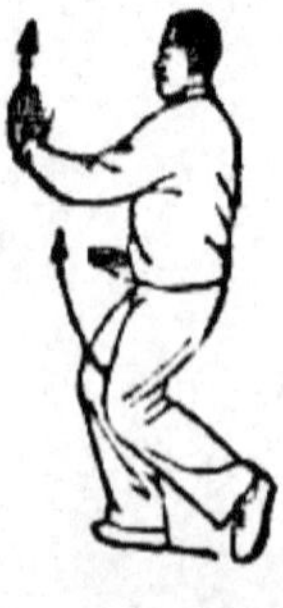
图 12-2-137

图 12-2-138

要点：右脚尖触地后必须稍微提起，然后再向下仆腿。其他均与“左下势独立”相同，只是方向相反。

第七组：

18. *左右穿梭*

①身体微向左转，左脚向前落地，脚尖外撇，右脚跟离地，两腿屈膝成半坐盘式；同时两手在左胸前成抱球状（左上右下）；然后右脚收到左脚的内侧，脚尖点地；眼看左前臂。见图 12-2-139、图 12-2-140、图 12-2-141。

图 12-2-139

图 12-2-140

图 12-2-141

②身体右转，右脚向右前方迈出屈膝弓腿，成右弓步；同时右手由脸前向上举并翻掌停在右额前，手心斜向上；左手先向左下再经体前向前推出，高与鼻尖平，手心向前；眼看左手。见图 12-2-142、图 12-2-143、图 12-2-144。

图 12-2-142

图 12-2-143

图 12-2-144

③身体重心略向后移，右脚尖稍向外撇，随即身体重心再移至右腿，左脚跟进，停于右脚内侧，脚尖点地；同时两手在右胸前成抱球状（右上左下）；眼看右前臂。见图12-2-145、图 12-2-146。

④同②解，只是左右相反。见图 12-2-147、图 12-2-148、图 12-2-149。

图 12-2-145

图 12-2-146

图 12-2-147

要点：完成势式面向斜前方（如面向南起式左右穿梭方向分别为正西偏北和正西偏南，均约 30°）手推出后，上体不可前俯。手向上举时，防止引肩上耸。一手上举一手前推要与弓腿松腰上下协调一致，做弓步时，两脚跟的横向距离同搂膝拗步式，保持在 30 厘米左右。

19. 海底针

右脚向前跟进半步，身体重心移至右腿，左脚稍向前移，脚尖点地，成左虚步；同时身体稍向右转，右手下落经体前向后、向上提抽至肩上耳旁，再随身体左转，由右耳旁斜向前下方插出，掌心向左，指尖斜向下；与此同时，左手向前、向下划弧落于左跨旁，手心向下，指尖向前；眼看前下方。见图 12-2-150、图 12-2-151。

图 12-2-148

图 12-2-149

图 12-2-150

图 12-2-151

要点：身体要先向右转，再向左转。完成姿势，面向正西，上体不可太前倾。避免低头和臀部外凸。左腿要微屈。

20. 闪通臂

上体稍向右转，左脚向前迈出，屈膝弓腿成左弓步；同时右手由体前上提，屈臂上举，停于右额前上方，掌心翻转斜向上，拇指朝下；左手上起经胸前向前推出，高与鼻尖平，手心向前；眼看左手。见图 12-2-152、图 12-2-153、图 12-2-154。

图 12-2-152

图 12-2-153

图 12-2-154

要点：完成姿势上体自然正直，松腰、松胯；左臂不要完全伸直，背部肌肉要伸展开。推掌、举掌和弓腿动作要协调一致。弓步时，两脚跟横向距离同“揽雀尾”式（不超过 10 厘米）。

第八组：

21. 转身搬拦锤

①上体后坐，身体重心移至右腿上，左脚尖里扣，身体向右后转，然后身体重心再移至左腿上；与此同时，右手随着转体向右、向下（变拳）经腹前划弧至左肋旁，掌心向

下；左掌上举于头前掌心斜向上；眼看前方。见图 12-2-155、图 12-2-156。

图 12-2-155

图 12-2-156

图 12-2-156（附）

②向右转体，右拳拳胸前向前翻转撇出，拳心向上；左手落于左跨旁，掌心向下指尖向前；右脚收回后（不要停顿或脚尖点地）即向前迈出，脚尖外撇；眼看右拳。见图 12-2-157、图 12-2-158。

③体重心移至右腿上，左脚向前迈一步；左手上起经左侧向前上划弧拦出，掌心向前下方；同时右拳向右划弧收到右腰旁，拳心向上；眼看左手。见图 12-2-159、图 12-2-160。

④左腿前弓成左弓步，同时右拳向前打出，拳眼向上，高与胸平，左手附于右前臂里侧；眼看右拳。见图 12-2-161。

图 12-2-157

图 12-2-157（附）

图 12-2-158

要点：右拳不要握得太紧。右拳回收时，前臂要慢慢内旋划弧，然后再外旋停于右腰旁，拳心向上。向前打拳时，右肩随拳略向前引伸，沉肩垂肘，右臂要微屈。弓步时，两脚横向距离同“揽雀尾”式。

图 12-2-159

图 12-2-160

图 12-2-161

22. 如封似闭

①左手由腕下向前伸出，右拳变掌，两手手心逐渐翻转向上并慢慢分开回收；同时身体后坐，左脚尖翘起，身体重心移至右腿；眼看前方。见图 12-2-162、图 12-2-163、图 12-2-164。

图 12-2-162

图 12-2-163

图 12-2-164

②两手在胸前翻掌，向下经腹前再向上、向前推出，腕部与肩平，手心向前；同时左腿前弓成左弓步；眼看前方。见图 12-2-165、图 12-2-166、图 12-2-167。

图 12-2-165

图 12-2-166

图 12-2-167

要点：身体后坐时，避免后仰，臀部不可凸出。两臂随身体回收时，肩、肘部略向外松开，不要直接收回。两手推出宽度不要超过两肩。

23. 十字手

①屈膝后坐，身体重心移向右腿，左脚尖里扣，向右转体；右手随着转体动作向右平摆划弧，与左手面两臂侧平举，掌心向前，肘部微屈；同时右脚尖随着转体稍向外撇，成右侧弓步；眼看右手。见图 12-2-168、图 12-2-169。

②身体重心慢慢移至左腿，右脚尖里扣，随即向左收回，两脚距离与肩同宽，两腿逐渐蹬直，成开立步，同时两手向下经腹前向上划弧交叉合抱于胸前，两臂撑圆，腕高与肩平，右手在外，成十字手，手心均向后；眼看前方。见图 12-2-170、图 12-2-171。

要点：两手分开合抱时，上体不要前俯。站起时身体自然正直，头要微向上顶，下颏稍向后收。两臂环抱时须圆满舒适，沉肩垂肘。

24. 收势

两手向外翻掌，手心向下，两臂慢慢下落，停于身体两侧；眼看前方。见图 12-2-172、图 12-2-173、图 12-2-174。

要点：两手左右分开下落时要注意全身放松，同时气也徐徐下沉（呼气略加长）。呼吸平稳后，把左脚收到右脚旁，再走动休息。

图 12-2-168

图 12-2-169

图 12-2-170

图 12-2-171

图 12-2-172

图 12-2-173

图 12-2-174

第三节 初级长拳（第三路）

一、长拳简介

长拳，是一种拳术流派的总称，是中国武术重要拳种之一。新中国成立后，原国家体委把群众中流传广泛的查、华、炮、洪、弹腿、少林等拳种，根据其风格特点，综合整理创编了长拳，它是近四十年来发展起来的新拳种。因为长拳是我国竞技武术首先发展起来的项目，故在传统的基础上，形成了较为系统的技术体系。长拳是以套路为主的拳术，既适合基础武术训练，又适合于进行竞赛和技术水平的提高。这类拳术的共同特点是：姿势舒展、动作灵活、快速有力、节奏鲜明，并多起伏转折、窜蹦跳跃、跌扑滚翻等动作和技术。

长拳的内容包括基本功、单练和对练套路。单练套路又分为规定长拳和自选长拳。

为推动群众性健身活动和武术竞赛活动的开展，由国家体育总局统一编制的不同组别或难度、数量的武术长拳套路，称为规定长拳。同时还有自编自演、符合竞赛规则规定的内容、组别的要求的，能体现个人风格特点的长拳套路称为自选长拳。除此之外，还有自选剑术、自选刀术、自选枪术和自选棍术等。在 2008 年北京奥运会上，长拳成为表演项目之一。

初级长拳第三路编创于 1957 年。全套除了预备式和结束动作，分为四段，来回练习四趟，每段八个动作，合计三十六个动作。套路内容充实，包括了拳、掌、勾三种手型；弓、马、虚、仆、歇五种步型；手法有冲、劈、抡、砸、栽等拳法，推、挑、穿、摆、亮等掌法，盘、顶等肘法；腿法有弹、踹、踢、拍等；还有跳跃和平衡等动作。套路编排合理，由简而繁，由易到难，有利于循序渐进地进行练习；套路布局和路线变化前后呼应，左右兼顾，均匀合理；在强调动作规格化、注重功力的同时，还较好地体现了攻防意识，增强了学习的情趣。

二、长拳的技术特点

长拳运动训练目标明确，强调动作规格，注重功力和攻防意识，突出高、难、美、新的技术是其发展方向。近年来长拳自选套路在动作结构、编排布局以及动作速度、难度、腾空跳跃等方面都有新的突破和创新。

长拳的攻防方法极为丰富，手法主要有冲、劈、贯、砸等拳法；推、挑、撩、劈、砍等掌法；顶、盘、格等肘法；弹、蹬、踹、点、铲、踢、里合、外摆、扫、拍等腿法；还有各种摔法、拿法等。

长拳的特点是在出手或出腿时以放长击远为主，其动作撑长舒展、筋顺骨直，有时在出拳时还配合拧腰顺肩来加长击打点，以发挥“长一寸强一寸”的优势。套路动作数量和趟数一般较多，长拳中也间或使用短拳，但整套动作是以长击动作为主。长拳的基本技法规律包括：顶头竖脊，舒肢紧指（趾）；形合力顺，动迅静定；以眼传神，以气助势；阴阳相依，相辅相衬。

长拳的运动特点可概括为：姿势舒展、动作灵活、快速有力、节奏鲜明。在技击上强调长击速打、以快制慢，劲力以刚为主。

三、长拳的健身价值

经常从事长拳锻炼，能有效地增强体质，发展各种身体素质，提高内脏器官的功能。长拳中的各种手法、步法、腿法和身法，动作幅度大，牵动关节多，使肌肉、韧带拉长并富有弹性，柔韧性大大提高；套路中许多踢打摔拿、窜蹦跳跃和跌扑滚翻等动作，可很好地发展灵敏、速度、力量等身体素质，提高弹跳力和协调性；一套长拳几十个动作要在很短的时间里完成，动作又多起伏转折，节奏多变，因此强度和运动量很大，有效地提高了循环系统、呼吸系统和消化系统的机能；要求每一动作都能做到“手、眼、身法、步、精神、气、力、功”八法协调，对神经系统有良好的影响，支配各肌肉群活动的运动中枢和内脏器官活动的植物神经系统能很好地配合工作；运动节奏的变化，增强了中枢神经系统快速转换的能力和兴奋与抑制交替过程的灵活性。

四、长拳技术动作要领

（一）姿势

头正，颈直，沉肩，挺胸，直腰，敛臀，上肢舒展、挺拔，下肢稳定、匀称。

（二）动作

在做踢、打、摔、拿等技击动作时，起止点、路线、力点都要清晰。

（三）身法

要把躯干活动和吞、吐、闪、展、冲、撞、挤、靠等攻防变化紧密结合起来。

（四）眼法

要做到手眼相随，手到眼到，通过眼神把一招一式的内在意识充分表达出来。

（五）精神

要全神贯注，表现出勇敢、机敏、无所畏惧的气概。

（六）劲力

要有刚有柔，要刚而不僵，柔而不松，刚柔相济，发劲时有爆发力；要以意识支配动作发力，并以气息配合，做到内外合一。

（七）呼吸

讲究提、托、聚、沉四法。跳跃时用提法，静止性动作用托法，刚劲性动作用聚法，由高到低的动作用沉法。

（八）节奏性

在演练中，快与慢、动与静、刚与柔、起与伏等多种矛盾的对比越鲜明，越突出，节奏性越强。

五、第三路初级长拳动作图解

（一）动作名称

预备动作

预备式：①虚步亮掌；②并步对拳。

第一段：①弓步冲拳；②弹腿冲拳；③马步冲拳；④弓步冲拳；⑤弹腿冲拳；⑥大跃步前穿；⑦弓步击掌；⑧马步架掌。

第二段：①虚步裁拳；②提膝穿掌；③仆步穿掌；④虚步挑掌；⑤马步击掌；⑥叉步双摆掌；⑦弓步击掌；⑧转身踢腿马步盘肘。

第三段：①歇步抡砸拳；②仆步亮掌；③弓步劈拳；④换跳步弓步冲拳；⑤马步冲拳；⑥弓步下冲拳；⑦叉步亮掌侧踹腿；⑧虚步挑拳。

第四段：①弓步顶肘；②转身左拍脚；③右拍脚；④腾空飞脚；⑤歇步下冲拳；⑥仆步抡劈拳；⑦提膝挑掌；⑧提膝劈掌弓步冲拳。

结束动作：①虚步亮掌；②并步对拳。

还原

（二）练习方法

预备式两脚并步站立，两臂垂于两侧，五指并拢贴靠腿外侧，眼向前平视。见图 12-3-1。

要点：头要端正，颏为收，挺胸，塌腰，收腹。

1. 虚步亮掌

①右脚向右后方撤步成左弓步。右掌向右、向上、向前划弧，掌心向上；左臂屈肘，左掌提至腰侧，掌心向上。目视右掌。见图 12-3-2。

②右腿微屈，重心后移。左掌经胸前从右臂上向前穿出伸直；右臂屈肘，右掌收至腰侧，掌心向上。目视左掌。见图 12-3-3。

③重心继续后移，左脚稍向右移，脚尖点地，成左虚步。左臂内旋向左、向后划弧成勾手，勾尖向上；右手继续向后、向右向前划弧，屈肘抖腕，在头前上方成亮掌，掌心向前，掌指向左。目视左方。见图 12-3-4。

要点：三个动作必须连贯。成虚步时，重心落于右腿上，右大腿与地面平行。左腿微屈，脚尖点地。

图 12-3-1

图 12-3-2

图 12-3-3

图 12-3-4

2. 并步对拳

①右腿蹬直，左腿提膝，脚尖里扣，上肢姿势不变。见图 12-3-5。

②左脚向前后落步，重心前移。左臂屈肘，左勾手变掌经左肋前伸；右臂外旋向前下落与左掌右侧，两掌同高，掌心均向上。见图 12-3-6。

③右脚向前上一步，两臂下垂后摆。见图 12-3-7。

④左脚向右脚并拢，两臂向外向上经胸屈肘下按，两掌变拳，拳心向下，停于小腹前。目视左侧。见图 12-3-8。

图 12-3-5

图 12-3-6

图 12-3-7

图 12-3-8

要点：并步后挺胸、塌腰。对拳、并步、转头要同时完成。

第一段

1. 弓步冲拳

①左脚向左上一步，脚尖向斜前方；右腿微屈，成半马步。左臂向上向左格打，拳眼向后，拳与肩同高；右拳收至腰侧，拳心向上。目视左掌。见图 12-3-9。

②右腿蹬直成左弓步。左拳收至腰侧，拳心向上。右拳向前冲出，高与肩平，拳眼向上。目视右拳。见图 12-3-10。

要点：成弓步时，右腿充分蹬直，脚跟不要离地。冲拳时尽量转腰顺肩。

2. 弹腿冲拳

重心前移至左腿，右腿屈膝提起，脚面绷直，猛力向前弹出伸直，高与腰平。右拳收至腰侧；左拳向前冲出。目视前方。见图 12-3-11。

要点：支撑腿可微屈，弹出的腿要有爆发力，力点达于脚尖。

3. 马步冲拳

右脚向前落步。脚尖里扣，上体左转，左掌收至腰侧，两腿下蹲成马步；右拳向前冲出。目视右拳。见图 12-3-12。

图 12-3-9

图 12-3-10

图 12-3-11

图 12-3-12

要点：成马步时，大腿要平，两腿平行，脚跟外蹬，挺胸，塌腰。

4. 弓步冲拳

①上体转 90°，右脚尖外撇向斜前方，成半马步。右臂屈肘向右格打，拳眼向后。目视右拳。见图 12-3-13。

②左腿蹬直成右弓步。右拳收至腰侧；左拳向前冲出。目视左拳。见图 12-3-14。

要点：与本段的弓步冲拳相同，惟左右相反。

5. 弹腿冲拳

重心前移至右脚，左脚屈膝提起，脚面绷直，猛力向前弹出伸直，高与腰平。左拳收至腰侧，右拳向前冲出。目视前方。见图 12-3-15。

要点：与本段弹腿冲拳相同。

6. 大跃步前穿

①左腿屈膝。右拳变掌内旋，以手背向下挂至左膝外侧，上体前倾。目视右手。见图 12-3-16。

②左脚向前落步，两腿微屈。右掌继续向后挂，左拳变掌，向后向下伸直。目视右掌。见图 12-3-17。

③右腿屈膝向前提起，左腿立即猛力蹬地向前跃出。两掌向前向上划弧摆起。目视左掌。见图 12-3-18。

图 12-3-13

图 12-3-14

图 12-3-15

④右腿落地全蹲，左腿随即落地向前铲出成仆步。右掌变拳抱于腰侧，左掌由上向右

向下划弧成立掌，停于右胸前。目视左脚。见图 12-3-19。

要点：跃步要远，落地要轻，落地后立即接做下一动作。

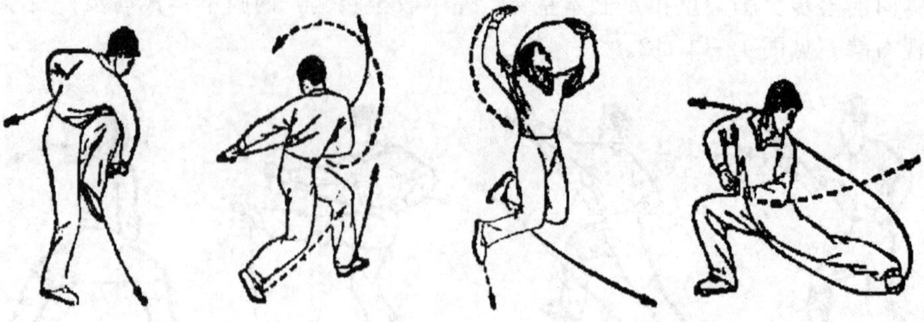

图 12-3-16　图 12-3-17　图 12-3-18　图 12-3-19

7. 弓步击掌

右腿猛力蹬直成左弓步。左掌经左脚向前后划弧至身后成勾手，左臂伸直，勾尖向上；右拳由腰侧变掌向前推出，掌指向上，掌外侧向前，目视右掌。见图 12-3-20。

8. 马步架掌

①重心移至两腿中间，左脚脚尖里扣成马步，上体右转。右臂向左侧平摆，稍屈肘；同时左勾手变掌由后经腰侧从右臂内向前穿出，掌心均朝上。目视左手。见图 12-3-21。

②右掌立于左胸前；左臂向左上屈肘抖腕亮掌于头部左上方，掌心向前。目右转视。见图 12-3-22。

要点：马步同前。

图 12-3-20　图 12-3-21　图 12-3-22

第二段

1. 虚步栽拳

①右脚蹬地，屈膝提起；左脚伸直，以前脚掌为轴向右后转体 180°。右掌由左胸前向下经右腿外侧向后划弧成勾手；左臂随体转动并外旋，使掌心朝右。目视右手。见图 12-3-23。

②右脚向右落地，重心移至右腿上，下蹲成左虚步。左掌变拳下落与左膝上，拳眼向里，拳心向后；右手变拳，屈肘向上架于头右上方，拳心向前。目视左方。见图 12-3-24。

2. 提膝穿掌

①右腿稍伸直。右拳变掌收至腰侧、掌心向上；左拳变掌由下向左向上划弧盖压于头上方，掌心向前。见图 12-3-25。

②右腿蹬直，左腿屈膝提起，脚尖内扣。右掌从腰侧经左臂内向前上方穿出，掌心向

上；左掌收至右胸前成立掌。目视右掌。见图 12-3-26。

要点：支撑腿与右臂充分伸直。

图 12-3-23

图 12-3-24

图 12-3-25

图 12-3-26

3. 仆步穿掌

右腿全蹲，左腿向左后方铲出成左仆步。右臂不动，左掌由右胸前向下经左腿内侧，向左脚面穿出。目随左掌转视。见图 12-3-27。

4. 虚步挑掌

①腿蹬直，重心前移至左腿，成左弓步。右掌稍向下降，左掌随重心前移向前挑起。见图 12-3-28。

②右脚向左前方上步，左腿半蹲，成右虚步。身体随上步左转 180°。在右脚上步的同时，左掌由前向上向后划弧成立掌，指尖与眼平。目视右掌。见图 12-3-29。

要点：上步要快，虚步要稳

图 12-3-27

图 12-3-28

图 12-3-29

5. 马步击掌

①右脚落实，脚尖外撇，重心稍升高并右移，左掌变拳收至腰侧；右掌向外掳手。见图 12-3-30。

②左脚向前上一步，以右脚为轴向右后转体 180°，两腿下蹲成马步。左掌从右臂上成立掌向左侧击出；右掌变拳收至腰侧，目视左掌。见图 12-3-31。

要点：右手作掠手时先使臂内旋、腕伸直，手掌向下向外转，接着臂往外旋，掌心经下向上翻转，同时抓握成拳，收拳和击掌动作要同时进行。

6. 叉部双摆掌

①重心稍右移，同时两掌向下向右摆，掌指均向上。目视右掌。见图 12-3-32。

②右脚向左腿后插步，前脚掌着地。两臂继续由右向上向左摆，停于身体左侧，均成立掌，右掌停于左肘窝处。目随双掌转视。见图 12-3-33。

要点：两臂要划立圆，幅度要大，摆掌与后插步配合一致。

图 12-3-30

图 12-3-31

图 12-3-32

图 12-3-33

7. 弓步击掌

①两腿不动。左掌收至腰侧，掌心向上；右掌向上向右划弧，掌心向下。见图 12-3-34。

②左腿后撤一步，成右弓步。右掌向下向后伸直摆动，成勾手，勾尖向上；左掌成立掌向前推出。目视左掌。见图 12-3-35。

8. 转身踢腿马步盘肘

①两脚以前脚掌为轴向左后转体 180°。在转体的同时左臂向上向前划半立圆，右臂向下向后划半圆。见图 12-3-36。

图 12-3-34

图 12-3-35

②上动不停，两脚不动，右臂由后向上向前划半立圆，左臂由前向下向后划半立圆。见图 12-3-37。

③上动不停，右臂向下成反臂勾手，勾尖向上；左臂向上成亮掌，掌心向前上方。右腿伸直，脚尖勾起，向额前踢。见图 12-3-38。

④右脚向前落地，脚尖里扣。右手不动，左臂屈肘下落至胸前，左掌心向下。目视左掌。见图 12-3-39。

⑤上体左转 90°，两腿下蹲成马步。同时左掌向前向左平掳变拳收至腰侧，右勾手变拳，右臂伸直，由体后向右前平摆，至体前时屈肘，肘尖向前，高与肩平，拳心向下，目视肘尖。见图 12-3-40。

要点：两臂抡动时要划立圆，动作连贯。盘肘时要快速有力，右肩前顺。

第三段

1. 歇步抡砸拳

①重心稍升高，右脚尖外撇，右臂由胸前向上向右抡直。目视右拳。见图 12-3-41。

②上动不停，两脚以前脚掌为轴，向右后转体 180°右臂向下向后抡摆，左臂向上向前

随身体转动。见图 12-3-42。

③紧接上动，两腿全蹲成歇步。左臂随身体下蹲向下平砸拳心向上，臂部委屈；右臂伸直向上举起，目视左拳。见图 12-3-43。

图 12-3-36

图 12-3-37

图 12-3-38

图 12-3-39

图 12-3-40

图 12-3-41

图 12-3-42

图 12-3-43

要点：抡臂动作要连贯完成，划成立圆。歇步要两腿交叉全蹲，左腿大、小腿靠紧，臀部贴于左小腿外侧，膝关节在右小腿外侧，脚跟提起；右脚尖外撇，全脚着地。

2. 仆步亮掌

①左脚由右脚后抽出前上一步，左腿蹬直，右腿半蹲，成右弓步。上体微向右转。左拳收至腰侧，右拳变掌向下经胸前向右横击掌。目视右掌。见图 12-3-44。

②右脚蹬地屈膝提起，上体右转。左拳变掌从右掌上向前穿出，右掌平收至左肘下。见图 12-3-45。

③右脚向右后落步，屈膝蹲，左腿伸直，成仆步。左掌向下向后划弧成勾手，勾尖向上；右掌向右向上划弧微屈，抖腕成亮掌，掌心向前。头随右手转动，至亮掌时，目视左方。见图 12-3-46。

图 12-3-44

图 12-3-45

图 12-3-46

要点：仆步时左腿充分伸直，脚尖里扣右腿全蹲，两脚脚掌全部着地。上体挺胸塌腰，稍左转。

3. 弓步劈拳

①右腿蹬地立起；左腿收回并向左前方上步。右拳变掌收至腰侧，左勾手变掌由下向前经胸前向左做掳手。见图 12-3-47。

②右腿经左腿前方向左绕上一步，左腿蹬直成右弓步。左手向左平掳后再向前挥摆，虎口朝前。见图 12-3-48。

③在左手平掳的同时，右掌向后平摆，然后再向前向上作抡劈拳，拳高与耳平，拳心向上，左掌外旋接扶右前臂，目视右拳。见图 12-3-49。

要点：左右脚上步稍带弧形。

图 12-3-47

图 12-3-48

图 12-3-49

4. 换跳步弓步冲拳

①重心后移，右脚稍向后移动。右拳变掌臂内旋以掌背向下划弧挂至右膝内侧；左掌背贴靠右肘外侧，掌指向前，目视右掌。见图 12-3-50。

②右腿自然上抬，上体稍向左扭传。右掌挂至体外侧，左掌伸向右腋下。目随右掌转视。见图 12-3-51。

③右脚以全脚掌用力向下振跺，与此同时，左脚急速离地抬起。右手由左向上向前掳盖而后变拳收至腰侧；左掌伸直向下、向上向前屈肘下按，掌心向下。上体右转，目视左掌。见图 12-3-52。

④左脚向前落步，右脚蹬直成左弓步，右拳向前冲出，拳高与肩平；左掌藏于右腋下掌背贴靠腋窝。目视右拳。见图 12-3-53。

要点：换跳步动作要连贯，协调。震脚时腿要弯屈，全脚掌着地。左脚离地不要高。

5. 马步冲拳

上体右转 90°，重心移至两腿之间，成马步。右拳收至腰侧，左掌变拳向左冲出，拳眼向上。目视左拳。见图 12-3-54。

6. 弓步下冲拳

右脚蹬直，左腿弯屈，上体稍向左转，成左弓步。左拳变掌向下经体前向上架于头左上方掌心向上，右拳自腰侧向左前斜下方冲出。目视右拳。见图 12-3-55。

7. 叉步亮掌侧踹腿

①上体稍右转。左掌由头上下落于右手腕上，右拳变掌，两手交叉成十字，目视双手。见图 12-3-56。

②右脚蹬地并向左腿后插步，以前脚掌着地。左掌由体前向下向后划弧成勾手，勾尖

向上；右掌由前向右向上划弧抖腕亮掌，掌心向前，目视左侧。见图 12-3-57。

图 12-3-50

图 12-3-51

图 12-3-52

图 12-3-53

图 12-3-54

图 12-3-55

③重心移至右腿，左腿屈膝提起，向左上方猛力蹬出。上肢姿势不变，目视左侧。见图 12-3-58。

图 12-3-56

图 12-3-57

图 12-3-58

要点：插步时上体稍向右倾斜，腿臂的动作要一致。侧踹高度不能低于腰，大腿内旋，着力点在脚跟。

8. 虚步挑拳

①左脚在左侧落地，右掌变拳稍后移，左勾手变拳由体后向左上挑，拳背向上。见图 12-3-59。

②上体左传 180°微含胸前俯。左拳继续向前向上划弧上挑，右拳向下向前划弧挂至右膝外侧，同时右膝提起。目视右拳。见图 12-3-60。

③右脚向左前方上步，脚尖点地，重心落于左脚，左腿下蹲成右虚步。左拳向后划弧收至腰侧，拳心向上；右拳向前屈臂挑出，拳眼斜向上，拳与肩高。目视右拳。见图 12-

3-61。

图 12-3-59

图 12-3-60

图 12-3-61

第四段

1. *弓步顶肘*

①重心升高右脚踏实。右臂内旋向下直臂划弧以拳背下挂至右膝内侧，左拳不变。目视前下方。见图 12-3-62。

②左腿蹬直，右腿屈膝上抬。左拳变掌，右拳不变，两臂向前向上划弧摆起。目随右拳转视。见图 12-3-63。

③左脚蹬地起跳，身体腾空，两臂继续划弧至头上方。见图 12-3-64。

④右脚先落地，右腿屈膝，左脚向前落步，以前脚掌着地。同时两臂向右向下屈肘挺于右胸前，右拳变掌，左掌变拳。右掌心贴左拳面。见图 12-3-65。

⑤左脚向左上一步，左腿屈膝，右腿蹬直成左弓步，右掌推左拳，以左肘尖向左顶出，高于肩平。目视前方。见图 12-3-66。

要点：交换步时不要过高，但要快。两臂抡摆时要成圆弧。

图 12-3-62

图 12-3-63

图 12-3-64

图 12-3-65

图 12-3-66

2. *转身左拍脚*

①以两脚前脚掌为轴向右后转体 180°。随着转体，右臂向上、向右向下划弧抡摆，同时左拳变掌向下向后向前上抡摆。见图 12-3-67。

②左腿伸直向前上踢起，脚面绷平，左掌变拳收至腰侧，右掌由体后向上向前拍击左脚面。见图 12-3-68。

要点：右掌拍脚时手掌稍横过来，拍脚要准而响亮。

3. *右拍脚*

①左脚向前落地，左拳变掌向下向后摆，右掌变拳收至腰侧。见图 12-3-69。

②右腿伸直向前上踢起，脚面绷平。左拳变掌向后向上向前拍击右脚面。见图 12-3-70。

要点：与本段的转身左拍脚相同。

图 12-3-67

图 12-3-68

图 12-3-69

图 12-3-70

4. 腾空飞脚

①右脚落地。见图 12-3-71。

②左脚向前摆起，右脚猛力蹬地跳起，左腿屈膝继续前上摆。同时右拳变掌向前向上摆起，左掌先上摆而后下降拍击右掌背。见图 12-3-72。

③右腿继续上摆，脚面绷平。右手拍击右脚面，左掌由体前向后上举。见图 12-3-73。

要点：蹬地要向上，不要太向前冲，左膝尽量上提。击响要在腾空时完成，右臂伸直成水平。

图 12-3-71

图 12-3-72

图 12-3-73

5. 歇步下冲拳

①左、右脚先后相继续落地左掌变拳收至腰侧见图 12-3-74。

②身体右转 90°，两腿全蹲成歇步。右掌抓握、外旋变拳收至腰侧；左拳由腰侧向前下方冲出，拳心向下。目视左拳。见图 12-3-75。

6. 仆步抡劈拳

①重心升高，右臂由腰侧向体后伸直，左臂随身体重心升高向上摆起。见图12-3-76。

②右脚前脚掌为轴，左腿屈膝提起，上体左转 270 度。左拳由前向后下划立圆一周；右拳由后向下向前上划立圆一周。见图 12-3-77。

③左腿向后落一步，屈膝全蹲，右腿伸直，脚尖里扣成右仆步。右拳由上向下抡臂，拳眼向上；左拳后上举，拳眼向上。目视右拳。见图 12-3-78。

要点：抡臂时一定要划立圆。

7. 提膝挑掌

①重心前移成右弓步。同时右拳变掌由下向上抡摆，左拳变掌稍下落，右掌心向左，左掌心向右。见图 12-3-79。

图 12-3-74

图 12-3-75

图 12-3-76

图 12-3-77

图 12-3-78

②左、右臂在垂直面上由前向后各划立圆一周。右臂伸直停于头上，掌心向左，掌指向上；左臂伸直停于身后成反勾手。同时右腿屈膝提起，左腿挺膝伸直独立。目视前方。见图 12-3-80。

要点：抡臂时要划立圆。

8. 提膝劈掌弓步冲拳

①下肢不动。右掌由上向下猛劈伸直，停于右小腿内侧，用力点在小指一侧；左勾手变掌，屈臂向前停于右上臂内侧，掌心向左。目视右掌。见图 12-3-81。

②右脚向右后落地；身体右转 90 度。同时左掌变拳收至腰侧，右臂内旋向右划弧做劈掌。见图 12-3-82。

③上动不停，左腿蹬直成有弓步。右手抓握变拳收至腰侧，左拳由腰侧向左前方冲出。目视左拳。见图 12-3-83。

图 12-3-79

图 12-3-80

图 12-3-81

图 12-3-82

图 12-3-83

结束动作

1. 虚步亮掌

①右脚扣于左膝后，两拳变掌，两臂右上左下屈肘交叉于体左前。目视右掌。见图 12-3-84。

②右脚向右后落步，重心后移，右腿半蹲，上体稍后转。同时右掌向上、向右、向下划弧停于左腋下；左掌向左、向上划弧停于右臂上与左胸前，两掌心左下右上。目视左掌。见图 12-3-85。

③左脚尖稍向右移，右腿下蹲成左虚步。左臂伸直向左、向后划弧成反勾手；右臂伸直向下、向右、向下划弧抖腕亮掌，掌心向前。目视左方。见图 12-3-86。

图 12-3-84

图 12-3-85

图 12-3-86

2. 并步对拳

①左腿后撤一步，同时两掌从两腰侧向前穿出伸直，掌心向上。见图 12-3-87。

②右腿后撤一步，同时两臂分别向体后下摆。见图 12-3-88。

③左脚后退半步向右脚并拢。两臂由后向上经体前屈臂下按，两拳变掌，停于腹前，拳心向下，拳面相对。目视左方。见图 12-3-89。

④两臂自然下垂。目视正前方。见图 12-3-90。

图 12-3-87

图 12-3-88

图 12-3-89

图 12-3-90

思考题：

1. 论述武术的锻炼价值。
2. 武术动作中的拳法和腿法都有哪些？
3. 太极拳中哪几个动作中有勾手？
4. 太极拳的健身价值有哪些？
5. 长拳的健身价值是什么？

第十三章　搏击运动

第一节　武　术　散　手

一、武术散手简介

武术散手俗称散打。中国武术散手不同于拳击，也不同于跆拳道，更不同于用头顶、肘撞、膝击的泰拳。武术散手要求“远踢、近打、贴身摔”。武术散手比赛不仅刺激、激烈，而且斗智、斗勇，具有较高的观赏价值。

中国武术散手是在继承武术传统技法的基础上逐步发展起来的体育竞赛项目，对人的意志品质提出了更高的要求。如功力练习要克服疼痛难忍关，从不适应到适应；交手时，首先要克服胆怯怕打关，逐步增加胆量；比武中遇到强手时，要克服消极逃脱关，敢于拼搏，提高以弱胜强的智慧。它对提高人体的速度、力量、灵巧、耐力等身体素质，提高内脏器官的机能，特别是对提高神经系统的灵活性有显著效果和作用。

学习和掌握一些武术散手基本动作的技能、技术，学会几招实用性较强的攻防技术，并在和同学交手比试中不断体验战术的运用，提高应变能力，无疑对大学生提高功力和技术，达到防身自卫的功效起到行之有效的作用。

二、武术散手的特点

武术散手之所以具有很强的感染力和生命力，是由它本身的特点和作用决定的。

（一）体育性

武术散手运动从初步研究到试点开展，从经验总结到全国推广，直至成为现代体育竞赛项目，曾经历过许多困难、矛盾和阻力。其中最主要的问题是：武术散手比赛与人们想象的武术徒手搏击形式截然不同，有人甚至认为散手不是武术，而只是“拳击加腿击”。因为民间流行的武术搏击，一般都认为是防身自卫，一招致敌；或者像电影、电视、武打小说中描述的那样出神入化，风雨不透。这是武术在许多形式上给人以神化夸张的错觉而造成的误解。在现代文明社会中，我们不能让武术散手在狭窄的拼杀中去生存，应把武术之精华融入简单易行的运动形式，不仅能自卫还能强身，这样才能有广泛的生命力，才能真正走向社会，走向世界。于是，原国家体委武术院经过试验、论证后，认为散手的技法是以增强体质，交流技艺，防身自卫，提高技术水平为出发点，从传统武术徒手搏击术中取舍动作，使散手成为体育，即寓技击术于体育之中。

由于决策正确、方法得当，武术散手运动才得以顺利的开展和推广，从现在的武术散手运动形式来看，武术散手与其他运动项目基本相同，属于体育，但又突出地反映出武术的特殊本质——技击性，同时又明显地区别于使人致伤致残的技击术，不包含致人于死地的绝招妙计。散手规则严格规定了不准向对方后脑、颈部、裆部进行攻击，也不允许使用反关节动作及肘、膝的技法，但可以运用武术各种流派的技法。

（二）对抗性

武术散手运动的内在特点，决定了它以相互对抗的形式来表现，所以，武术散手的基本形式就是对抗性。这种对抗，是在双方掌握了散手的基本动作和基本技术，经过一段的训练，在没有固定格式的情况下，在规则规定的范围内进行较技、较勇、较智，一分上下。

（三）民族性

武术散手是中华民族的优秀文化遗产，是在中国特定的社会历史条件下逐渐演变发展形成的，因此它具有鲜明的民族特色。

中国武术散手不同于拳击，也不同于跆拳道，更不同于用头顶。肘撞、膝击的泰拳和不能用脚，只能用掉、拌、擒方法的柔道等项目；由于武术散手设擂比试，又不同于西方国家有揽绳的自由搏击，也不同于日本的空手道、相扑、踢拳道、格斗术，以及法国的忍拳等。武术散手要求“远踢、近打、贴身摔”，它的民族形式不是凝固的，也不能理解为“过去形式”“历史形式”或“传统形式”。民族形式有鲜明的时代性，因此形式不是单一的，而是多变的、演进的。

三、武术散手动作方法

（一）实战姿势

实战姿势是各种实战技法的起始和终止动作。实战姿势在接近对手时和与对手对峙的过程中，能保护和防守自己的要害部位，更便于随时出击进攻对手，使自己处于攻守兼备的状态，非常重要。另外，实战姿势在应用时的高低要随对手的情况而定，姿势不可太低。要能攻守灵活、严密，移动方便。见图 13-1-1。

图 13-1-1

要点：两脚跟提起，脚掌着地，两膝和髋关节微屈，含胸、收腹，两臂屈肘收于胸前。低头、收下颌，目视对手。

实战姿势点击：左脚在前称为“正架”；因大多数人是右侧肢体有力，有力的一侧要放在后面，所以一般都成“正架”。右脚在前为“反架”。

（二）常用步法

武术散手的练习和比赛中的攻击与防守大多是在移动中进行的。在接近对手和与对手对峙时，一般是保持“实战姿势”的前提下进行各种步法，让身体不断地变位移动，调整与对方的距离。寻找和创造进攻与防守的最佳机会。

（1）进步。动作要求：前脚上步与后脚跟步的衔接要快。

要点：步幅不宜过大，后脚跟进后的身体姿势不变。

（2）退步。动作要求：后脚退步与前脚撤收的衔接要快。

要点：后脚先后退半步，衔接要快速。

（3）插步。动作要求：后脚向左横移一步，脚跟离地，两脚略呈交叉。

要点：身体重心移动要平稳。

(4) 跨步。动作要求：后脚侧向跨出，跨步后两腿要虚实分明。

要点：跨步后身体重心下降，以利于反击。

(5) 盖步。动作要求：后脚向前交叉盖步；身体不要明显起伏。

要点：身体侧闪，转身轻灵。

(6) 垫步。动作要求：提膝的同时后脚跟进并擦地而行。

要点：快速平稳前行。

图 13-1-2

（三）拳法攻击

武术散手比赛中运用的拳法主要有冲拳、掼拳、抄拳、弹拳、鞭拳等。

1. 直线进攻的冲拳

动作要求：左右冲拳。见图 13-1-2。

要点：以腰带肘，蹬地、转腰、出拳要连贯协调。

进攻范例：在双方对峙时，突然进步或在假动作的配合下以左冲拳或右冲拳快速进攻对方的头部。或在假动作的配合下突然闪身进步快速进攻对方的腹部。

2. 平弧线进攻的掼拳

左掼拳的动作要求：上体微向右转，同时左拳向外（约 45°），向里横掼，臂微屈，拳心朝下，力达拳面或偏于拳眼侧；右拳护于右腮。（右掼拳，动作相同，方向相反。）

要点：力从腰发，腰绕纵轴向右转动。掼拳发力时，臂微屈，肘尖抬至与肩平。

进攻范例：双方对峙时，突然向左闪步左掼拳抢攻对手头部右侧（图 13-1-3），以左拳虚晃，佯攻对方腹部，继而起身用右掼拳快速进攻对方的头部（图 13-1-4）；左冲拳佯攻对方头部，对手举臂防守的瞬间，俯身右掼拳击其左侧肋部。见图 13-1-5。

图 13-1-3

图 13-1-4

图 13-1-5

掼拳的用法：左掼拳是一种横向型进攻动作，可以结合身体姿势的高、低变化击打对方的侧面。上盘可击太阳穴，中盘可击腰肋部位。

3. 上弧线进攻的抄拳

左抄拳的动作要求：左拳由下向前上方勾起，上臂与前臂夹角在 90°～110°之间。拳心朝里，力达拳面。（右抄拳，动作相同）

要点：抄拳时，臂应先微内旋再外旋。抄拳发力时，腰向右侧转动，发力短促。

进攻范例：在冲拳或其他方法击中了对手，随即用抄拳进攻对方的下颌或胸、腹部。对手上步俯身想要使用摔法时用抄拳攻击对方的头部。见图 13-1-6、图 13-1-7。

图 13-1-6

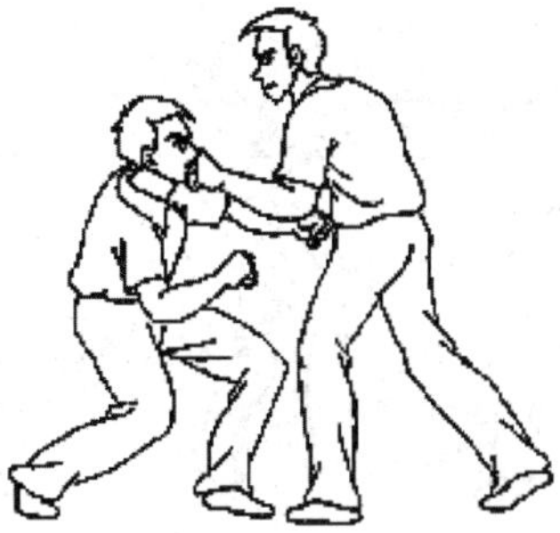

图 13-1-7

4. 放长击远的弹拳

左手弹拳的动作要求：左拳以伸肘弹腕的力量反臂向前弹击，力达拳背。右手弹拳转腰顺肩。

要点：弹拳前左臂肌肉尽量放松，以气催气。弹拳发力时含胸拨背，顺肩，送肘，甩手腕，放长击远。

进攻范例：主动弹击对手头部或胸、腹部；为使用其他攻击方法创造时机。见图 13-1-8、图 13-1-9。

图 13-1-8

图 13-1-9

点击弹拳：弹拳速度快、预兆小和距离远，是便于快速出击的手法。可在对方有防备的情况下突然袭击对方的面部，扰乱对方的视线，为接用其他进攻动作起先导作用。手臂肌肉要尽量放松。

5. 出其不意的转身鞭拳

转身右鞭拳的动作要求：身体向右后转 180°，右脚经左腿后插步；同时左拳右拳一起回收至胸前；动作不停，上体继续向右转体 90°，同时右拳反臂向右侧横向鞭打，拳眼朝上，力达拳背。

要点：支撑要稳，腰带臂甩拳鞭打，旋转路线要走平圆，小指侧的拳轮或小臂尺侧为着力点。

进攻范例：双方对峙时，先以左拳虚晃，随即插步转身，用右鞭拳横击对方头部。见图 13-1-10、图 13-1-11、图 13-1-12。

（四）拳法的击打实物练习

1. 持靶的方法。见图 13-1-13、图 13-1-14、图 13-1-15。

持靶应注意：

图 13-1-10

图 13-1-11

图 13-1-12

(1) 上位持靶主要用于练习拳法和高的腿法；下位持靶主要练习低的腿法。

(2) 持靶的同学要将靶持稳。当拳脚打踢过来时要稍用力。持靶不能松动或将靶转动，以避免打靶的同学手腕受伤。

(3) 防守和防守反击练习中，持靶的同学要做出还击的动作，帮助打靶的同学练习。

图 13-1-13

图 13-1-14

图 13-1-15

2. 打手靶。见图 13-1-16、图 13-1-17。

图 13-1-16

图 13-1-17

打靶者要注意两点：

(1) 初学打靶时要注意每种拳法的击打距离；瞄准击打目标。

(2) 打靶时要注意每种拳法的动作规格。

3. 打沙包。见图 13-1-18、图 13-1-19。

打沙包者要注意两点：

图 13-1-18

图 13-1-19

(1) 打沙包之前要检查沙包是否挂好，沙包上有无破损和异物。如有条件，要缠好手布。

(2) 击打沙包之前要简单做一下手指和手腕的准备活动，击打力量要由轻到重，以免手腕受伤。

(五) 腿法攻击

武术散手比赛中运用的腿法主要有蹬腿、弹腿、踹腿、点腿、扫腿、勾踢、撞膝、顶膝等。运用腿法时，脚步动作要灵活，支撑腿要助力。

1. 左蹬腿

动作要求：实战姿势站立，右腿直立或稍屈，左腿提膝抬起，勾脚，以脚跟领先向前蹬出，力达脚跟；亦可送髋，脚掌下压，力达脚前掌。(右蹬腿，同左蹬腿，但动作相反)

要点：以膝领腿，屈膝提起再挺膝发力，要快速连贯。

进攻范例：在双方移动中与对手正面相对的瞬间，突然起左腿蹬击或垫步突然接近对方蹬其躯干。见图 13-1-20、图 13-1-21。

图 13-1-20

图 13-1-21

双方用拳法互相击打时，突然屈膝抬右腿将对方蹬开。见图 13-1-22、图 13-1-23。

点击蹬腿：蹬腿是正面向前踢击对手的进攻腿法。多用于攻击对方的躯干。散手中的蹬腿技术还吸收了前点腿的优点，当击中对方时，脚踝发力，前脚掌下压，这样在实战中更容易将对方蹬开或蹬倒。

2. 左横摆踢腿

动作要求：

上体稍右转并侧倾，同时带动左腿收髋、扣膝，直腿向右上方横摆打腿，踝关节屈

图 13-1-22　　图 13-1-23

紧，力达脚背至小腿下端。（右横摆踢腿，动作相同，但方向相反）

要点：脚背紧张，膝关节内扣，以膝带腿，快速连贯有力。

进攻范例：在双方移动当中，抢步向前出其不意突然起左腿横踢对方的头部。见图 13-1-24对手重心移至前腿的瞬间，突然用右腿横踢对方的前腿（见图 13-1-25、图 13-1-26）。左冲拳击对手头部，对手撤步闪躲，随即向左转身用右腿横踢对方肋部。见图 13-1-27、图 13-1-28。

图 13-1-24　　图 13-1-25

图 13-1-26　　图 13-1-27　　图 13-1-28

点击横摆踢腿：横摆踢腿是从侧面横向踢击对手的进攻腿法。多用于侧向攻击对方的躯干和头部。是实战中经常使用的腿法。横摆踢腿以身带腿，大幅度弧线横踢，力度很大，在比赛中能出其不意地重创对手。

3. 左侧踹腿

动作要求：右腿直立或稍屈支撑；左腿屈膝抬起，小腿外摆，脚尖勾起，脚掌正对攻击目标，展髋，挺膝向前踹出，力达脚掌，上体可侧倾（右侧踹腿，动作相同，方向相反）。

4. 后蹬腿

动作要求：以左后蹬腿为例，身体向左后转，两腿弯曲成跪步，右手护头，左手屈肘自然下垂置于体侧；右腿直立或稍屈支撑，左腿抬起由屈到伸，勾脚，脚尖朝下，脚跟领先向后蹬出，力达脚跟；上体前俯；眼看蹬腿方向。

要点：侧踹腿以大腿推动脚直线侧向向前踹出；踹出的同时上体可侧倾，踹后上体、大腿、小腿、脚掌要成一条直线。后蹬腿是以头领先转身的同时将腿向后蹬出，蹬腿时要注意先屈再伸，保持平衡。

侧踹腿进攻范例：低踹腿击对方下肢、中踹腿击对方躯干、高踹腿击对方头部。见图13-1-29、图13-1-30、图13-1-31。

图13-1-29

图13-1-30

图13-1-31

后蹬腿进攻范例：

①直接蹬腿，当身体处在背向对方的瞬间，突然用后蹬腿攻击对方躯干。见图13-1-32、图13-1-33。

图13-1-32

图13-1-33

②插步蹬腿，双方伺机进攻而距离较近时，后腿插步接近对方，后蹬腿击对方胸部。见图13-1-34、图13-1-35。

5. 踢靶或踢沙包练习

上面介绍的所有腿法都可以进行单动的踢靶（图13-1-36）或踢沙包（图13-1-37、图13-1-38、图13-1-39、图13-1-40）的练习。踢时要找好距离，踢中靶的中心或沙包的规定位置。一般每种腿法踢15～20次为一组；3～5组。

（六）防守技术

防守动作看起来很简单，但在比赛和实战中能有效地运用却是很难的事。这一点你在练习中能够体会得到。防守技术在武术散手中是非常重要的。当对手用拳或脚发起进攻，

图 13-1-34

图 13-1-35

图 13-1-36

图 13-1-37

图 13-1-38

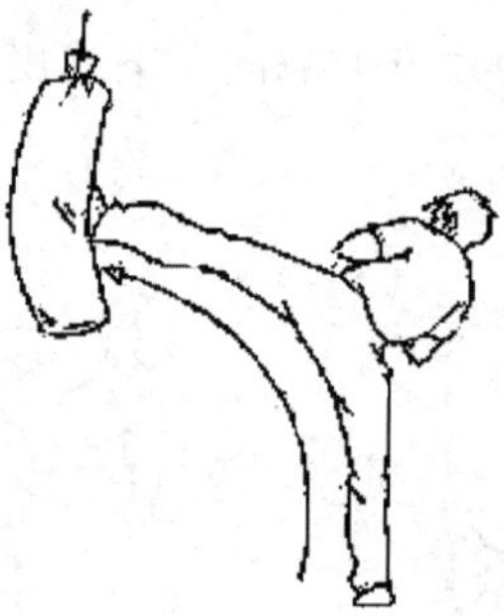

图 13-1-39

图 13-1-40

或主动使用摔法时，都需要你相应地用肢体格挡或移动身体，破坏或避开对手的进攻。学练每种防守技术，都要注意动作不能大，并要迅速还击或还原成实战姿势。先学会单人动作，再两人进行相应技术的配合练习。见图 13-1-41、图 13-1-42。

1. 侧闪防冲拳。

2. 下闪防冲。

（七）打踢靶组合动作练习

学会了进攻和防守的基本技术之后，为提高学生的兴趣，就可通过打靶体验进攻技术的击打感受，增加攻击技术的威力和防守技术的实效性。还要通过对抗练习学会技法的实际运用。击打或踢实物时，要先做好手腕和身体主要关节的准备活动；击打或踢的力量要逐渐加力，由轻到重。互为对手，体验打靶、对抗练习的乐趣和刺激。

例如：甲右手持靶，乙左冲拳；甲持靶下落，乙右脚踢靶。见图 13-1-43、图 13-1-44。

图 13-1-41

图 13-1-42

图 13-1-43

图 13-1-44

（八）徒手攻防组合技术

1. 主动进攻的组合技术

①进步左右冲拳或进步左右掼拳；②进步左弹拳——右冲拳；③退步左右蹬腿；④进步左右冲拳——右蹬腿；⑤进步左掼拳——右冲拳——左鞭腿；⑥上步左冲右掼拳——垫步右鞭腿；⑦垫步左踹腿——左冲拳——右掼拳；⑧步左冲拳——右掼拳——右勾踢腿；⑨原地左冲拳——进步抱腿前顶——垫步左踹腿——右直拳。

2. 防守反击的组合技术

①侧闪步左右抄拳——左鞭腿；②左拍挡——转身右鞭拳；③垫步左鞭腿——左弹拳——转身右踹腿；④右低鞭腿（踢对方的进攻之腿），转身左扫摆腿；⑤左绕闪防——右掼拳——左掼拳——转身右扫摆腿；⑥下闪——右掼拳——进步抱腿前顶；⑦撤闪——左蹬腿——右直拳；⑧进步左冲拳右掼拳——拨颈勾踢。

第二节 跆 拳 道

一、跆拳道简介

跆拳道，是一种源于朝鲜半岛的武术。以技击格斗为核心，修身养性为基础，磨练人的意志，振奋人的精神为目的，将人类生存意识通过躯体表现出来，并将人的精神需求具体化的一项体育运动。主要内容包括品势（套路）、搏击（实竞技与格斗）、功力检验三部分。

跆，意思是指脚踢、撞、摔、腾跃；拳，意思是指用拳掌打击、攻击和防御；道，是指方法，技艺和道理。跆拳道就是一种使用拳脚攻击的实用技击方法。它动作简单、直接、实用，以踢法为主，约占技法的70%；它的品势（拳套）有24种之多，它的内容还包括擒拿、格斗、自卫术和基本功能技艺等。

追溯历史，跆拳道最早是以我国少林武术三十二式为原形，经过朝鲜半岛朝族人民的聪明才智使其与他们的民间武术相融合，经过不断演变、完善、创新、发展而来的。它不仅是一项具备较强攻击力的运动项目，而且也是一种精美的形体艺术和强体健身方法。道的本身还蕴藏着一种精神追求和道理，其首要的一条是强烈的爱国热情和为正义而献身的崇高精神。道，作为民族精神的体现，习练者须具备勇猛善战、敢打敢拼的素质，培养坚韧向上的作风，讲究礼仪修养以及完善的人格。因此练习跆拳道可内修精神、性情，外修技术、身体，培养出常人难以达到的意志品质和忍让谦恭的美德。这种内外双修、生理和心理全面发展的锻炼方式始终遵循一种不变的训练程序和模式：反省—判断—勇气—信心—自卫—自持—独立—沉着—领导—勇气—合作—爱国。跆拳道“迅速、有力、准确”的目标也正是现代人应具备的素质。通过功法与技术的练习，使每个乐于此道的修炼者既可掌握防身自卫的本领，又能开发智力及精神的潜能，提高人的分析力、洞察力、观察力、判断力。同时也是培养勇敢顽强的精神，造就优秀品性，激发人们爱国主义精神的一项体育运动。因此，受到越来越多青少年的喜爱。

二、跆拳道运动特点

（一）以腿为主，手足并用

跆拳道以腿击为主，仅踢击动作就有前踢、侧踢、后踢、勾踢、旋踢和推踢等。因为腿的攻击力远远高于手的力量，而且攻击时放长击远，威慑力大；手阻击的招式，一般偏重于防护挡拦截。

（二）方法简单，刚直硬打

跆拳道不论是腿法还是手法都比较简单实用。实战中多用拳、掌、手、臂格挡防守，以连贯快速的腿法组合连击，或直接击打，或接触防守，很少使用闪躲避让法，强调以刚对刚，强攻硬打，攻击的路线为直线，尽可能缩短两点间距离，以增加击中的有效性。

（三）内外兼修，攻法独特

跆拳道以赤手空拳在专心致志情况下进行训练和比赛。长期训练可手快脚疾，产生常人难以达到的破坏力，这就是内攻与外力综合作用的效应。

三、跆拳道礼节

跆拳道练习虽然是以双方格斗的形式进行，但是不管它怎样激烈，由于双方都是以提高技艺和磨炼意志品质为目的，所以在双方各自内心深处都必须持有向对方表示敬意和学习的心理。因此在练习或比赛前后都一定要向对方敬礼，即跆拳道运动始终倡导的“以礼始，以礼终”的尚武精神。由于跆拳道是练习者精神和身体的综合修炼，使练习者在艰苦的磨炼中培养出理想的人格和体魄，并能够真正掌握防身自卫的本领，因而对练习者精神锻炼一环中就必须包括“礼仪”的教育和熏陶。“礼仪”是跆拳道运动必不可少而且十分重要的组成部分。

（一）练习时的礼节

（1）练习者进入场地时，首先向老师敬礼。

（2）练习前双方应相互敬礼，练习后再次相互敬礼。

（二）比赛开始前的礼节

（1）运动员依照主裁判“立正”、“敬礼”令，立正向陪审席行标准礼，标准礼为鞠躬的自然姿势，腰部前倾15°，头部下倾45°，两手握拳贴于双腿两侧。

（2）运动员依主裁判“向左、向右转”的口令，内转相对，立正站好，再依“敬礼”的口令，相互敬礼。

（三）比赛结束后的礼节

（1）比赛结束时，运动员在各自的位置相对站见。

（2）运动员依主裁判“立正”、“敬礼”的口令，相互敬礼。

（3）运动员依主裁判“向左向右转”及“敬礼”的口令转向监督官，向监督官行标准礼。

四、跆拳道的基本技术

（一）跆拳道基本手型

1. 正拳

跆拳道中最基本的拳式。握法如下：五指伸开，拇指之外四指向里屈曲卷握，拇指紧压于食、中指第二指骨上。

运动中使用拳的正面攻击为正拳攻击；使用小指侧面及掌缘的软肉部位攻击为铁锤攻击；利用食指和中指突出的骨头攻击为里拳攻击。

2. 指节拳

有食指从正拳型中凸出的食指拳和中指从正拳型中凸出的中指拳两种。

运动中用突出的指节打击上唇、太阳穴、两肋和腹腔神经丛等部位效果显著。

3. 手刀

又称空手刀。四指并拢伸直，拇指屈曲贴靠食指。

手刀主要用于掌外沿砍击，若使用手刀相反的食指侧部位击打，称为背刀。

（二）跆拳道基本拳法

1. 左冲拳

动作方法：实战姿势站立（图13-2-1①）；右脚蹬地，左脚以前脚掌为轴，脚跟外旋，重心移至左脚，转腰，上体催动左臂将左拳从胸前向前旋臂直线冲出；冲拳的同时右臂做下格动作（图13-2-1②）；接触目标的瞬间拳心向下，目视前方，动作完成后按原路线返回，成实战姿势站立（图13-2-1③）。

2. 右冲拳

动作方法：实战姿势站立（图13-2-2①）；右脚蹬地；同时，以前脚掌为轴向内扣转，重心移至左脚，右脚随之转动扣膝；转腰，上体催动右臂将右拳从胸前向前旋臂直线冲出，冲拳的同时左臂做下格动作（图13-2-2②）；接触目标的瞬间拳心应向下，目视前方，动作完成后按原路线返回，成实战姿势站立（图13-2-2③）。

动作要领：冲拳时，应充分利用蹬地、转髋、转腰、顺肩和旋臂的力量，力点应在拳面；发力要果断，整个动作要协调流畅；击打瞬间，肩、肘、腕、指各关节应紧张用力，

①

②

③

图 13-2-1

①

②

③

图 13-2-2

动作完成后迅速放松，将拳收回成实战姿势站立。

实战作用：

比赛中，用于击打对方的躯干部位。

例一：双方闭式站立（图 13-2-3①），对方以横踢进攻我肋部，我用右手格挡防守；同时，以拳法反击对方的躯干部位（图 13-2-173②）

例二：双方闭式站立（图 13-2-4①），对方以前腿横踢进攻我腹部（或双方开式站立，对方以左横踢进攻我腹部），我方用右手下格防守；同时，以左冲拳反击对方（图 13-2-4②）

3. 砍掌（手刀砍）

两脚开立，右臂屈肘上举，右掌提至右耳旁随即边伸右堡边用右手向前横砍，掌心朝上。

①

②

图 13-2-3

①

②

图 13-2-4

（三）跆拳道基本步法

跆拳道是一种以腿法为主的武技，实占中步法的灵活运用对保证充分发挥腿的威力，取得实战的胜利具有极其重要的意义。脚法使用时多以后腿进攻，因此跆拳道的步法具有鲜明的特点，即重心落在两脚之间或偏于前腿，而且身体姿势大都以侧向站立，以便保护身体和正要要害部位使后腿通过拧腰转髋发力。增加击打的力量和速度。

1. 前进步

前进步包括前滑步、上步和前跃步。

（1）前滑步

动作方法：实战姿势站立，右脚蹬地，左脚向前上十步，落地时车脚掌先着地，而后右：脚再向前跟进半步。见图 13-2-5。

动作要领：移动时，两脚距离保持小变，两脚离地不要太高，进步要稳，跟步要快。

实战作用：调整与对手之间的距离。

（2）上步

动作方法：实战姿势站立，以左脚掌为轴。脚尖外转，右脚蹬地向前上步，成实战姿势站立。见图 13-2-6。

图 13-2-5

图 13-2-6

动作要领：动作要协调，要有整体性，上步要快。

实战作用：调整距离伺机进攻；假动作引诱对方或追击对方。

（3）前跃步

动作方法：实战姿势站立，两脚同时蹬地向前纵跃出 130～140 厘米，动作完成后保持实战姿势站立。见图 13-2-7。

动作要领：要依靠两脚踝关节与膝关节的力量弹跳纵出，双脚要紧贴地面．不要腾空过高；动作起动时，重心不宵过低，否则容易暴露动作意刚。

实战作用：用于接近对手或配合技术进攻。

图 13-2-7

2. 后退步

后退步包括后滑步，后跃步和后撤步。

(1) 后滑步

动作方法：实战姿势站立，左脚蹬地，右脚先后退半步，落地时右，脚掌先着地，随之左脚向后跟半步，落地后保持实战姿势不变。见图 13-2-8。

动作要领：右脚退步距离不宜过大；右脚退多大距离，左脚要跟多大距离，要借助蹬地的反作用力加快移动速度。

实战作用：躲闪对方进攻或配合技术反击。

(2) 后跃步

动作方法：实战姿势站立，两脚同时蹬地向后跃出 30～40 厘米，动作完成后成实战姿势站立。见图 13-2-9。

动作要领：参考前跃步。

实战作用：用于躲闪对方的进攻或配合技术反击。

图 13-2-8

图 13-2-9

(3) 撤步

图 13-2-10

动作方法：实战姿势站立，以右脚为轴内转，左脚向后撤步，成右实战姿势站立。见图 13-2-10。

动作要领：动作要协调一致，撤步要快。

实战作用：用于躲闪对方的进攻或配合技术反击。

3. 侧移步

向左移动时称为左侧移步，向有移动时称为右侧移步。

(1) 左侧移步

动作方法：突战姿势站立，右脚踏地，

左脚向左侧上步，右脚随之跟上使身体重心向左移动离开原来的位置。见图 13-2-11。

（2）右侧移步

动作方法：实战姿势站立，左脚蹬地，右脚向右侧方上步，左脚随之跟广使身体重心向右移动离开原来的位置。见图 13-2-12。

图 13-2-11

图 13-2-12

动作要领：移动时要有弹性，速度要快，身体坚放松。

实战作用：用于躲闪对力的进攻或躲闪后反击。

4. 弧形步

向左跨步时称为左弧形步，向右跨步时称为右，弧形步。

（1）左弧形步

动作方法：实战姿势站立，以左脚为轴，右脚蹬地向左侧跨步，上体随之左转。见图 13-2-13。

动作方法：实战姿势站立，以左脚为轴，右脚蹬地向右侧跨步，身体随之右转。见图 13-2-14。

图 13-2-13

图 13-2-14

动作要领：整个动作要协调一致。

实战作用：用于躲闪对方进攻及躲闪后反击。

5. 跳换步

动作方法：实战姿势站立，左右脚同时离地，以腰部力量，带动双腿相互交换，落地后仍成实战姿势站立。见图 13-2-15。

(2) 右弧形步

动作要领：换步要灵活，弹跳小宜太高。

实战作用：调整实战姿势。

6. 垫步

(1) 前垫步

图 13-2-15

动作方法：实战姿势站立，重心后移，右脚向左脚内侧并拢，同时左脚蹬地向前迈步。见图 13-2-16。

动作要领：右脚向前上步要迅速，不等右脚落地，左脚就向前移动，移动的距离不要过大，整个动作要协调连贯。

实战作用：用于快速接近对手；连接横踢、下劈踢、侧踢等技术进攻对手。

(2) 后垫步

动作方法：实战姿势站立，左脚向右脚方向并拢；同时，右脚蹬地向后移动，两脚落地成实战姿势。见图 13-2-17。

图 13-2-16

图 13-2-17

动作要领：左脚撤步要迅速，整个动作要协调连贯。

实战作用：用于拉开与对手之间的距离；用于连接横踢、下劈踢等技术反击。

7. 冲刺步

动作方法：实战姿势站立，右脚向前上步成左实战姿势，紧接着左脚向前上步回到原束的位置。见图 13-2-18。

动作要领：两腿动作要迅速，频率要快，如冲刺跑一般移动时步幅不宜过大。

实战作用：迅速接近对手；连接横踢、双飞踢等技术进攻。

图 13-2-18

（四）跆拳道的步法在实战中的重要意义

(1) 表现在步法是连接技术动作的关键环节。跆拳道实战中，不论是进攻、防守，还是防守反击动作，绝大多数是在运动中完成的，因此需要灵活、快速、敏捷、多变的步法连接技术，以保证后面技术动作的完成和发挥，否则就会处于被动挨打的地位。

(2) 通过灵活多变的步法移动，使对方的进攻或防守落空，同时自己抢占有利的攻击或防守位置，搂反击创造条件。

(3) 灵活多变的步法可以保持身体姿势的平衡，因为身体只有在相对平衡的状态下，才能更有力、更有效地攻击对方，达到攻击目的。跆拳道的实战是在运动中进行的，没有正确、灵活、多变的步法，就难以取得实战的胜利。

(4) 灵活机智地运用多种步法，可以给对方心理造成压力，使对方产生无所适从的感觉，为战胜对方创造条件。

（五）跆拳道基本踢法

跆拳道以腿法的攻击为主，被世人称为踢的艺术。尽管跆拳道有站踢、助跑踢、转踢和飞踢等不同类型的腿法，但最基本的腿法是前踢、侧踢、后踢、抡踢、下劈、勾踢和旋踢等。

1. 前踢

前踢是跆拳道最基本的腿法之一。前踢技术在跆拳道比赛中很少运用，主要运用于自卫或跆拳道基础练习中。

动作方法：实战姿势站立，右脚向后蹬地，身体重心前移至左脚；右脚蹬地顺势屈膝提起，左脚以前脚掌为轴外旋约 90°，同时，右腿迅速以膝关节为轴伸膝、送髋、顶髋，把小腿快速向前踢出，力达脚尖或前脚掌。踢击目标后右腿迅速放松弹回，落回原地仍成左势实战姿势（图 13-2-19）。

动作要领：①膝关节上提时大小腿折叠，膝关节夹紧，小腿和踝关节放松，有弹性；②踢击时顺势往前送髋；高踢时往上送髋。

易犯错误：①直腿上撩，大小腿没有折叠，膝关节不夹紧；②体后仰过大，失去平衡；③踢击目标时向前用力，与推踢动作混淆；④踢击目标时向前用力，与推踢动作混淆。

图 13-2-19

实战作用：可用于攻击对手的裆部、下颌等部位。

例一：双方对峙，攻方调整好距离，见图 13-2-20①；主动运用前踢腿进攻对方的裆部（非比赛的情况下），见图 13-2-20②。

例二：双方对峙，攻方运用前踢假动作进攻，见图 13-2-21①，待对方向后退守时，突然以后踢进攻对方的胸部；见图 13-2-21②。

图 13-2-20

图 13-2-21

2. 侧踢

动作方法：实战姿势站立见，见图 13-2-22①；身体重心前移，右腿屈膝上提，见图 13-2-22②；左脚尖勾起，以前脚掌为轴外旋约 180°，见图 13-2-22③；同时，迅速伸膝发力，右脚直线向有前方踢出，力达脚外侧或整个脚掌，见图 13-2-22④；踢击动作完成

图 13-2-22

后，右腿迅速放松按出腿路线返回，成实战姿势站立，见图 13-2-22⑤。

动作要领：提膝后尽量收紧膝关节；重心往前移，利用身体的重量为力量；推的时候腿往前伸展、送髋；推的路线水平往前。推踢的攻击目标是腹部。

易犯错误：①收腿不紧，直腿起，容易被阻截；②上身太直重心往下落，腿不能水平前推；③上身过于后仰，重心不能前移，不利于衔接下一个技术。

实战作用：用于进攻对方头部、面部、胸部、腹部和肋部。

例一：双方开式站立，见图 13-2-23①；攻方调整距离以侧踢进攻对方胸部，见图 13-2-23②。

例二：双方闭式站立，见图 13-2-24①；攻方以右横踢进攻对手胸部，对手在准确判断对方动作意图的前提下，抢先以右腿侧踢进攻对方腹部或头部阻截对方，见图 13-2-24②。

图 13-2-23

图 13-2-24

3. *后踢*

后踢是跆拳道巾的转身攻击技术，比赛中，可以直接用于反击或与其他动作相配合进攻，运用得当会给对手以重创：

动作方法：

实战姿势站立，见图 13-2-25①；右脚蹬地，身体重心移至左腿，右脚以前脚掌为轴，脚跟向内旋转；同时，左脚以前脚掌为轴，脚跟向外旋转 180°，使脚跟正对对手方向，成背向对方姿势，见图 13-2-25②；此时，右脚蹬地提起，左腿支撑，右腿大小腿折叠，髋关节收紧，脚尖勾起，见图 13-2-25③；右肩微下沉；随即，迅速向后展髋、伸膝沿直线向后蹬踢，上体侧倾，力达脚跟，见图 13-2-25④；动作完成后，上体右转，右脚向前落步成右实战姿势站立，见图 13-2-25⑤。

图 13-2-25

动作要领：

(1) 起退后上身于小腿折叠成一团。

(2) 动作延伸，用力延伸。

(3) 转身，踢膝，出腿一次性完成，不能停顿。

(4) 击打目标在正前方稍偏右。

易犯错误：①上身，大小退不折叠，直腿往上撩；②转身，踢腿有停顿，不连贯；③击打成弧线，旋转发力；④肩，上身跟着旋转，容易被反击。

实战作用：可用于进攻对方胸部、腹部或头部，也可以用于反击对方的进攻。

例一：双方实战姿势站立，见图 13-2-26①；攻方突然上步，见图 13-2-26②；以后踢进攻对方的腹部，见图 13-2-26③。

例二：双方开式站立，见图 13-2-27①；攻方以横踢攻击，对手在准确判断对方动作意图的前提下以后踢反击对方的胸部，见图 13-2-27②。

4. 横踢

动作方法：从格斗势开始（右脚在后），身体左转，左腿屈膝上提，高与腰平，膝内扣，脚面绷平，同时左脚外展。然后，上体侧倾，以膝关节为轴迅速伸膝发腿，用脚背弧形踢击对方的头部。见图 13-2-28。

动作要领：支撑脚以前脚掌为轴，随横踢动作逐渐外展。抡踢时以腰发力，腹部展开，以防因屈髋使力量的传递受阻。抡踢攻击的主要部位是上击头面部，中击躯干，下击腿部。

易犯错误：①支撑脚不是随身体转动逐渐外展；②身体侧倾过大；③屈髋收腹；④动作不连贯。

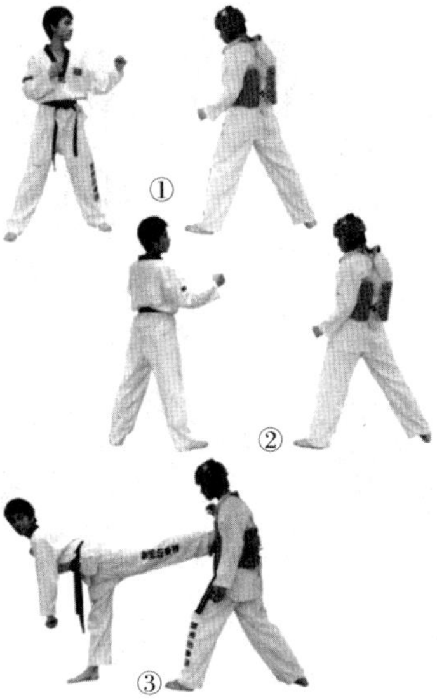

图 13-2-26

图 13-2-27

图 13-2-28

实战作用：可以用于攻击对方的头部、躯干及大、小腿部位。

例一：双方开式站立，见图 13-2-29①；攻方突然以横踢腿进攻对方的头部或腹部，见图 13-2-29②。

例二：实战中，对方以横踢腿进攻对手腰部，见图 13-2-30①，对方向后撤步防守；同时，以横踢腿反击对方的腹部，见图 13-2-30②。

例三：实战中，对方以前腿下劈踢进攻对方头部，见图 13-2-31①，对方向右侧跳换步闪开对手攻击；同时，以横踢反击对方的腹部或头部，见图 13-2-31②。

5. 下劈踢

下劈踢是跆拳道技术巾杀伤力较大的腿法之一，也常作为跆拳道的招牌腿法动作，比赛中得分率较高，主要用于攻击对方的又部、而部、肩部。比赛巾，运用得当会给对方造成重创。

动作方法：实战姿势站立，见图 13-2-32①；右脚蹬地，身体重心前移至左脚。同

图 13-2-29

图 13-2-30

图 13-2-31

时，以左脚支撑，右腿以髋关节为轴屈膝抬起，两手握拳置于胸前，见图 13-2-32②；右脚快速上举过头顶，左髋关节上送，右膝伸直贴近上体，随即，右腿迅速向前下方劈落，力点达脚跟或前脚掌，见图 13-2-32③；动作完成后小腿放松下落成实战姿势站立，见图 13-2-32④。

动作要领：腿尽量往高、往头后举，要向上送髋，重心往高起；脚放松往前落，落地要有控制；起腿要快速、果断；踝关节要放松。劈腿的主要攻击部位有头项、脸部和锁骨。

图 13-2-32

易犯错误：①起腿不够高，不够充分，重心不往高起；②踝关节紧张，往下压太用力；③重心控制，腿控制不好，落地太重；④上身后仰太多，应随重心一起前移，保持直立。

实战作用：用于进攻对方头、面、肩等部位，也可以用于反击对方。

例一：双方闭式站立，见图 13-2-33①；攻方调整距离以下劈踢进攻对方的头部，见图 13-2-33②。

例二：双方闭式站立，见图 13-2-34①；进攻对方用横踢进攻对手胸部或头部时，对方抢在对手前面以前腿下劈踢反击对方头部，见图 13-2-34②。

6. 推踢

推踢属于直线型腿法技术。它具有动作突然、起动较快的特点。实战巾，主要用于阻截对方的进攻或与其他动作配合进攻，一般情况下推踢很少能够直接得分。

图 13-2-33

图 13-2-34

动作方法：实战姿势站立，见图 13-2-35①；右脚蹬地，身体重心移至左脚；随即，右腿大小腿夹紧屈膝提起，见图 13-2-35②；左脚以前脚掌为轴外旋约 90°，上体略后仰；同时，右腿以膝关节为轴迅速向前蹬出，力达脚掌，见图 13-2-35③；动作完成后右腿放松回收，成实战姿势站立。见图 13-2-35④。

动作要领：提膝时，大小腿应夹紧。推踢时，腿法运行的路线应是水平向前的；推踢时，髋关节应向前送，应利用身体重心的前移来加大腿法的力量。

实战作用：用于进攻对方的胸部或用于阻截对方的进攻动作。

例一：双方闭式或开式站立，见图 13-2-36①；攻方用横踢攻对手，对手抢先用推踢进攻方的胸部破坏对方的进攻动作，见图 13-2-36②。

图 13-2-35

例二：比赛中，攻方以转身动作（后踢或后旋踢）进攻或反击时，对方以推踢抢先攻击其后背或臀部破坏攻方的进攻动作，见图 13-2-37。

7. 勾踢

勾踢也称为侧摆踢，是跆拳道巾侧向进攻技术，主要用于攻击对方头部的侧面，实战中，运用得当也会给对手带来重创。

动作方法：实战姿势站立，见图 13-2-38①；有脚蹬地，身体重心前移至左脚，以左脚支撑，右腿屈膝提起，见图 13-2-38②；左脚以前脚掌为轴，脚跟向内旋转约 180°，右腿膝关节提起并向左内扣，右小腿由外向内伸出，伸直后以脚掌为力点向右侧摆击，身体随之侧

图 13-2-36

图 13-2-37

倾，见图 13-2-38③；动作完成后右腿放松回收成实战姿势站立，见图 13-2-38④。

图 13-2-38

动作要领：提膝，伸直，右侧屈膝鞭打动作要连贯快速，没有停顿；击打点在体前偏右侧，以脚掌为击打点；左脚旋转支撑在保持平衡，踹击后迅速将腿收回。勾踢攻击的主要部位是头面部和腹胸部。

易犯错误：①身体过于后倒；②勾踢时仅靠大小腿勾摆，腰部无力，脚走的弧线过大；③身体紧张，动作僵硬。

实战作用：主要用于进攻对方头部、面部、胸部，也可以用于反击对方。

例一：双方闭式站立，见图 13-2-39①；攻方整距离以勾踢进攻对方的面部，见图 13-2-39②。

例二：双方开式（或闭式）站立，见图 13-2-40①；对方以横踢攻对手，对手以前腿勾踢反击其头部，见图 13-2-40②。

8. *后旋踢*

后旋踢同后踢一样，均属于转身腿法，动作相对较为复杂。后旋踢也是比赛巾常用的技术，应用时，可以直接用于进攻也可以与其他技术配合用于进攻，还可以用于反击，运

图 13-2-39

图 13-2-40

用得当往往会重创对方。

动作方法：实战姿势站立，见图 13-2-41①；身体重心移至左脚，同时，以左脚为轴内旋约 90°，左膝关节内扣，右脚前掌蹬地外旋，背向对手，见图 13-2-41②；动作不停，右脚蹬地起腿，以腰部带动身体向有后转动；同时，右腿随转体向有上方屈膝提起；随即用右脚掌自左向右弧线踢击，接近目标时右腿伸直，力达脚掌，见图 13-2-41③；动作完成后恢复实战姿势站立，见图 13-2-41④。

图 13-2-41

动作要领：膝关节夹紧，向前提膝，尽量走直线；支撑脚外旋 180°；髋关节往前顺，身体与大小腿成直线，严格注意击打的力点正脚背；踝关节放松，击打的感觉是“面团”、“鞭梢”。横踢攻击的主要部位有头部、胸部、腹部和肋部。

易犯错误：①膝关节不夹紧，大小腿折叠不够；②外摆的弧形太大；③上身太直、太往前、重心往下落；④踝关节不放松，脚内侧击打。

实战作用：用于进攻对方的头部、颈部和胸部，也可以用于反击对方。

例一：实战中，攻方以横踢进攻对方头部，被对方躲闪或防守后，见图 13-2-42①；迅速连接后旋踢进攻对方的头部，见图 13-2-42②。

例二：双方开式站立，见图 13-2-43①；攻方以右腿横踢攻对手（或双方闭式，攻方以左腿横踢攻对手），对手在准确判断对方动作意图的前提下，以后旋踢反击对方的头部，见图 13-2-43②。

图 13-2-42

图 13-2-43

9. 双飞腿

双飞踢是在跆拳道实战中，将两次或多次的横踢动作在腾空状态下的快速组合。双飞踢有动作突然、得分率高的特点，按动作完成的先后顺序可以分为前腿双飞踢和后腿双飞踢两种。

（1）前腿双飞踢

动作方法：实战姿势站立，见图 13-2-44①；右脚向前垫步；同时，左腿向前做前腿横踢动作，见图 13-2-44②；在左腿动作即将完成之际右腿向前起跳做横踢动作，见图 13-2-44③④；动作完成后，两腿放松成实战姿势站立，见图 13-2-44⑤。

图 13-2-44

（2）后腿双飞踢

动作方法：实战姿势站立，见图 13-2-45①；身体重心移至左脚；同时，右腿向前做横踢动作，见图 13-2-45②；在右腿动作即将完成之际左腿向前起跳做横踢动作，见图 13-2-45③④；动作完成后，两腿放松成实战姿势站立，见图 13-2-45⑤。

图 13-2-45

动作要领：双飞踢动作要连贯，一般情况，第一次击打要比第二次击打力量小，这样有利于双腿的连贯发力；击打时，髋关节应充分前送，膝关节和小腿要放松，上体要随之转动，小腿犹如鞭子一样向前摆击；双飞踢动作方向应是向前而不是向上；完整练习时，身体要放松，动作起动要快。

实战作用：

例：双方实战姿势站立，见图 13-2-46①；攻方突然用前腿双飞踢分别进攻对方的胸部和头部，见图 13-2-46②③④。

图 13-2-46

（六）跆拳道三类实战姿势

施战姿势也称之为准备姿势，它是指跆拳道比赛中，运动员运用技法进攻或防守时的预备动作。

跆拳道的实战姿势可以分为三种类型，即标准实战姿势、侧向实战姿势和低位实战姿势。运动员在比赛时以根据对手的情况来删节相应的实战姿势，练习时，左腿在前称为左实战姿势，右腿在前称为右实战姿势、标准实战姿势。

（1）标准实战姿势

动作方法：两脚前后开立，两脚之间的距离是本人肩宽的 1.5 倍，脚尖斜向前方 45°，前脚掌支撑，后脚跟抬起，两膝微屈，身体重心落于两脚之间，身体放松，右手握拳置于胸前，高度应距下颌约一拳左于握拳置于左前方，高度与肩同高，左手肘关节角度应大丁或等于 90°上体保持正直，目视前方。见图 13-2-47、图 13-2-48。

左势正面　　左势侧面

图 13-2-47

右势正面　　右势侧面

图 13-2-48

动作要领：实战姿势时，身体要放松，两膝要微剧，做标准实战姿势时，两腿不要站在一条直线上两侧以便保持身体平衡，使身体时刻处于待发状态侧向实战姿势。

（2）侧向实战姿势

动作方法：身体完全侧向，两脚间距离为肩宽的 15～2 倍，两脚在一条直线，其他同标准实战姿势、侧向实战姿势适用于侧踢、后踢等腿法。见图 13-2-49。

（3）低位实战姿势

动作方法：低位实战姿势站立时，上体微向前倾，两腿屈膝的角度加大，身体重心降低，两脚间隔为肩宽的 1.5～2 倍，其他同标准实战姿势，低位实战姿势适用反击技术。如：后踢、后旋踢的反击。见图 13-2-50。

五、规则简介（比赛方法）

（一）场地

跆拳道比赛的场地是 12 米×12 米水平的、无障碍的正方形场地。比赛场地应为有弹性的垫子。

（二）参加比赛的运动员资格（略）

图 13-2-49

图 13-2-50

（三）跆拳道比赛的体重级别与称量

1. 跆拳道比赛的体重级别与称量

	级别	男子	女子
Fin	（鳍量级）	54 公斤以下	47 公斤以下
Fly	（蝇量级）	54～58 公斤	47～51 公斤
Bantam	（雏量级）	58～62 公斤	51～55 公斤
Feather	（羽量级）	62～67 公斤	55～59 公斤
Light	（轻量级）	67～72 公斤	59～63 公斤
Welter	（次中量级）	72～78 公斤	63～67 公斤
Middle	（中量级）	78～84 公斤	67～72 公斤
Heavy	（重量级）	84 公斤以上	72 公斤以上

2. 奥委会跆拳道比赛的体重级别

男子	女子
58 公斤以下	49 公斤以下
58 公斤～68 公斤	49～57 公斤
68 公斤～80 公斤	57～67 公斤
80 公斤以上	67 公斤以上

[注] 第一次称重不合格时，在规定的称重时间内，可以再给一次称重机会。

（四）比赛种类与方法

(1) 比赛的种类：跆拳道比赛的种类分为个人赛和团体赛两种。

(2) 比赛的方法：跆拳道比赛采用单败淘汰和循环赛两种形式。

(3) 比赛的时间：跆拳道比赛比赛为 3 局，每局比赛的时间为 3 分钟。局间休息 1 分钟。青年锦标赛每场比赛为 3 局，每局比赛为 2 分钟，局间休息 1 分钟。

（五）跆拳道比赛中的犯规行为

1. 比赛中任何犯规行为都由主裁判判罚。
2. 如属于多重犯规时，选择严重的一项进行处罚。
3. 处罚分为警告和扣分两种。
4. 警告 2 次扣 1 分，警告次数为奇数时最后一次不记。

5. 扣分1次扣除1分。

6. 裁判警告的犯规行为。

(1) 接触行为：①抓住对手。②搂抱对手。③推对手。④用躯干贴靠对手。

(2) 消极行为：①故意越出警戒线。②转身北向对方逃避进攻。③故意倒地。④伪装受伤。

(3) 攻击行为：①用膝部顶撞对手。②故意攻击对手的裆部。③故意蹬踏对手的腿部和脚。④用掌和拳击打对手面部。

(4) 不当行为：①教练员或运动员示意扣分获得分。②教练员或运动员有不文明语言或不得体行为。③比赛中教练员离开规定位置。

7. 判罚扣分的犯规行为。

(1) 接触行为：①抱摔对手。②抓住对手进攻的脚故意将其摔倒。

(2) 消极行为：①越出边界线。②故意拖延比赛时间。

(3) 攻击行为：①攻击倒地的对手。②故意击打对手后脑或后背。③用手重击对手面部。

(4) 不当行为：教练员或运动员有严重的过激表示或行为。

8. 运动员违背竞赛规则和故意不服从裁判员时，主裁判有权直接判其“犯规败”。

9. 犯规累计扣3分者，判其“犯规败”。

10. 警告和扣分按三局累计。

(六) 跆拳道比赛结果的判定

1. 击倒胜（K.O胜）

2. 主裁判终止比赛胜（RSC胜）

3. 比分或优势胜（判定胜）

4. 对方弃权胜（弃权胜）

5. 对手失去资格胜（失格胜）

6. 主裁判罚犯规胜（犯规胜）

第三节 防 身 术

一、防身术简介

防身术是一项运用踢、打、摔、拿等武术技击方法，以制服对方，保护自己为目的的专门技术。防身术中的奇妙招法，实质上是中华武术的精华“集锦”。它把武术中各种适合实践应用的招法分离出来，经过摘编、加工、提炼、创造、完善，使其成为一种散招，并具备简单、实用、易记、易学的特点。

如何了解和掌握一些防身术的巧招，以自己的智慧、胆量、秘技、巧招、猝然偷袭，即可迎刃而解，从而达到御敌防身之目的。这需要在武术教学中，帮助大家理解防身术的目的、任务和在社会生活中的意义与作用，懂得训练的基本原理，学会防身自卫所需要的基本技术、技能和训练的方法。

防身术的教学内容主要是提供一些防身术的基本姿势、拳法、肘法、腿法以及一些巧招。动作以单一性动作为主，怎样合理的运用，需在教学中要求做到“一狠”“二全力”“三准确”。战胜歹徒讲究“一招制敌”。

二、防身术动作方法

（一）自卫搏击的基本姿势

侧身是自卫与遭遇其他不测时必须注意的。道理很简单，只有侧身，才可能尽量少的暴露易遭攻击的部位。这种侧身是两腿一前一后，屈膝、脚掌着地。两手握拳一前一后。见图 13-3-1。

（二）拳是人最主要的攻击武器

手是最灵活的，在攻防格斗中，手的威力又最大，而手的攻击形式以拳为主。

1. 直拳

又称冲拳，主要是直线用拳直接攻击对方面部和胸部。见图 13-3-2。

2. 勾拳

又称抄拳，主要走弧线或直线，由下方用拳面击打对方腹部、下颌等。见图 13-3-3。

图 13-3-1

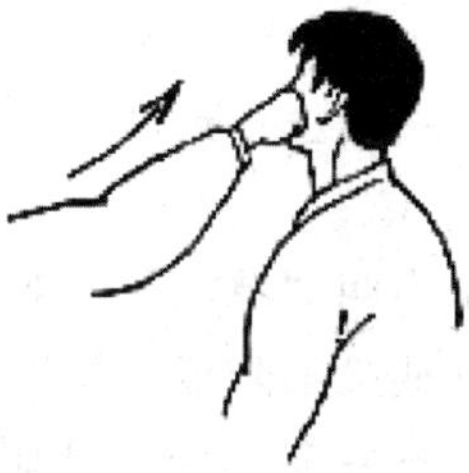

图 13-3-2

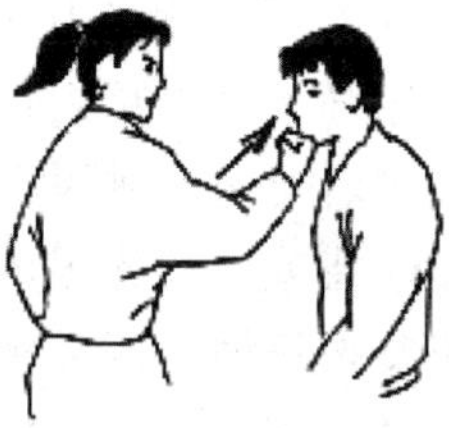

图 13-3-3

3. 劈拳

由上往下，以拳外背棱或指棱攻击对方面部的拳法。见图 13-3-4。

4. 鞭拳

由左右以拳背攻击对手头部的拳法。见图 13-3-5。

图 13-3-4

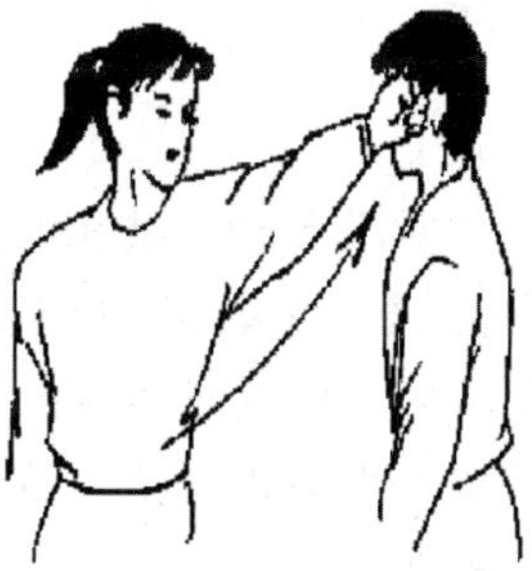

图 13-3-5

（三）防身术手的用法

学生应该懂得用拳攻击是自卫的一种方法。但拳是由手构建的。怎样灵活运用手，运用拳需要在实战中变化运用。如手可变成虎爪、撮勾、单指、金剪指、双指、金铲指、倒夹等，可用来戳击对方眼睛、咽喉、腋下等要害部位。见图 13-3-6。

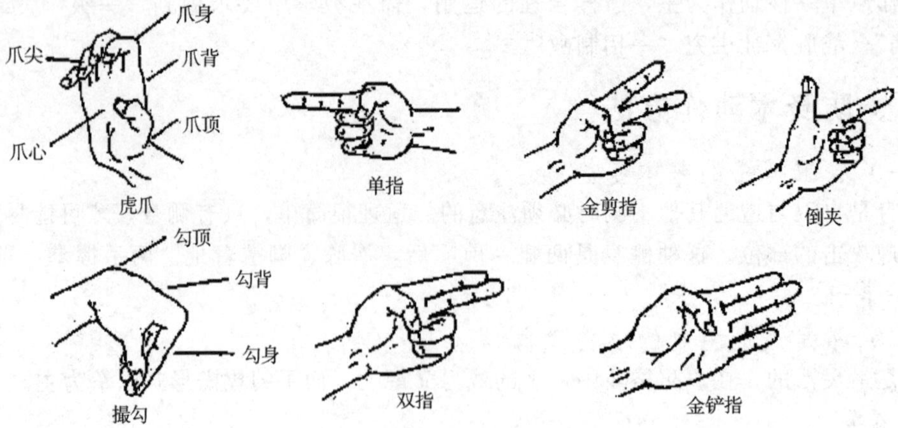

图 13-3-6

（四）掌、爪攻击面部、眼睛的技法

被歹徒按压时，如手未被按压，可张开手掌，以掌根猛击歹徒鼻梁。轻者鼻血长流，重则可致昏厥。这一掌在武术中叫迎面掌（图 13-3-7）。迎面掌到位后，张开的五指以指甲贴其面抓下，武术中这一招叫“迎面贴金”，又叫“洗脸炮”。轻则抓破眼睑，泪流不止，眼睛睁不开，重则伤及眼球。这一招虽不致命，但使用方便，乘歹徒一时丧失施暴能力，自卫者可及时逃脱。见图 13-3-8。

以一指或二指叉眼的方法在武术中叫“单放”、“双放”或“二龙戏珠”（图 13-3-9）。在被歹徒按压时，因为距离极近，歹徒又不防范，使用单指叉眼，双指叉眼的技法则是非常有效的（图 13-3-10）。事实上，只要能叉中歹徒眼睛，并不拘泥于用单指还是双指，用五指亦可，用双手双指亦可。前提是要视使用的熟练程度和当时两手自如情况而定。

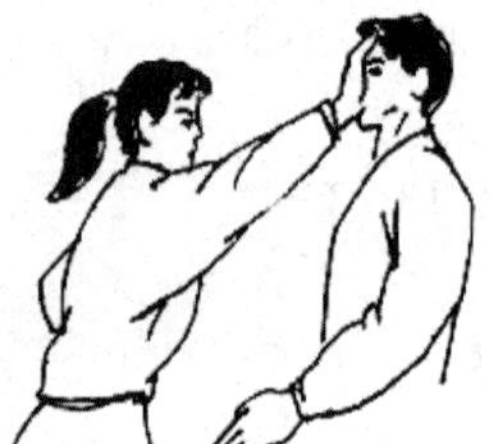

图 13-3-7

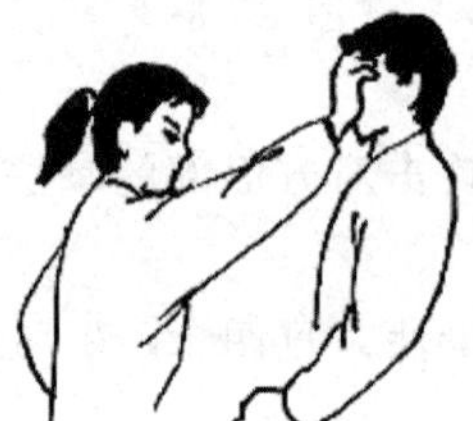

图 13-3-8

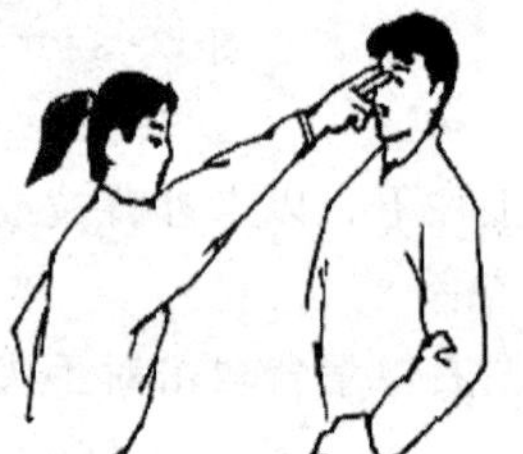

图 13-3-9

用大拇指勾托住对手下巴，以食指、中指尖压插进对手眼球上部，掏断其双目，是娥眉派僧门绝技，称为“鸿门设宴”（图 13-3-11）。使用此招的前提是：暂时封住对方双手，最好利用地形环境等使其身体被控制住，双手不能救，身体不能脱逃，头部被大拇指固定跟随，给也要给，不给也要给。这一招被称为“鸿门设宴”，是毒中之毒的招法，但对凶狠的歹徒不必慈悲。

双手采用坐姿时，被抓、被抱，甚至主动攻击，这些招法都可以使用，站姿时，只要高差不大，不致够不到歹徒面门，也可以使用。

（五）用肘攻击

肘法属于近距离击打的技法。由于肘部的生理构造特点，击打力量较之其他手法（掌、拳等）要重、要狠，比较适合女性用于自卫。

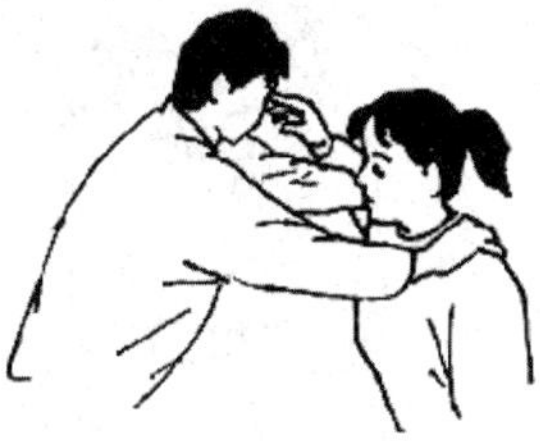

图 13-3-10

图 13-3-11

1. 顶肘

肘部平抬，屈臂，肘尖向前，发力时蹬腿、送髋，同时另一手大臂向另一侧也产生一股伸张力。蹬腿、送髋、大臂猛伸张，三股力用好了，顶肘动作就完美了。顶肘是以肘尖攻击，女性自卫时用以顶击对方腋下，效果最好。顶肘发力距离短，又无旋转助力，练习时难度大些。见图 13-3-12。

2. 挑肘

前臂回收弯屈，肘尖由下向前上挑击。发力时蹬腿、旋转身体要领同直拳、勾拳。挑臂动作同勾拳、挑肘可用于击打对方胸腹部。见图 13-3-13。

3. 横肘

横肘动作主要是两股力，一是蹬腿，二是旋转身体。大臂向前横移，实际上也是旋身之力的延长。横肘是以肘尖击打对方，适于攻击对方太阳穴、后脑、耳门、颈部以及胸肋等。见图 13-3-14。

4. 砸肘

手臂上抬，肘尖朝前上，砸击时身体迅速下沉，肘由上往下砸击。身体下沉与手臂砸击两股力合而为一。砸肘多用于对方抱腰、腿时砸击其后脑、腰部。见图 13-3-15。

图 13-3-12

图 13-3-13

图 13-3-14

图 13-3-15

5. 反手顶肘

手臂略上抬，身体迅速下沉（但幅度没有砸肘大），同时两肘向后顶击，力达肘尖。顶肘主要用于攻击背后之敌肋、腹部。见图 13-3-16。

6. 反手横肘

手臂平抬，蹬腿，身体旋转发力，同时手臂随旋转方向向后横向猛击，力达肘尖。反手横肘主要用于攻击背后之敌面部、太阳穴等。见图 13-3-17。

（六）用膝法攻击

膝的力量极大，用力量极大的膝攻击男性毫无承受打击能力的要害部位裆部，可说是

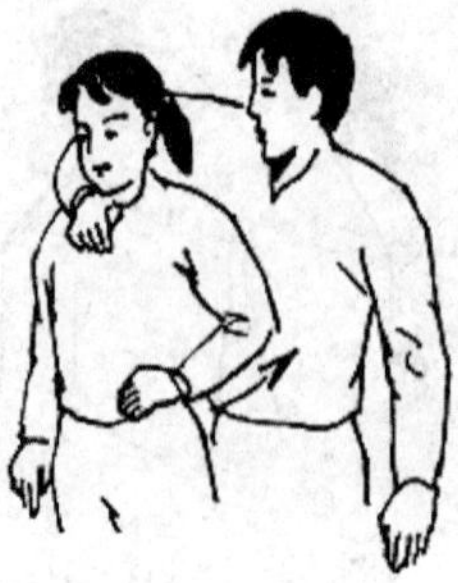

图 13-3-16

图 13-3-17

杀鸡用了牛刀。以膝攻击裆部还有另外两个好处，一是距离短，这就保证了攻击可以很快地在瞬间完成；二是角度小，攻击准备和攻击过程都可以很隐蔽。

用膝攻击距离一定要近，因为用膝与用腿不同，膝比大腿小腿之和肯定短了许多，不到位或勉强到位，对手稍微弯腰一弓身就化解了。

1. 提膝

又称顶膝，要领是膝腿上抬，动作要猛，并以双手拉住对方帮助发力（图 13-3-18）。提膝是女性用以攻击的利器。提膝时可用手帮助发力。

2. 侧撞膝

侧撞膝分为左侧撞膝和右侧撞膝。左侧撞膝是左膝上抬，由左向右侧撞击。动作要领是，微倒身，扭髋内转，两手可抓住对方帮助发力。右侧撞膝动作与左侧撞膝相反。

（七）女子防身的适宜腿法

腿法可分为屈伸性腿法和直摆性腿法。直摆性腿法（如摆腿、后扫腿等）难度较大，未经长期特殊练习，不会有任何威力。考虑女子各方面的条件，还是用屈伸性腿法自卫比较合适。

选用腿法有：

1. 蹬腿

蹬腿时，一腿支撑，一腿膝上抬，同时向前蹬出。蹬腿要领是脚尖要勾，力达脚跟。蹬腿时身体不可前后俯仰，要脆快有力，蹬出后迅即收回。见图 13-3-19。

图 13-3-18

图 13-3-19

2. 弹腿

一腿支撑，一腿提膝，同时膝关节由屈到伸，向正前方弹踢出腿。脚背绷直，力达脚背。弹踢时要脆快有力。见图 13-3-20。

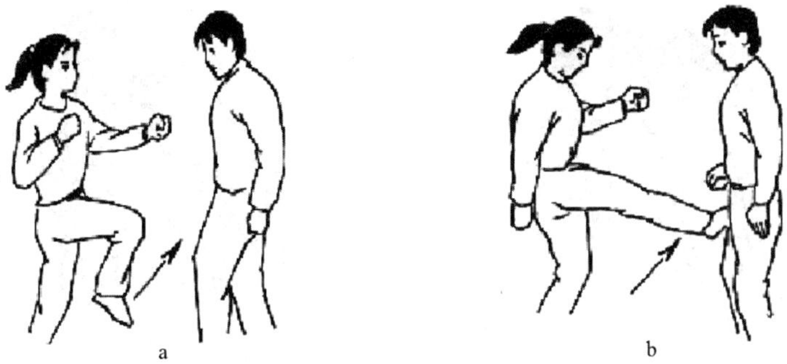

图 13-3-20

弹腿又可分为正弹腿、侧弹腿、低弹腿、中弹腿、高弹腿等。女性自卫一般多用正弹腿攻击裆部。

3. 踹腿

踹腿又可分为正踹、侧踹。

正踹时，一腿支撑，一腿提膝稍上抬，上抬之腿脚尖外摆，向前下方猛力踹击，力达脚跟。正踹腿一般用于攻击对手胫骨（小腿骨）。见图 13-3-21。

侧踹时，先转体，一腿上抬，屈膝，勾脚尖，由屈到伸向前踹击，力达脚跟。低侧踹腿可用于攻击对方胫骨（见图 13-3-22）膝关节；中侧踹腿可对方裆部、腹部。见图 13-3-23。

图 13-3-21

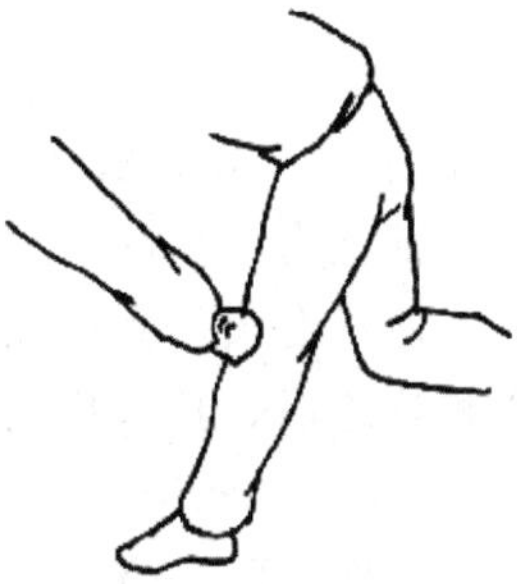

图 13-3-22

图 13-3-23

（八）用头部攻击

以额头为武器攻击对手，在武术中被称为头锋。头部虽然最多要害薄弱部位，但头部也有坚实的区域，这就是前额。有人做过试验，人的前额能承受一千公斤的压力。徒手对前额的攻击，如无特殊功力，一般都是攻击一方受伤。而以头锋击人，却颇见威力。

头锋攻击，主要用于撞击对手面部和胸部，一般而言，撞击面部效果较好。撞击面部要瞄准鼻梁处三角区，千万不能撞在对方前额上，形成互伤。见图 13-3-24。

（九）仰卧被按压时可采用的技法

倒地后成仰卧姿势，被歹徒按压。这时歹徒可能站着，可能跪着，可能坐着，也可能趴着，可能骑在女性身上，也可能卧靠在旁边，仅以上身压着仰卧者；可能抓领，可能抓肩，可能搂脖，也可能掐喉。但是不管处于上述哪种情况，都要尽可能地采取攻其要害、一招制敌的抬腿蹬击裆部方法。这时可能采取的直接攻击的方法有：

（1）对方是分跨于仰卧者身体站立，而俯身抓、掐、压制仰卧者，仰卧者可抬腿蹬击

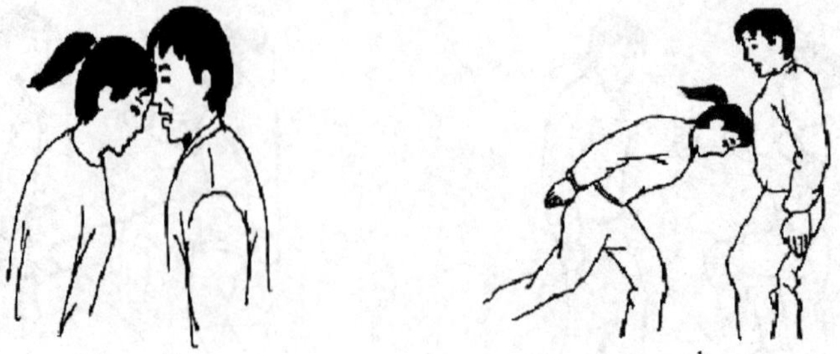

a　　　　b

图 13-3-24

其裆部。要领是要抬起腰、臀，用出将身体送出去的力量猛蹬。见图 13-3-25。

（2）对方手肘抬起，露出腋下，可用掌夹、风眼捶、勾手等猛击其腋窝。见图 13-3-26。

（3）直接戳击对方眼睛和戳击对方咽喉，有意想不到的效果，因为这时距离很近。见图 13-3-27。

图 13-3-25

图 13-3-26

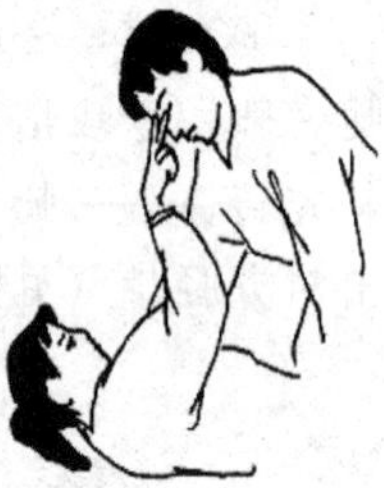

图 13-3-27

（4）如果手臂未被压住，对方的手臂又未形成阻隔（多在抱胸腰时），可用肘尖横击其太阳穴。要点是要用上腰腹之力、旋臂之力。见图 13-3-28。

（5）如歹徒强行亲吻仰卧者，可抓住机会咬掉其鼻尖或舌尖。但要注意的是，被咬伤后的歹徒可能更丧心病狂。因此要在狠咬之后，趁其负痛一时失智的机会，连续进攻，再对其要害部位实施攻击。见图 13-3-29。

（6）以头锋撞其鼻梁，抬头要猛。见图 13-3-30。

图 13-3-28

图 13-3-29

图 13-3-30

（十）被抱时怎么对付

1. 正面被抱腰时肘击太阳穴最为便捷

正面被对手抱腰，但手臂未同时被抱住，是以肘部攻击对方太阳穴的最好时机。一旦歹徒双手抱住你的腰，他的头部就全部暴露而失去防护了。这时，你可以佯装拒绝他的亲吻等，使上身后仰，造成攻击距离（见图 13-3-31）。接着猛然收腹、旋身、挥臂，以肘部猛击其太阳穴（见图 13-3-32）。以肘攻击歹徒太阳穴最好采用连续攻击法，一气呵成。见图 13-3-33。

图 13-3-31

图 13-3-32

图 13-3-33

2. 正面被抱腰时攻击其眼睛，折其手指。

正面被抱腰时因为手臂未被抱住，所以这时也可以采用叉眼，戳喉等方法。见图 13-3-34。

如果只求解脱，可采用折手指技法。见图 13-3-35。

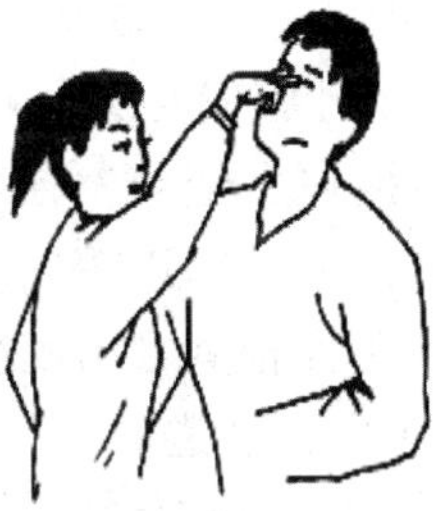
图 13-3-34

图 13-3-35

3. 背后被抱时怎样对付

(1) 后腰被抱。抬手以反手横肘向后猛击对方太阳穴，当然别忘了蹬腿，身体旋转发力，力达肘尖（图 13-3-36）。反方向折其拇指或小指（图 13-3-37）；以脚跟猛跺其脚面。图 13-3-38。

图 13-3-36

图 13-3-37

图 13-3-38

(2) 连手臂后腰被抱。被抱者可伸手抓、握、提对方的睾丸（图 13-3-39）。因对方注意力在上部，很有隐蔽性，成功可能性很大。需要注意的是，反手掏出，务要准确。如果歹徒抱住的是腰际，那么歹徒必然弯腰，头较低，这时可猛仰头以后脑击其面部。见图 13-3-40。

图 13-3-39

图 13-3-40

（十一）头发被抓扯时采用的技法

（1）当女子被人从正前方抓住头发往前拖扯之时，切勿与抓扯者的抓扯力相抗，以免头皮受伤。抓扯者拖带一般朝上向下前方，女子的头不能抬起，头、眼也朝着这个方向。外行抓扯人一般都是身内拖带，因此裆部要害部位便全部暴露，并正处于被抓扯者面对的方向。这时，应趁被抓扯俯身向前窜而站立不稳之机，借着抓拉之力，借着惯性，将膝头高提，以提膝的打法猛撞歹徒裆部。见图 13-3-41。

尤其要注意的是：很多人抓扯别人头发都有抓住前后推拉的习惯。在他推时，应顺其力后仰或后退，以免受伤；在他拉时，则借其力冲过去提膝攻击。千万不要和歹徒硬抗是关键。

（2）当女子侧立被人扯拖头发时，可顺其力侧身弯腰靠近对方，顺势发撩掌击其裆部，然后以手抓握其睾丸（图 13-3-42）。歹徒有时会揪住女子头发拖着往前走，这时女子是在歹徒的背侧位置，头已过其肘前，身在其肩后。这时，应以手掌自歹徒后裆猛地插入，使用掏裆法，握紧其睾丸后提。一手掏裆时，另一手抓抱其腰胯配合发力。

（3）头发被抓时抱住对方，可用一手掌心向上，四指直插进软肋（肋骨下），扣住肋骨往上扯，对方痛极自然会松手；或双手叠压于对方抓发之手背部，上体前倾弯腰下压（图 13-3-43）或击打对方肘部曲池穴等，对手也会松手。但这些方法都是解脱之法而非致命之法，似不宜用于对付歹徒。

图 13-3-41

图 13-3-42

图 13-3-43

思考题：

1. 武术散手常用步法有哪些？
2. 简述跆拳道的运动特点。
3. 跆拳道的基本手型及基本拳法有哪些？
4. 跆拳道的基本踢法包括哪些？
5. 防身术动作方法有哪几部分？

第十四章　休闲娱乐运动

第一节　休闲运动概述

一、休闲运动简介

休闲运动这一概念最早使用是在如美国、日本等一些经济比较发达的国家。新中国成立以后，我国的休闲体育已经有了一定的发展，但受到当时经济条件和政治运动的影响，从而失去了休闲运动的最根本标志——普遍性和大众性。自改革开放以来，国民经济高速发展，人们生活水平有了大幅度的提高，从而建立起初步的休闲运动规模的概念。休闲运动的发展与同一个时期的社会、经济、文化发展密切相关，一个时期的社会、经济、文化越发达，休闲运动才会开展得越好。随着我国经济进入高速发展期，国民生活水平逐步提高，闲暇时间逐步增多，人们越来越关注自身的发展，特别是精神上的需求受到越来越多的人的关注。休闲运动自身所具备的功能与特征，在一定程度上满足了人们的精神需求，因其活动内容、形式的灵活多样受到越来越多的人的喜欢。

休闲运动是健康的体育运动与浪漫的文化追求相结合的一种休闲方式，是人们在余暇时间里，通过多种多样具有一定文化品位的运动，达到健身、娱乐、交往、自我实现等目的，进而满足个人身心发展需要的一种活动方式。休闲运动不仅能缓解压力，松弛过分紧张的情绪，更能张扬个性，追求品位与情趣，因此逐渐被人们接受和喜爱，成为人们文化生活的重要组成部分。

二、休闲运动的种类

（一）以运动形式划分

以运动形式来划分休闲运动主要包括户外运动、器械健身运动和自主休闲运动等。休闲运动并非是一种新的体育运动形式，是指人们利用余暇时间为了达到休闲、健身、消遣、娱乐等多种目的进行的各种身体活动方式。这些活动都需要参与者身体力行并掌握一定的技术技能知识。

（二）以组织形式划分

休闲运动的组织形式多种多样，以组织形式来划分既有群体组织性休闲运动，也有个体自由参与的休闲运动。既可以是经过严密策划，精心组织的活动过程，也可以是松散的、机动灵活的活动形式。

（三）以运动类别划分

现代社会，人们闲暇时间所参与的休闲运动，内容丰富多彩，项目繁多。根据休闲运动的特征，从动机和目的视角考察，可把休闲运动分为：健身健美、康乐游戏、竞争对抗、养生保健、探险拓展五个大类。通过这样的分类，可以把休闲运动从项目上细分开来，人们通过这六大类的选择进行自己需要的运动，是一种常见的分类方式。

(1) 健身健美类休闲活动的内容有健身、健美操、啦啦队、普拉提、体育舞蹈、街舞、瑜伽等，用于体型训练、减肥纤体，调节机能，是带有表演性、艺术性、技巧性的有氧运动。健身健美类休闲活动伴以节律强劲的音乐和豪迈奔放的舞姿，在放松身心、消除疲劳的同时，练就和塑造自己外在俊朗、内秀素质的充满生命力的健康形象，提高审美能力和增强审美情趣，以达到外在美和内在美的统一，展示出大自然赋予人类的体态美和体育活动的运动美。

(2) 康乐游戏类休闲活动有跳绳、钓鱼、风筝、踢毽子、打陀螺、轮滑、飞镖等。这些活动源于古代的民间游戏，历史悠久，在漫长的实践和传承过程中经过人们不断的修改、创新，发展成为现代颇具特色的项目。康乐游戏类活动最大的特点是具有明显的娱乐性，在活动中尽情玩耍，在玩乐中强身健体、陶冶情操、培育品格、开拓思维，感受身心愉悦的体验。

(3) 运动竞赛休闲运动有休闲竞技比赛、野外拓展、组队对抗等项目，具有技艺性、竞争性和规则性的特点。体育活动的竞技性赋予体育这一人类文明活动无限的魅力，吸引着人们广泛参与。通过竞赛活动展示自我、张扬个性，体现人类敢于创新、顽强拼搏、奋力争先的精神。通过竞赛对抗活动，满足竞争的心理，展示个人的智慧和才华，还可以从中学会正确处理人际关系，宣泄心中的郁闷，调整心态。

(4) 养生保健类活动有太极拳、八段锦、气功、五禽戏等，其特点是内向含蓄、自得其乐，在安逸的心境和清静的环境下，身心双修，在自由自在中养生。在传统文化思想中，无论是儒家、道家还是佛家，“天人合一、人与自然的和谐等养生的理念，形神兼备，调形生息、修身养性”等，是中国古代休闲养生追求的境界。养生保健类休闲运动是超然洒脱、颐养性情的好方法，是中老年群体健身保健的首选方式。通过调形保持筋络畅通，防御治疗疾病；以调息理顺呼吸系统，增强机体机能；通过调意畅快情怀心绪，孕育乐观向上的人生态度。

(5) 探险拓展类休闲活动有登山、野营、攀岩、蹦极、定向越野、漂流、溯溪、徒步穿越、驾车、自行车等项目，内容丰富、形式独特，具有体能训练、技能训练、生存训练、心理训练、人格训练和管理训练多方面功能。它是征服自然的活动，是返璞归真的游戏、是时尚一族的宠儿、是勇敢者的玩意儿，探险拓展类项目是休闲体育活动一枝璀璨的奇花异葩，吸引着众多热衷于冒险刺激、磨炼意志的运动休闲爱好者去探索、去体验，体现人生的价值。

通常情况下我们大多数学者都是以运动类别划分作为休闲运动的分类。总的来看，人们可以站在不同的角度划分休闲运动的种类，每种解释都是有依据的。社会正日趋多元化，不同国家、民族的文化对休闲运动产生强烈的影响，在世界任何角落都能发现与各种类型文化有关的休闲运动形式和种类。

第二节 轮 滑

一、轮滑运动简介

轮滑运动从滑冰运动过渡而来。据有关资料记载，最早的起源可以追溯到18世纪，它是由一个不知名的荷兰人所发明的。最初有位荷兰的滑冰运动员，为了在不结冰的季节继续进行训练，尝试把木线轴安装在皮鞋下，在平坦的地面上滑行，他的试验在不断失败和改进后终于取得了成功，创造了用轮子鞋“滑冰”的历史。从此轮滑运动在欧洲诞生、兴起并得到普及和较快的发展。

真正的轮滑是由美国的詹姆斯·普利姆普顿于1863年发明的。他创新地用金属轮子代替木质轮子，滑行起来具有更多的优越性，深受轮滑爱好者的欢迎。他的发明推动了各国轮滑运动的发展。

二、轮滑健身锻炼的价值

轮滑运动是一项深受广大青年所喜爱、有益于健康的体育项目。轮滑运动包含的运动项目较多，我们常见的有速度轮滑、花样轮滑、轮滑球和极限轮滑等等。它是一项对人们身心健康十分有益的体育运动项目。经常参加轮滑运动不但对改善人体的心肺功能、增强肌肉力量、培养灵敏的身体素质、提高身体的协调性和平衡能力起着积极的作用，也对培养集体协作的团队精神和勇敢顽强的心理品质有着良好的影响，同时它还能丰富人们的业余生活，陶冶人们的情操。轮滑教学内容主要以速度轮滑为主，包括轮滑运动的基本知识、基本技术和基本技能，在掌握基本技术的前提下，着重对学生进行各种滑行能力的培养，使其学会轮滑运动这一锻炼方法，为其今后更好地从事体育锻炼打下良好的运动基础。

三、热身运动

在训练或比赛开始之前先做几分钟的热身运动对身体和注意力都是很好的准备过程。热身给大脑以刺激，让你的身体为更强的运动做好准备。热身还可以避免运动中突然用力而拉伤肌肉。许多其他的损伤也可以通过正确的热身运动来防止。

热身运动最好从系统的拉伸活动开始。拉伸时要缓慢，避免突然用力，被拉伸的那部分肌肉一定不要用力。拉伸之后，应该做一些一般性的准备活动，如轻微的原地跑跳等，既调动了内脏器官，又让全身的关节得到了预热。可能你会发现很多人不做热身就开始剧烈运动，但你不要那样做，因为你知道热身的目的是让你健康。

热身时主要几处应该被拉伸的肌肉：大腿后部、大腿内侧、小腿、背部和肩部。

（一）拉伸大腿后部肌肉

坐在地上，把要拉伸的腿在体前伸直，弯曲另一条腿，整条腿的外侧贴近地面，与伸直的腿组成三角形，背部挺直，从胯部尽量向前屈，双手抓住伸直腿的脚尖，保持这个姿势20分钟，手触脚尖时不允许有弹动式动作（触不到脚尖也没关系）。

（二）拉伸大腿内侧肌肉

方法一：坐姿，双脚脚底相互贴近，膝盖向外撑并尽量靠近地面，双手抓住双脚踝，保持这个姿势，数 10，放松，然后重复 3 次。

方法二：坐姿，双脚在体前伸直并分开，保持背部和膝盖部挺直，从胯部向前屈体，双手从腿内侧去抓住双腿的脚踝，保持这个姿势，感觉大腿内侧被拉紧，放松，然后重复。

（三）拉伸小腿（后部）肌肉

俯身，用双臂和一条腿（伸直，脚尖着地）支撑身体，另一条腿屈于体前放松，身体重心集中于支撑脚的脚尖处，脚跟向后、向下用力，感觉到小腿后部肌肉被拉紧，保持紧张状态，数 10，放松，重复 3 次，然后换另一条腿做 3 次。

（四）拉伸肩部肌肉

仰卧，抬起一条腿，抓住大腿靠近膝盖一端，用力拉向胸部，保持另一条腿伸直并贴近地面，头部也不能离开地面，保持姿势，数 10，重复 3 次，并换腿。

（五）拉伸肩部肌肉

方法一：用一只手从外、后侧抓住对侧手臂肘部，拉向被抓手臂的对侧，保持姿势数 10，重复 3 次，然后拉伸另一侧肩部。

方法二：双手手指在头顶交叉互握，掌心朝上，双臂向上、向后伸展，保持 15s。

方法三：一只手臂向上伸直，然后前臂向脑后弯曲，放松，用对侧手从脑后抓住其肘部，向其对侧缓慢拉动，保持 15 秒。

四、轮滑基本技术

（一）单排和双排轮滑的区别

双排是室内项目，艺术性强，比赛机制也已经非常成熟，同时也意味着严谨，越早开始越好——就像是一个运动员的成长过程，打基础年龄越小越出成绩。当然也可以做为休闲健身，随便在溜冰场里玩玩，图个乐子。

单排，暂时只说休闲单排，是户外运动（当然你要在室内也没人拦你），阳光、空气、大自然（平整的公路，不是山）是休闲单排的魅力，可以不艺术只健身，或来一点点小艺术——比如平地花式、街舞等。

因此，单排轮滑和双排轮滑，她们代表着不同的心态；是表演还是健身（心），她们也代表着不同的文化；是体育竞技还是放飞神经，甚至是生活本身——美国有个单排高手，除了睡觉以外都不太脱轮鞋的。我们的新朋友们不是计划滑着去菜场吗，这些双排是做不到的。双排、单排哪个更容易学已经不是问题了，因为学不是目的，目的是学了以后干什么。

（二）轮滑入门技术

轮滑初学者如何开始学习轮滑技术呢？让我们遵循由易到难、由浅入深，循序渐进的原则，从下面的基础练习进入轮滑世界。

1. 陆上模仿练习

陆上模仿练习是指在不穿轮滑鞋的情况下，在平地或草地，沙地上进行正确的轮滑姿势和技术动作的模仿练习。利用这种方法可以使初学者在不受由轮滑鞋带来的平衡影响的情况下掌握正确的技术，从而避免练习时的跌倒，少走弯路。

(1) 基本姿势

上体微前倾，膝关节屈成 140°角左右，小腿微前弓，脚踝成约 80°角。全身自然放松，两脚间距 15～20 厘米，身体重心落在两脚之间。见图 14-2-1。

（2）静 蹲

上体前倾，两肩稍高于肩并自然下垂，腰背部放松，含胸收腹，屈膝，两脚平行开立相距5～10厘米，两臂自然下垂或背于腰后，眼看前方5～6米处，重心落在两脚中间。

（3）侧 蹬

基本姿势或静蹲的基础上，上体向左侧倾倒，重心落在左左膝关节位于胸下方，右腿向侧平行伸出，蹬直后再以大小腿收回原位，换左腿侧蹬出。见图14-2-2。

图14-2-1

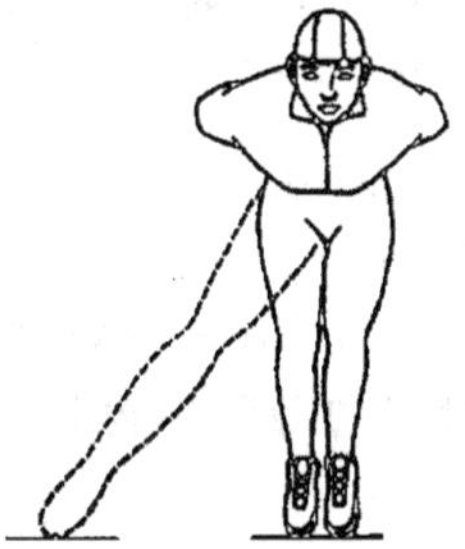

图14-2-2

2. 轮滑的基本站立

（1）“丁”字脚站立

脚成“丁”字靠拢站立。前脚跟靠住后脚弓，上体稍前倾，重心略偏于后脚。

（2）外“八”字脚站立

两脚尖外展40°～50°成“八”字，脚跟靠住站立。上体稍前倾斜，重心落于两脚之间。

（3）平行站立

两脚平行分开稍窄于肩，脚尖稍内扣，膝部微屈，重心落与两脚之间。如果练习者是穿单排轮滑鞋做此练习，则还需要注意站立时两脚略微向内侧倾斜，有利于稳定站立。

3. 移动身体重心练习

（1）原地移动身体重心练习

①原地左右移动身体重心

两脚平行站立，上体向一侧倾斜，居间将身体重心完全移动至一条腿上支撑，待稳定后再向另一侧移动身体重心。见图14-2-3。

练习步骤：

开始时可以手扶固定横杆或在有一定基础的同伴的扶持帮助下进行练习，逐渐过渡到自己独立完成动作。

注意事项：

身体重心是否完全落在其中任何一条腿上，有一个不明显的标志，那就是鼻子尖，膝关节顶部，轮滑鞋尖这三点形成一个与地面垂直的垂面，非支撑脚能够抬起，形成单脚支撑。

②原地抬腿练习

两脚平行站立与肩同宽，两腿微屈，上体稍前倾，两臂自然下垂。身体重心移至左腿，右腿稍抬起、放下。然后身体重心移至右腿，左腿稍抬起、放下。练习时要注意放腿时应保持脚下的轮子同时着地。见图14-2-4。

练习步骤：

开始时可用手扶持固定横杆或在同伴扶持帮助的情况下进行练习，逐渐独立完成。

图 14-2-3

图 14-2-4

③原地蹲起练习

两脚平行站立，做下蹲并站起动作。可先做半蹲，逐渐加大下蹲的程度和速度，直至快速深蹲并做短时间的静蹲后再站起。练习时要注意在屈伸踝、膝、髋三个关节的协调配合。

练习步骤：

开始时可用手扶持固定横杆或在同伴扶持帮助的情况下进行练习，逐渐独立完成。

(2) 外“八”字脚行走练习

两脚尖外展40°～50°成外“八”字脚站立，重心移至左脚上并前移，右脚稍抬起并向前迈进一小步，重心随之移至右脚上，然后抬左脚向前迈进一步，重心随之移至左腿上。反复进行粝习，逐渐加快迈步频率和迈进距离。注意放脚时应尽量保持脚下的轮子同时着地。

练习步骤：

①先迈脚，待稳定后再移动重心的外“八”字行走练习。

②迈步的同时，身体重心迅速放到新的支撑腿上的外“八”字行走练习。

(3) 侧向迈步练习

两脚平行站立与肩同宽，重心向左侧移动，随之左脚向左侧横跨一步，右脚迅速靠拢，待稳定后再进行向左侧的下一步。如此反复进行5～6步后再向右侧做相同练习。

练习步骤：

逐渐降低重心，逐渐加快迈步频率、迈进距离和放脚时应尽量保持脚下的轮子同时着地。

(4) 侧向交叉步练习

两脚平行站立与肩同宽，重心向左侧移动，先将重心移至左腿上并继续向左移动稍超出左腿支撑点，收右腿，向左腿前外侧迈步成双腿交叉姿势，重心随之移至右腿上，成右腿支撑重心，接着收左腿左侧跨一步，成开始姿势，如此反复进行5～6步后再向右侧做相同练习，并注意逐渐加快迈步频率、迈进距离，放脚时应该尽量保持脚下的轮子同时着地。

练习步骤：

逐渐降低重心，逐渐加快迈步频率、迈进距离和放脚时应尽量保持脚下的轮子同时着地。

(三) 初步直道滑行练习

直道滑行是轮滑的基本技术，是由单脚支撑、双脚支撑组成的周而复始循环往复的动作（图 14-2-5）。在滑行时注意重心的移动，蹬“冰”腿一定要伸直，同时保持支撑脚的正刃着地，这样才能保证有良好的滑行效果。单脚支撑时间的长短是决定滑行距离的关键。

图 14-2-5

1. 行走滑行练习

在向前外“八”字脚行走的基础上，每次连续走几步就会产生一定的惯性，然后，两脚迅速成相距 15～20 厘米的距离平行站立，两膝微屈，借助惯性向前滑行一段距离。当快要停下来时，再走几步，再做两脚平行站立的滑行练习。如此反复进行。

练习步骤：

逐渐加快行走的速度、减少行走的步数和延长滑行的距离。

2. 单脚蹬地双脚滑行练习

两脚成外“八”字脚站立，两膝微屈，右脚用内刃蹬地，将重心推送至向前滑行的左腿上，右脚蹬地后迅速并向左腿成相距 15～20 厘米的平行站立，两脚滑行。接着用左脚蹬地，将重心推送至向前滑行的右腿上，左脚蹬地后迅速与右腿并拢两脚滑行。如此反复进行并逐渐加大蹬地力量和延长滑行的距离。

练习步骤：

（1）一脚向侧后蹬，双脚滑进，待滑进停止后，再换另一脚蹬，重复练习。

（2）一脚向侧后蹬，双脚滑行，然后在滑行中用另一脚蹬，双脚滑行，重复练习。

3. 交替蹬地交替滑行练习

两脚成外“八”字脚站立，两膝微屈，重心移至右腿上，右脚用内刃蹬地，将重心推送至成半蹲向前滑行的左腿上，重心迅速移向左脚并成左脚支撑滑行，接着向前收右腿，同时左脚用内刃蹬地，把重心推送至成半蹲支撑惯性滑行的右腿上，重心迅速移向右脚并成右脚支撑滑行。如此反复进行并逐渐加大蹬地力量和延长滑行的距离。

练习步骤：

（1）支撑滑行距离较短的单脚蹬、单腿滑进练习。

（2）拉长步伐的单脚蹬，单脚滑进练习（可采用助跑 3～4 步的方法练习）。

（四）初步弯道滑行练习

弯道滑行属圆周运动，在滑行时要始终用左轱辘外沿、右轱辘内沿支撑身体，保持左倾，身体重心投影在圆弧的里侧。蹬地反作用力牢固作用在上体重量中心上，两脚收回过程中都应贴近地面，着地轱辘与吻道方向一致，轱辘着地完成后，应持续不间断地蹬地。见图 14-2-6。

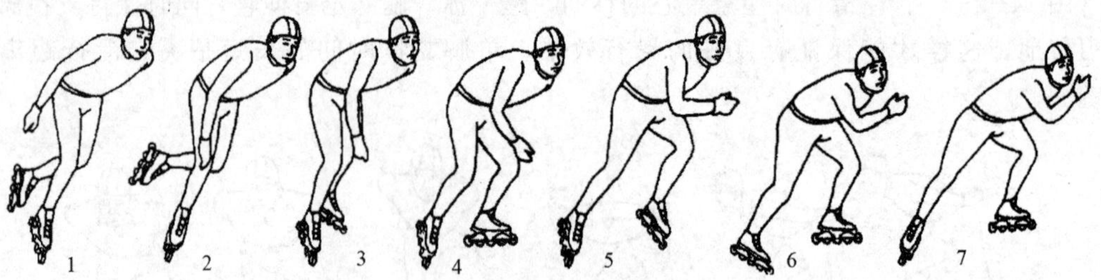

图 14-2-6

1. 走步转弯

在向前行走或半走半滑时，如要向左转弯，则每一次迈步落脚时向左转动 10°～15°，使滑行路线逐渐成弧线形，身体也随之向左转弯。若向右转弯，则方向为向右，动作方法相同。

练习步骤：

（1）重心姿势进行练习逐渐过渡到低重心姿势练习。

（2）步的频率和步幅以及转向的角度逐渐加大。

2. 惯性转弯

（1）双排轮滑鞋的惯性转弯练习

当向前滑行有一定速度时，两脚平行，相距约 30～40 厘米，两膝微屈，向左转弯时，左脚略靠前，重心落在两脚间前三分之一处，左腿略弯曲，右腿伸直。身体重心向左倾斜，体重压在左脚的两个外侧轮和右脚的两个内侧轮处，借助惯性向左滑出一条弧线。这时身体就会向左转弯了。如向右转弯，则方向为向右，动作方法相同。

练习步骤：

①从高重心姿势进行练习逐渐过渡到低重心姿势练习。

②逐渐从小圆弧、大圆弧过渡到固定半径的圆弧滑行练习。

（2）单排轮滑鞋的惯性转弯练习

“A”型惯性转弯练习

当向前滑行有一定速度时，两脚与肩同宽，两膝微屈，向左转弯时，右脚尖内扣，以轮子的内刃着地，重心落在两脚中间略偏向右脚处，这时两脚成“A”型；左腿略弯屈放松并跟随向左转动，借助惯性向左滑出一条弧线。这时身体就会向左转弯了。如向右转弯，则方向为向右，动作方法相同。

练习步骤：

①从高重心姿势进行练习逐渐过渡到低重心姿势练习。

②逐渐从小圆弧、大圆弧过渡到固定半径的圆弧滑行练习。

平行惯性转弯练习

当向前滑行有一定速度时，两脚平行，相距约 30～40 厘米，两膝微屈，成双腿支撑滑行，重心落在两脚中间，如向左转弯时，头和肩向左转动，带动上体和髋部进而带动两脚向左转动，借助惯性向左滑出一条弧线。这时身体就会向左转弯了。如向右转弯，则方向为向右，动作方法相同。

①从高重心姿势进行练习逐渐过渡到低重心姿势练习。

②逐渐从小圆弧、大圆弧过渡到固定半径的圆弧滑行练习。

3. 短步转弯

在惯性转弯的动作基础上，如向左转弯时，降低身体重心并完全落在左脚上或超出左腿支点，右脚向右后方蹬地后迅速收回。靠近左脚落地做非常短暂的支撑重心，此时，左脚迅速向左稍转脚尖，右脚迅速向侧蹬地，连续做此动作即可向左滑出一条弧线，使身体转弯。如向右转弯，则方向为向右，动作方法相同。

练习步骤：

（1）从高重心姿势进行练习逐渐过渡到向低重心姿势练习。

（2）逐渐从小圆弧、大圆弧过渡到固定半径的圆弧滑行练习。

4. 弯道压步练习

（1）在圆弧做不连贯的交叉步滑行练习

在圆弧上做向前滑行的步法，当左脚有稳定的平衡时，身体重心向左倾倒并完全落在左腿上，最好超出左腿支撑点，右脚向右蹬地后迅速收回，并以大腿带动小腿向左脚的左侧前方迈出一小步，身体重心随之跟上；当右脚短暂滑行之后，左脚以大腿带动小腿迅速从右腿后方收回，同时右脚向右蹬地，左脚向前滑进。重复上述动作。

练习步骤：

①从高重心姿势进行练习逐渐过渡到低重心姿势练习。

②在圆弧上做直线滑行，插入一次的交叉压步练习。

③在圆弧上做直线滑行，插入连续的三—五步的弯道交叉压步练习。

④逐渐从小圆弧、大圆弧过渡到固定半径的圆弧滑行练习。

（2）连续弯道压步练习

上体前倾，腿部弯屈，右腿向右侧蹬地时，身体重心移向左腿并成左腿支撑滑行，右腿蹬地结束后，身体重心继续向左侧前方移动并超出左腿支撑点，右腿随即以膝关节领先收回，并越过左脚在左脚的左侧前方落地并承接身体重心滑行，左腿在右腿后方向右后侧蹬地，然后收回落在已移到右脚左侧的身体重心下方承接重心并支撑滑行，右腿再开始向侧蹬地做下一次压步动作。如此反复进行。见图 14-2-7。

图 14-2-7

练习步骤：

①任意半径的小步弯道交叉压步练习。

②任意半径的大步弯道交叉压步练习。

③固定半径的弯道交叉压步练习。

④直道滑行接弯道交叉步练习。

⑤从高重心姿势进行练习逐渐过渡到低重心姿势练习。

（五）制动方法

轮滑的停止方法与轮滑的简单滑行、轮滑的简单转弯被称为轮滑初学阶段的三项必学技术。以上我们介绍了轮滑的简单滑行和转弯的各种技术与方法，而当我们遇到障碍或其他问题而必须减速或停止滑行的时候，我们却还没有掌握应有的轮滑制动方法，那将不可避免的会发生冲撞，甚至受伤。因此，下面我们来学习轮滑的一些制动的方法。

1. 连续转弯减速法

由于在轮滑的转弯技术中，除了弯道压步技术以外，其他的各种转弯方法都会对滑进的速度产生一定的消耗作用，因此，我们在需要减速或停止的时候，可做连续的惯性转弯或短步转弯动作来消耗滑行的速度惯性，逐渐减速，达到制动的目的。这种方法有较简单而容易掌握、稳定性强而不易摔倒、并适合各种场地和轮滑鞋的优点，但它的减速距离长，制动速度慢。

练习步骤：

逐渐由慢速滑行中做制动练习过渡到快速滑行中进行制动练习。

2. “A”型制动法

当我们在滑行中需要减速或停止的时，两脚与肩同宽或稍宽于肩，两膝微屈内扣，以轮子的内刃着地，两脚尖内扣成“A”型，重心落在两脚中间略偏脚跟处，脚跟用力向外张挤，利用轮子的内刃与地面的摩擦来起到减速制动的作用。这种方法由于两脚的形状与犁刀相似，因此在一些国外和港台的一些资料中又称其为“犁式”制动法。它可使我们在直线上进行制动而无需转弯，但减速距离较长，制动速度较慢。见图 14-2-8。

练习步骤：

逐渐由慢速滑行中做制动练习过渡到快速滑行中进行制动练习。

3. “T”型制动法

在向前滑行中，将重心放在左脚上，左膝微屈，同时抬起右脚，右脚脚尖外转，横放在左脚后成“r 型，以右脚的四个轮内侧面摩擦地面，减缓滑行速度，加大摩擦直到停止滑行。此方法可使我们在直线上进行制动，熟练后减速的距离可有效的缩短，提高制动速度。见图 14-2-9。

图 14-2-8

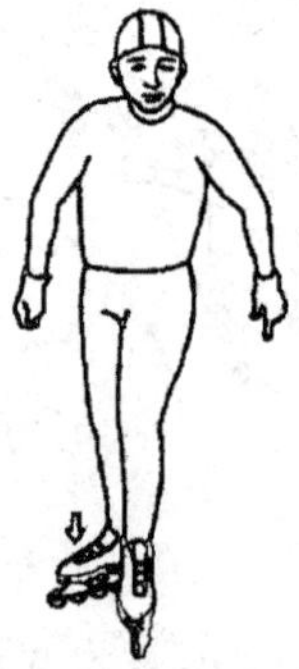

图 14-2-9

练习步骤：

逐渐由慢速滑行中做制动练习过渡到快速滑行中进行制动练习。

4. 制动器制动法

双排花样轮滑鞋的制动器因其安装在鞋尖的前下方，因而它的制动方法与“T”型制动法很相似，单排轮滑鞋因制动器是装在鞋的后跟处，所以在快速滑行时不可突然用此方法，其方法是，在较慢速滑行时将装有制动器的脚放在前面，两脚前后开立，重心降低并移到后腿上，上体直立同时前脚前伸，脚尖抬起用鞋后跟的制动器着地，并用适当的力量压地，使制动器与地面摩擦，达到降速制动的作用。

练习步骤：

逐渐由慢速滑行中做制动练习过渡到快速滑行中进行制动练习。

5. 双脚侧平行制动法

在滑行过程中需要急停时，身体迅速向一侧转体 90°并带动双脚迅速转动 90°，两脚平行分开，同时身体重心急速降低并后留，如向左侧转动时，右脚向滑行时的前进方向尽量前伸与地面成小角度反支撑，左脚也应在重心的前面成一定角度的反支撑，使左脚外侧轮和右脚内侧轮与地面摩擦，滑行突然停止。使用这种方法可在很短的时间内达到制动的目的，但它有较高的难度，一般不易掌握，且对滑行场地的平整和光滑度也有很高的要求，因而初学者运用时一定要注意安全，循序渐进。

练习步骤：

逐渐由慢速滑行中做制动练习过渡到快速滑行中进行制动练习。

（六）倒滑方法

1. 单脚“S”型倒滑法

两脚前后开立相距 30～40 厘米，腿部放松，微屈膝关节，上体直立稍转体、转头看后方，重心落在两腿间靠后约三分之一处。蹬地时，前腿膝关节内扣，以轮子的内刃蹬地，后腿直线向后滑行。这时前腿跟随后腿在同侧体前滑出一条型弧线，后脚跟略抬起，脚尖外展沿弧线的反向再以弧线收回至后腿的前方约凹厘米处。如此反复推进、收回向后滑行。此倒滑方法因前脚推进、收回的滑行轨迹为“S”型而得名。

2. 双脚“8”型倒滑法

两脚平行开立相距 20～30 厘米，腿部放松，微屈膝关节，上体直立稍转体、转头看后方，重心落在两腿中间略偏后。蹬地时两脚尖靠拢，脚跟向外打开约 45°，用两脚同时压轮子的内刃，向两旁推开，向外画弧，身体向后滑行一段距离。这时，两腿向内夹收，两脚改内“八”字为外“八”字，同样向内画弧，继续向后倒滑，当两脚跟靠近但尚未并拢时，双脚转变为内八字，同时往外推开。如此反复推进、收回。

此倒滑方法在两腿推开和内收时可把后轮微微浮起，以对轮子作一次加速，这样可以维持继续向后滑行，且双脚滑行的轨迹为“8”型，故称双脚“8”型倒滑。

3. 双脚交替倒滑法

两脚开立，两脚尖靠拢，脚跟向外打开约 45°，腿部放松，微屈膝关节，上体直立稍转体、转头看后方，重心落在两腿中间略偏后。蹬地时右脚以内刃向右侧前方用力蹬地，重心移到左腿上向左后方滑行；右脚蹬地结束后，迅速收回到左脚内侧，此时重心开始向右后方移动，左脚以内刃向左侧前方用力蹬地，重心移到右腿上向右后方滑行；左脚蹬地结束后，迅速收回到右脚内侧。如此反复两脚交替蹬地向后倒滑。

4. 倒滑压步法

两脚平行开立相距20～30厘米，腿部放松，微屈膝关节，如向右做压步动作，则用左脚内刃蹬地，同时身体重心移向右侧成右腿支撑倒滑并将重心继续右移超出右腿支撑点，头肩右转看后方，左脚蹬地结束后以大腿带动小腿摆动至右脚的右前方落地成交叉并继续以内刃向后倒滑，此时右腿迅速向左后方蹬直，右腿蹬地结束后跨向弧线的内侧以轮子的外刃继续倒滑，完成一次压步动作。如此反复。如向左做压步动作，则方向相反。

5. 倒滑制动法

(1) 倒滑“V”型制动法

在向后滑行的过程中，两脚尖外展约40°，成“V”型，两脚以轮子的外刃柔和地压紧地面，加大摩擦制动，两腿逐渐分开并伸直，上体稍前倾。

(2) 倒滑制动器制动法

在向后滑行的过程中，身体稍前倾，两膝弯屈，两脚跟逐渐抬起以脚尖前下方的制动器摩擦地面，起到减速制动的作用。

(3) 单排倒滑制动法

穿单排轮滑鞋在做向后滑行，要做急停时，任意一脚向后滑行，并逐渐与前脚成“T”型，前腿做弓步，后腿伸直，身体重心前倾，压在前腿上，后脚逐渐用力，用后脚的轮子内刃与地面摩擦，起到减速制动的作用。

第三节　毽　　球

一、毽球运动简介

毽球，是我国一项流传很广、有着悠久历史的民族特色的体育运动。它是从踢毽子游戏逐步发展而来的。

由于毽球运动设备比较简单，不受场地限制，四季可行，深受大学生们的喜欢。

踢毽球对身心健康极为有益。踢毽球主要是用腿、脚做接、落、跳、跷、踢等动作，使下肢的关节、肌肉、韧带都得到很大的锻炼，同时也使腰部得到锻炼。而跳踢时，腿部、腰部、上肢颈部都要运动，连续跳踢数十次，心跳每分钟可增加到150多次。由此可见，毽球运动是一项全身运动，有时还很激烈。经常参加这项活动，不仅可以使下肢肌肉、韧带富有弹性，关节灵活，而且可使心肺功能得到全面锻炼。除此，踢毽子还有利于提高大学生的反映、灵敏和动作协调的能力。多人合踢还可以培养互相合作的精神。

二、毽球基本技术

毽球技术是指人们在毽球运动中所采取的动作方法的总称。包括准备姿势、步法移动、基本踢法和身体触球等。

(一) 准备姿势

1. 准备姿势

准备姿势，是运动员在场上未接球时身体的一种等待状态，保持良好的姿势，是使身体能随时在瞬间由静变动，由被动的状态变主动状态的关键。准备姿势一般分两种：

（1）平行站立：两脚左右平行开立，略比髋宽，脚跟稍提起，脚掌内侧着地，两膝微屈、内扣，重心稍降，上体放松前倾，两臂自然屈于体侧，两脚保持微动状态，目视来球。

（2）前后开立：两脚前后开立，一般支撑脚在前，踢球脚在后，其动作同两脚平行开立。

2. 移动

步法是移动的灵魂，没有纯熟的步法移动技巧，在比赛中就不能变被动为主动。步法移动一般有八种。分别为前上步，后撤步，滑步，交叉步，并步，跨步，转体上步，跑动步。只有熟悉各种步法的移动运用，在比赛中才能更具主动性和灵活性。

（1）上步移动：上步向前移动时，后脚用力地向前跨出一步，接近落点成站立姿势（图 14-3-1），向左（右）移动时，先以左（右）脚跟为轴，脚前掌向左（右）移动，再迅速右（左）脚迅速蹬地迈出一步，成站立姿势准备击球。见图 14-3-2。

（2）撤步移动：向后撤步时前脚用力蹬地，重心后移，将前脚移至后脚的斜后方，移动中重心移动要快而且要稳。见图 14-3-3。

（3）并步移动：向前移动时，前脚先迈出一步，同时后脚蹬地，当前脚落地后，后脚快速并上成站立姿势。见图 14-3-4。

（4）交叉步移动：交叉步移动时，如向左，则左脚前脚掌先向左侧外展，右脚用力蹬地经左脚前落在左脚外侧，然后左脚随后向左跨出一步成站立姿势准备击球，向右移动时则动作相反。见图 14-3-5。

图 14-3-1

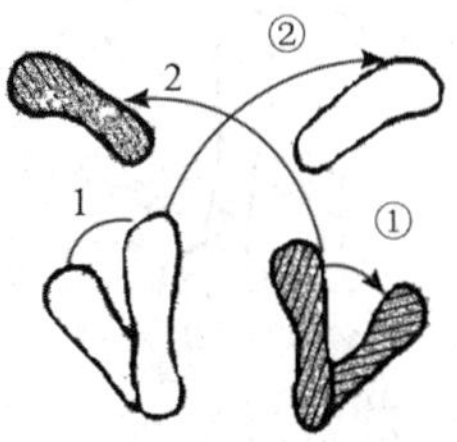

图 14-3-2

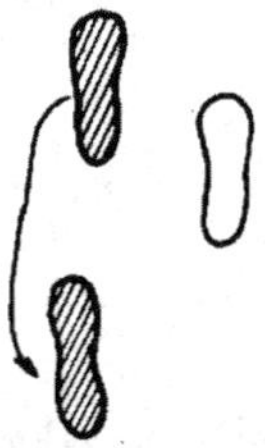

图 14-3-3

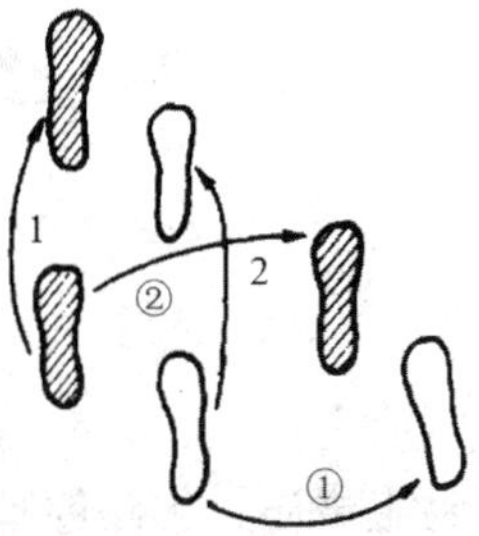

图 14-3-4

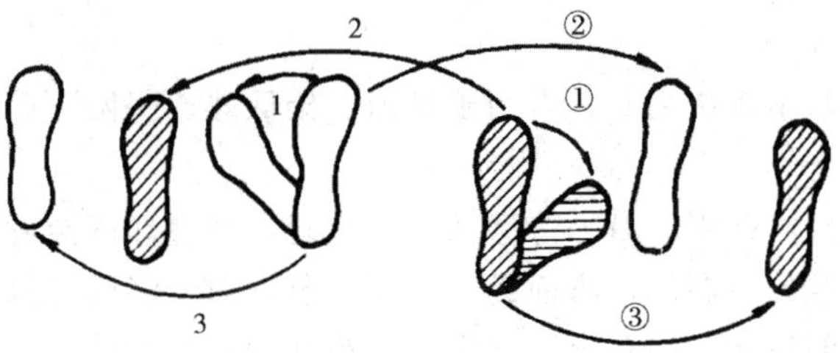

图 14-3-5

（二）基本踢法

毽球的基本踢法主要介绍脚内侧踢球、脚外侧踢球、正脚背踢球。

1. 脚内侧踢球

动作要领：两脚自然开立，左手自然下垂，右手持毽于右胸前 20 厘米处，将球向上轻轻抛起，下落到膝部时，左脚支撑，右腿屈膝提起向外展膝转髋，使小腿向内上摆起，脚弓将球击出。初学者踢起的毽球一般不超过下颏，熟练后可高可低，并要求具备调整各种角度和落点的能力。见图 14-3-6。

脚内侧踢球的特点：便于控制球，出球稳、准而不易失误。

易犯错误：①支撑腿没有伸直；②支撑脚外扒；③脚弓没有端平；④踢球时只摆腿而没有抖脚腕；⑤抬脚过早；⑥换脚慢。

练习方法：①徒手摆动腿练习（要求倒脚）；②抛一次踢一次，

用手接住在抛再踢；③踢两次接住，踢三次接住，逐渐增加踢的次数；④用绳子吊起毽球，用脚踢。

2. 脚外侧踢球（拐踢）

脚外侧踢球常用于接身体侧面的来球。

动作要领：两脚自然开立，上体略向右（或左）转，右手持球轻轻向上抛起，毽球落至膝部时，一脚支撑，另一腿屈膝内扣，小腿向外侧举摆，大腿放松，小腿发力，勾脚尖，用踢球脚外侧将球踢起。注意踢毽时，大腿不得摆到体前，小腿向体后斜上方摆动不要过高。见图 14-3-7。

图 14-3-6

图 14-3-7

易犯错误：①踢毽脚没有端平；②毽接触脚的部位不正确；③小腿没有上举侧摆；④踢毽时上体挺的过直。

练习方法：①徒手摆动腿练习；②一踢一接练习；③内侧带动外侧练习。

3. 正脚背踢球（蹦踢）

脚背踢球是毽球基本踢法之一，常用于发球、接低球、踢网下险球、距身体稍远的球和倒勾球。

动作要领：两脚自然开立，右手持毽球向上抛起，当毽球落至膝部前上方时，踢毽脚大腿带动小腿，在击毽的一刹那，脚面绷直，踝关节发力，将毽球踢起。见图 14-3-8。

脚背踢球活动范围较大，能踢出不同高度、角度和速度的毽。

易犯错误：①击毽时脚面没有绷直；②击毽时小腿没有弹踢；③毽和脚接触部位不正确；④抬脚过高。

练习方法：①徒手摆动腿练习；②一踢一接练习；③面对墙或树林，距离与体同宽，练习时踢毽脚碰到墙或树木，便是错误动作。

（三）身体触球

身体触球是毽球的接球方法之一，近似于足球中的停球，主要是为了缓冲来球的力量和为下一个踢球动作做过渡调整，亦可用来直接进攻。

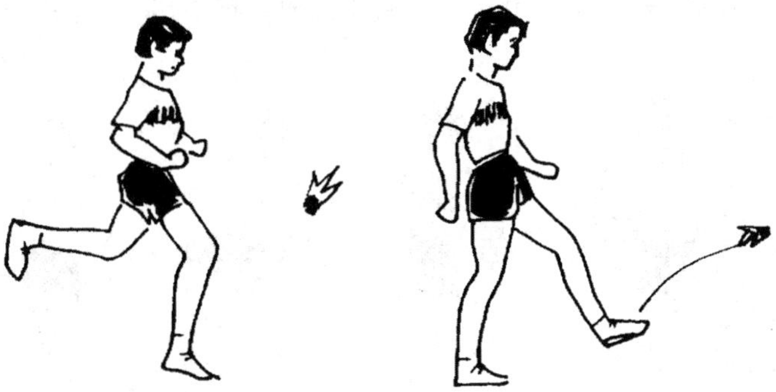

图 14-3-8

球在身体膝关节以上部位的踢球都叫触球。但又可以分为胸触球、肩触球、膝触球和头触球等。

1. 胸触球

动作要领：面对来球，两脚前后开立，上体后仰，略含胸收下颚，当球来到胸前 10 厘米处时，两腿蹬地发力，两肩向后拉挺胸，使球在胸部弹起落于体前，便于再次击球。见图 14-3-9。

2. 肩触球

对网前较高的来球或突然飞向肩部的球，可用肩触球的动作，改变球的飞行路线、力量和落点，也可用肩垫过网，是一种防守性技术。

动作要领：当球至肩侧时，两腿屈膝降低重心，快速沉肩插到球下方，在触球一刹那，利用腿的蹬伸和耸肩动作将球击起落在身前或直接垫进对方的场取。见图 14-3-10。

图 14-3-9

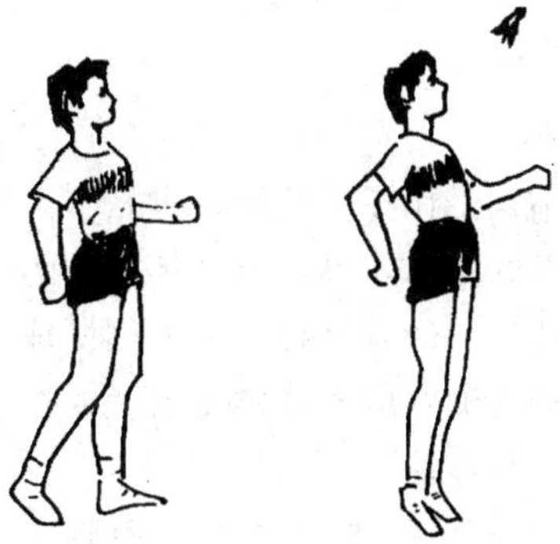

图 14-3-10

3. 膝触球

动作要领：当来球下落到略低于髋部时，抬大腿屈膝上提，插于来球下方，用赐关节上部 10 厘米处将球拱起，落于身体前或直接攻入对方场地。见图 14-3-11。

4. 头触球

亦称头顶球，多用于攻击性击球和挡接较高的来球，头顶球的飞行路线、力量、速度和落点都可以因人而变，给防守带来一定的困难，是进攻方式的一种。头顶球分为前额正面、侧面顶球。

动作要领：正对来球，两脚可前后或左右开立，腿微屈，上体稍后仰，重心在后脚或两脚上，双臂自然张开，当球来至头前上方10厘米处时，两腿用力蹬地，重心前移，迅速收腹前屈，上体急剧前提甩头，用前额正面或侧面把球顶出。见图14-3-12。

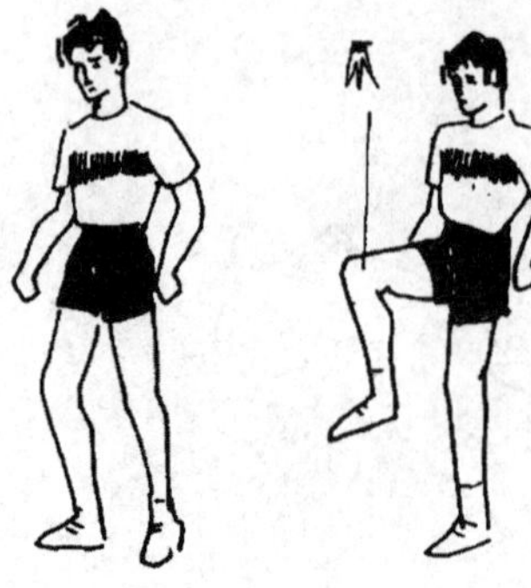

图14-3-11

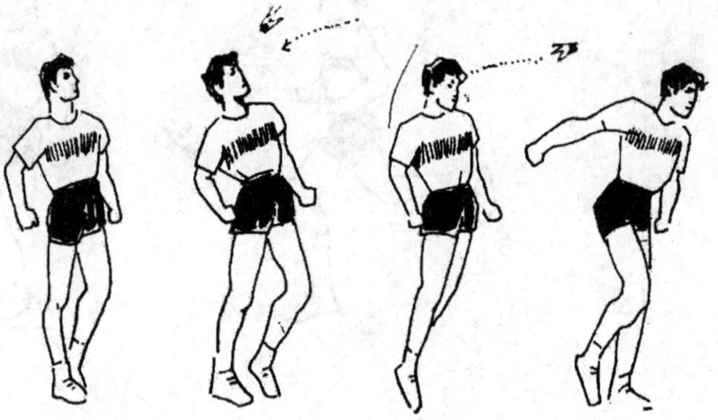

图14-3-12

（四）胸拦网

胸拦网是毽球比赛中防守反攻时最重要技术，是防守的第一道防线。

胸拦网分单人、双人或三人拦网。拦网前的准备姿势是面对球网，双脚平行站立。与肩同宽，双膝微屈，自然收腹、上体稍向前倾，两臂自然屈置于体侧，目视球的攻向。当对方攻球时，迅速判断移动到起跳位置，两脚用力蹬地起跳，两臂垂直于体侧后摆，提腰收腹挺胸，用胸部控制球。击球后，身体自然下落，双脚前脚掌先着地，屈膝缓冲。

由于触球和拦网的技术较为简单，其学习与练习方法可以借鉴踢球技术练习的有关要求和方法。

三、毽球比赛的基本战术

（一）进攻战术

1. 发球

发球不仅是比赛的开始，也是个人进攻战术的一种。采用盯人、找空、压后、吊前等多变和准确的发球，不但能破坏对方的战术组织，而且能直接得分。

发球动作一般有三种：脚内侧发球，脚正背发球，脚外侧发球。

(1) 脚内侧发球的时候要抬大腿带小腿，用内足弓部位向前上方送髋推踢。其特点是既稳又准，破坏性强。

(2) 脚正背发球时要注意绷脚尖，用正脚背向前上方发力挑踢，它的特点是平、快、准。

(3) 脚外侧发球时要注意稍侧身站位，绷脚尖，用脚外侧发力扫踢，其发球的特点是既快又狠，攻击力强。

2. 二传球

第二人次接球为二传球，它是个人进攻战术之一，也是全队组织进攻的桥梁。

(1) 传球要有一定的高度、角度，而且要避开对方的拦网，为同伴采用头球进攻和倒勾球进攻创造条件。

(2) 传球应具有隐蔽性，传球人最好背对网，十对方看不清传球动作、方向和战术意图。传球人有自传倒勾直接攻击对方的能力，其攻击力则更强。

（3）二传球队员位置一般在 2 号位稍偏中，要具有调整一传球不到位的能力。

3. 头攻球

头攻球是一种个人进攻战术。

（1）自传自垫，即将来球自己传球，然后原地或跳起用头的前额将球攻入对方场地内。

（2）接传球头顶，即接二传队员传来的球，用头顶技术将球顶入对方场地内。

（3）掩护头顶球，即在同伴掩护下，用头顶技术将球顶入对方场地内。

4. 脚攻球

脚攻球是毽球比赛中最具有攻击性的技术。

（1）自传或接二传脚背倒勾。即自己将来球传起或接二传队员传来的球，用正脚背倒勾踢法将球击入对方场地内。

（2）侧身脚内侧攻球：是进攻者侧对球网站立，将高于网或平于网的来球，或自传到网前的球，用脚内侧踢球的方法，将球攻入对方场地内。

5. 进攻阵容配备

一个队的阵容配备，应考虑到队员的身高、技术特长以及全队的进攻和防守能力，拟定最佳组合，一般阵容有“二、一”配备、“一、二”配备和“全能”配备。

6. 基本配合战术

（1）斜传插上：是指一号位队员将球斜传给二号位或三号位队员，然后插上直接进攻或给二、三号位队员作掩护。见图 14-3-13。

（2）横传直上：是指二号或三号位队员，将球横传给三号或二号位队员，或传给插上的一号位队员，由其直接进攻的配合战术。见图 14-3-14。

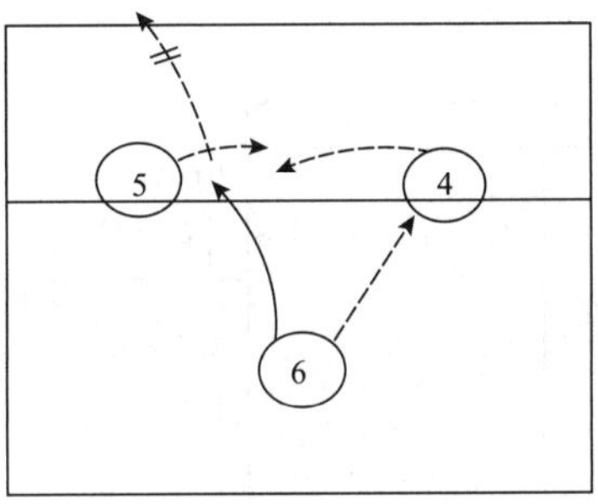

图 14-3-13

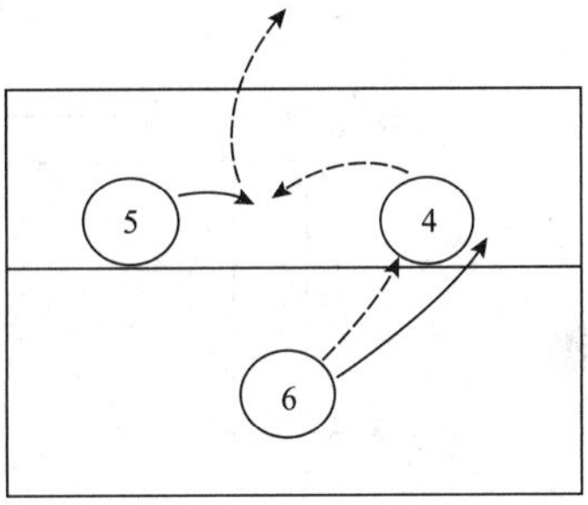

图 14-3-14

（3）掩护进攻：队员之间利用假动作或移动佯攻，而掩护另一名队员进攻的配合战术。见图 14-3-15。

（二）防守战术

防守是为准备进攻而采取的一种技术手段。

1.“弧形”站位防守

场上三名队员在中线成弧形站位防守。这种防守阵式是本方无高大拦网队员或对方建功立业力量不太强的情况下采用。

2.“一、二”站位防守

场上三名队员，有一名队员在网前拦网，另两名队员在其身后两侧分区防守，又称“一拦二防”。这种阵式是针对对方攻击者有较强的近网攻击能力和大吊变化的能力而设防的。

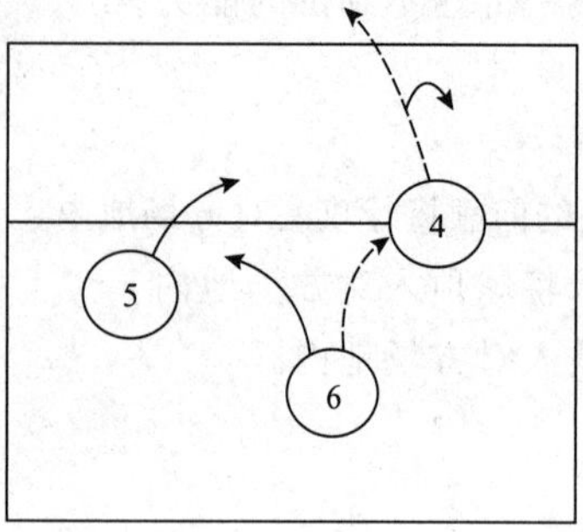

图 14-3-15

3.“二、一”站位防守

场上三名队员，有二名队员在网前拦网，另一名站在中间侧后方防守，又称“二拦一防”。这种阵式是针对对方有一名能大出三条以上线路变化，而且力量大的强攻型攻击手时采用的。

一场比赛中，采用的防守阵式不是一成不变的，根据对方进攻特点可灵活运用防守阵式。但无论如何要接好第一传球，因为一传既是防守的开始，也是进攻的开端。

四、毽球比赛规则和裁判法简介

（一）场地设施与器材

1. 场地

（1）场地面积：毽球比赛场地长 12 米，宽 6 米。场地上空 6 米以内（由地面计算）和场地四周 2 米以内不得有障碍物。

（2）比赛场地是由均 4 厘米宽的两条边线和两条端线及连接场地两边线的中点与端线平行的中线组成。中线将场地分为均等的两个场区。在中线两侧各画一条与中线平行的线叫限制线（此线包括在限制区内）。中线至限制线的距离为 2 米。

（3）发球区：距两端线中点两侧各 1 米处向场外各画一条长 20 厘米与端线垂直的短线叫发球区线（此线不包括在发球区内）。发球区线向后无限延长的区域叫发球区。见图 14-3-16。

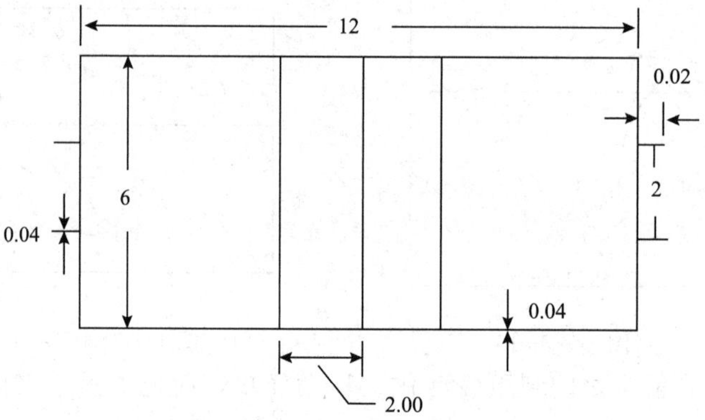

图 14-3-16

2. 球网

（1）球网长 7 米，宽 76 厘米，网孔 2 厘米见方。球网上沿缝有 4 厘米宽的双层白布，用绳穿起，将球网张挂在网柱上。球网必须挂在中线的垂直上空。球网为深绿色。网柱安在中线以外，距边线 50 厘米处。

（2）球网的高度：球网的中部顶端距地面垂直高度为 1.60 米（男子），1.50 米（女子）。网的两端距地面的垂直高度必须相等，两端的高度与中间的高度相差不得超过 2 厘米。

（3）标志杆与标志带

在球网的两端，垂直于边线和中线交接处，各系有一条宽 4 厘米，长 76 厘米的白色带子，叫标志带，在球网上连接标志带外侧应系有两根有韧性的杆，叫标志杆。两杆内侧相距 6 米。标志杆长 1.20 米，直径 1 厘米，用玻璃纤维或类似的材料制成。标志杆应高出球网上沿 44 厘米，并用鲜明对比的颜色画上 10 厘米长的格纹。

3. 毽球

毽球由毽毛、毽垫等构成。毽毛为四支白色或彩色鹅羽成十字形插在毛管内，每支羽毛宽 3.20～3.50 厘米。毽垫直径 3.80～4 厘米，厚 1.30～1.50 厘米。毛管高 2.50 厘米。毽球的高度为 13～15 厘米。毽球的重量为 13～15 克。见图 14-3-17。

图 14-3-17

（二）主要竞赛规则和裁判方法

1. 比赛队员的组成

比赛队由 6 人组成，上场队员 3 人，其中队长 1 人（左臂应佩带明显标志）。比赛前，各队应将参赛队员（包括替补队员）的姓名、号码登记在记分表上。未登记的队员不得参加比赛。

也可因时、因地、因人制宜，增加单人、双人毽球赛，规则与 3 人制大体相同，记分可采取直接得分法。

教练员和替补队员应坐在指定的位置上。

2. 队员的场上位置及发球

（1）双方队员必须站在本方场区内。站在靠近球网的两名队员从左至右分别为 3 号位和 2 号位队员，靠近端线的队员为 1 号队员。场上队员的位置必须与登记的轮转顺序相符合。见图 14-3-18。

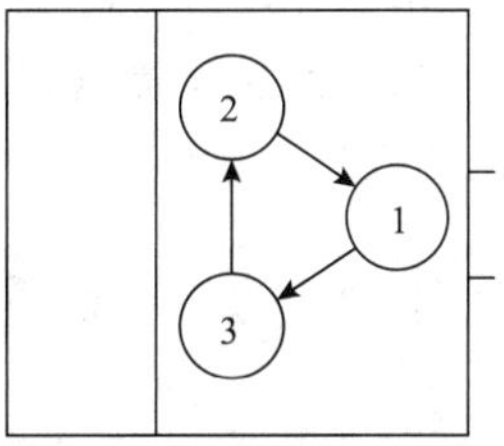

图 14-3-18

（2）发球的位置：发球的一方，2、3 号位的队员在发球队员的前方，彼此间相距不得少于两米。球发出后，双方队员可以在本方场区内任意交换位置。

（3）每局比赛结束之前，队员的轮转顺序不得调换。

（4）发球队员须站在本方发球区内，用手持球，将球抛起，用脚踢向对方场区，使比赛进行。发球队员必须在发球区内发球，在球发出后才能进入场区。发球时 2、3 号队员不得有任何掩护动作，否则，判由对方发球。

（5）某队取得发球权时，应先按顺时针方向轮转一个位置，然后由轮转到 1 号位队员发球

3. 比赛进行中的击球与附加动作

（1）每队在将球踢入对方场区前，在本方场区最多只能有三人次共击球四次。每个队员可以连续击球两次。不得用手、臂触球。但防守队员在手臂下垂不离开躯干的前提下，拦网时手球不判违例。球不得明显地停留在队员身体的任何部位。

违反上述规定为违例，判由对方发球或得 1 分。

（2）在比赛进行中球触及两标志杆以内的球网为好球，球触标志杆为失误。比赛进行中，队员身体任何部位触及两标志杆以内的球网，均为触网违例。队员击球后，触及标志杆或标志杆以外的球网、网柱、网绳或其他物体，不为违例。

（3）过网击球为犯规。比赛进行中，身体任何部位不得进入对方场区的空间。队员若用头攻球时，必须在限制线以外，但落地时两脚可落在限制线以内。防守队员在限制区

内，头部无意识触球过网不判违例；除脚以外，身体任何部位不得触及中线。脚不得完全越过中线。

4. 暂停及换人

(1) 比赛成死球时，教练员或队长可以向裁判员要求暂停并可以在场地外进行指导，但场上队员不得出场，也不得与场外其他任何人讲话，场外人员不得进入场内。每局比赛中，每队可以要求两次暂停，每次暂停时间不得超过 30 秒钟。某队在一局中请求第三次暂停，应判该队失发球权或对方得 1 分。

(2) 在比赛中成死球时，教练员或队长可以向裁判员要求换人。换人时，场外人员不得向队员进行指导，场内队员不得离开场地。每个队员在每一局比赛中换人不得超过三人次。替补队员在上场前，应在记录台附近做好准备，换人时间不得超过 15 秒钟，否则判该队一次暂停。

(3) 如该队在该局已暂停过两次，则判该队失发球权或对方得一分。比赛中因故被取消比赛资格的队员，不能继续参加该场比赛，可由替补队员替换。如该队在该局已换人三人次，或场外无人替换时，则判为负局。

5. 比赛局数及计胜方法

(1) 比赛采用三局两胜制，第三局采取每球得分制。

(2) 接发球队失误，应判对方得一分；发球队失误，则判由对方发球。某队得 15 分并至少比对方队得多 2 分时，则为胜一局。如比分是 14 比 14，比赛应继续进行，直至某队领先 2 分，方为胜一局。

(3) 每次比赛应有正、副裁判员、记录员、记分 2 各一人和司线员两人。

第四节 漂　　流

一、漂流运动概述

(一) 漂流运动的起源与发展

漂流于水上，顺水流动。漂流，曾是人类一种原始的涉水方式。漂流最初起源于爱斯基摩人的皮船和中国的竹木筏，但那时候都是为了满足人们的生活和生存需要。漂流成为一项真正的户外运动，是在二战之后才开始发展起来的，一些喜欢户外活动的人尝试着把退役的充气橡皮艇作为漂流工具，逐渐演变成今天的水上漂流运动。

随着社会的发展，生活水平的提高，回归自然，挑战自然成为现代人们追求的时尚。漂流运动以其特有的运动形式成为现代人们融入自然，挑战自然的工具。激流皮划艇，障碍回旋，激流马拉松，漂流，皮艇球项目应运而生，这些项目的出现立即得到了人们特别是追求时尚、热衷户外运动的年轻人的喜爱。

漂流运动从五十年代起在中国开展，并在短时间内取得了很大的进步，并越来越受到世界的瞩目。随着此项目在中国的普及和开展，在国内许多著名的江河中已开展起皮划艇的竞赛和橡皮艇的旅游。

驾着无动力的小舟，利用船桨掌握好方向，在时而湍急时而平缓的水流中顺流而下，在与大自然抗争中演绎精彩的瞬间，这就是漂流，一项勇敢者的运动。一条蜿蜒流动的河，延伸在峡谷坚硬的腹地。乘着橡皮艇顺流而下，天高水长，阳光普照，四面青山环绕，漂流其间，迎面而来的是一种期待、一种刺激、一种惊险、一种与自然的搏斗。在忙碌的都市生活中，人们一直在寻找的就是这样的一种激动、一种区别于平凡生活的独特感受。就是这样一种感受，使都市人为之倾倒，使之成为生活的一部分。

（二）漂流运动的种类

一般来说，漂流分为探险漂流、自然漂流和操控漂流三大类。在某种意义上讲前两类有归属于自然漂流一类，但探险漂流目的在于探险且危险性大，不强调群众参与。我们通常说的漂流，是指狭义上的自然漂流和操控漂流。

1. 自然漂流

自然漂流是在水流平缓且水深较浅的河道中进行的，是让每一个漂流者自由自在地参与漂流活动。漂流的组织者只为其提供必要的漂流艇、筏、浆等设备，并在沿途各个要害地点上安排监督和保护，由漂流者自行漂流的过程。

2. 操控漂流

操控漂流是由操控漂流艇的船工对漂流的过程进行有效控制，参与漂流的漂流者在船工操控之下漂完全程。严格来说，漂流者只是漂流艇上的乘客。

（三）漂流工具的种类

漂流运动必要的用具是从事这项户外休闲运动的前提，由于从事漂流运动的目的、方法不同，因此，所需要的用具也不尽相同。由于探险漂流不强调大众参与，在这里主要介绍的自然漂流和操控漂流所用工具。

1. 乘坐工具

漂流的河段不同，可选择的乘坐工具也不同。现在国内较为多见的漂流工具主要有橡皮艇（筏）、羊皮筏、小木船、竹排和龙舟等。一般说，橡皮艇（筏）适用范围最广，也最普遍、最常用；小木船适用于河道较直、少弯道礁石的河段；竹排则适用于风平浪静的河段。

橡皮艇（筏）的适应性非常强，即使遭遇落差较大的瀑布或是险峻的河谷，也几乎总能化险为夷。因为橡皮材料柔韧性能好，又有充气囊可以柔克刚，一般的礁石奈何不得。橡皮艇（筏）上一般配有几片供漂流者自行操作使用的浆板。在有操控漂流时，一般不用漂流者操心，漂流过程中自有舵工负责，舵工的主要任务就是把握好方向和平衡，遇到急流险滩和礁石时能妥善处理。在平缓河段时，游客可在舵工指导下过一把以桨划水的瘾。

竹筏（或称竹排）一般不宜在急流险滩中使用，容易被卡住或翻沉，但在风平浪静时漂行，漂流者可手持竹篙，一边深深浅浅地撑着，一边观赏河岸景观；小木船介于橡皮筏与竹筏之间，适应性比橡皮筏稍弱，其操作技术比橡皮筏要难一些，一般可坐 8 人漂流。

2. 安全工具

（1）救生衣

救生衣又称救生背心，是一种救护生命的服装，一般用泡沫塑料或软木等制成。穿上救生衣后，即使落水了，由于救生衣的巨大的浮力，人的头部会保持在水面而不致于溺水、呼吸困难等等，从而保护好自己的生命。

（2）头盔

头盔是一种常见的头部预防性的被动安全装备，对意外造成的外来撞击力对头部起保护作用。水上运动头盔它的主要作用就是降低意外落水后岩石碰撞头部带来的损害，并把这种损害减小到最低限度。

(3) 防水衣

漂流者如遇到又湿又冷的情况，运动服装是穿不住的。有一件较好的防水服装，就可以免受冷水的侵扰。

(4) 防水收口包

在漂流时，此包作用主要装必需要带的一些物品，如相机、手机、钱等怕溅水的物品。但要做好保管，以免防止丢入水中。

(四) 漂流运动的特点

参与漂流运动，能促进人体的新陈代谢、提高改善技能、发展全身肌肉和各种身体素质、改善运动过程的节奏感和平衡能力。这项运动多在江河湖泊等自然水域进行，能够广泛地接触阳光、空气、水等自然因素，有利于提高人体的健康水平。单人或多人的漂流运动可以培养人们吃苦耐劳、克服困难、顽强拼搏的精神，尤其是现代社会提倡的团队协作意识。

二、漂流时紧急情况的处理

操桨纵舟斗急流，漂流沿溪而下，水面开阔河流较缓时，尽可悠闲地挥挥桨，抬头看看周围的景致，但是遇到急流险滩时，就需要大家齐心协力，运用各种技巧同舟共渡险情，而漂流的精髓，也就体现在此。

(一) 安全过险滩

到达险滩前，可先预测一下顺流而下的大致方向，然后招呼大家收桨，将脚收回艇内并拢，双手抓紧船沿上的护绳，身体俯低，不要站立起身，稳住舟身重心保持平稳，一般就能安然渡过。

(二) 冲出漩涡

河道水流较深时，常会出现漩涡，此时应尽量避免被卷入，绕行而过。如果被卷入的话，要保持镇静，让艇顺着洄流旋转，等转至漩涡外围时，大家全力划桨即可冲出困境。

(三) 避免冲撞

保持平稳、避免冲撞是漂流过程中须恪守的原则。实在避无可避时，要将舟身控制在正面迎撞的角度（侧面碰撞容易导致翻船），人员抓紧绳索。冲撞后舟身会与岸平行，此时这一侧的乘员要注意收脚以免夹伤。有时艇与艇之间会靠得很近，为免冲撞双方要相互配合往反方向划桨或抵开船身。

(四) 搁浅

石头密集之处，水道变窄，水深变浅，水流变急，很容易发生搁浅。此时不必慌乱，可用桨抵住石头，用力使艇身离开搁浅处。若此招不灵，就要派员下水，从旁侧或拉或推让艇身重入水流，而拉艇的人则要眼明手快，注意安全。

(五) 落水

万一不小心落入水中，千万不要惊慌失措，救生衣的浮力足以将人托浮在水面上，而艇上的同伴应当伸出划桨让落水者攀抓。若落水者离橡皮舟较远时，要想办法上岸或停留在石头的背水面（迎水面水流强且容易被橡皮艇撞到），等待救援。

（六）翻船

翻船多发在水流湍急的区域，往往是因为有人落水而造成橡皮艇重心不稳。翻船后应保持镇定，先将艇身扶正；重新登艇时注意两侧受力均衡，一侧人员爬上艇时另一侧要有人压住。掉落的划桨要及时拾回，否则到缓流区就只能用手划水了。

（七）气室破裂

这是最糟糕的情况。此时要调整艇上人员的位置，破裂气室的位置不要再坐人；设法保持橡皮艇稳定并靠岸等待救援。

三、漂流运动的注意事项

漂流是一种体能与胆量的挑战，在你寻求刺激、享受快乐的同时，一定要注意安全。

(1) 出发时，最好携带一套干净的衣服，以备下船时更换，同时最好携带一双塑料拖鞋，以备在船上穿。

(2) 漂流时不可现金和携带贵重物品上船，若有翻船或其它意外事情发生，漂流公司和保险公司不会赔偿游客所遗失的现金和物品；若感觉机会难得一定要带相机的话，最好带价值不高的傻瓜机，事先用防水收口包包好，在平滩时打开，过险滩时包上，而且要做好丢入水中的思想准备。

(3) 上船首先仔细阅读漂流须知，听从工作人员的安排，戴眼镜的人事先用皮筋系上，穿好救生衣，找到安全绳。

(4) 在天气气温不高的情况下参加漂流，可在漂流出发地购买雨衣。

(5) 漂流船通过险滩时要听从工作人员的指挥，不要随便乱动，应紧抓安全绳，收紧双脚，身体向船体中央倾斜。

(6) 若遇翻船，您完全不用慌张，要沉着，因为您穿有救生衣。

(7) 不得随便下船游泳，或应按船工意见在平静水面游，不得远离船体独立行动。

休闲运动的最高境界，莫过于实现人与风景的统一和谐。如果您的身上落满了都市的喧嚣，如果您的心间积满竞争的疲惫，如果您渴望于现代文明中为自己做一回亲近自然的回归，如果您愿意展开一场有别于人类与人类之间的较量，如果您想抛掉一切阻碍，如果您想体验生命的摔打和无羁……最理想的选择当属漂流——由您亲手划桨，行走于山水之间。沿岸的山，让您领略自然的雄伟；沿途的水，让您体会自然的神奇；山，将印证您的一次挑战；水，将溅湿您的一次记忆；驾驭了山，您会超越自我；驾驭了水，您会丰富人生的阅历。相信充满激情、充满幻想、充满创造、充满冒险的漂流历程，会让您全新返回生命的本真，让您一生珍藏。

第五节　野　外　生　存

一、野外生存简介

（一）野外生存的起源与发展

野外生存起源于第二次世界大战。当时，盟军的大西洋舰队屡遭德国纳粹潜艇的袭击。海难发生后，大部分水手便葬身海底，只有极少数人得以生还。人们惊奇地发现，这些生还者并不是他们想象中的那些年轻力壮的水手，而是那些年龄较大、经验丰富、心理素质好的老兵。后来经过科学家分析研究发现，能在恶劣的环境下生存下来的主要原因是一个人必须具备坚强的意志、良好的团队精神、丰富的野外求生技能等素质。而这些正是老水手们所具备的优势。于是，1940 年，德国人库尔特·汉恩提出了生存训练理念，并于 1941 年成立了一所帮助年轻水手提高生存能力的“海上生存训练学校”，并以“野外生存训练”作为其注册商标——其寓意为“一艘孤独的小船，离开平静的港湾，去迎接暴风骤雨的考验”。

二战结束后，野外生存训练成功的培训理念被进一步发扬光大，训练的目的也从最初的军事生存训练演变成为现代社会和经济领域服务的人本训练。许多国家和地区，尤其是发达国家和地区，都把野外活动及野外生存训练当做一种人生体验甚至是生活方式，成为培养人的心理素质、生存能力、团队协作精神的核心内容。如今，野外生存正在成为一种时尚，一种有益身心并有利于培养健全人格的群众性文体活动，它鼓励人们去接近大自然，去探索人们未知的精彩世界。

（二）野外生存训练目的

野外生存，即人在吃、住无着，孤立无援的山野丛林中求生。丰富的野外生存知识和顽强的毅力，是战胜各种艰难险阻、摆脱困境的必备条件。野外生存训练是挑战生理、智力和技能极限，接受肉体和精神磨炼，挖掘胆略与意志潜能，面对生存与死亡考验的一项有意义的活动。

（三）野外生存训练走进高校

国家教育部于 2002 年将“中国大学生野外生活生存训练的实验研究项目”列为国家教育科学“十五”规划重点课题研究项目，并于同年在东北、湖北、浙江三地组织 6 所高校师生进行了野外实验。实验证明，学生通过亲近自然、学会生活、学习生存的野外体验，“野外生活生存”这一新颖的体育运动，具有显著的锻炼价值、教育价值和社会价值。“野外生存”以课程形式走进学校，在我国高校体育教学中进行普及和推广，是有其积极意义的。

在自然环境中进行健康教育和生活生存训练同传统的体育课堂教育的区别在于，大学生在野外的生活生存训练中，在克服通常不易遇到的各种困难中，锻炼身体，陶冶情操，学会日常生活技能，体会为生存而克服各种困难的艰辛与愉悦，增长知识，增强生活能力，感悟人与自然、人与社会、人与人之间的关系，从而全面促进大学生自然意识和社会意识的发展。

二、野外生存的装备

（一）背包

野外生存需要一个舒适且结实的背包，以便携带衣物和必备的装备。背包的制造材料应足以承受背包的装载量，结实并要防水。一般可选配有外部框架结构和内部框架结构的。内部框架要轻便、合理，便于收藏物品；外部框架要牢固，不仅要符合人体背部散热，还可调肩带和 S 腰带使该包容易掌握平衡。外框架还有方便加挂睡袋、存放的基本优点。

（二）帐篷

在野外，帐篷的主要功能是防风、御寒、避免昆虫及小动物滋扰，保证使用者能够得到良好充分的睡眠，对保持使用者的体力起着至关重要的作用，野外帐篷常见的有“人”字型。圆顶型等多种款式，使用者应按所要前往地区的季节和气候等情况选择适用的类型，并要在出发前学会怎样搭建。

（三）睡袋及防潮垫

睡袋通过内里的填充材料不同，以达到不同的保温效果，使用者应根据所要到达的地区的气温来选择不同保温效果的睡袋。野外生存用的睡袋至少要达到防潮、保潮透气、质量轻、体积小的基本功能要求。羽绒睡袋除满足上述要求外还有一个可拆下的内衬，方便清洁和使用；防潮垫一面涂有金属膜，除防潮外还有多种用途。

（四）急救箱

在野外，没有人能够预料发生什么事情。一个急救箱可以延长你的生命，务必随身携带。急救箱内要存放着绷带、消毒胶布、纱布、药棉、消毒药水、感冒药、腹泻药、云南白药、镇痛药、蛇药等。

（五）登山鞋

野外生存用鞋，好多人会想到运动鞋，有些地方干脆把运动鞋叫做“旅游鞋”。其实，运动鞋分篮球鞋、网球鞋、跑鞋、多功能鞋和户外鞋等许多种，除户外品越战丛林战靴，橡胶底加防刺钢板，真皮鞋面全棉鞋腰，防滑透气，能很好地保护脚部和踝骨。

（六）望远镜

置身野外，观察野生动植物，寻找水源，判定行动方向等都少不了望远镜，而野外观察用望远镜倍数一般应在7～12倍之间，且最大物镜直径不应小于35mm，因为小于7倍的望远镜观察距离有限，大于12倍的望远镜在手持观察时晃动太大。

（七）照明用具

电筒的功用不说大家也知道，野外生存用的电筒要求照射距离不小于50m，电池应选用锂电池，电筒自身至少达到30m深能防水，电筒配有备用灯泡。有的电筒不仅满足不了上述要求，还可以通过附件把电筒戴在头上，使夜行者的双手解放出来做其他的事情，十分方便。

（八）备用食品

野外活动的食品，应根据个人口味和具体行程制定好食品携带计划，这些食品不但要能果腹，还要提供野外活动所必需的热量，因在野外随时可能会发生许多意想不到的情况，以防万一，备用食品是必不可少的。

（九）其他物品

专用工具还应有指南针、地图、手表、通信工具、绳索、折叠锹、求生哨、砍刀、水壶、生火用具、照相机等物品。

三、野外生存技能

（一）野外饮食

1. 生火工具

在野外，生火的方法有很多，比如把望远镜的凸透镜卸下，在阳光明媚的郊外，可以用它轻易地点燃报纸，野外用的生火工具主要还是火柴或打火机，火柴分别为野外防风火柴和野外防水火柴，其中防风火柴在使用时应捏住火柴的木杆部分，以免烧伤手指；野外生存，防风打火机以其结构简单、性能可靠的特点也深受行家们喜爱。

用报纸引火，不易引燃木柴，可事先准备好浸过打火机油的木屑，如此可以很方便地引燃火苗。用石头起灶，灶口应朝风口，剩下的三面用石头围起来，空气流通越好，火苗就越旺。必须注意的是，绝对不要在禁止火种的地方用火。灭火时，也要十分小心。将烧旺的火用水浇灭，确定火已完全灭后，再仔细清扫灰烬残渣，然后覆上土，将它恢复原状，这是野餐最基本的道德准则。

另外，携带一种装在折叠式炉灶内的凝固态燃料块，可供在用木材取火不方便时应急使用，扳开炉灶外壳就可形成一种小炉灶，燃料可以在里面充分燃烧。

2. 炊具

尽可能准备水壶、多功能野炊锅、多功能折刀、餐具等。

3. 获取食物

除了要携带必要的食品外，如肉类、脂肪类、糖、盐等。在紧急情况下，野外生存获取食物的途径主要有两种。一种是猎捕野生动物，另一种是采集野生植物。猎捕野生动物首先要知道动物的栖息地，掌握动物的生活规律，然后再采取压捕、套猎、捕兽卡以及射杀等方法进行猎捕。

可食用昆虫和可食野地生植物的种类、食用方法如下：

常见的可食昆虫有，蝗虫；浸酱油烤着吃，煮或炒也可以；螳螂：去翅后烤或炒，煮也可以；蜻蜓：干炸后可食：蝉：生吃或干炸，幼虫也可食；蜈蚣：干炸，但味道不佳；天牛：幼虫可生食或烤；蚂蚁：炒食，味道好；蜘蛛：除去脚烤食；白蚁：可生食或炒食；松毛虫：烤食。

可食野生植物包括可食的野果、野菜、藻类、地衣、蘑菇等。中国常见的可食野果有：山葡萄、笃斯、黑瞎子果、茅莓、沙棘、火把果、桃金娘、胡颓子、乌饭树、余甘子等，特别是野栗子、椰子、木瓜更容易识别，是应急求生的上好食物。常见的野菜有苦菜、蒲公英、鱼腥草、马齿苋、刺儿草、荠菜、野苋菜、扫帚菜、菱、莲、芦苇、青苔等。野菜可生食、炒食、煮食或通过煮浸食用。

并不是所有的野生植物都能食用，要学会鉴别。最简单的鉴别野生植物有毒无毒的方法，供紧急情况下使用。通常将采集到植物割开一个小口子，放进一小撮盐，然后仔细观察是否改变原来的颜色，通常变色的植物不能食用。

4. 获取水源

生命离不开水。所有生物都依赖于水，所有的生物也都含有水。没有食物，正常人平均能活三周，但没有水三天也活不了。正常人平均每天耗水 2～3 升。呼吸、工作强度加大、气温升高和出汗等都会促使人体失去水分。必须不断补充水分以维持正常水分平衡。所以水需要优先考虑。流动的水源是最理想的。

获取饮用水的途径有两种：一是挖掘地下水，二是净化地面水。通常雨水是不可以直接饮用的。要记住，不论多么的口渴，都不要饮用不洁净的水；万不得已时，也要把水煮开后再饮用。

（二）野外宿营

1. 营地的选择

在野外活动时，住宿露营非常重要，营地的选择应遵循安全，避风、近水，平坦等如下基本原则。

（1）安全。营地选择必须避开各种危险，即营地应远离裂石间危险的威胁，有些地方貌似安全，其实有极大的隐患；

（2）避风。野外的强风可将帐篷吹跑、扯破，最好选在屏障的避风处，如山丘或巨石的背后；

（3）近水。营地是活动人员过夜，生活的临时场所，接近水源会带来许多方便，但若在河流两岩设营必须充分考虑水道水流的涨落，以免涨水淹没帐篷；

（4）防兽建营地时要仔细观察营地周围是否有野兽的足迹、粪便和巢穴，不要建在多蛇多鼠地带，以防伤人或损坏装备设施。要有驱蚊、虫、蝎药品和防护措施。在营地周围遍撒些草木灰，会非常有效地防止蛇、蝎、毒虫的侵扰；

（5）日照营地要尽可能选在日照时间较长的地方，这样会使营地比较温暖、干燥、清洁。便于晾晒衣服、物品和装备；

（6）平坦。营地建在平坦土地面或雪面上要比凹凸不平的碎石堆上要舒服的多，软土是理想的建营场所，地面若有碎石和荆棘应予以清除，准备宿营时，应首先搭建公用帐篷，在营地的下风处首先搭好炊事帐篷，建好炉灶，烧上一锅水，然后再依次向上风处搭建存放公用装备的仓库帐篷和各自的宿营帐篷。

需要注意的是，在野外要保护自然环境，撤营时必须将燃火彻底熄灭。垃圾废物要尽可能带出，丢放在指定的地方，特殊情况无法带走时可将垃圾挖坑掩埋。

另外，千万别忘了，在下风处，远离水源的地方再搭上一个简易厕所，以免用时着急。

2. 营地的组建

营地选择好后即要建设营地，一般步骤为：平整场地、场地分区、建设帐篷露营区、建设用火就餐区、建设卫生区（指定一下男、女方便出即可）、建设娱乐区等。还有其他露营方式，如用吊床或吊床式帐篷。

3. 帐篷的搭建

决定好搭设帐篷的地点后，依照顺序，由 4 人共同作业，不需花费多少时间，即可简单设好。为考虑帐篷撤收时的状况，把最初搭配的情况记下，会比较方便。

帐篷有各种不同的种类，同时，也有不同的制作、搭配设计和组合方式。小型帐篷、A 字型帐篷、墙壁型帐篷由于构造的顺序，其组合方式，是使用缆绳搭设的“搭设帐篷”，而最近开发改良的弹头型和小屋型帐篷，则是属于“组合帐篷”。

下列以相当普及的墙壁型帐篷为例，说明帐篷的搭设方式。

（1）地点的决定。在考虑风向及地形后，选择一个平坦之地。

（2）帐篷用具的检查。将袋中收藏的用品倒出，逐一检查各部分零件。为了撤收帐篷时的方便和不遗漏东西，应先予以记录。

（3）铺设地面垫。地面垫铺好后，以钉子将四个角固定。若在湿气多的地方，先铺上席子后，再于其上铺置垫子。

（4）竖起支柱，拉开主绳。将支柱下方穿人地面垫两端的孔中，同时，支柱上部的尖端，穿人布幕栋柱两柱的孔中，将左右主绳拉起，避免左右倾斜。这样，帐篷的主体外型就形成了。

（5）调整主绳，拉起角绳、腰绳。以附于主绳的支绳，调整帐篷的形状，将两根支柱垂直立于地面。其次，以支绳调整角绳、腰绳，使帐篷的形态出现。

（6）固定墙壁。将帐篷底布、地面垫及墙壁下部连接起来。

以上为墙壁型帐篷的搭设顺序，四人分工合作，在熟练的状态下，约10～15分钟可以完成。

通常，为减少风雨及暴晒、严寒的影响，都会再加上屋顶盖。在步骤（4）中，将支柱插人栋两端的孔时，先加上屋顶盖，再把主绳拉上，主绳以钉子固定后，以屋顶之栋的端点为顶点，形成等边三角形之两边，将底边之长，拉成与支柱相等的长度。从屋顶之正上方看来，角绳应在对角线之延长上，腰绳则与角绳并排成一直线。

（三）野外行进

1. 路线的选择

野外行进路线的选择十分重要，在一定程度上，它关系到野外行进或野外工作的成败。所以，野外行进前，一定要认真研究拟去地区的自然和人文地理环境情况，对各种行进的路线方案进行综合评价，选择其中综合行进条件好的路线和路面作为实际旅行的行进路线。

2. 方向与气候的辨别

在野外正确地辨认方向非常重要，基本方法如下：

（1）罗盘（指北针）。罗盘是野外工作最为常用的定向工具，使用简便。但要记住：罗指针指向北或N，这个方向是磁北方向，与真北方向有一个偏差角度，应计算出磁偏角的数差，以取得准确的罗盘方向。

（2）手表。在没有罗盘的情况下，使用带指针的手表也可以定出方向。方法是用于将手表托平，表盘向上，转动手表，将表盒上的时针指向太阳。这时，表的时针与表盘上的12点形成一个夹角，这个夹角的角平分线的延长线方向就是南方。也可以将所处的时间除以2，再在表盘上找出商数的相应位置，然后将这个数字对准太阳，表盘上12点所指的方向就是北方。如上午10点，除以2，商为5。将表盘上的5对准太阳，12的方向即为北方。北方一旦确定，其他方向就一目了然了。但要记住，如果是在下午则应按24小时记时法计算。如下午4点，就要按16点计算。用这种方法求方向不亚于指南针的准确度。

（3）北极星。北极星所在的方向就是正北方向。北斗七星也就是大熊星座，像一个巨大的勺子，在晴朗的夜空是很容易找到的，从勺边的两颗星的延长线方向看去，约间隔其5倍处，有一颗较亮的星星就是北极星，即正北方。

（4）立竿见影。必须在晴朗的白天，用一根直杆，使其与地面垂直，插在地上，在太阳的照射下形成一个阴影。把一块石子放在影子的顶点处，约15分钟后，直杆影子的顶点移动到另一处时，再放一块石子，然后将两个石子连成一条直线，向太阳的一面是南方，相反的方向是北方，直扦越高、越细、越垂直于地面，影子移动的距离越长，测出的方向就越准。

（5）树木、苔藓。树木、苔藓树冠茂密的一面应是南方，稀疏的一面是北方。苔藓的道理与之相间。另外，通过观察树木的年轮也可判明方向。年轮纹路疏的一面朝南方，纹路密的一面朝北方。

（6）积雪的融化。积雪融化的地方定是朝南方的。在野外，最谨慎的办法还是沿着旧路走，千万不要冒失地离开山径而从“新路”下山。如果你是有意去走新路“探险”的话，一定要做好充分准备，行前告诉家人及朋友，带足食品及饮水，并沿途做好醒目的路标，以备走不出去时原路退回。

3. 野外行进

（1）山地行进。在山地行进，为避免迷失方向，节省体力，提高行进速度，应力求有道路不穿林翻山，有大路不走小路，如没有道路，可选择在纵向的山梁、山脊、山腰、河流小溪边缘，以及树高林稀、空隙大、草丛低疏的地形上行进。要力求走梁不走沟，走纵不走横。行进时，能大步走就不小走。这样几十公里下来，可以少万许多步。疲劳时，应用放松的慢步来休息，而不停下来。

（2）攀登岩石。攀登岩石时，应对岩石进行细致的观察，慎重地识别岩石的质量和风化程度，确定攀登的方向和路线。攀登岩石的基本方法是“三点固定”法，即两手一脚或两脚一手固定后再移动剩余的一手或一脚，使身体重心上移。手脚要很好地配合，避免两点同时移动，一定要稳、轻、快，根据自己的情况选择最合适的距离和最稳固的支点，不要跨大步和抓、蹬过远的点。

（3）攀登山坡。攀登 30°以下的山坡可沿直线上升。攀登时，身体稍向前倾，全脚掌着地，两膝弯曲，两脚呈外“八字形”，迈步不要过大过快。坡度大于 30°时，一般采取“之”字形攀登路线。攀登时，腿微曲，上体前倾，内侧脚尖向前，全脚掌着地，外侧脚尖稍向外撇。在行进中不小心滑倒时，应立即面向山坡，张开两臂但直两腿，脚尖翘起，使身体尽量上移，以减低滑行的速度。这样，就可设法在滑行中寻找攀引和支撑物。千万不要面朝外坐，因为那样不但会滑得更快，而且在较陡的斜坡上还容易翻滚。

（4）过独木桥。直接走过去时，步幅跨开同肩宽，并以外八字走路，眼睛看前方一公尺处左右，一步步牢固贴在桥上，迅速走路。如果桥身不长，稍微快点会比慢走好得多，一般只要保持平衡就能很快走过。如果队员较多，可以先过去两个人（携带上绳子），在溪流两岸拉上一根或两根保护绳，绳子两头绷直并拴在两岸边的树上，就可以大胆通过了。碰到女队员心虚可以由一名男队员在后协助，并帮她背包。

（5）过吊桥。野外行进过吊桥，要领是：第一，由于吊桥比较容易左右摇晃，人最好是一个个的通过，不可拥挤，以免发生危险。如果有恐高症者，不要向下看脚底的河流（尤其是溪流湍急的情况下），尽量把视线转移在身体前 100 米处的桥身；第二，不要紧张，不要改变走路的速度，有节奏性地走过去。

（6）过栈道。在山地沟谷地区行进，有时会碰到过栈道。这里的栈道指的是一些峡谷边的窄路，一面是峡壁，一面是河谷，只容一人通行。由于人人都背着背包，如果突然转身或下蹲，背包往往会碰到岩壁把自己抵出道路，造成危险。正确的方法是面向岩壁侧身缓慢移动通过，确勿紧张或疏忽大意。

（7）通过草丛灌木。走这种地方之前，应细心观察路线及走向，避免迷途是第一位的；第二，应穿着长袖衫和长裤，以免蚊虫和爬行类动物侵扰。第三，不要紧随前面的人，以免被树枝或草木反弹打伤；第四，要时刻留意草丛内的洞穴或石块，以免失足或摔跤，同时留意草丛内的蜂巢或蚁穴，利用树枝拨开草丛荆棘，并提膝踏步前进，以减低受蛇虫侵袭的危险。

（8）涉水行进。河流是山区和平原地区经常遇到障碍。遇到河流不要草率入水，要仔细地观察之后再确定渡河的地点和方法。山区河流通常水流湍急，水温低，河床坎坷不平。涉渡时，为了保持身体平衡，应当用一根午子支撑在水的上游方向，或者手执重达 15～20 公斤石头。集体涉渡时，可三人或四人一排，彼此环抱肩部，身体最强壮的位于上游方向。

四、野外生存的安全

（一）生存技巧

野外生存技巧有很多，这里进介绍几点，供大家实用。

1. 睡袋的使用

睡睡袋是有技巧的。不会“睡”的人即使用高寒睡袋（零下35°）在一般低温下（零下5°）也会感到冷，那么怎样才能睡得更暖些呢？在使用睡袋时，有很多外在因素影响睡袋的性能，要注意的是睡袋本身并不发热，它只是有效地将体温流失减低，下面的条件会帮助你睡得更暖些。

（1）保持睡袋干爽。睡袋吸收的水分并非主要来自外界，而是人体，即使在极寒冷的情况下，人体在睡眠时仍会排出起码一小杯的水分。保温棉在受潮后会粘结而失去弹性，保温能力下降。如睡袋连续使用多天，最好能在太阳下晾晒。经常清洗睡袋可使保温棉保持弹性。

（2）多穿衣服。一些较松软的衣物可兼作加厚睡衣用。将人与睡袋之间的空隙充填满，也可使睡袋的保暖性加强。

（3）睡前热身。人体就是睡袋的热量来源，如临睡前先做一小段热身运动或喝一杯热饮，会将体温略为提高并有助于缩短睡袋的变暖的时间。

2. 饮用水的寻找

生命离不开水，没有食物正常人可以活三周，但没有水，三天都活不了，所以水要优先考虑，几点小提示，希望帮助你在野外迅速找到或收集到水。

（1）找水源首选之地是山谷底部地区，高山地区寻水，应沿着岩石裂缝去找，干涸河床沙石地带往往会挖到泉眼。

（2）在海岸边，应在最高水线以上挖坑，很可能有一层厚约5厘米的沉滤水浮在密度较大的海水层上。

（3）饮用凹地积水处的水时，必须做到先消毒、沉淀后煮沸饮用。

（4）收集雨水：在地上挖个洞，铺上一层塑料，四周用粘土围住，可以有效地收集雨水。

（5）凝结水：在一段树叶浓密的嫩枝上套一只塑料袋，叶面蒸腾作用会产生凝结水。

（6）跟踪动物、鸟类、昆虫、或人类踪迹可以找到水源。

（7）植物中取水：竹类等中空植物的节间常存有水，藤本植物往往有可饮用的汁液，棕榈类、仙人掌类植物的果实和茎干都含有丰富的水分。

（8）日光蒸馏器：在干旱沙漠地区利用下述方法能较好地收集到水：在相对潮湿的地面挖一大约宽90厘米、深45厘米的坑，坑底部中央放一集水器，坑面悬一条拉成弧形的塑料膜。光能升高坑内潮湿土壤和空气的温度，蒸发产生水汽，水汽与塑料膜接触遇冷凝结成水珠，下滑至器皿中。

需要注意的是，有些水是不能饮用或不能直接饮用的。如雪水、死水、有异味的水。

3. 营养的摄入

（1）糖是能量的主要来源。糖的摄取是很方便的，淀粉食物就是以后总常见并易于找到的含糖食物，比如馒头、米饭、面条等。更方便的有糖果和巧克力等。

（2）就营养的价值而言，动物蛋白比植物蛋白的营养价值要高，在野外可以把大豆粉、小米粉、玉米粉等和芝麻糊混合后食用。还可以预备一些蛋白质含量很高的食物，如猪肝、鸡精和鱼罐头等，以弥补野外没有鸡蛋的不足。也可以服用一些口服氨基酸胶囊。

（3）维生素和微量元素，如铁、锌、钙等对人体具有重要意义，在野外可从动物的肝脏中摄取。

（4）饮食注意事项。森林里很多蕨类植物和野生菌类都是美味，只是采取菌类时应注意，色彩鲜艳的可能有毒。

（二）意外事故的应对

（1）毒蛇、昆虫咬伤。在野外如被毒蛇咬伤，患者会出现出血、局部红肿和疼痛等症状，严重时几小时内就会死亡。这时要迅速用布条、手帕、领带等将伤口上部扎紧，以防止蛇毒扩散，然后用消过毒的刀在伤口处划开一个长 1 厘米、深 0.5 厘米左右的刀口，用嘴将毒液吸出。如口腔粘膜没有损伤，其消化液可起到中和作用，所以不必担心中毒。

（2）昆虫叮咬或蜇伤。可用冰或凉水冷敷后，在伤口处涂抹氨水。如果被蜜蜂蜇了，用镊子等将刺拔出后再涂抹氨水或牛奶。

（3）骨折。骨折或脱臼时，用夹板固定后再用冰冷敷。从大树或岩石上摔下来伤到脊椎时，应将患者放在平坦而坚固的担架上固定，不让身子晃动，然后送往医院。

（4）外伤出血。在野外备餐时如被刀等利器割伤，可用干净水冲洗，然后用手巾等包住。轻微出血可采用压迫止血法，一小时过后每隔 10 分钟左右要松开一下，以保障血液循环。

（5）食物中毒。吃了腐败变质的食物，除会腹痛、腹泻外，还伴有发烧和衰弱等症状，应多喝些饮料或盐水，也可采取催吐的方法将食物吐出来。

第六节　台　球

一、台球运动概述

台球运动至今已有五、六百年历史，对于台球究竟起源于哪国众说纷纭，但是，台球起源于西欧是无可争辩的事实。

台球活动初始是在户外地面上挖洞，把球用木棒打进洞内的一种玩法，后来才从室外改在室内桌子上活动。在公元十四世纪英国的英格兰维多利亚女王时代，台球活动非常受人们的重视，在一些富豪家庭里，不仅有豪华讲究的台球间，而且在进行打球活动时，还有严格的活动礼节，有的规定至今仍在沿用。1510 年台球传至法国，法国国王路易十四在凡尔赛宫玩的台球是“单个球”（Single Pool），在桌上放一个用象牙做的拱门（Port）和一根象牙立柱叫“王”（King），用勺形棒来打球，把球打进门或碰到上便可行分。由于法王路易十四的御医建议国王餐后做台球活动，有利于健身因此得到法王喜爱和关心，所以在十七世纪，台球在法国逐渐风行起来。到了十九世纪初，台球运动的发展开始走向成熟阶段，在技术提高的同时，设备用具也随之发展，许多大大小小的改进和发明创造不断涌现，现已达到了比较完善的程度。从前开始在室内桌子上玩球时，在桌子中心开了一个圆洞，后来又在桌子四角开了四个洞，洞的增加同时也激发了人们的玩球兴趣，直到在桌子开了六个圆洞。才演变成了今天落袋式台球的雏形。

台球最早传到亚洲的国家是印度和泰国，后来是日本，传入中国是在19世纪清朝未朝。解放前，只有大使馆、租界地和北京、上海、广州、哈尔滨、藩阳等几大城市私人开办的小规模的台球厅室，只有几张球台。21世纪初，伴随着经济建设的迅速发展，各类台球在中国再度兴起，并得到长足的进步，由街头台球向健康、娱乐型运动迅速发展。台球的创新发明也不断拥现，其中较好突出的是中式斯诺克台球，将当时较为主流的美式台球、英式台球及花式九球各自的优势特点融合为一体，并以以和为贵的中国文化为主旨又赋予了更多的娱乐与智慧元素，将台球的八大元素等进行全面的改进；由于其结合了世界各国的文化，并对结构进行创新及在规则中引入博弈理念，精彩路线较多及持续刺激程度较强，很快就迅速发展并风靡流行起来。

二、台球的设施及装备

（一）台球桌

在台球桌方面，原来用的球桌就是普通的木板桌子因受气候影响木材变形，台面平整很难保证，直接影响击球技术的发挥。约在1827年开始采用石板做球台台面，才有了光洁平整不变形的高质台面。

球台的台边，最初是用毛屑或棉花包裹起来钉在台边上来用。因为没有弹性只能起到一种缓冲撞击的作用。到1831年才开始用橡胶取代。1835年美国人费仑、1854年美国人半沙波尼兰先后改进并发明了弹性良好的正规橡胶台边。

（二）台球用球

台球所用的“球”也有一段发展过程。最早使用的台球，是用木材或黄铜做的，后来受印度象牙装饰品和高级用具的启发，因此象牙也被选用做台球材料了。一只象牙可以做五个球，根据当时需要估计，每年要有万余头大象的牙才能解决，用量之大实在可观。由于台球质量要求高，圆度要圆，每个球的重量要求要同，因受产品合格率的影响，价格昂贵，只能供王室贵族少数人享用，严重的阻碍台球运动的普及与发展。

直至1868年台球在西方国家广泛发展，球的需求也随之巨增，纽约一家台球公司自愿拿出一万美元赏金，征求象牙球的代用品。当时被誉为美国塑料工业之父的海亚特，用化学方法研制成功塑胶台球，这项发明促进了台球制造工业革命性的变化。同时也对台球运动事业的发展，作出了巨大的贡献。因此，海亚特也被美国台球协会选进了名人馆。

（三）球杆

一种由木质材料造成的锥形体，并用其击打主球。球杆头上有一皮革制的皮头。

（四）壳粉

又称巧粉，用于涂在球杆杆头以增强球杆和主球之间的摩擦。滑石粉通常被压制成正方体滑石粉块。

（五）加长把

加在球杆尾部的一根短短棒用于增加球杆长度，当主球远离选手时帮助选手击打主球。

（六）架杆

用于支撑球杆的具有铜制的X形头部的木杆，当选手的非持杆手手臂不够长时，可将球杆靠在架杆上，以稳定地击打主球。

（七）三角架

似架杆，但头部是拱形的，而且头部更大，可架在另一只球上方以便挥杆击球。

（八）定位器

一种带有角形卡球开口或半圆形卡球开口的装置，用于确定球的准确位置。在其帮助下，球在比赛中途擦拭后可以准确无误地放回原来的位置。

（九）三角框

开赛前用于将所有的红球排成标准的正三角形的三角形框架。

三、台球的种类及打法

（一）种类

台球流行于世界各国，现已发展成为多种多样，从不同的角度有不同的分类方法，可以从国度、台球的数量以及台球的击球技巧进行分类。

1. 按有无袋口

分为落袋台球、开伦台球。

2. 按国度

分为法式台球、英式台球、美式台球、中式斯诺克台球。

3. 按规则及打法

分为斯诺克台球、8球、9球、14-1台球、15球积分、3球开伦、4球开伦。

其中斯诺克最为普遍，而且被官方认可，已成为一项比赛项目。

（二）台球基本打法

台球的种类很多，除了大家熟悉的斯诺克台球以外，还有很多打法都在国内和世界上流行，并且都有各自的世界大赛，在一些综合性的大赛中，台球项目也设立了很多小项。为了使大家能了解台球运动在世界上的发展，这里介绍几种目前世界上流行的台球打法。

1. 英式台球

英式台球又包括英式比例台球和斯诺克台球两大类。主要流行于英国和欧洲大陆。

（1）英式比例台球

英式比例台球又称为三球落袋式台球，属基础类型的台球，是世界上正式台球比赛项目之一。英式比例台球出现较早，要求具有较全面的技术打法，目前，世界许多著名斯诺克台球运动员，比例式台球的基本功都相当扎实。

（2）斯诺克台球

斯诺克台球更是为世界流行的主流台球项目之一。英文“斯诺克”的含义为障碍之意。此项运动使用的球桌长约3569毫米、宽1778毫米，台面四角以及两长边中心位置各有一个球洞，使用的球分为1个白球，15个红球和6个彩球（黄、绿、棕、蓝、粉红、黑）共22个球。击球顺序为一个红球、一个彩球直到红球全部落袋，然后以黄、绿、棕、蓝、粉红、黑的顺序逐个击球，最后以得分高者为胜。斯诺克台球不仅自己可以击球入袋得分，也可以有意识地打出让对方无法施展技术的障碍球，从而使对方受阻挨罚。因此，斯诺克台球竞争激烈，趣味无穷，也是世界台球大赛的项目。

2. 美式台球

美式台球又称美式普尔，是台式台球的一个重要流派，是在法式台球和英式台球之后又形成的一种新风格。它与英式台球和法式台球并驾齐驱，广泛地流行于西半球和亚洲东部。不过美式台球与法式台球和英式台球相比，仍不如它们家喻户晓。有人认为，美式台球仅仅是属于酒吧、街头巷尾的“下里巴人”式的游戏而已。然而这正是美式台球大众化、普及化的可取之处。美式台球中诸如8球制台球在我国也有广泛的群众基础。美式台球包括8球制台球、9球制台球、芝加哥台球、普尔台球和保龄台球等种类。

3. 中式斯诺克台球

中式斯诺克台球也称为十孔台球，起源于中国，与其它台球的最主要区别在于台面中间增加四个进球袋及边框，既容易进球，也容易形成斯诺克；同时也拥有了更多精彩的运球路线，充分积极地体现球手之间连续进攻、巧妙防守及高难度解球的高超技艺；拓展了台球技术性及艺术性。通过针对结构改变的规则改良，中式斯诺克体现的是注重全局及排兵布阵，更具娱乐性、挑战性以及智慧元素，有棋球之说。

4. 法式台球

法式台球起源于法国，也称为开伦台球（又称卡罗姆台球），其含义是连续撞击两个球，即用主球连续触及两个球，这是法式台球最基本的要求。与英式台球、美式台球球台的最主要区别是没有网袋。卡罗姆台球有多种比赛方式，其中主要的是三边卡罗姆式台球。

5. 开伦式台球

开伦式台球起源于法国，后来在日本却非常盛行，有“日本撞击式台球”之称，是国际大赛项目之一。开伦式台球所用的球台没有球袋，它是以球杆击球得分的一种台球打法。在我国的一些台球厅里很少能见到这种台球打法。开伦台球打法分为颗星开伦、三星开伦、四球开伦、直线开伦、台线开伦等等，但最流行的要算四球开伦打法了。

“四球开伦”有四个球，两个红球和两个白球，两个白球为比赛双方各自的主球。旧规则计分方法是：主球撞到两个或两个以上的球后，可以拥有击球权。主球击中一个红球、一个白球得2分；主球击中“双红”得3分；主球击中“双红”加一个白球得5分。这种2分制、3分制、5分制过去较为常用。但是，新规则全部采用1分制，只要碰到三个目标球中的两个，就可以得1分，消除了因球的配置所产生的得分差距，计算也比较简单。

比赛的胜负是以谁先获得约定的分值为准。所以，当本方获得击球权时，应尽量争取多得分。因“四球开伦”用的球稍重些，所以球杆比其他类型的球杆粗些。

“四球开伦”开局的摆球方法为：两个白球之间有两个红球，且四个球在同一条直线上。

当球在台面上放好后，双方各向底边击打一空杆，决定击球顺序。球离底边近者获选择权；也可以抽签决定选择权。开球方以带黑点的白球为主球，另一方以全白色的球为主球。规则规定，对方的主球可为本方的目标球。

按照规则，开球第一杆必须先撞击对方白球方为有效，否则，将判作失机，交换击球权。因开局的摆球是主球与白球之间有两个红球，且四个球在同一条直线上。因此开球方一般是撞击台边，打两边球（即撞击两个台边），使主球撞台边后再击中双球。

在“四球开伦”打法中，台边的作用非常大。如果不能采用直线命中法，就要尽量利用一次、两次、三次甚至多次台边反弹以达到触及双球的目的。在击球技巧上与三边卡罗姆台球有许多类似之处。

6. 八球打法

因为目前在大街小巷，更多的是传统八球的台球配套设置，像斯诺克打法的配套设施相对较少，但是传统八球打法规则相对简单，加上黑球总共15个球，一方只需要打进八个球就赢得了比赛。所以，在大陆地区就兴起了一种用八球的设施，而仿斯诺克的规则的打法。以发明人的名字中其中一个字的分解命名为“加贝尔”打法，方便读音。

四、台球的基本技术

台球基本技术可以分为基本技术动作、基本杆法的运用和击球方法三个方面。

（一）基本技术动作

1. 握杆和身体姿势

（1）球杆重心

拿到球杯时，你首先要了解球杆的重心位置，然后由重心点向杆尾处移动约40厘米，这段距离内握住球杆是比较合适的。

当然，根据主球离库边的远近，需要不同力度出杆等情况，握杆的位置可以偏前或偏后。比如：主球贴库时，要握接近杆的重心位置；主球较远时，可以握杆靠近尾部的位置；如需要大力击球时，握杆手亦可以往后握，以加大握杆和出杆的距离，便于发力。

（2）握杆方法

握杆的方法正确与否直接影响到出杆的好坏。正确的握法是：拇指和食指在虎口处用轻力握住球杆；其余3个手指要虚握。这样握杆的优点在于保证手指手腕和整个手臂适度放松，便于肌肉能更协调地工作；另外，手指、手腕和整个手臂的适度放松，有利于手指、手腕和整个手臂在运杆时的流畅，充分地感觉出杆触击球一刹那间杆头与球撞击效果，给手指、手腕以及手臂肌肉本体感觉器更丰富信号，便于正确学习掌握技术动作以及及时发现和纠正训练过程出现的动作错误。

（3）身体站立位置

先用右手按照要求握好球杆，面向球台上要打的主球方向立正站好，平握球杆，杆头指向主球，并与主球离开10～20厘米的距离。握杆的右手拇指要和裤子的侧缝对齐。注意球杆的指向必须与主球的行进方向成一直线。

（4）上身姿势

英式斯诺克台球，因球台台面比较宽大，所以一般多采用平视瞄准击球姿势，用卧手支撑式（也称平背式）的手支架。上身向前平视，顺着球杆方向瞄视。

（5）脚的位置

身体站立的位置确定后，握杆的右手原位不动，在两脚立正的姿势下，左脚向左侧方迈出一小步，尺度与肩相等，右脚尖向右外侧转动自然，转动角度约为50°～80°。这样便可以构成一个稳定的站立姿势。

（6）面部位置

正确击球姿势的形成，不能忽视面部位置的关键性作用。面部不正就瞄不准也就不可能击球入袋。正确的面部位置是，使面部的垂直中心线与球杆的中轴线保持在同一个垂直平面上。如何把面部摆正呢？具体做法是：在瞄准时，将下颏对准球杆中轴线上，两眼保持水平向前平视，这样，面部中心，包括鼻子、嘴和下颏，便都能与球杆和右手臂，进入同一个垂直平面里。

2. 架杆方法

台球击球前，为了架稳球杆，在瞄准时用非持杆手作支撑，把球杆放在其上的一个动作。

(1) 平背式架杆法

先把左手掌伸直，手心向下按在球台台面上，五指尽量岔开、指开紧抓台布，形成一个宽而有力的稳定杆架基部，然后掌心稍微拱起，拇指紧贴食指翘起，食指与拇指之间便出现一个凹槽，球杆便可以放在凹槽上活动自如。如需要调整高低时，可以使手指伸平手掌降低、拱起而升高适应击球需要。这种杆架高度低，适用于球径较小的落袋式台球。

(2)“V”形架杆法

是目前流行的基本架杆方法，掌心向下，先将四指伸开，使指肚按在台面上，手掌略呈拱形，拇指翘起，靠紧食指跟部之间形成“V”形，然后将球杆架在V形槽内，击球时使球杆在槽内作直线滑动。

(3) 环形架杆法

左手手指张开，指尖略向内弯，置于台面上，小指、无名指和中指向内弯曲，使其起到支撑作用。拇指和食指扣成一个指环，将球杯穿过该指环，支撑好球杆，在杆与环接缝处，不能留有幌动的余地。

3. 站位击球动作

击球是台球的重要一环，虽然有时身体姿势、握杆方法、面部位置、架杆手势都很正确，但是，由于出杆击球动作不良，还是打不出好球来。

(1) 站位

正确站位有助于完成正确击球动作。右手握杆，以右脚为轴，左脚略向侧前方迈出一步，两脚分开不宜过大，身体保持平衡。身体位置与球杯的关系保持上体前倾，脸的中心保持在球杯之上，架杆的手臂肘关节充分伸展。架杆手的位置应与本球保持约15厘米距离。

(2) 击球动作

以肘部作为支点，像钟摆一样前后幌动，球杆向前移动时要平稳，直线前移，不宜上、下、左、右幌动。肘的动作要像一条链，前臂像一个钟。

击球时以肘部作为支点，像钟摆一样前后幌动。击球时球杆要平稳直线前后移动。

(3) 出杆击球

架杆的手臂肘关节充分伸展，架杆手的位置应与本球保持约15～20厘米距离。

(二) 基本杆法

台球的击球杆法是指台球击球时，使球得分或落袋所使用的正确撞击方法。

1. 跟球杆法

用撞点为中上部的杆法击球。本球碰撞目标球后，目标球被撞走，本球随之向前行进。

2. 缩球杆法

用撞点为中下部的杆法击球。本球碰撞目标球后，目标球被撞走，本球随之向后行进。

3. 反弹球杆法

反弹球杆法是利用磁岸后反弹使球落袋。它是落袋台球比赛的基本技术之一。因为落袋台球要求打指定球的时候多，所以使用反弹球的机会也较多。

4. 薄球杆法

打薄球是比较难的技术，若打的不正确，碰撞得太厚，本球就不能沿着正确路线行进。

瞄准方法是将本球与靠近目标球边缘连成线，以目标球侧面不到一个球的地方为瞄准点，然后对着本球撞击。这时可采用中下杆打法，这种杆法可避免乱出杆，它比逆族打法更能防止碰撞目标球太厚。

5. 空岸球杆法

本球先碰岸一次，然后再碰撞目标球。它的基本原理是以撞击本球的中心，使入射角等于反射角。

6. 贴岸球杆法

当球贴岸时，应离开球的半径瞄准，使主球在撞击目标球时也撞岸边，即可送球落袋。

7. 综合撞击杆法

本球瞄准目标球撞击，被撞击的目标球又撞击另外的目标球，并使其落袋，叫综合撞击。基本瞄准方法是将袋口前的球，与本球先碰撞的目标球，通过两球中心结连成的延长线，用本球碰撞即可落袋。

8. 扎杆杆法

扎杆是使球杯立起来撞击本球的一种击法，属台球的一项高级技术。扎杆前先靠近球台，两脚稍微分开，上体略前倾，脸部比杆稍向前些，面颊内收，将球杆立起约 70°，击球时从球的上方给球以逆旋的力，使本球沿着弧线运动的同时，还向前移动。扎杆的撞点范围应在球的 6/10 同心圆内撞击。

（三） 击球

学打台球首先必须了解用球杆怎么打，打主球各个不同部位，球将会产生什么样的旋转变化，当主球主动撞击被动的目标球后，两个球将要产生什么样的旋转变化和行进去向等。为了学好台球，一定要弄明主球的运动状态与球性，不然对着球胡乱击打，违反球的科学规律，很难学好打台球的，也就达不到提高技术水平的目的了。

1. 球的旋转

用球杆击打主球上的点叫击点也称撞点，面对主球平视，是个圆形面，这个圆形面上到处都是可以打的击点。但是，为了方便分析研究和学习，在圆形面上以圆心为基点设中心点，并根据点位与旋转的相应关系，在中心点周围选定 8 个点，一共 9 个点。

球和球杆上的撞头都是圆球面形的，如果球杆上的撞头在圆球的边缘部位时，由于角度过斜，便要发生打滑现象（称滑杆）。说明主球的球面上，不是都是可以用球杆击打的点位，而是有一定范围限制的。可以撞击而不至于打滑的范围称安全击球区。即把主球视平面直径划分 10 等份，取其中 6 等份在球中心画个圆，称其为十分之六的同心圆，在这个范围内击球，就可以不会发生滑杆现象。如果击球技术达到高超水平，还可以超过安全区击球，也很少发生滑杆现象。仍可以向球体边缘延伸，把安全击球区再扩展到主球直径的十分之七或十分之八范围。

（1） 主球的旋转运动

主球上虽然有九个基本击点，初学者练球时，要先熟悉中心、中上和中下这三个主要常用的击点。这三个击点若能打得好，无论打无袋式或落袋式台球，基本上都能解决击球得分的问题。

①撞击主球中上点：球开始延着球杆方向，直线向前奔走得很快、很远。因为球受正

旋力矩的推动，滚动旋转的摩擦又比滑行摩擦少得多，动能损失很小。

②撞击主球中心击点：开始没有旋转，向前滑动瞬间后，因受台呢的摩擦阻力作用，渐渐产生了正旋力矩，使球与台面接触点速度减慢，球的顶点速度不变，于是球便向前旋转起来。球在哪里开始旋转，能滚到多远的距离，依击球力量的大小而不同。

③撞击主球中下点：球一开始就具有逆旋的力矩，球则一边行进一边倒旋，由于台呢的摩擦力作用，倒旋减缓直到为零，球经过一段滑行，便过渡到正旋前进。直到减慢停止。

④撞击主球左中或右中击点：这是一种侧旋转球的打法（亦称偏杆击球）。技术难度较大，但又是必须学会练好的侧旋球技术，并懂得在击球中会出现需要侧旋球的重要作用。当遇到需要从根本上改变主球或目标球前进路线的时候，便会体察到运用侧旋球的特殊作用。

侧旋球是台球的一种特殊的转动。这是一种畸形旋转，在撞击目标球的前后都能改变球的路线。上面已经讲过，打主球中上点所产生的上旋，可以形成跟进球。而打中下点产生下旋，可以形成缩球。侧旋是这些技术的延伸发展。

由于平常打球，大都用的是主球中线范围上的九个击点，而形成面对主球正面瞄准击球习惯，一旦使用偏杆，往往是球杆对主球斜着打。打侧旋球要求球杆必须与台面平行，如果养成抬高后手握杆习惯，将会影响击球效果。还有击球速度和力度的控制要求都比较严格。

撞击主球左中或右中击点后，主球则以水平方向自转（左转或右转）与向前旋转的混合转动方式前进。撞击主球左中点时，从球的上方看，球是顺时针方向自转，称左旋；撞击主球右中点时，球是逆时针方向自转，称右旋。

侧旋球的主球前进线路不是直线，比如打左旋球时，主球受偏左的分力推动，开始先一点点地向右运动，然后又向左边转动。打右旋时，主球开始一点点地向左运动，然后又向右运动。由此可知，侧旋球使主球离开直线运动轨迹，因此主球与目标球之间的距离越长，瞄准的判断越是需要准确。

（2）偏球相撞的旋转运动

所谓偏球，就是不正面撞击目标球，主球只撞击目标球的偏侧部分。打偏球的目的，就是改变主球和目标球的球路，达到得分的要求。无论开仑还是落袋式台球，都常用到偏球。

我们常听到的所谓厚球，薄球，又或二分之一、四分之一、四分之三球，指的就是主球撞击目标球时，偏侧的程度。

厚、薄或几分之几，是主球撞击目标球的有效撞击截面占球的截面的比例，厚就是撞击截面大，薄就是撞击截面小。

但习惯说的数字比例，并不是面积之比，而是撞击截面在直径上所占的线度与目标球直径之比。

厚球与薄球是在实际比赛中的一种击球技术和战术，平时练习时，必须熟悉各种厚薄球在击球中以及撞击后，主球和目标球的运动状况。

偏球的厚薄，大体可分为六个类型：正面、二分之一、三分之一、三分之二、四分之一、四分之三。现分别介绍于下：

正面：就是主球球心速度方向正对目标球球心，撞击截面等于目标球的视圆面。从主球前进方向看去。主球和目标球完全重合。

二分之一：主球球心速度方向偏离目标球球心，刚好与目标球侧面外边缘相切，或偏左或偏右，撞击截面线度占球截面直径之半。

三分之一：主球撞击目标球的撞击截面线度占球截面直径的三分之一，或左或右。

四分之一：主球撞击截面线度占球截面直径的四分之一，或左或右。四分之一球已经是相当薄的球。

四分之三：主球撞击截面线度，占球截面直径的四分之三，或左或右。这是相当厚的球，仅次于正面撞击。

无论打什么厚薄的偏球，瞄准的点都应该是目标球横直径延长线与主球纵向（运动方向）延长线的交点。若用这种厚薄度进行瞄准，要打各种偏球时，一定得熟悉瞄准点所在位置和瞄准方法。

偏球的偏转

主球正面撞击目标球时，如果主球没有旋转运动，则主球的动量全部传递给目标球，主球停住，目标球沿主球原来方向向前奔去，只是主球和目标球互相换了个位置。即前面已经讲过“定位球”事实上由于摩擦力及动量吸收，目标球前进速度要减慢一些。

当主球偏侧撞击目标球时，主球和目标球的运动方向，都偏离了主球原来的运动方向，一偏左，一偏右。在动量不被吸收的前提下（绝对弹性碰撞），且假定主球不旋转，碰撞后的主球和目标球运动方向的夹角，则为九十度，不管偏球厚薄为多少。掌握了这一点，再记住不同旋转状态下的偏转方向影响，就能比较有把握改变球路。

偏球越厚，则目标球运动方向越接近主球运动方向，目标球运动速度越高，主球则越接近横向滚出，速度越低。

偏球越薄，则主球运动方向和速度越改变得小，目标球越接近横向滚出，速度越低。

主球和目标球的运动的瞬间位置，符合以原主球运动方向为对角线的矩形定则。变即瞬间的主球与目标球的轨迹，构成了矩形的两个边，这个矩形对角，就是原主球的运动方向。依据这个定则，便可估计主球与目标球碰撞后到达的位置。

2. 击球方法

（1）推进球

水平持杆，击打主球中心点、中左点、中右点，即在击球时采用中杆击球。击球时，主要靠前臂前后运动并带动腕部，将球杆推出。当主球与目标球相撞后，目标球前进，主球也同时跟在目标球后面，缓缓向同一方向前进，行进一段路程后，才慢慢地停住，这就是推进球的打法。这种击球方法，用在当主球跟进距离不大而能为下一击创造条件或给对方制造障碍球时使用。要注意用力要适中，不宜过重或过猛，否则会变成跟进或定位球。

（2）跟进球

又称“高杆”，水平持杆，击打主球中上点、左上点或右上点，即采用中高杆、左高杆或右高杆。主球分别向正前方、左前方、右前方跟着目标球前进。在击球时，要运用小臂的力量，同时摇动腕部，使主球与目标球相撞的瞬间，主球将前进的力传递给目标球，目标球开始向前运动，而主球则较为明显地在原地稍停一下，然后靠自身保存的上旋转力量，迅速向前跟进，不停的跟到所需要停的位置，故称跟进球。

（3）定位球

水平持杆，甩腕出杆即利用手腕的爆发力击打主球的中心稍微偏下一点的击点，主球略带滑动前进。当主球与目标球相撞后，主球把自己前进动力全部传递给了目标球，目标球受力前进，而主球因失去动力，便停在与目标球相撞的位置，因此叫定位球。打出定位球并不困难，只要在击球时运用腕部的抖动力量就行，否则便会击成推进球，另外，当主球与目标球距离太远时，很难打出定位球。这种击球方法，不但能为下一击球创造有利条件，而且当目标球在袋口附近，主球、目标球和袋口三者在一条直线上，将目标落袋内，主球仍停留在相撞的位置上，可避免同落犯规。

(4) 拉杆球（也称缩杆球）

水平持杆，甩腕击打主球的中下部击点，利用甩腕的较强爆发力，使主球反转向前滑动，当与目标球相撞瞬间，目标球因被撞前进，而主球则借相撞的反力，而释放了反转力，便向后反转回退。缩杆球主要靠腕部抖动的力量，腕子要活。击球时采用低杆，用小臂向前运动，当球杆杆头快要接触主球时，猛然向前抖动腕部，当杆头与主球接触的瞬间，出现球杆插进主球的感觉。主球在与目标球相撞后有一个明显的停顿，然后靠自身存在的逆旋力量，向后运动。腕部抖动的频率越快，后退的距离也越远。

打拉杆球时，要注意主球与目标球间的距离，不可太近也不能太远，后退效果最好的是相距 30 厘米左右，后退距离与球间距离成反比，距离越长则后退距离越短。

掌握了缩杆球的击球方法，球路就变得宽多了，利用左下点、中下点、右下点分别可以把主球拉向后方，它能为下一击创造有利条件。

(5) 双用球

双用球即同样一个击点能起到两种作用。用球杆击打主球中点稍下方、中点稍偏上方的击点。用大力击打主球时，与目标球相撞后，目标球被撞前进，主球失去动力而原地停住，成了定位球。如果用小力同样击打主球，当与目标球相撞后，目标球前进，主球则缓缓跟进不大一段距离而停住，形成了推进球。

说明虽然同是一个击点，由于击球力不同，而击球效果也不同。

3. 击球力度

爆发力击球，这是击球者必须掌握的一种杆法，否则不可能全面提高击球技巧。只有能熟练地运用爆发力，才能打出既有速度又有力量的腕力球，才能真正体会到台球运动的特殊魅力。如果不会运用腕力击球，而把击球动作幅度拉得很大，使的是蛮力，则会显得很粗野，不象打台球的，而且打出去的球既无旋转力也无速度，打拉杆根本拉不回来，而且也不会准。

怎样才能在击球时产生爆发力呢？主要靠的是腕力，靠手腕的快速抖动即常说的甩腕。例如，在击球时，握杆的手不要把球杆握得太紧，要轻松自然，这样才能便于球杆进行冲击活动；击球时，先用前臂前后抽动球杆做瞄视准备，利用手腕的抖动力向前一甩，同时右手五指一齐紧握一下球杆，一刹那间把球杆送出，要做到小臂挥杆动作慢于手腕前甩的速度，这样才能产生一种强而快的爆发冲击力，将主球击打出去。

当要用强力击球时，球杆的撞头与主球之间就要拉开一段较长的距离，一般要向后摆动约 300 毫米左右。这也和打乒乓球、网球一样，大力击球时，要拉开球与球拍间的距离，向后甩臂膀加大球拍的冲击力。

大力击球时，手架与主球之间的距离也要放远一些，然后平稳地把球杆推送出去，由于击球距离长（冲程），球杆便有足够的距离加速度，因速度快，动能大，所以撞击主球的冲击力（冲量）也大，主球受到大的冲击力以后，便加大了前进速度，球便转得又快又远。

大力击球时，要特别注意握杆的手腕必须轻松柔和。球杆的运行方向，必须与球的行进方向一致，才能顺利平稳而准确击中主球上撞击点的正确点位。

如果要用轻小的力量击球时，球杆撞头与主球之间的距离就要缩短，约 50 毫米左右，手架也同时向前移动一下位置，与主球靠近一些。握杆的右手（左）手位置也要向前移动，藉以减小臂力，这样向后摆动球杆的距离也就随之缩短，然后轻轻地向前将球杆推送出去。

由于球杆的冲程短，加速距离小，速度就减慢了。因动力能小，所以传递给主球的冲击力自然也就小得多。

运动员要熟练地掌握几种基本击球方法是非常重要的。在正式比赛时，可以根据球台上所出现的各种球势，灵活地加以运用，有效地控制主球的运动方向和停留位置，不但能为下一击创造有利条件，而且还会较多地给对方造成障碍球和不利球势。

五、台球的基本战术

要打好斯诺克台球，必须掌握主球所走的路线。一个好的台球运动员，不仅需要有高超的技艺，还必须有清醒的头脑和强烈的战术意识，在实战中正确灵活的运用好战略战术，才能使自己立于不败之地。特别是当比赛双方技术水平旗鼓相当的时候，那么最后的胜负取决于谁能更好的运用战术。可见，战术的运用，对一场斯诺克台球比赛的意义何等重要。

（一）开球

一盘比赛的开球是由双方运动员掷币或抽签决定的。开球应将主球放在开球区（D 形区）内任一点进行击球。开球的战术原则是，防止主球自落，同时不给对方留下连续得分的机会。因而，这就要求开球运动员把握好主球的停位。通常的开球方法有三种。

(1) 将主球摆在开球区黄色球和棕色球中间，采用薄球打法，轻力度，瞄准靠近顶岸右侧的第 1 个红球，使主球与红球相碰后，经顶岸与右岸反弹回到开球区上方位置的左右，造成不利于对方将红球打入球袋的球势。这种开球方法使主球和其它红球相距很远，而且主球与红球之间有许多彩球相隔，使对方难以将红球击落袋内。

(2) 此种开球方法较为复杂一些。同样将主球摆在开球区黄色球和棕色球中间，开球时，将球杆对准主球的右侧，使主球撞击三角形顶边右侧第 2 个红球。主球撞击红球后，经顶岸和右岸反弹，斜线经过篮球附近，再碰左岸和底岸，停留在开球区内。这种开球方法关键在于力度的使用，若力度过大，主球就会从开球区内反滚出去，很容易给对手留下机会。这是高水平选手经常使用的方法。

(3) 开球时同样将主球摆在开球区黄色球和棕色球附近，用左高杆，轻力度，直线瞄准顶岸，当主球碰到岸边后，靠自身旋转的力量，反弹后向左运动，直扎在红球堆中，只有少数靠近粉球的红球被震出置球区，使对方没有下球机会。但有一缺点，当这样开球后，对方很容易打好下一杆的球路，所以，很多人都不愿这样开球。

关于斯诺克的开球方法，在比赛中常见的就是以上三种。有一点要注意，开球时千万不要瞄准三角形顶边往下数的第 3 或第 4 个红球，否则主球很可能自落顶袋或底袋，也可能将红球堆撞得过散，给对手留下得分机会。

（二）不给对方留下得分机会

当击球运动员在没有得分机会或没把握得分的情况下，要牢记一条原则，就是我得不了分也不给你留下得分机会。围绕实现这一原则，有几个典型方法：使主球与目标球距离拉大；使主球贴岸；使目标球远离袋口附近等。

1. 将主球与目标球拉开距离

拉开距离主要方法有三种：一种是用高杆打极薄球。由于目标球受力较小，有时几乎在原地不动，主球一擦而过，分离角很小，几乎沿着运动方向前进，使两球拉开距离。

另一种是击球运动员用中杆或低杆击打主球，撞击目标球的整个球体，使目标球向前移动，主球定在原地或后退，从而拉开距离。

还有一种是，击球运动员用大力度，中杆击打主球，撞击目标球整个球体，使其由底岸（或顶岸）弹回，向对岸运动，主球定在原地或稍微推进，使两球距离拉开。

2. 使主球贴岸

保持正确的击球姿势，是运动员进球得分的必要条件之一。由于主球贴岸后，击球运动员就无法保证正确的击球姿势，这不但影响瞄准的准确性，而且还容易滑杆，造成击球失误。使主球贴岸的方法很多，通常采用推进球或跟进球的击球方法，有时当目标球处于贴岸状态，可采用中杆撞击目标球的整球，目标球被撞离岸边后，主球在它的位置定位，紧贴岸边。采用这种击球方法，要注意击球力度不宜过大，防止目标球碰撞几次岸边之后又回到主球附近，达不到目的。

3. 使目标球远离袋口附近

机会往往是人为造成的。一个球如果处理不当，很可能给对方创造机会。当目标球是红球或按分值顺序应该击打彩球时，击球运动员未将其击落袋内，而目标球静止后在袋口附近，这样给对方提供了连续得分的机会，此等情况应尽量避免。

由于切薄球和片薄球时，主球与目标球接触部分较小，有时几乎是一擦而过，目标球受力极轻，移动距离不大，如果没有落袋，很容易留在袋口附近。因此，在没有把握的情况下，不要打极薄的切球和片球。

（三）制造和解救障碍球

斯诺克（snooker）在英文中的意思是“障碍”和“阻挡”，在台球中也就叫做障碍球。在比赛中，巧妙的制造障碍球往往可以转败为胜，因而，制造和解救障碍球也是斯诺克台球比赛的重要战术手段，也是决定比赛胜负的关键。

1. 制造障碍球

在台球比赛中，当自己没有得分机会时，首先要想到的应该是如何给对方制造斯诺克。制造斯诺克的战术意识应该贯穿整个比赛。当给对方做成障碍球后，如果对方解救失误，则可垂手得分，获得事半功倍的效果。另外，对方救球失误，主球停止后又做成死球，己方也可按自由球处理，直接送球得分。对方救球时，如果击中目标球，但由于是在极不利的情况下击球，难以控制主球的运动方向，很容易留下得分机会。此时，己方可抓住时机，连续得分，并在心理上同样给对方造成障碍，使其气势受挫。

那么，选择什么样的时机有意识的给对方制造障碍球呢？通常是当己方比分落后，而且在一杆内将台面上的剩球全部击落，比分仍然落后的情况下，要千方百计给对方制造障碍球，使对方受罚缩小比分差距。有一点必须注意，即便目标球在袋口附近，此时也应放弃得分机会，因为台面上剩球越少，越不利于制造斯诺克。还有一种情况，虽然有得分机会，但分值低于4分，而且没有连续得分的机会，此时，就应制造障碍球。还有时虽然有机会得分，但击落目标球的难度很大，此时可专心直接制造障碍球，不可一面争取击落目标球，一面制造障碍球，以免失误给对方留下机会。

制造障碍球的方法很多，最典型的有如下5种方法：直线反弹；斜线反弹；薄球拉开；推进贴球和低杆后退等。

（1）直线反弹制造障碍

此种方法是经常采用的，而且也最容易奏效。具体作法是，当目标球在端岸附近，用大力度直线击球，撞击目标球整球或厚球，使目标球碰岸反弹至对岸附近。如果目标球距离端岸较近或贴在岸边，可用中杆击球，使主球停在原地不动。

（2）斜线反弹制造障碍

当目标球贴在侧岸或其附近时，通常采用斜线反弹，以达到使主球和目标球分开的目的。具体击球方法是，用左（或右）杆中等力度，撞击目标球左（或右）半部，使目标球经侧岸反弹至底（或顶）袋附近，主球也经侧岸反弹至顶（或底）袋附近。主球与目标球是以两条斜线向两侧分开，做成障碍球。注意一点，采用斜线反弹要防止主球自落。

（3）薄球拉开制造障碍

前面曾经提到，当主球与目标球距离较近，要采用高杆打极薄球，使主球与目标球拉开距离，不给对方得分机会。同样，采用这种击球方法，也可以制造障碍球。

（4）推进贴球制造障碍

推进贴球分为两种情况。一种是用推进球的击球方法，使目标球向前运动后，将主球推进至前方非活球的后面，做成死球。

另一种方法是，当运动员击落一个红球而又没有连续得分的机会时，就要想办法制造障碍球。具体做法是，指定附近彩球，但不将其击落，而是用轻力度将主球推向它，以能触及为限，紧贴其后，做成死球。

推进贴球成功的关键在于击球力度的掌握，主球与非活球靠得越近越好，若两球能够相贴，往往能使对方无法解救。

（5）低杆后退制造障碍

低杆后退也是制造障碍球的常用方法。具体做法是，用中低杆或右（左）低杆击打主球，当主球与目标球碰撞后，目标球向前运动，而主球靠自身逆旋后退至非活球后面，做成死球。用低杆撞击主球，将黄色球撞击至顶岸附近，主球回退至绿色球和棕色球后面，做成死球。

2. 解救障碍球

既然我们都想尽办法给对方制造障碍球，那么我们也就会遇到对方给自己做成障碍球的同样情况。而当对方给自己做成障碍球时，要沉着冷静，认真分析球势，权衡利弊之后，做出最佳的解救方案。当认为已无解救的可能，或者目标球分值较低，解救球时有碰撞高分球的可能时，要尽量选择避免误击高分值球的路线，并且使主球在没有撞击到目标球的情况下，停止在能够击打到目标球的位置，防止连续被罚分。

解救障碍球的基本方法有三种，一种是弧线球，一种是空岸反弹球，还有一种是袋角反弹球。

(1) 弧线救球

弧线救球类似足球的香蕉球，就是将主球击出后，沿着一条弧线的运动轨迹，绕过前方阻挡的非活球，撞击前面的目标球。

弧线球的具体打法时，将球杆杆尾抬高，杆头放低，使球杆与台面形成较大的夹角，自下而上，用力斜戳主球的右或左上方。前边已经介绍，若想从非活球右边绕过则用偏左杆，反之，用偏右杆，瞄准点只要错过前方非活球就可以了。这种方法只有在主球距离岸边不远（因为远了无法下杆），而非活球与目标球之间距离不能太近（太近弧线容易超过目标球）的情况下，才能使用此种方法。

(2) 空岸反弹救球

空岸反弹球也是常用的一种救球方法，其原理和倒顶球一样，不同之处在于倒顶球的最终目的是将目标球击落袋内，而空岸反弹救球的目的是解救障碍球，只要击中目标球即可。并且，目标球距离反弹岸边越近，主球反弹前后两条运动轨迹的夹角越小，救球成功率就越高。在通常情况下，采用空岸反弹救球时，为了使主球保持入射角等于反射角，应该采取轻力度、中杆或中高杆击球。如果反弹岸边的正常瞄准点被非活球阻挡，就要修正瞄准点，用偏杆击球，打出旋转球来补救。

有时，主球离非活球太近，一次空岸反弹不能击中目标球，也可多次碰岸后再击中目标球，但往往命中把握不大，一旦打出多边岸反弹救球的球路来是非常漂亮的，但要掌握好各种反弹角的路线和力度就要思路开阔，百练不厌。

(3) 袋角反弹救球

袋角反弹救球是一种非常巧妙的救球方法。它分为角袋袋角反弹和中袋袋角反弹救球两种。角袋袋角反弹球是主球、角袋和目标球形成一个直角，瞄视线已被非活球阻挡并且使用空岸反弹球的线路也被非活球阻挡，此时，只能用这种方法解救。具体方法是，大力撞击主球，使其先碰撞袋口外角，反弹至内角，被弹出后沿另一岸边前进，直至击中目标球。

当目标球在中袋袋口附近，被非活球阻挡，并且无法用空岸反弹球解救时，要采用中袋袋角反弹球解救。

以上几种解救障碍球的方法，类似光学上的三棱镜的光反射，只要刻苦练习，很好的熟悉袋角的反弹特性，就会很容易的打出来。

(四) 如何避免犯规和违例

斯诺克台球的比赛规则是很严的。对犯规行为都要处以罚分，多则罚 7 分，少则罚 4 分。因此，运动员在比赛中如果犯规、违例过多，最终也会导致比赛失败。为此，把如何避免犯规和违例的问题，作为一项重要的战术问题来研究是十分必要的。

1. 防止滑杆、推杆和空杆

所谓滑杆，就是由于杆头太光滑，球杆的冲击力没能正确的击中主球的理想部位而滑脱。为防止出现滑杆，要用锉或砂纸将球杆皮头打毛，在比赛中，经常用巧克粉擦抹皮头，这样可以增加摩擦力防止击球时滑杆。

所谓推杆，就是击球时球杆和主球一齐推着被打球，或者杆头与本球相贴而同时向前移动。当主球与被打球相距很近时，很容易发生推杆违例。正确的应对措施是，如果主球与目标球相贴，必须向反方向或 90°开外击球，此时被贴球不能有丝毫移动，否则算犯规。如果两球相距小于一个球的直径时，必须打极薄球或用扎杆技巧击球，这样做才能避免推杆。若两球相距一至两个球直径，要采用低杆击球，就可避免推杆。

所谓空杆，顾名思义即没有击中目标球。防止空杆最根本的措施是要准确瞄准目标球，当主球贴边又与目标球相距很远时极易发生空杆，正确的措施是采用中高杆，击球力度不宜过大，瞄准目标球的整个球体，这样做一般不会空杆。此外还应避免用极薄球击打远距离的目标球，尤其目标球是低分值球。还有一点要注意，击球时不能贪图省事，该使用架杆时一定要使用架杆，否则空杆被罚，得不偿失。

2. 防止同落和自落

自落与同落在比赛中时有发生。当用一定的力度、杆法以及薄厚程度击球，主球和目标球相撞后，分离角使主球运动轨迹指向袋口时，就有自落和同落的危险可能。

为避免此等情况发生，可采用下面三种方法：

（1）改变击球力度；

（2）改变击球薄厚程度；

（3）改变旋转方向。

当主球与目标球碰撞后，也可能发生主球碰岸反弹自落的情况。为避免主球自落，运动员在击球前可根据反弹的原理进行判断，此时，只要改变击球力度或击球点，就可避免自落。

3. 防止同击和误击

同击和误击常常是由于判断错误而发生的。当目标球附近或目标球与主球之间有非活球存在时，运动员在击球前一定要仔细观察、判断。当主球欲将目标球击落袋内，若同时要撞击非活球，或先击非活球后，方可击到目标球时，则应放弃击打目标球的打算。这样可防止发生同击和误击。

思考题：

1. 休闲运动的种类有哪些？
2. 简述轮滑健身锻炼的价值。
3. 毽球的基本踢法有哪些？
4. 漂流时紧急情况的处理方法有哪些？
5. 野外宿营营地选择应遵循哪些原则？
6. 简述台球正确的握杆方法及身体姿势。

参　考　文　献

[1] 傅庆章主编. 大学体育与健康 [M]. 大连理工大学出版社，2006.

[2] 张向阳，张兆才. 大学体育教程，第 2 版 [M]. 吉林大学出版社，2012.

[3] 宋卫华，王智慧. 大学体育与健康基础教程 [M]. 北京体育大学出版社，2004.

[4] 金玉光，周国章，荆杰，等. 新编大学体育与健康基础教程 [M]. 北京体育大学出版社，2002.

[5] 李建英，王黎明. 大学体育与健康教程 [M]. 人民体育出版社，2002.

[6] 丁英俊. 大学生体育与健康 [M]. 河南大学出版社，2002.

[7] 司荣贵. 高校体育与健康教育 [M]. 苏州大学出版社，2002.

[8] 陈碧华. 塑造女性：职业女性健身健美 [M]. 湖南人民出版社，2004.

[9] 吴爱萍. 新编大学体育 [M]. 警官教育出版社，1998.

[10] 胡嘉樵. 体育理论与实践课教程. 辽海出版社，1997.

[11] 韦迪. 短道速度滑冰 [M]. 辽宁教育出版社，1995.

[12] 郭志禹. 武术 [M]. 人民体育出版社出版，1998.

[13] 韦见凡. 跟专家练轮滑 [M]. 北京体育大学出版社，2003.

[14] 陶景扬，李晋裕. 学校体育大词典 [M]. 武汉工业大学出版社，1994.

[15] 虞重干. 排球运动教程 [M]. 人民体育出版社，2009.

[16] 唐健. 大学体育 [M]. 北京体育大学出版社，1998.

[17] 任恩忠. 大学体育教程 [M]. 北京体育大学出版社，2005.

[18] 王捷. 网球入门，修订版 [M]. 安徽科学技术出版社。2012.

[19] 陶志翔. 网球运动教程 [M]. 高等教育出版社，2003.

[20] 李捷. 体育保健 [M]. 人民体育出版社，2007.

[21] 杨国良，姜周存，杨炳奖. 体育健身指南 [M]. 人民体育出版社，1996.

[22] 陈萍. 健身长寿方法精选 [M]. 东北大学出版社，1992.